西方哲学的智慧

常 新 主编

西安电子科技大学出版社

内 容 简 介

按照学术界约定俗成的划分方式，西方哲学系指公元前 6 世纪以后到德国的古典哲学终结这段时期的西方哲学思想，时间跨度大约 2500 多年。其间经历了古希腊哲学时期、欧洲中世纪的经院哲学时期、文艺复兴时期、近代时期等四个主要阶段。古希腊哲学包括古希腊哲学的诞生、繁荣和衰落。欧洲中世纪的经院哲学是古希腊哲学和基督教哲学的共同结晶，它一方面窒息了西方哲学和西方文化的创造力和活力，但同时经院哲学内部的分化逐渐孕育了近代西方哲学。文艺复兴是一场资产阶级的思想解放运动，思想家们所提倡的人的自由、宗教改革家所从事的宗教改革是对中世纪基督教及其哲学的一次彻底反攻。近代哲学包括欧洲大陆唯理论、英国的经验论以及德国的古典哲学。德国古典哲学指 18 世纪末至 19 世纪上半叶的德国资产阶级哲学。德国古典哲学的主要成就是黑格尔辩证法中的"合理内核"与费尔巴哈唯物主义的"基本内核"。

本书可作为高等学校选修课教材，也可供对西方哲学有兴趣的读者阅读和参考。

目 录

第 一 章

什么是哲学

【内容提要】

　　哲学是关于人的存在方式及其与世界关系的反思。它要求面向变化着的人的现实世界，而不能停留于那种与人完全脱离的本体世界，不能满足于抽象的、永恒的本质；哲学的反思也不只是纯粹的理性意义上的抽象思考，而是一种超理性的追问，追问从现实的人和事物开始，要求从现实出场的现象超越到在它背后未出场的内在的、本质的规律(联系)。哲学的研究对象是无限的、变化的、非具体的，对这一对象的把握，既不能像常识那样用直接的朴素观点，像神话那样用想象的、拟人的方式，也不能像宗教那样借用神圣的形象，像艺术那样依靠审美的表现。科学的研究方法也不能完全揭示它的丰富内涵。哲学之思既是一种辩证思考，又是一种情感体验，它充满诗意。

一、哲学的智慧

　　一说到哲学，许多人大脑立即闪过一大堆抽象的概念，或把哲学当做玄奥晦涩的代名词。尤其是在今天极其功利化的社会里，一般人总是认为哲学所谈论的问题远离社会现实，不能给人们带来当下的实际利益，于是哲学在他们眼中是一无所用且夸夸其谈的。我们若从文化的层面来理解哲学问题，其实质并不是常人所认为的那样与生活无涉，而是从整体和宏观来考虑有关世界(包括人在内)最高、最大的普遍性问题。德国古典哲学的终结者黑格尔说："哲学以思想、普遍者为内容，而内容就是整个存在。""什么地方普遍者被认为是无所不包的存在……则哲学便从那里开始。"①英国现代哲学家罗素也说过："当有人提出一个普遍性问题时，哲学就产生了，科学也是如此。""提出普遍性问题就是哲学和科学的开始。"②这就表明，即使是最大最高的普遍性也是与具体的、个别的事物和现象相联系的。我们也不得不承认，现代人无论如何热衷于功名利禄，热衷于对具体东西的占有，他们也时常考虑一个问题，即自己生活的价值何在(不管这种价值是正面的还是负面的)，这就是一个普遍性的问题。

对哲学有一个传统的看法。我们翻开过去的哲学著作，各流派的哲学家大都认为哲学是"智慧"之学，而且是一切智慧之中的"最高智慧"。亚里斯多德在其《形而上学》一书中明确提出"哲学是最高智慧"的命题。然而智慧是一个含糊、内容不确定的名词，"最高智慧"就更是这样。人们完全可以赋予它完全不同的涵义，只把自己所成就的东西看做是"最高智慧"而否定其他关于智慧的看法，所以它并不妨碍争论仍在进行。

通常人们所理解的"智慧"指的是"辨析判断、发明创造的能力"。③"智"是聪明的意思，"慧"也是聪明的意思，因而"智"与"慧"加在一起，应该是"大聪明"、"大智慧"的意思。就此而论，一般所谓"生活哲理"之类的"小智慧"、"小聪明"当在排除之列。

所谓哲学的智慧，指的是知道自己没有智慧的那种智慧，所以最初的人们认为最高智慧同人们对于"本原"问题的追寻有关。这就难免因为争最高智慧这一桂冠而引起哲学家们内部的争吵，他们都把自己所创立的观点和学说看做智慧：毕达哥拉斯以把握数的本原为智慧，巴门尼德以理解他的"存在"为智慧，赫拉克里特又以认识了逻各斯才算智慧，如此等等。这种情形到智者运动出现时竟然闹到了这样的地步：所谓的"智者"们只承认自己是天下最有智慧的人，而把别人一概贬为愚者，而他们教给别人的所谓智慧其实只不过是一些巧言诡辩的技能而已。这就不能不引起人们对"智慧"本身的怀疑。所以到苏

① 黑格尔著，贺麟、王太庆译：《哲学史讲演录》第 1 卷，商务印书馆，1959 年，第93 页。
② 罗素著，崔权醴译：《西方的智慧》(上)，文化艺术出版社，1997 年，第 6、14 页。
③ 中国社会科学院语言研究所词典编辑室：《现代汉语词典》，修编本，商务印书馆，1996 年，第 1625 页。

格拉底，他就不再称自己是一个智慧者。据说古希腊哲学家苏格拉底的朋友曾经到德尔斐神庙请示神谕，询问苏格拉底是否是希腊最聪明的人，神谕的回答是肯定的。苏格拉底知道后感到十分诧异，因为他一向以无知自居。于是他到处寻找聪明人并与他们对话，以求证明他们都比自己聪明而神谕错了。然而到头来他却发现，那些据说聪明而又有智慧的人实在是徒有虚名，据此苏格拉底终于悟出了神谕的含义：他之所以被说成是最聪明的人，不是因为他有知识、有智慧，而是因为他自知自己无知。一个自以为有智慧的人不会去追求智慧，而一个明知自己无知的人则一定会尽力去追求智慧。因此我们可以把哲学的智慧归结为四个方面：首先，哲学智慧是一种"爱智的智慧"，是热爱智慧的智慧；其次，这种热爱智慧的智慧又是一种批判的智慧，是一种对"自明性"进行批判的智慧；再次，这样一种批判的智慧又是一种"反思的智慧"；最后，这样一种爱智慧、批判的智慧、反思的智慧又是一种"创新的智慧"。

　　在汉语中，"哲"一般指聪明、智慧之意，《尚书·皋陶谟》有"智人则哲"之句，《孔氏传》释"哲"为"智也"。哲学作为一种爱智的智慧，表明了人类对于智慧的一种态度，一种立场。孔子也曾经说过："知之为知之，不知为不知，是知也。"这个知就是自知之明，故此是一种智慧。海德格尔指出，赫拉克里特所讲的"爱智慧"中的"爱"（philein，拉丁语）是指与"智慧"（sophon，拉丁语）相适应、相协调。协调意味着"一物与另一物相互结合起来，因其相互依赖而原始地相互结合起来——这种协调就是赫拉克里特所说的 philein，即'热爱'的特征"。[①] 海德格尔认为，这里的"智慧"可以理解为一切存在的东西都在存在中得到集合，存在把一切存在者"聚集"起来，成为整体。通常，没有人需要为存在者归属于存在这类事操心，可是希腊人对此操心不已，认为人们需要有一种与万物聚合而为整体、和谐一致的意识。所以希腊人所说的"智慧"颇似中国哲学术语"万物一体"，"爱智慧"则大约相当于"天人合一"。这就是"爱智慧"在早期希腊哲学思想家那里本来的含义，也是西方哲学史上对什么是哲学的最早回答。

　　哲学把人类的智慧作为一种批判的、反思的对象，这样它就变成一种爱智

---

　　① 海德格尔：《什么是哲学？》，见《海德格尔选集》上册，上海三联书店，1996年，第595页。

的"大智慧"。有人说，我比较聪明，但比较聪明不见得有哲学智慧。哲学的智慧有时是一种境界，哲学家冯友兰先生说，人生有四种境界，即自然境界、功利境界、道德境界、天地境界。如果真正有了哲学智慧，就能升华人生的境界，达到冯先生所说的"道德境界"乃至"天地境界"。

思考人生的意义与价值，是最为贴近的哲学智慧。李大钊说："哲学者，笼统地说，就是论理想的东西。"他还具体解释说："人们每被许多琐屑细小的事压住了，不能达观，这于人生给了许多苦痛。哲学可以帮助我们得到了个注意于远大的观念，从琐屑的事件中解放出来，这于人生修养上有益。"①社会人生纷繁复杂，利害、是非、祸福、毁誉、荣辱、进退，扑朔迷离，纷至沓来，人们总是感到"得不到想要的，又推不掉不想要的"，总是感到一种"天上的月亮和水中的月亮谁亮"、"山上的大树和山下的小树谁大"的迷惘。因此，人们总是需要一种高举远慕的心态、慎思明辨的理性去体会真切的情感，执着专注的意志和洒脱通达的境界。

二、哲学的产生

哲学是人类进化到一定阶段时才产生的。无论西方还是东方，作为哲学产生的思想前提条件是原始的感性思维和原始宗教的世界观得到发展。首先，刚从原始思维脱胎出来的最初哲学，它想摆脱原始思维那种感性具体，走向普遍抽象，却又对具体和抽象、个别和一般之间的关系感到困惑，因而自然带有感性具体和直观朴素的特征。其次，哲学和原始宗教、神话的世界观在思维方式上不同，哲学运用概念，讲究普遍，表现为以抽象思维为主要方式的理性形态，宗教则以拟人化为主要特点，呈现出以感性幻想为主要方式的神秘形态。但自然哲学是从原始宗教中形成和分离出来的，这便决定了它们在以后发展中必然是既有差别又有联系，既彼此对立又相互影响，学习哲学时这一点不可忽视。

上面所讲的思想前提，在古代世界的许多民族中都曾经有过。在西方，与古希腊临近的古埃及和古巴比伦，比希腊有着更早的古老文明，但这两个文明古国却未能像古希腊那样从原始思维和原始宗教世界观中产生出真正的哲学来。这表明哲学的产生还需要有其他的条件。

---

① 李大钊：《李大钊文集》下册，人民出版社，1984年，第345页、第644页。

古希腊最伟大的百科全书式的哲学家亚里斯多德说过："由于惊异，人们才开始哲学思考('惊异'又译为'好奇心')。"①惊异是从无知到知的"中间状态"。②完全无知，不会起惊异之感，完全知道了，明白了，也无惊异可言，只能在从无知到知的那一过渡状态中才产生惊异。他接着说明，出于本性的求知是为知而知、为智慧而求智慧的思辨活动，不服从任何物质利益和外在目的，因此是最自由的学问。

威廉·布莱克：《远古时代》

哲学家对普通人习以为常的事情感到诧异，在人们熟视无睹的地方发现问题。他们提出和解决这些问题，并不是为了达到什么实用目的，而是为了获得心灵的满足。他们常常不被人们理解，甚至遭到嘲笑。据说，希腊第一个哲学家泰勒斯只顾观察天象，没注意到脚下，跌入坑里，一个女奴嘲笑说，他只想知道天上发生的事情，却不知道身边的和地上的事情。柏拉图反其义而用之，说这句话对所有的哲学家都适用。亚里斯多德则对世俗的嘲笑加以反讽，他说了这样一个故事：泰勒斯为了反击哲学无用的世俗偏见，用观测天象得到的知识预测气象，知道来年橄榄丰收，于是事先租赁了全部的橄榄榨油作坊，等到橄榄丰收时，再把作坊以高价租出，结果获得了一大笔利润。亚里斯多德的结语是哲学家若想赚钱，是很容易做到的，但这不是他们的兴趣之所在。

① 亚里斯多德著，吴寿彭译：《形而上学》，商务印书馆，1959 年，第 5 页(译文有改动)。

② 黑格尔著，朱光潜译：《美学》第二卷，商务印书馆，1979 年，第 24-25 页。

希腊哲学家多为贵族，他们不必为生计操劳，因此才能从事纯思辨活动。亚里斯多德明确地把"闲暇"作为哲学思辨的必要条件。古希腊拥有比任何其他民族都要发达的奴隶制，贵族享有充分的闲暇。但闲暇只是一切智力活动的必要条件，而不是充分条件。能够利用闲暇从事哲学思辨，这是希腊人的特殊之处。希腊贵族崇尚的活动是战争、游猎和思辨，最后一项风尚造就了一批职业哲学家。由于哲学在希腊是一门独立而崇高的职业，希腊哲学家不像印度哲学家那样属于僧侣阶层，也不像中国哲学家那样属于官宦阶层；希腊哲学著作与宗教典籍和历史文学作品有着明显的界限。哲学的职业化反过来又促进了希腊民族的思辨精神的发展，结果形成了希腊民族特有的静观、思辨的性格。

无疑，惊奇是哲学产生的一个原因，闲暇使哲学思考有了时间上的保证，但有了这两点还不能充分说明产生哲学思考的内在动力和原因。只有第三点"自由"才是产生哲学思考的内在动力。一般地说，哲学是一种新的世界观，它产生于神话和宗教世界观之中，同时又和二者对立，在人们的旧传统、旧习惯和各种迷信、偏见的斗争中产生和发展起来，这就需要从事哲学思考的人们有一种自由的批判精神，有思维的自由。这里所说的自由，不但指像古代雅典的自由公民所享有的人身的和思维的自由，更是指摆脱原始神话思维方式的"认识自由"，指一种新的思维方式。具体说，在希腊神话里，自然事物都被拟人化了。希腊哲学正是从这种希腊神话世界观中分离出来而产生的，这种"分离独立"的主要表现就在于：摆脱神话那种拟人化的自然观，将自然万物作为独立于人的，在人以外的可观对象来考察。当人们这样来考察时，一种新的思维方式出现了，这就是哲学的开始。

三、哲学的追求与诗意

回顾哲学史我们可以发现一个特殊的现象：几乎没有一个哲学问题可以说已经最终得到解决。有的问题曾经被认为解决了，可几十年甚至几百年后又被重新讨论或争论；有的哲学家宣称建立了绝对真理的体系，不久却又遭到了别的哲学家的批判和否定。关于哲学对象的问题，就是这一现象的最为典型的表现。与那些在争论中坚持做着建设工作的近、现代主义哲学家明显不同，当今西方一些所谓"后现代主义"哲学家，却像"思想的流浪者"，去强调哲学的非哲学化、非中心化、非理性化，致力于在语言游戏中消解意义和中心、主体性和同一性、连续性和确定性，在争论中进行着持续的否定和批判。

这么说，哲学不是成了乱麻一团，毫无进步了吗？事实恰好相反，正是这种争论推动着哲学的不断进步。这里的原因就在于，哲学研究的对象，即人的存在方式及其与世界的关系，随着人们的生活环境和社会的变化而不断变化，随着人对世界和自身的认识、改造的深入而不断丰富。昨天提出的观点和规定，今天觉得不合适，就需要进行修改，明天还有可能发现需要作进一步的修改。哲学史上有许多著名哲学家，当人们还在研究和赞扬他提出的某种理论时，他自己就已经在批判这种理论，思考新的问题、新的思想了。这是人的认识不断深入和进步的表现，也是哲学批判的本性和精神所要求的。正如德国哲学家雅斯贝尔斯所说的那样：哲学意味着追求。

四、哲学与其他学科的区别

"哲学"一词虽然有多种含义，但我们仍可以对什么是哲学的理解作出一般概括：哲学是对人的存在方式及其与世界关系的反思。这样的反思所形成的理论便是哲学理论。

这一理解包含了两层意思：一是哲学研究的是人的存在方式。从人的存在方式，必然涉及到人与世界的关系，这就要求哲学应面对现实人的世界，而不能停留于旧的形而上学那种与人完全脱离的本体世界。二是把握这种对象和内容的方式是反思，不只是纯粹理性意义上的抽象思考，也不只是以获得事物的普遍性和本质为任务的逻辑思维，它是一种超理性、超思维的追问。追问从现实的人和事物开始，但并不盯住一点当前在场的东西，而是要求从当前在场的东西超越到在它背后未出场的、未在场的东西(无)，这"无"是相对于在场的东西而言的，它同样是现实的事物，而不是通常所说的抽象本质或虚无。这里引用海德格尔的话作说明想必是恰当的，他说，哲学思考就是追问这一问题："究竟什么现实存在物存在而无反倒不存在？"[①]

---

① 海德格尔著，熊伟、王庆节译：《形而上学导论》，商务印书馆，1996年，第14页。

伦勃朗：两位哲家(1628 年)

一般地说，人在世界中，要吃、穿、住、行，要不断地进行创造和发展，这样必然会出现某种存在方式，与世界发生各种关系。人可以用各种方式达到对自身存在方式及其与世界关系的把握，例如常识、神话、宗教、艺术、科学和哲学等。以不同方式认识和把握到的世界，就形成对人来说不同意义的世界，如"常识世界"、"神话世界"、"宗教世界"、"艺术世界"、"科学世界"、"哲学世界"等。但是，正因为哲学把握的基本方式是反思，哲学才表现出自己特殊的特征，才与其他把握方式相区别。弄清这一点，我们就会消除对哲学的莫名畏惧而亲近它，就会觉得哲学并非让人"越学越糊涂"而是需要辩证思考，并非那么抽象玄奥而是具体深刻，也会充分认识到哲学具有独特的价值和魅力。

在常识看来，某物是什么就是直观地看到的"某物"，它是孤立或相对孤立的。用常识的眼光看凡高的名画《农鞋》，只是一双黑洞洞的破旧不堪的无用之物；太阳从东方升起在西方落下是习惯所经验到的事实，世界的客观存在是我们生活、活动的毋庸置疑、不信自明的前提，人从出生、成长到衰老、死亡也是最自然不过的事。这种常识的观点，也叫做人对自身存在与世界关系的"自然态度"。

神话以想象化、拟人化的方式来把握人的存在及其意义，把握人与世界的关系。这种想象化、拟人化的方式又是双重的，即把人想象化为宇宙的事物和现象，又把宇宙拟人化为人的行为或人的精神和意愿。例如，人希望自己不要在世界上毫无作为，匆匆而逝，就想象世界存在无所不能的人物，永生不死的神仙，于是出现了灵魂不灭的观念；人希望了解却又难以解释宇宙中的事件和现象时，就将它们拟人化为类似于人的情感和意愿表达，人格化为神的现象，于是打雷由雷公雷婆操纵，刮风下雨由风神龙王管辖。比如西方的《伊里亚特》和《神普》，中国的《封神榜》和《西游记》就是如此。神话表现了人对某种意义的寻求，不过它主要采用的是形象的思维方式。

神话与宗教既有区别又有联系。作为远古人类对自然力和社会形式想象性的认识，神话并不完全等同于因为对自然力的恐惧无知而产生的、主张偶像崇拜的宗教迷信。但神话对自然力的拟人化、人格化本身，就包含着向宗教迷信发展的可能性甚至必然性。

宗教以神圣的形象来表现人的存在及其意义，把握人与世界的关系。宗教中的神都具有至高无上的力量，是人世间一切力量的源泉，一切智慧的根据，一切道德的标准，一切价值的尺度。其实，这一切都是人想获得自己存在的全部意义和价值这类愿望的理想化、神圣化，所以，宗教中的上帝或神其实是人创造的。人创造了上帝后反过来又对它顶礼膜拜，于是，上帝成了高踞人类之上的、监视支配人类活动的异己力量，甚至是人类和万物的造物主。马克思说，宗教是人的本质力量的异化，就是这个意思。

艺术则以审美的视角和形象来表现人的存在及其意义，把握人与世界的关系。艺术不追求对世界究竟是怎样的知识性了解，也不把表现人究竟应当怎样做的价值评价当做自己的主要任务，艺术所展现的是人的审美世界。艺术有各种形式，比如绘画、书法、戏剧、音乐、舞蹈；有各种关于艺术的观点，比如模仿说、想象说、表现说、象征说；也有各种艺术的表现形式，比如色彩、线条、舞姿、韵律。无论什么样的艺术形式、艺术观点和表现形式，艺术的意义在于表现人的情感体验，陶冶人的道德情操，丰富人的精神家园。

科学又与上述把握方式不同。这里所谓科学，不仅是指自然科学，而且也包括社会科学和思维科学。在历史上，哲学的研究对象是变化的，所以与科学的关系也是变化的，随着科学的分化，本来被认为是哲学的领域变成了科学的范围。我国现代著名哲学家熊十力曾经谈到过这种状况："哲学自从科学发展以后，它底范围日益缩小，究极言之，只有本体论是哲学的范围，除此以外，几乎皆是科学的领域。"[①]其次，哲学当然是一门独立的科学，但它不是一种具

---

① 熊十力：《新唯识论》，中华书局，1985年，第248页。

体科学。具体科学最基本的特征是：它的研究对象是有限的，具体的，这样的对象是可以预先给定的。例如，各门自然科学，就是把自然界的存在当作预先给定的实事，无需先去证明它的存在，再对它进行研究。换言之，科学的认识允许有一个开端。与这个特征相联系，具体科学只提供一种知识。因此，在科学研究中就必须割断所研究的特定对象与许多相关事物的联系，并将其孤立出来加以科学地抽象。自然科学固然如此，社会科学，无论是经济学、管理学、法学还是语言学、历史学或逻辑学，亦不例外。哲学恰恰与具体科学的上述特征不同。哲学研究人的存在方式及其与世界的关系，这样的对象是无限的、变化的、非具体的，不允许有一个现成的开端。因此，哲学对自己的对象及其开端的把握，既不能像常识那样采取直接的、朴素的观点，像神话那样用想象化、拟人化的方式，也不能像宗教那样借用神圣的形象。不但艺术的审美形象不能表现哲学对象的生成变化，科学的研究方法也不能揭示哲学对象的丰富内涵。哲学对人的存在方式及其与世界关系的把握，只能通过辩证的、联系的方法。哲学的反思，也就是辩证的思考。

这里我们还要指出，哲学的反思作为一种辩证思维，是人的一种高级认识活动。人不同于动物，如果说动物也有认识的话，那也只是停留于感官直接感受到的周围世界，而人的认识的特点则是超越这种感性直观，人通过对感性材料的分析和综合，从个别中获得一般的认识。即使直接感知到"个别"，例如一朵花，但当你把对这"个别"的花的直接感知作为认识的结果表达出来，说"这是一朵花"时，你说的实际上是"一般"了。而且，基于这种认识活动的哲学活动，还得依靠概念、范畴，还得进行说理、推论。所以哲学问题就在我们身边，不等于哲学就是身边的问题，人人都会碰到哲学问题，不等于人人都可以成为哲学家。理解和掌握哲学，不仅需要一定的文化，还需要一定哲学思维的训练。现在我们常常会见到，有的人不时地来一句"这是某某哲学"，"这就是我的哲学"之类。黑格尔对此种行为曾经进行过批评，他说："常有人将哲学这一门学问看得太轻易，他们虽从来没有致力过哲学，然而他们可以高谈哲学，好像非常内行的样子。他们对哲学的常识尚未准备充分，然而他们可以毫不迟疑地，特别是当他们为宗教的情绪所鼓动时，走出来讨论哲学，批评哲学。……

唯有对于哲学，大家都觉得似乎没有研究学习和费力从事的必要。"[1]

　　然而哲学之思又是充满诗意的。我们知道，世界因为人而有意义，没有人的世界谈不上什么意义。世界的意义是由语言来表现和显示的。语言有诸如日常语言、哲学语言等之分。诗的语言是感性化、象征化的，却能最大程度地让人从它说出的东西中体验和想象到未说出的东西，而且能让日常语言不可说的东西直接地、整体地向人显现和敞开，表达和放射出哲学的意义，所谓"情在词外"、"言已完而意未尽"就是这个意义。这是诗和诗意独特魅力之所在。翻看中国诗歌，便随处可以感受到这种魅力。一首"采菊东篱下，悠然见南山。山气日夕佳，飞鸟相与还。此中有真意，欲辨已忘言。"，陶渊明便由感官所见的南山、飞鸟，敞开出不可感觉、难以抽象的浑然大全，显现了存于其中的"真意"。在西方大多数哲学家那里，运用的语言是概念式、推理性的，但同样能从在场的东西使不在场的东西显现和敞亮出来，把在场的与不在场的东西融通起来。许多现代西方哲学家，如叔本华、尼采等，更是直接用诗意的语言，散文或随笔的文体，表达深刻的哲学思想。中国哲学缺乏系统的思辨和严密的逻辑，却出现了许多富有诗意的杰作，产生了像庄子这样伟大的诗人哲学家。因此，从一定意义上说，思与诗是一致的，诗可以言志，可以表达哲学，哲学也充满了诗意。

　　哲学之思同样还是一种情感体验。不错，哲学得用概念、得用说理的方法，但同样的概念，在不同年龄、有不同生活经历的人那里，就会有不同的理解和含义。黑格尔曾经说过，同一格言，从一个饱经风霜的老人嘴里说出来，与从一个天真可爱的孩子嘴里说出来，含义是完全不同的。金岳霖先生称赞庄子的哲学是"用诗意盎然的散文写出，充满赏心悦目的语言，颂扬一种崇高的人生理想，与任何西方哲学不相上下。其异想天开烘出豪放，一语道破却不是武断，生机勃勃而又顺理成章，使人读起来既要用感情，又要用理智。"[2]可见哲学的概念中蕴含着深刻的生活经验，哲学是一种理性的辩证思考，也是一种真切的情感体验，既是一个说理推论的过程，又是一个陶冶情操的过程。正由于作为思辨的哲学之思，既充满诗意，又蕴含情感，所以学习哲学既需要思维的训练，也需要心灵的体悟。

---

① 黑格尔著，贺麟译：《小逻辑》，三联书店，1954年，第54页。
② 金岳霖：《中国哲学》，载于《哲学研究》，1985年第9期。

第 二 章

形而上学与存在论的问题

【内容提要】

从某种意义上说，西方哲学史就是一部形而上学产生、形成、演变和衰落的历史。所以，不了解形而上学，就不可能真正了解西方哲学。形而上学是一种思维方法，更是一门为其他哲学和科学奠基的基础学科。形而上学追问的问题是："存在者是什么"。正是这一提问方式隐含着西方超越性的形式化思维。形而上学的超越在两个方向上进行：一是从最普遍的特性即"本质"意义上说明存在者整体，二是从最高的终极根据即"第一实存"的意义上说明存在者整体。因此，"本质"和"实存"是形而上学的两个基本范畴。获得最普遍的"本质"是存在学的任务，而达到最高的、终极的"实存"则是神学的追求。由存在学和神学这两门形而上学基本学科来表现的"形式性"和"超越性"思维，体现了西方文化的最基本特征。

一、形而上学与哲学形而上学传统

形而上学曾经是西方哲学的核心与基础，在哲学中长期占据统治地位达两千多年之久，虽然在黑格尔那里得到了"完成"，也因此而迅速衰落，但是它的深刻影响至今仍然存在。

形而上学是一个非常复杂的问题。问题的复杂性不仅仅是因为形而上学无论在形式上还是内容方面始终处在演变之中，而且还在于对不同的哲学家来说形而上学有着不同的含义，甚至连"形而上学"(metaphysics)这个概念的产生也是一个偶然的"巧合"。众所周知，古希腊著名哲学家亚里斯多德最著名的哲学著作《形而上学》被誉为西方哲学的"圣经"，他本人也被看做是形而上学的奠基人。这本书是亚里斯多德的著作，但却不是亚里斯多德自己编订完成的系统著作，它是由后人编纂起来的。

亚里斯多德生前的讲义、手稿包括学生听课所记的部分笔记，这些材料在他死后由他的学生保存，几经转手，损坏严重。现在我们看到的《形而上学》，据传最早是在公元前40年左右由亚里斯多德学院11代继承人安德洛尼柯根据保存下来的讲义、笔记编辑而成的。亚里斯多德的著作经过多人之手整理、校勘、编订，错落之处甚多，现在我们已无法完全搞清楚其中的线索关系和真伪情况。其中有些内容明显地不很联贯，也有不少重复之处。一些史学家怀疑其中某些篇章是后人插入的伪作，这种怀疑不无道理。所以，在公元2世纪以后又有许多学者作过多次考证、注释，直到19世纪中期柏林研究院出版了经过认真校订的《亚里斯多德著作集》(通称"贝克尔标准本")，才算有了一个比较可信的版本。这就是我们今天所见的本子。

《形而上学》虽是由亚里斯多德大约20年里的不同讲义、手稿拼凑编辑而成的，但我们若着眼于它的内容而不是形式，应该认为它是反映了亚里斯多德哲学观点的全貌的。其中有某些相互矛盾的观点，可以看出，这也正表现了亚里斯多德哲学理论自身的矛盾。我们依靠这些材料，已足够了解亚里斯多德的哲学思想。"形而上学"这一书名并非亚里斯多德所使用，系由编辑著作的后人所加。据传，编辑亚里斯多德著作的安德洛尼柯首先把有关谈论自然事物及其运动的材料辑成《物理学》一书，而后才把论述存在一般原理等抽象问题的材料编成此书，当时无以名之，取名《物理学以后诸篇》，它具有讨论非经验对象问题之意。这就是"形而上学"书名的始源，原意即"在物理学之后"。这本书传入中国，曾按其内容译作《玄学》。由于中国《周易·系辞》中有"形而上者谓之道，形而下者谓之器"的说法，严复据此把"物理学之后"译为"形而上学"，流传至今。

按照《形而上学》一书的内容，它在亚里斯多德所作的学术分类中属于"第一哲学"或"第一学术"的位置。在古希腊流行的观念中，哲学一词的涵义很宽泛，它同"智慧"、"理论学术"具有同等意义。亚里斯多德第一次明确了作为智慧的理论学术包括三种：数学、物理学、第一学术。在亚里斯多德看来，"第一学术"是研究"本体"自身的性质、原理和原因的一种学问。本体的原理和原因，在一切原理和原因中属于最高的原理和原因。以最高原理和原因为对象的那种理论也就是"最高的智慧"。所以按照亚里斯多德的说法，数学、物理学虽也属于智慧，不过比起第一学术来乃是次一级的智慧，可以叫做"第二哲学"；而以"寻取最高原因的基本原理"为宗旨的那部分理论，才是"第一哲学"。这就是形而上学所包括的内容，也就是后世所形成的传统观念中的"哲学"的内容。

自这以后，哲学同形而上学便结下不解之缘，一直延续到近代黑格尔哲学为止。两千多年来人们大多都是从形而上学去理解哲学的本质，把探求"本体"的性质和原理即"本体论"看做哲学天然的基本内容和核心部分。对于形成这一传统的哲学观念来说，《形而上学》一书的内容连同它的书名，起了奠基作用。这本书获得"形而上学"的名称虽有某种偶然因素在内，它能流传下来成为传统哲学观念的一个基本表述形式，又表现出了它的非偶然性。就这点说，该名称与它标示的内容是契合的。

"形而上学"一词作为哲学基本概念的涵义在后来也有所变化。在近代，它具有两种不同的涵义：一种是本体论意义上的"形而上学"；一种是作为方法论意义的"形而上学"。作为追求本体的一种理论，按照通行的理解，"形而上学"就是指研究超感觉的、经验以外对象的那种哲学理论。在这一意义上，形而上学与那种有关经验对象的实证知识相对立，它属于具有玄学性质的思辨理论，是关于超感觉事物的知识。形而上学所追求的，是存在物作为存在的那种本质，切实在对象中那种终极的实在。这种存在的理论通常就被看做哲学中的第一原理。在近代哲学发展中，虽然也有个别的哲学家反对把形而上学作为哲学理论的基础，但从其主导倾向和基本性质来说，近代哲学可以认为基本上都属于形而上学性质的理论，其中以笛卡儿哲学、黑格尔哲学最为典型。现代哲学兴起了一股强大的反形而上学思潮，但形而上学仍然在许多哲学派别中占有重要地位，当然它的内容发生了很大变化，已同古代到近代的传统形而上学理论有了重大差别。

"形而上学"的另一种涵义，即作为方法理论的形而上学概念，是由黑格尔确定的。在这一意义上，"形而上学"代表一种与辩证法思维方法不同的思维方法。形而上学思维方法的基本特征是，它把事物看做彼此孤立、绝对静止、凝固不变的；这种方法集中反映在对"概念"的僵化观点之中，其思想的本质是根本否定"矛盾"（"对立面的同一"）观点的合理性和合法性。作为方法论的"形而上学"同作为本体理论的"形而上学"是彼此有区别的两个概念，因为它们各具自己的特殊规定，并与互不相同的理论或观点相对峙。但它们之间也存在着某种内在的联系，因此，黑格尔才有可能把它从本体论的概念，毫不费力地便引申、转化为方法论的概念。

　　这种内在的联系就表现在："本体"是形而上学理论的核心概念，而作为终极实在和终极本质的本体，一向都被看做是具有永恒性质的绝对存在，一旦人们把握了这种存在，那种认识和理论也就具有了终极的和绝对的性质，成为永恒不变的真理。所以，关于本体的形而上学观点只要引申到表达它的概念和理论上来，就会形成形而上学的思维方法。从方法论的形而上学来说，人们很少会否认经验到的现象是处在不断的流动变化中的，这是人们睁开双眼就能够看到的事实，有谁会矢口否认？所谓孤立、静止、不变的那种观点，主要就是对隐藏于或蕴涵于现象之中或背后的那种"本体"而言的，是就表达这种永恒本体的概念或理论来说的。在这里，按照形而上学观点只能承认存在就是存在，不能同时又是非存在，真理就是真理，不能同时又是谬误。这就是形而上学思维方法的本质。所以凝固不变的观点同抽象化的本体理论二者是彼此相通，甚至是互为前提的。黑格尔从本体形而上学引申出不变论的形而上学概念，在这一意义上可以说，只不过是进一步揭示出了形而上学本体理论中不变论的思维方法特征或本性而已。

　　作为哲学理论形式的"形而上学"，其本质不只在于追求一种超感官、超经验的存在，而且还必须使这种存在成为理性可以完全把握的对象。如果"终极存在"同现实对象完全脱离开来，它就只能是人们信仰的神灵世界；只有把它放置在经验对象的现实联系之中而又使它超越于经验存在，才能构成哲学形而上学的对象。这当然是一个矛盾。形而上学之为形而上学的本质恰恰就在这一矛盾之中：它要以科学认识的方式去把握非科学认识的对象，对终极存在达到绝对真理的认识。

二、本体论

(一) 从"本原"论到"本体"论

在西方哲学中，还有一个概念可以充当形而上学的同义语，它就是"本体论"，不过这个概念是 17 世纪时才出现的。"本体论"(ontology)的字面含义是"关于存在(to on)的理论或科学(logos)"，译作"存在论"也许更为恰当，只不过这个概念很少在"存在论"的意义上使用罢了。总之人们通常是在同义语的意义上使用"形而上学"和"本体论"这两个概念的。

两千余年来的传统哲学就其内容实质而言，可以认为就是以"本体"为基础概念或核心内容的一种理论。"本体论"这种理论经历了一个从形成、演变、发展到衰落的过程。它在历史上曾经表现为各种不同的理论形式：古代哲学是本体论萌芽和形成阶段的理论；中世纪的神学理论是本体论的异化表现形式；近代哲学，特别是在 17 世纪到 18 世纪这一时期，本体论哲学达到发展的高峰，形成了多种不同的理论形态；随后，本体论作为哲学的一种主导倾向和典型理论形式便走向衰落。虽然如此，本体论在哲学中却始终并未消失，而且在某些派别的哲学中仍然占据重要的甚至主导的地位。

本体论萌芽、形成于古代哲学，确切地说，就是亚里斯多德在《形而上学》这本书中为其奠定理论基础的。他在这里第一次明确提出，哲学(第一哲学)就是"本体之学"，"原因、原理与本体的要素是我们研究的对象"。[①]"本体"的概念是他确立的，本体论的思维方式也是由他奠定基础的。他建立的第一个完整的本体论哲学体系，对后世哲学发展产生了巨大的影响。

古代哲学从原始宗教和神话观念脱胎而来，早期的理论中没有"本体"概念，那时提出的问题是寻求万物的"本原"。寻求本原和探求本体，就其思想实质来说是相同的，后者也是从前者演化而来的。按照亚里斯多德的观点，人们关于"本原"的各种不同观点，归根结底就是为了说明我们眼前的对象究竟是什么，即认识它的本体。因而在他看来，"所以从古到今，大家所常质疑问难的主题，就在'何谓实是'，亦即'何谓本体'"。[②]这就是哲学的真正主题。

---

① 亚里斯多德著，吴寿彭译：《形而上学》，商务印书馆，1959 年，第 160 页。
② 亚里斯多德著，吴寿彭译：《形而上学》，商务印书馆，1959 年，第 126 页。

"万物的本原是什么"和"万物的本体是什么",这毕竟是两个不同的提法,其间不能没有内容上的某些差别,由前者转变为后者也不能没有某种思想方法的变化。

"本原"的观念显然同原始神话说明宇宙万物起源的"由来"观念有着密切的联系,甚至可以认为它就是从由来观直接转化而形成的。"本原"最初所要探求的就是那个"万物始所从来,与其终所从入者"的东西。泰勒斯说"水为万物之原",这就意味着万物皆从水而来,融解后又都复归于水,水就是万物的原理。亚里斯多德在解释"原"的含意时,特别强调的也是它作为原始起点、原初事物的发始意义。

原始宗教在晚期进入祖先崇拜,特别重视"创世的父母"。寻求本原的提法显然受到这种"事物最古老的最受尊敬"也"最神圣"①的观念的影响,所以才把原初存在当作现存事物的根本原理去理解和对待。从这种观念看来,事物是什么,首先和主要的是看它来自于什么,它的"祖先"是什么它也就是什么。"本原"规定了它的本性,先在者是后来者的根据,原初物是事物的本真存在。这一观念在后来"本体论"哲学中演化为"还原论"的思维方法,一直影响到近代的哲学和科学理论。

如果原初存在是现存事物的本真状态,那么现存的一切事物就不过是本原物的一种变形存在,只要我们把事物分解开来恢复它的本来面目,就应当能够从中发现它的本真存在。按照这种观念,事物对我们所表现出的万千变化的样子变成为一种失真的状态,它原来只是"水"、"火"或"气"而已。这样,"原初物"从现实存在的观点来看就成为构成物的"基质"、"元素";从现存事物中去追究它的本原,就转化为探求构成事物的基质和元素的问题。"本原"的概念在演化过程随之便同时具有了构成质料、基质、元素的涵义。按照亚里斯多德的解释,"元素"(要素)概念在古代的涵义是指"事物内在的基本组成",它属于"微小单纯与不可再分割的事物",而且是属于一切事物共有的"普遍事物"。②作为这样的元素也就是事物的"本原"即原初物、本真物。

古代哲学的"本原"是一个涵义极其宽泛、具有多种多样功能的概念。人们要对事物所理解的那一切,都期望从本原得到说明。所以随着认识的深化发

---

① 亚里斯多德著,吴寿彭译:《形而上学》,商务印书馆,1959年,第8页。
② 亚里斯多德著,吴寿彭译:《形而上学》,商务印书馆,1959年,第87页。

展，"本原"的内容也在不断增加，或者确切地说，从它原有的那种模糊的意义中不断分化出不同的内容。后来分解出来的主要是"动力"(来源)和"本性"(规定)两个概念。

"本原"作为所从出者主要说明的是事物基质、元素的来源。是什么力量推动、提供本原物演化成为众多不同的变形物？最初人们所理解的本原物自身就是赋有变化本性的一种存在，如水、气、火等。后来人们逐渐发现，从统一本原变化而成的是千差万别的事物，那种具有变化本性的本原物只能说明它要"变"，却难以说明它为什么会变成万千不同的事物，更难说明众多不同事物何以会有各不相同的规定性。由此，从"本原"概念便进一步引申出动力和本性两个概念。柏拉图的哲学就是从注重于说明事物"本性"的来源和规定中建立的理论体系。按照亚里斯多德的解释，"本性"概念与"自然"具有相同意义。"每一自然事物由彼所得于自然者，开始其最初活动"，这个出于的自然也就是它的本性。在这一意义上，"本性就是自然万物的动变渊源"，同时又具有"自然事物的本质"的涵义。①

随着本原内容的分化，"本原"概念本身也就被分解，变成只是一个用以说明和理解事物"原因"的概念。"原因"概念是一个包含事物多项原理内容的抽象概念，它已不再仅仅局限于那种"原初存在"的特质涵义。事物的生成和存在出于多种原因，原因的概念也具有多种不同含义。亚里斯多德说，"原因常有几种讲法，同一事物可有几个原因，几个不相符属的个别原因"。他把原因主要归结为为四类，即物因、本因、动因和极因。②

从本原到原因，意味着人们理解和把握事物的方式开始发生变化，"原因"概念因而也就成为从"本原"的追求到探求事物"本体"过渡的一个中介环节。在本原与事物的关系中，本原物处于主体地位，变形物不过是理解和把握它的本原存在的一种实证性注解。在原因与事物的关系中则不同，这里现存事物变成主要对象，原因不过是为了理解事物而设定的某种原理。如果说本原的提问方式表明人们尚未完全摆脱神话意识的影响，本质上还属于幻想(猜测)意识范畴，那么原因的提问方式便已属于理智思维的科学认识范畴。按照因果方式去理解和追寻事物的本原，就必然导致"本体"概念的出现。

① 亚里斯多德著，吴寿彭译：《形而上学》，商务印书馆，1959年，第88-89页。
② 亚里斯多德著，吴寿彭译：《形而上学》，商务印书馆，1959年，第84-85页。

（二）"是"与"存在"

亚里斯多德式的形而上学问题差不多可以简化为：存在者是什么？(What is the being? *Was ist das Seiende?*①)我们会说：谁不会问如此简单的问题呢！三岁稚儿都会。至少，我们会说这并不是只有高深莫测的哲学家才提得出来的问题，更不是只有欧洲人才提得出来的问题。所以，我们有必要先来了解一下这个"问题"本身。

人所面对的是一个色彩斑斓的世界，它包含着万千变化的事物，事物又都各有不同的性质、状态、形状和属性，这一切对人而言都属于"存在"。但也很明显，这众多的"存在"并不是等值的。无论就它们对事物构成来说，还是就它们对认识的构成来说，其意义都各不相同。人们要想理解和把握这诸多不同的存在以及它们之间的关系，首要的问题就是必须区分出它们的基本存在和从属的存在。只有找出它们的基本存在，其他那些存在才能由此而得到理解。这就是"本体论"所要解决的问题。后世把"本体论"看做关于存在的学说，是研究"存在作为存在"之本性或"存在本身"的一种理论，这一定义即渊源于此。

"What is the being?"这个问题只有三个词：什么(what)、是(is)、存在者(the being)。说来都是最明明白白的词了。但在哲学中，最明白的往往也是最可置疑的。首先我们应该注意到，这个问题是一个形式的问题。所谓"形式的"是指它不涉及到实质，它不是问苏格拉底是什么，也不是问这棵树这个石头是什么，而是问"存在者"是什么。另外这个问题的形式性还表现在：它甚至可以被译为"是者的东西是什么？"或者"是者是什么？"。

从"存在者是什么？"这个形而上学的问题中，我们可以引出、区分出如下两个问题：

其一，"什么存在？"(what-being)的问题。形而上学首先要揭示出存在者作为存在者是"什么"(*Was*)，亦即存在者的"存在状态"(*Seindheit*)，也被称为"什么存在"(*Was-sein*)，用德国近代形而上学家尼古拉·哈特曼的词语用法，就是"本在"(*Sosein*)，此即拉丁文的"本质"(<u>essentia</u>②)，英文的"essence"。

其二，"如此存在"(that-being)问题。除"什么存在"，形而上学还要揭示

---

① 本书中斜体标注的为德文。
② 本书中加下划线标注的为拉丁文。

存在者整体存在的"情况"，存在者整体存在的"如此实情"和存在者整体存在的"方式"，它完全在字面上被称为"如此存在"(that-being)，用尼古拉·哈特曼的术语，就是与"本在"(*Sosein*)相对的"此在"(*Dasein*)，即拉丁文的"实存"(<u>existentia</u>)，英文的"existence"。

这样我们便可以了解，亚里斯多德关于"本体"的理论，就是要从诸多"存在"中找出那个基本的存在、原始的存在，同时还要探究它所以成为这样一个基本存在的原理和原因。而他采用的一个主要的方法就是辨析"是"的不同意义，从中确定出"实是"来，然后找出它的"怎是"。

三、形而上学的超越性问题

(一) 超越的两个方向：先验与超验

与"存在者作为存在者是什么"这个形而上学的问题相关，近代德国哲学家莱布尼兹提出形而上学的基本问题是："为什么存在者存在而无倒不存在？"(Why is the being at all and not rather nothing?)。如果换一种译法，这个句子几乎可以译作"为什么是者是而无倒不是？"这个问题是一个玄妙至极的问题。在这里，至少存在两个问题：其一，这个问题表明了形而上学的问题是一个彻底的追问，是一种超出"存在者整体"而直抵"虚无"的追问，是关于"整全"、"普遍性"的追问。其次，"为什么、为何之故"的问题涉及到"根据"和"原因"，他要追问"第一原因"和存在者的"最高实存根据"，是关于"神性"的问题，在此意义上讲，形而上学也必然是神学。这就涉及到西方哲学形而上学的根本问题："超越"问题。所谓超越，指跨越两个区域的界限，特别是从"此岸"到"彼岸"的逾越。"超越"问题在形而上学中具有根本性意义，形而上学中的 meta-本来就意味着一种超越和超出。

与我们上面论述的"本质"和"实存"问题提法相应，形而上学的"超越"也有两个方向，或者说是在两个方向上进行的：其一，向"本质"(<u>essentia</u>)的超越，也就是"先验之物"的"超越"，这是"什么存在"方向上的"超越"。形而上学在"最普遍的特性"(即普遍有效的东西)意义上表象存在者整体(即"共相")。具体地讲，这是"存在学"的任务，存在学是着眼于存在者的"本质"对"存在者作为存在者"的规定。其二，向"实存"(<u>existentia</u>)的超越，也就是存在者的第一实存根据意义上的超越，即作为"超验之物"的超越。这是"如此存在"方向上的"超越"。"超验之物"意义上的"超越"就是"神"(神性的东西)。也正是在这个意义上的"超越"经常被解作"超越者"，而后者经常被视为"神"或者"神性者"的代名词。这就是说，形而上学也在最高的、因而神性的存在者(大全、万物之上的最高者)意义上表象存在者整体(即"神性之物")，这是神学的任务。

上述两种"超越"之间的关系，是合乎"本质"与"实存"的形而上学区分的。存在学把"超越"表象为"先验之物"，神学把"超越"表象为"超验之物"。正因为这样，后期海德格尔把形而上学的本质机制刻画为"存在学"与"神学"的一个结合体，称之为"存在-神-逻辑学"。海德格尔还明确地断言：形而上学通过先验地-超验地超出存在者来思考存在者。海德格尔这里的表述是极为精细而毫不含糊的，所谓"先验地-超验地超出"，意思就是以"存在学的"方式和"神学的"方式超出。存在学在探究普遍存在者(即普遍有效的东西、共相)的统一性之际思考存在者之存在，而神学在论证整体存在者、大全(即万物之上的最高者)的统一性之际思考存在者之存在。

这里必须特别指出的是，存在学与神学虽然在追问方向和思考方向上是相互区分的，但这两者又是相互依赖、相互交织在一起的。以海德格尔的说法，神学从存在学中推出存在者的本质(essentia)，存在学则着眼于存在者的实存(exist，entia)，把存在者当作实存者移置入神学所表象的第一根据之中。形而上学的存在—神学本质是从本质和实存的角度来思考存在者的，这样一种交织的依赖关系，海德格尔曾把它称为"调校"。正确地理解这样一种关系十分重要。"本质"和"实存"只是标明了存在学和神学的追问角度和路径，我们并不能由此得出结论："本质"仅仅是存在学的问题，而"实存"只是神学的课题。

(二) 形式性与超越性

在西学东渐过程中，可以说"存在学"在中国受误解最多，而"神学"受抵触最大。作为学科的"存在学"(ontologia)在今天的汉语学术中还有五六个之多的译名，这在学科专名的翻译上是极其少见的。至于神学，按说基督教流入中国也有几百年的历史了，特别是最近一百年来，中国移植了欧式学院教育制度和学术学科建制，我们的大学里已经有了几乎所有西式科学，但惟独没有神学，而我们知道，在欧洲的综合大学里，神学始终是第一门学科。正是"存在学"和"神学"这两门形而上学的学科标征着西方文化的最根本特性，通过这两门学科，我们碰触到了西方文明的根本核心。对于东西方的文化交流来说，这是一个无比坚硬的内核。

那么，这个"硬核"，西方文化的最根本特性到底是什么呢？我们上面其实已经对此作了传达。再要来总结一下，我们可以把它表述为：由存在学和神学这两门形而上学的根本学问来表现的"形式性"和"超越性"。

如上所述，存在学和神学是形而上学的两个追问路向和超越方式。存在学通过"本质之问"（"先验之问"）达到"最普遍者"；神学通过"实存之问"（"超验之问"）达到"至高者"。两者都是一种"超越"，而途径有所不同。若笼统地来讲，存在学的途径是理性，而神学的途径则是信仰。通常我们把西方文化传统了解为"两希文化"（即希腊文化和希伯来-基督教文化），着眼点正在于理性与信仰这两个基本组分。

进一步我们还要具体落实到思维方式或方法上来。形而上学的超越途径是与所谓"普遍化"的方法联系在一起的。根据现象学哲学家胡塞尔所作的区分，"普遍化"有两种方式，即"总体化"和"形式化"。所谓"总体化"也就是"概括"，就是传统哲学和逻辑的"属加种差"的概念定义方法，是"按照种类的普遍化"，例如"人是两足动物"、"人是理性动物"等等，就属于这种方法。当我们说"红"是一种"颜色"，"颜色"是一种"感性性质"时，这是一种"总体化"；但如果我们继续下去，说"一般性质"是"本质"（wesen），"本质"是"对象"，那就不是"总体化"而是"形式化"了，因为在这里"本质"、"对象"并不是一个实质的规定。"总体化"是实质的规定（排序），而"形式化"则是不含实质的、与实事无关的形式规定。两者之间存在着一个"断裂"。

胡塞尔（以及稍后的海德格尔）对这个"断裂"的揭示具有重要意义，因为它实际上是在思维方法上区分了形而上学的两种超越方式。可以说，"总体化"是实证科学（经验科学）的基本方法，而"形式化"则是形式科学的基本方法。作为关于实存论状态上的信仰的科学，神学的"超越"方式是"实存总体化"，也正是在此意义上，神学可以被理解为一种"实证科学"。而毫无疑问，对于存在哲学思维来说，"本质形式化"的超越方式具有构成性和决定性的意义。

第三章

希腊哲学的摇篮及母体

〖内容提要〗

古希腊哲学是西方哲学发展的最初形态。古希腊哲学从公元前 6 世纪开始形成，一直到公元 6 世纪初，共延续了一千多年，中间经历了希腊古典时期、希腊化时期、罗马共和国及帝国时期。从地域上说，它开始于小亚细亚的希腊殖民城市，繁荣于希腊本土，并移植到亚洲、非洲的广大地区。古希腊哲学是一种丰富多彩的哲学。它的各种流派、不同倾向、侧面、层次和色彩孕育着西方哲学的不同形式。在古希腊人看来，哲学和神话是一对孪生姊妹。荷马的英雄诗篇，赫西俄德关于诸神谱系的故事是希腊哲学的主要源流，在神话的诗篇里，古希腊早期自然哲学家用来阐明宇宙生成的词汇就已出现了。而在希腊哲学诞生以后，宗教仍在延续，并与哲学结下不解之缘，各自以不同的形式反映着同一个希腊民族的精神世界。荷马、赫西俄德一类的希腊古代诗人和宗教家是希腊哲学家的先驱。

一、希腊哲学的摇篮

古希腊人为世界文化宝库奉献了一种原创性的、具有较为公认形态的哲学，但它又是一种在历史进程中已经终结了的哲学。人们一般认为，公元前 7 世纪末的泰勒斯是第一位希腊哲学家，希腊哲学起始于他，而以罗马皇帝查士丁于公元 529 年关闭柏拉图学园为标志，希腊哲学走向了终结。然而，深入的考察似乎告诉我们：古希腊哲学的终点很清楚，但它的起点模糊不清。让我们先来看看希腊哲学诞生和发展的地理环境与文化环境。

希腊哲学诞生在古希腊，但是古希腊并非现今位于欧洲巴尔干半岛的希腊共和国，亦非一个单一民族国家。古希腊的地理范围大体上包括位于欧亚两大洲交界处的爱琴海地区，由希腊半岛、小亚细亚西部沿海地区，以及爱琴海上诸岛和南部的克里特岛组成。

希腊半岛位于整个爱琴海地区的中心，分为北部、中部、南部三部分。北部是贫瘠的山地，奥林匹斯山是希腊神话传说中天神居住的地方。中部希腊包括以雅典为主的阿提卡地区和以底比斯为主的彼俄提亚地区，位于福基斯山区的德尔斐圣地是古代希腊宗教活动的中心。南部希腊即伯罗奔尼撒半岛，分为拉科尼亚和美赛尼亚两个土地肥沃的地区，斯巴达、科林斯和麦加拉等均为古希腊重要城邦。小亚细亚现在属于土耳其，古代称作安那托利亚，意思是"太阳升起的地方"。腓尼基人称之为"亚细亚"，意思就是"东方"。古代希腊的重要城邦米利都和爱菲斯都位于小亚细亚西部、爱琴海的东岸。小亚细亚西岸中段从南到北的一条狭长地带，再加上萨摩斯和卡俄斯两个岛屿，被称作爱奥尼亚。这里气候温和，自古以来就是富饶的地方。

古希腊人还向意大利半岛的南部殖民。南意大利加上西西里岛以及附近岛屿在希腊殖民时代被统称为"大希腊"。南意大利的东海岸有克罗顿，西海岸有爱利亚，这两个城邦是希腊早期哲学流派的重要活动地点。

希腊地区图(公元前450年前后)。雅典的势力范围在希腊半岛与小亚细亚(当时属波斯帝国)之间的爱琴海周边，地理上相当分散，城邦之间通常要航行数百公里。斯巴达是希腊地区的另一个霸主，其势力则主要在爱奥尼亚海岸。这些城邦后来都为北边的马其顿所征服。

语言学、历史学的研究表明，在一个相当原始的史前时期，在里海和咸海以北那一片弧形的大草原上，栖息着古代印度人、波斯人、日耳曼人、克尔特人、拉丁人、希腊人的祖先。他们分为许多部落和部族，过着逐水草而居的游牧生活。由于他们文明程度相同，都讲一种原始的印欧语，因此被统称为印欧语系诸部族。后来，大约在公元前 2500 年左右，这些部族从石器时代演进到铜器时代。然而，那个时候他们还没有文字，除了原始氏族公社以外还没有更高的政治组织，与同时期的两河流域居民或埃及人相比，他们还是未开化的野蛮人。

公元前 2000 年左右，印欧语系诸部族分成两大支，先后从里海的东北岸向外迁移：一支向南迁徙到伊朗高原和印度，征服了当地的土著部落而定居下来，成为伊朗人和印度人；一支向西迁徙到欧洲，后来又分别繁衍为希腊人、拉丁人、高卢人、日耳曼诸部族以及斯拉夫族。

爱琴海区是欧洲最早使用青铜器的地方，最早开始由野蛮向文明过渡。然而，最早在爱琴海区活动的不是希腊人，而是从西亚来的移民和当地土著，史称"前希腊人"。爱琴文明在历史上分为克里特文明和希腊本土的迈锡尼文明。克里特岛上的文明起源很早，大约在公元前 3000 年已经进入青铜时代，经过长时间的发展，于公元前 1700 年左右达到繁荣。所使用的文字由象形文字发展到线形文字 A，在建筑、工艺、雕刻等方面达到相当高的水平。公元前 2000 年左右，在欧洲的部落大迁徙中，阿该亚人南下进入希腊半岛定居，与当地居民融合，成为最早的希腊人，在希腊半岛上创建了迈锡尼文明。在荷马史诗中，阿该亚人是攻打特洛伊的希腊联军的主力。公元前 15 世纪，阿该亚人进入克里特岛，取代了原来的居民，克里特文明告终。

公元前 15 世纪末，希腊半岛上的迈锡尼文明达到繁荣。有大型的王宫和王陵，有青铜农具和武器，有造船业和商业。泥板文书上的线形文字 B 有别于线形文字 A，现在已经能够解读。当时已经出现了贵族占有大片土地的私有制度，出现了公有奴隶和私有奴隶。线形文字 B 已有表示男奴和女奴的词，表明当时的迈锡尼已经向奴隶制过渡。

公元前 12 世纪初，迈锡尼的珀罗普斯王朝国王阿伽门农统帅希腊半岛境内的联军，远征小亚细亚西岸的特洛伊，经过 10 年的战争，终于攻克该城。公元前 5 世纪的希腊历史学家修昔底德说："在特洛伊战争以前，我们没有关于整个希腊共同行动的记载。"①这次统一行动打破了希腊各部落间彼此隔绝的关系，使各部落感到他们拥有共同的利益，促进了他们之间的交往与融合。这次远征也是迈锡尼势力从繁荣到衰落的转折点。公元前1125年左右，巴尔干地区又一次发生部落大迁徙，同属于希腊语支的多立斯人陆续南下，进入希腊半岛和某些爱琴海岛，摧毁了迈锡尼，结束了迈锡尼文明的历史。

多立斯人原来是半农半牧的原始部落，进入希腊以后，他们摧毁了当地原有的王宫、王陵等建筑，破坏了手工业和商业，线形文字B也绝迹了。这个时期没有留下任何文献资料，但却产生了相传为诗人荷马所作的两部史诗——《伊利亚特》和《奥德赛》。所以，这个时期被称作"荷马时代"，有些史书则称之为"黑暗时代"。

荷马时代后期希腊社会的最大进步，就是结束了部落大迁徙的历史，开始由部落向民族的过渡。公元前9世纪至公元前8世纪，希腊半岛、爱琴海诸岛和小亚细亚西岸基本上形成为一个整体，产生了具有固定地域和共同方言的三个民族：爱奥尼亚人、埃俄利亚人和多立斯人。它们就是原始希腊人，是后来统一的希腊民族的基本成分。

希腊人这个统一的名称来源于一则为古希腊人普遍相信的神话传说。普罗米修斯和普罗诺亚生丢卡利翁和皮拉。大洪水以后幸存的丢卡利翁和皮拉生子希伦。希伦就是整个希腊民族的始祖，而他的三个儿子，多鲁斯、克苏索斯、埃俄罗斯，分别是多立斯人、爱奥尼亚人和埃俄利亚人的祖先。丢卡利翁还有一个女儿，生子马其顿，即为马其顿人的祖先，所以马其顿人和希腊人是表兄弟。诸如此类的远古神话包含着古代民族对远古历史的记忆。

宗教在民族形成的过程中起了重要作用。公元前5世纪的希腊历史学家希罗多德说："赫西俄德和荷马的时代比之我们的时代不会早过四百年；是他们把诸神的家世教给希腊人，把它们的一些名字、尊荣和技艺教给了所有的人并且说出了它们的外形。"②位于德尔斐的神托所原先供奉地神该亚，到了公元前8世纪开始供奉阿波罗。到了公元前700年，阿波罗逐渐成为全希腊崇拜的神，连异族人也来求神谕。公元前735年，西西里岛的那克索斯要建立殖民城邦，

---

① 修昔底德著，谢德风译：《伯罗奔尼撒战争史》，商务印书馆，1960年，第3页。
② 希罗多德著，王以铸译：《历史》，商务印书馆，1959年，第134-135页。

建城者前来向阿波罗求神谕。公元前 675 年，吕底亚国王巨格斯派人前来德尔斐求神谕。后来，雅典的立法者梭伦和斯巴达的立法者莱喀古斯都来到德尔斐求神谕。阿波罗神庙的女祭司成为全希腊人都敬畏的预言家。阿波罗神和德尔斐神托所成为统一的希腊民族的象征。宗教在古希腊统一民族的形成中所起的重要作用，由此可见一斑。

荷马时代后期，铁器在希腊得到广泛使用，生产力有了新的发展。这时不仅有了大量家奴，而且在农业、手工业等生产领域中广泛使用奴隶，奴隶和奴隶主阶级逐渐形成。原来氏族成员中的分化日益加深，部落和氏族首领转化为奴隶主贵族，一般成员转化为平民，出现了奴隶主、奴隶、平民三大阶级。整个社会有了建立新的组织机构的需要，城邦的议事会和人民大会是改造旧机构而成的，执政官则是新设的官职。

公元前 683 年，雅典废除王权，次年实行一年一任的执政官制度。斯巴达的监察官制度始于公元前 757 年，而它的二王制、长老院和民众大会则早在公元前 9 世纪就有了。到了这个时候，原来的城市正式成为城邦国家，城邦中的居民就成为"公民"。

希腊世界盛行向海外移民。移民的起因多种多样：有的是遭受敌人侵略，被迫流落出走；有的是由于城邦内乱而被驱逐出境；有的是遇上难以克服的天灾；有的是人口过多，本邦无力负荷；还有一些冒险家，受到外面土地肥沃、景物美妙传说的诱惑而出走。无论原因何在，目的都在于觅取新土地，取得新的安身立命之所。移民团体到达一个新的地方，总要夺取一片土地或是开辟一片土地分给各个成员。为了防卫当地居民的袭击，或者海盗的劫掠，他们筑城聚居，就这样，到了公元前 8 世纪，希腊人的殖民城邦已经布满地中海和黑海沿岸。这些海外殖民团体在殖民地安顿下来两三代之后，又派遣新的移民到邻近的甚至遥远的海岛和海滨去建立新的殖民城邦，而没有向亚洲大陆纵深发展。从公元前 7 世纪起，希腊文明的中心从小亚细亚的那些殖民城邦回归希腊本土，希腊半岛上的国家开始城邦化，大规模的海外殖民活动告一段落。

希腊的城邦由卫城发展而来。最早的时候，人们在遭到敌对势力或海盗的威胁时就聚集在那里，在高地和山头上建筑城墙和城堡。后来由于耕作的发展和定居的需要，卫城就从山头搬到平坦的地方或河畔。再后来，卫城逐渐转化为建有生产场所、宗教生活中心和首领及祭司的居屋居民住宅的城市。再加上周边的土地与村落，就成为大小不等的城邦。

公元前5世纪的古希腊社会发生了剧烈的变动。公元前500年，米利都等城邦发生反抗波斯的起义，得到爱奥尼亚地区各城邦和希腊本土雅典等城邦的支持。由于起义惨遭镇压，米利都等繁华城邦被焚为焦土，丧失独立，导致爱奥尼亚地区经济社会沦落不振，学术文化中心西移，一批知识精英辗转流徙，来到雅典这个希腊本土的中心，播种出雅典黄金时代的灿烂文化。

公元前5世纪也是雅典城邦繁荣、发达、衰落的时期。雅典是阿提卡半岛的一个城，阿提卡统一为一个城邦以后，雅典成为这个国家的名称。雅典的王政时代约于公元前683年结束，开始有一年一任的执政官。大约与泰勒斯同期的梭伦于公元前594年担任执政官，实行改革，为雅典的奴隶主民主制奠定基础。公元前6世纪末，克利斯提尼实行一系列政治改革，最终摧毁了氏族贵族的反抗，被称为雅典民主制之父。雅典从此蒸蒸日上。它同斯巴达结盟，担负起领导全希腊民族抗击波斯帝国入侵的伟大历史使命。经历了数十年战争的磨难，希腊人粉碎了数十万侵略大军的进攻，将波斯帝国彻底打败。

希波战争后期，雅典和斯巴达争霸。斯巴达控制了伯罗奔尼撒同盟，雅典则建立提洛同盟，向雅典纳贡的城邦有300多个。奴隶主民主派的杰出领袖伯里克利统治雅典30余年(约公元前462年至公元前429年)。他大力推行民主政治革新，扩充军事经济实力，倡导繁荣学术文化，开辟了雅典奴隶主民主制的黄金时代，使雅典成为全希腊政治、经济和文化中心。从此，希腊哲学进入一个新阶段，在以雅典为中心的希腊本土发展起来。

二、希腊哲学的母体

在漫长的人类历史中，宗教几乎总是居于一切上层建筑的顶端，对其他上层建筑领域发生支配性的影响；各种意识形态和文化形式被纳入宗教观念系列之中，具有宗教的色彩。希腊宗教在哲学产生以前是希腊民族精神的代表，在哲学产生以后是希腊民族精神的底蕴。简言之，希腊宗教是希腊哲学的母体。在漫长的历史进程中，希腊人信奉的不是单一的宗教，而是无数种宗教。这些宗教也不是保持着始终如一的面貌，而是在历史的长河中不断发生变迁。从起源上说，古典时代的希腊人的宗教信仰本身已经接受了从米诺斯到迈锡尼，从埃及到小亚细亚诸民族宗教的影响。后来，在各种因素的作用下，奥林波斯教逐渐成为希腊城邦社会占主导地位的正统宗教。

希腊人的神灵世界的体系化与希腊统一民族的形成同步。在荷马时代，原有的神与新来的神、变化了的外来神，野蛮民族的神与文明民族的神都混合在一起，于是就有了荷马一类的诗人把希腊众多的神灵按氏族的形式组织起来，并以奥林波斯天神为希腊人的主要崇拜对象。赫西俄德则用排神谱的方式，排出天神和冥神两大系列的神灵，调解了新旧神灵的汇聚给希腊人的信仰带来的混乱。通过诗人和艺术家们的神话创造，希腊人有了一个大致有序的神灵世界作为信仰的对象。

希腊宗教与希腊神话关系十分密切。古希腊的神话不仅是寓言、启示、原始理性或远古历史，而且是包涵历史、自然、道德、社会、宗教等因素在内的百科全书，是希腊文化的一种载体。希腊人的宗教信仰有相当一部分用神话故事的形式来表达，先是从原始宗教信仰中形成神灵观念，再逐渐衍生出复杂的神话故事，所以，对希腊宗教来说，与之真正相关的是神话所体现的神灵观念及其发展，而非全部神话。解读希腊神话，对其中包涵着的希腊宗教神灵观念进行剖析，是我们把握希腊人精神世界的一个重要方面。

雄伟的古希腊宙斯神殿遗址

奥林波斯教的精神是希腊民族精神发展史上的一个重要阶段。在希腊哲学产生之前，这种宗教的神灵观念体现了希腊民族的理想与超越。希腊哲学诞生以后，这些神灵观念被改造、吸收到哲学之中，通过理性的提炼而继续体现希腊民族的理想与追求。美国实用主义哲学家杜威说："没有希腊宗教、希腊艺术和希腊的国民生活，他们的哲学是不能成立的，而那些哲学家所夸耀的那种科学的效果却是皮相的，无足轻重的东西。"①确实，在哲学与科学兴起之前，奥林波斯教的神灵观念是希腊民族精神的主要体现。它对当时社会公众心理的影响比后起的哲学更加广泛，但它在以后的发展中并没有保持原有的地位。奥林波斯教的消亡已经由它自身的缺陷所决定。当希腊人的理性思维已经发展起来，有了哲学的时候，这种宗教没有产生理性化的教义；当希腊人除了参与公共生活，还想要获得个人情感的满足的时候，这种宗教已经越来越官方化。于是，希腊人探索神秘的生命，想要达到"与神相合"的精神境界的目标只能由其他神秘的民间宗教来满足了。

在希腊民族思维发展的历程中，想象力丰富的希腊人会考虑这样一些问题：这些不同的神灵之间有什么关系？这些神灵与人生活的世界是什么关系？荷马宗教从两个方面深刻地影响着古希腊民族的精神和心理特征：第一，它给了古希腊人一种命运天定、不可改变的观念。荷马史诗极力宣扬这种观念，说一切事变均为"定数女神"或"命运女神"所规定，因而必然地按照预定的定数实现。此种预定的定数是一种必然的天命，不仅凡人不可抗拒，甚至包括宙斯在内的诸神也无法改变。诸神的作为如果有违于定数的规定，也必然招致失败。这种支配一切事物(神和人)的"定数观"加强了希腊人对神圣天命的宗教敬畏感。后来的宗教神学也利用了这种观念，把"定数"修改为神的旨意，说成是神意或天命，以此来抬高神的权威。当然，这种宗教观念在其后来的发展中也能起另一种作用。主张理性原则的哲学家可以把定数解释为自然规律，从定数支配一切，甚至支配神出发，导出了自然规律支配一切的科学观念，为科学的发展提供了思想依据；反正统宗教的启蒙思想家则可由此得出否定奥林波斯诸神权威的结论。第二，在希腊正统宗教的世代作用下，人们习惯于用神的意志和好恶来解释各种事物，宗教神话观念逐渐成了人们维系社会秩序的准则，国家大事常求教于德尔斐神托所传达的神谕，公民大会的开幕、军队的出征等，都在公开的宗教祈祷仪式下进行。社会等级秩序由神确立，国家法律为

---

① 杜威著，许崇清译：《哲学的改造》，商务印书馆，1958年，第10页。

神制定，对破坏传统体制行为的惩治被视为神的惩罚，城邦之间的条约和公民私人之间的契约，通过对神起誓作为保证。在荷马宗教成为希腊城邦的官方宗教以后，它给参与者带来的精神感受主要是一种宗教神圣感和敬畏感。那些荷马宗教的神灵与社会公共生活结合得越紧密，与个人的宗教体验和情感也就越疏远。

总而言之，希腊民族精神在进入古典时代以前主要是以宗教观念的形式得到表现的。作为正统宗教的奥林波斯教的神灵观念代表着希腊民族精神的一极，象征着希腊民族精神的主导面，体现着作为一个整体的希腊民族的理想和追求。而奥尔弗斯教一类的民间宗教则以另一类神灵观念代表着希腊民族精神的另一极，象征着希腊民族精神的次要的一个层面，体现着作为个体的希腊人精神解放的需要和情感要求。这两类宗教给希腊民族的精神世界都打上了深刻的烙印：正统宗教给希腊人的精神留下的印记可以简要地归纳为神圣与崇高，而神秘宗教给希腊人的精神留下的印记则是神秘与解脱。

三、希腊文化的扩展

希腊哲学诞生于某些古希腊城邦，但它并没有止步于此，而是随着地中海世界的变迁，经历希腊化时期，进一步扩展到整个地中海世界，并一直延续到罗马帝国，直至西罗马帝国灭亡。为了把握整个希腊哲学的发展，我们不仅需要了解希腊文化的形成，还要了解希腊文化的扩展。须知，我们通常所说的希腊哲学不仅是指古希腊城邦时代的哲学，而且包括希腊化时期的哲学和罗马帝国的哲学，"希腊哲学"的完整说法是"希腊-罗马哲学"。

在西方古代文化研究中，希腊文化(Greek Culture)与拉丁文化(Latin Culture)常常被人们相提并论，视为西方文化的渊源和起始阶段。然而，由于亚历山大大帝东征以后地中海世界曲折多变的历史进程，继续用希腊文化或拉丁文化都已很难涵盖地中海世界的文化变迁，于是便有了"希腊-罗马文化"这样并列的称谓。虽然希腊文化与拉丁文化之间的交流从古典时期就已经开始，也在某些方面达到了融合，但是以这两种民族文化为主干的罗马帝国文化的起始应当以罗马帝国的建立为外在标志。因为，帝国的建立终于使两大文化传统有了统一的政治架构，"希腊-罗马文化"从那时起就不再是并列的、相对独立的文化，而是一种开始整合的统一文化了。在这个意义上，希腊-罗马文化(或称大希腊文化)与罗马帝国文化不是同义词，而分别是标识希腊文化与罗马文化的演进过程和地中海世界文化发展两大阶段的名称。

公元前4世纪划时代的大事件是喀罗尼亚战役和亚历山大东征。它标志着希腊古典城邦文化的发展走到了尽头，也标志着一个新的历史阶段——希腊化时期的开始。"在亚里斯多德时代，希腊文明走出了本土疆界，进入了伟大的总的潮流，住在地中海沿岸的古代各民族，通过他们的观念的相互交流、调整，融合成为统一的文明。这个过程是在亚历山大继承人的希腊城邦里通过东方和希腊的思想交融而开始的。希腊文明、罗马文明和基督教文明就是从古代发展到世界未来文明所经历的三个阶段。"①

公元前4世纪以后，古希腊城邦社会盛极而衰。城邦内部各种矛盾的发展促使了社会的分裂，城邦之间的战争造成了城邦国家实力的削弱。此时，处于希腊本土边缘的马其顿王国崛起了。公元前360年，雄才大略的马其顿国王腓力二世即位。他仿照底比斯的军事体制招募牧民和农民，建立了一支强大的军队，大量使用骑兵作战。从此，马其顿成为希腊半岛上武力最强的国家。公元前338年，腓力在喀罗尼亚地方彻底击溃雅典和底比斯的联军，从此结束了希腊半岛上城邦林立的局面。喀罗尼亚战役被史家视为马其顿统一希腊半岛的起点，希腊古典城邦文化的发展告终，希腊文明的发展进入了希腊化时期。

严格说来，东西方文化的交流并非从亚历山大大帝东征才开始。早在希腊向东方进行大移民(公元前8世纪至公元前6世纪)前，希腊和东方就处于密切的交往中。但是，希腊化时期东西方文化交流与融合的规模和程度都是前所未有的。这个时期最显著的事实是古希腊的文化和古代东方各国的文化因为交流融合而孕育出更为发达的文化。亚历山大打破了西方和东方之间的藩篱，随着希腊文化的传播，希腊的影响进入东方，与此同时，东方各种古代文化也反过来影响着西方和希腊。亚历山大的侵略政策导致在亚非广大范围内形成一种新的文化综合体：一方面，希腊文化在希腊化世界整个地区十分广泛地传播，从而使一些民族与部落吸收了古典时期希腊优秀的文明成果；另一方面，希腊文化因素与各地的，主要是东方的文化传统相结合，被武力征服了的各个民族在

---

① 文德尔班著，罗达仁译：《哲学史教程》上册，商务印书馆，1987年，第209页。

吸取希腊文化的同时对本民族文化进行了改造，创造出具有自身新品质的民族文化。

　　亚历山大用武力缔造的大帝国没能维持多久。随着亚历山大的突然辞世，帝国分裂成若干个王国，其中主要有埃及的托勒密王国、塞琉古王国、马其顿王国(包括希腊的大部分)、帕加马王国以及短命的莱西马基王国。这些国家已经是新型的国家组织，是专制的君主国家。除了这些国家以外，地中海、西亚以及中亚地区的许多国家参与了希腊化世界文化的交流，希腊文化的东传给东方各民族文化带来了巨大的冲击，产生了许多新文化结合点。希腊共同语的形式，对希腊文化的传播起了重要作用。埃及人曼涅托和巴比伦人别洛斯用希腊文写成了关于本民族历史的著作。亚美尼亚国王阿塔瓦兹二世也用希腊文撰写了他的历史著作与文学著作。在亚历山大里亚，东方文化和希腊文化的融合过程，不但开始得最早，而且进展得最迅速。这里的犹太人热衷于研习希腊哲学，并把它移植到犹太教的母体中去。早在托勒密六世(约公元前 186 年至公元前145 年)时的犹太神学家阿里斯托布罗，就从哲学角度对《摩西五经》加以注释，其中明显可以看出亚里斯多德的影响。

　　希腊化时期各民族文化长期碰撞和融合的结果，形成了地中海世界范围内的政治、经济、科学、哲学和宗教。来自希腊化国家的特殊文化，最终成为一种世界性文化的重要支柱。由于希腊古典文化所取得的辉煌成就以及从亚历山大东征开始造就希腊化世界这一历史事实，希腊化时期的文化本质很容易被人们理解为希腊古典文化的扩展和延续。然而文化扩展从来就不可能是单向的。希腊化不是希腊文化单向地影响东方国家的文化，也不只是希腊人把他们的文化输往非希腊文化的东方国家，而是东西方文化的汇集和融合。希腊化时期文化的本质是希腊文化和东方文化的综合。那些在亚历山大帝国的废墟上所形成起来的各个希腊化国家，一方面具有东方的特征，一方面又具有希腊的色彩。那些"希腊化"大都市，如埃及的亚历山大里亚、叙利亚的安条克、小亚细亚的帕加马等，成了新文化的渊薮，成为东西方文化融合的中心点。这些地方在希腊化时期的宗教和哲学的发展中占有重要地位，后来对基督教神学有重大影响的犹太教神学就是在这些地方诞生的。以后，这种文化融合的传统又被罗马帝国继承下来。

公元 1 世纪以前的罗马史，是一部军事征服和政治统一的三部曲：第一步是罗马城邦统一拉丁姆地区；第二步是逐渐征服整个意大利半岛；第三步是扩张到环绕地中海的广大地区。在这一历史过程中，罗马人的城邦文化先是成为拉丁文化的同义词，然后成为与希腊文化比肩而立的一种区域文化，最后在罗马帝国建立之际与希腊文化一道融入雄居整个西方古代文化之巅的罗马帝国文化中，成为这种世界性文化的主干和核心部分。

罗马建国以后，在相当长的一个时期内，只是台伯河畔一个小国寡民的城邦。罗马的北面有强大的伊拙斯康人，南面有许多其他拉丁部落，亚平宁山区居住着剽悍的萨莫奈人，而意大利半岛的南端则是希腊人的殖民地。罗马人在武力扩张的过程中，必须消除这些敌对的势力。罗马思想家瓦罗说过，罗马在国王统治下的 250 年中征服了二十多个民族，但它的统治范围扩张并没有超过 20 哩。[①]到了公元前 338 年，也就是马其顿征服希腊各邦以造完统一的同一年，罗马人发起"拉丁同盟"之战，以武力震慑了其他拉丁各邦，宣布解散"拉丁同盟"，统一了拉丁姆地区。从那以后，拉丁人与罗马人融合为一个民族，包括罗马城邦文化在内的拉丁文化开始成为一个整体。

古罗马的扩张示意图(至公元前 200 年)

---

① 参阅奥古斯丁著，王晓朝译：《上帝之城》上册，道风书社，2003 年，第 13 章。

与雅典相比，罗马开初的势力范围在地理上要紧凑许多。罗马的地域并不大，只相当于我们一个县的大小。早期的盟邦都在拉丁地区，罗马也在零星的要害地带设置了殖民地。这些地区的居民通常都享有至少部分罗马公民权。到公元前298年后，新增加的盟邦离罗马较远，没有公民权，但是享有自治，负有与罗马共同作战的义务，并可以分享由此得来的战利品。公元前241年以后，罗马扩张超出了意大利半岛的范围，西西里岛、撒丁岛、科西嘉岛，还有北部的波河地区，设的是行省。

当罗马人还在经营意大利半岛时，北非突尼斯海角上的迦太基已经发展成为一个强大的商业帝国，控制有整个西部地中海。罗马统一意大利半岛后，两国关系急剧恶化。从公元前264年起，到公元前146年止，罗马先后和迦太基进行了三次猛烈的、事关生死存亡的大搏斗。罗马人称腓尼基人为"布匿人"，而迦太基人是腓尼基人的后裔，所以这个战争被称为"布匿战争"。第一次布匿战争历时24年(公元前264年至公元前241年)，罗马打败了迦太基，取得了在地中海西部的霸权。第二次布匿战争历时18年(公元前219年至公元前202年)，罗马战胜迦太基，迫使对手接受城下之盟。第三次布匿战争历时4年(公元前149年至公元前146年)，罗马人攻陷迦太基，整个城市被付之一炬，火光冲天，十余日不熄。罗马人还用犁把这片废墟耕过，以示铲除了大患。于是迦太基不仅在历史上被消灭了，而且也在地理上消失了。

正当罗马与迦太基在地中海西部进行生死存亡大搏斗的时候，地中海东部地区的三个希腊化国家，安提柯王朝统治下的马其顿王国、塞琉古王朝统治下的叙利亚、托勒密王朝统治下的埃及，也在纵横捭阖，谋求扩张，攻城掠地，互相征战不已。此外，在小亚细亚北部和西北部还并立着帕加马、比提尼亚、本都和加拉太这些小王国。从公元前215年至公元前146年这70年间，罗马先后四次用兵于马其顿，最终征服了马其顿王国。公元前146年，也就是罗马最后灭亡迦太基的那一年，罗马元老院下令焚掠科林斯，把它的艺术品和财宝悉数劫往罗马。花团锦簇的科林斯城落了个与迦太基同样的下场。

再往后，叙利亚、小亚细亚、埃及的那些希腊化王国被逐一征服。原先强权林立的意大利半岛、西西里岛、撒丁岛、科西嘉岛、西班牙半岛、马其顿、希腊半岛、小亚细亚、埃及和非洲北岸抟聚为一个庞大的帝国，整个地中海成为帝国的内湖。罗马帝国的疆域从日落处和西面海洋到高加索山和幼发拉底河，通过埃及上达埃塞俄比亚和通过阿拉伯远达东面海洋，所以它的疆界东至太阳神上升的海洋，西至太阳神降落的海洋；同时他们统治了整个地中海和所有海中的岛屿以及海洋中的不列颠。①

若以公元前338年的拉丁同盟之战为起点，短短不过两百年，罗马从一个小国寡民的城邦发展为一个地跨欧非亚的庞大帝国，这一成就使罗马人无比自豪。因为，与往昔称雄地中海世界的那些古代大帝国相比，还从来没有一个帝国曾经占有这样广阔的领土和维持这样长的时间，即使是亚历山大大帝建立的帝国也无法与罗马帝国相比。

罗马帝国的真正历史始于屋大维。在他手中，罗马共和国完成了向帝国的转化。公元前43年，他与安东尼、雷必达结成"后三头同盟"，并迫使公民大会予以承认，成为合法的权力机构，得以全权处理罗马政事。次年，屋大维和安东尼率兵进军希腊半岛，在腓力比城扫灭共和派的部队。共和派的领袖布鲁图战败自杀。腓力比一战把罗马贵族共和制送入了坟墓。三巨头剩下要做的事就是决定由谁来主宰这个实际上已经成形的大帝国。

罗马帝国建立以后，帝国文化的建构本质上是罗马化的推进和希腊化的萎缩。历史学家通常把罗马陷落(476年)以前的帝国历史分为两个时期：帝政时期和帝国晚期。两者以公元235年亚历山大·塞维鲁即帝位，或者以戴克里先于284年即帝位为分期的界限。从文化发展的角度看，帝政时期实际上是罗马式的文明全面推进和扩展的时期。

① 阿比安著，谢德风译：《罗马史》，商务印书馆，1985年，第15页。

第 四 章

西方哲学的童年：早期自然哲学

【内容提要】

　　早期希腊哲学主要指爱奥尼亚地区的米利都学派和爱菲斯学派，南意大利地区的毕达哥拉斯学派和爱利亚学派的哲学思想。它们是希腊哲学的最初形态，第一次摆脱了希腊神话的传统思维模式，以哲学的方式提出了关于万物"本原"的问题。米利都学派试图以某种自然物质来说明万物的本原，奠定了自然哲学的基础。毕达哥拉斯学派初步涉及了事物的抽象本质，开启了形而上学的源流。爱菲斯学派的赫拉克利特既延续和推进了米利都学派的自然哲学，又进一步发展了毕达哥拉斯学派的抽象思想，力图在一与多、永恒与流变、抽象的本质与具体的现象之间建立统一性。爱利亚学派的哲学家们强调上述矛盾范畴之间的绝对对立，极力用一来否定多，用静止来否定运动，用本质来否定现象。早期希腊各哲学流派尽管对本原的理解互不相同，但它们都致力于寻找本原，强调本原作为万物的开端或本质的重要意义。这种寻找本原的努力在稍后的智者派那里遭到了根本性的否定，智者们用感官知觉和逻辑论证对客观实在性的本原本身进行了解构，将人确立为万物的尺度。至此，早期希腊哲学关于本原的探讨终结于智者派的相对主义和怀疑主义之中。

一、米利都学派

　　米利都位于爱琴海东岸，是希腊人在小亚细亚殖民地爱奥尼亚地区的一个城市，是古代亚、非、欧的交通枢纽，工商业繁荣，人文荟萃，被称为爱奥尼亚地区的花朵。在这里孕育了古希腊哲学的第一个学派——米利都学派。米利都学派的主要代表人物有泰勒斯、阿那克西曼德、阿那克西美尼。但他们既没有后来的哲学家团体式的组织，也没有固定的讲学场所，只是它的代表人物都在米利都城邦活动，后人将他们称为米利都学派。

(一) 泰勒斯

泰勒斯(鼎盛年约在公元前 585 年)是米利都人，出生于米利都的一个名门望族。由于知识渊博，他与雅典城邦的立法者梭伦等人一起被列为当时希腊的"七贤"之一。[①]根据古代各种记载，泰勒斯积极参加各种活动。第欧根尼·拉尔修记载说，在泰勒斯的塑像下有这样一句铭文："这里长眠的泰勒斯是最聪明的天文学家，米利都和爱奥尼亚的骄傲。"[②]他早年曾到巴比伦、埃及等地游学，并将巴比伦的天文学、埃及的几何学介绍给了希腊人。他曾经准确地预测了公元前 585 年的一次日食，确定了 365 天为一个太阳年，运用几何学定理来测量海上船只的距离，并且由于预见到来年的橄榄大丰收而乘机租借榨油机以至于发财致富。据说泰勒斯有一次观察星象时不慎跌入一个坑里，他的仆人就嘲笑他能够认识天上的事物，却看不见脚下的东西。这个轶闻倒是反映了哲学家们往往更关注超越日常经验之上的事物而不是眼前的东西。

希腊哲学始于公元前 6 世纪的泰勒斯，这种说法几乎为所有哲学史家所公认。泰勒斯没有留下什么著作，我们是通过古代文献的转述而知道他的基本思想的。亚里斯多德生活在公元前 4 世纪，他在对以往哲学家思想进行清理时已经形成了他自己对哲学家和哲学问题的确定看法，并已建构了自己的哲学体系。他在《形而上学》中说："初期哲学家大都认为万物唯一的原理就在物质

---

① 关于"七贤"，说法不一。现今所知的希腊七贤的名单最早见于柏拉图。"传说中的七贤有米利都的泰勒斯、米提利尼的庇塔库斯、普里那涅的彼亚斯、我们自己的梭伦、林杜斯的克莱俄布卢斯、泽恩的密松，第七位就是斯巴达的喀隆。他们全都是斯巴达文化的仿效者、崇拜者和学生，他们的智慧可以说都属于同一类型，由他们各自说出的精辟格言和警句组成。"柏拉图：《普罗泰戈拉篇》343A。

② 第欧根尼·拉尔修是公元 1 世纪罗马哲学家、传记作家。他撰写的《著名哲学家的生平与学说》以希腊哲学家的传记为主，也注意到了他们的学说内容和师承关系，保存了古代哲学家的许多残篇。该书已有中译本，书名译为《名哲言行录》(马永翔、赵玉兰、祝和军、张志华译，吉林人民出版社，2003 年)。

本性。万物始所从来，与其终所从入者，其属性变化不已，而本体常如，他们因而称之为元素，并以元素为万物原理，所以他们认为万物成坏，实无成坏，这一类实是毕竟万古常在；譬如我们说苏格拉底美而文明，其所为美与文明者，可先有而后失，并不常在，然苏格拉底则常在。正复如此他们就说事物或生或灭而实无生灭；因为那些组成一切事物的实是——无论为一(元素)或为若干(元素)——在万物成坏中，依然如故。可是他们对于这些原理的性质与项目，所想并不一致。这类学说的创始者泰勒斯说'水为万物之原。'"[1]

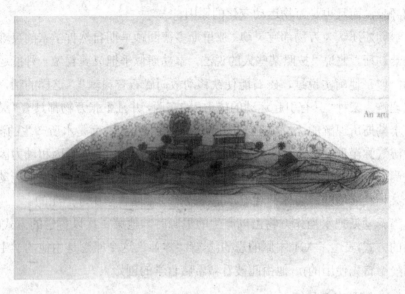

泰勒斯的宇宙哲学图景

他之所以被誉为"哲学之父"，只是由于他表述了这样一个观点：水是万物的本原。这种关于万物本原的说法在今天看来是非常幼稚可笑的，但它却是突破传统的神话宇宙论而用自然物质本身来说明万物本原的第一次尝试。在泰勒斯提出水是万物的本原之前，希腊人对于宇宙起源和自然演化的理解都是依据神话的生殖原则。亚里斯多德认为，古代人在神话中将水当作最古老、最受尊崇和最神圣的事物的传统观点，例如海神夫妇是诸神和万物的始祖的观点，以及诸神把大海和冥河(斯提克斯河)作为发誓见证的观点，对于泰勒斯提出水

---

① 亚里斯多德著，吴寿彭译：《形而上学》，商务印书馆，1959 年，第 7 页。

是万物本原的哲学思想是有一定的影响的。①对于把海洋视为生存命脉的希腊人来说，这种看法再平常不过了。泰勒斯的伟大创见则在于，他第一次摆脱了神话宇宙论的传统藩篱，试图在自然界的范围之内，用作为日常自然物质的水来说明万物的根源。

自然界的物质形态万千，泰勒斯为什么要把水说成是万物的本原呢？泰勒斯通过观察发现，"万物的种子本性都是潮湿的，所以，水就成了潮湿东西的自然本原"②。在泰勒斯那里，水具有运动变化的本性，它不仅是万物由以产生的源泉，而且也是万物运动变化的原因。

泰勒斯还认为万物都有灵魂。亚里斯多德回顾早期自然哲学家的灵魂观时提到泰勒斯。他说"按照某些人的说法，泰勒斯似乎把灵魂看做一种能运动的东西，似乎他确实说过，磁石能使铁移动故而磁石有灵魂"③这样的话，他把灵魂理解为某种"具有引起运动的能力"的东西，并且主张万物都具有"灵魂"。但是泰勒斯所理解的"灵魂"不是一种精神性的东西，而是水所产生的湿气，这种湿气弥漫于宇宙中，构成了万物运动的原因，万物的质料因和动力因在他这里尚未分化。那种把物质性的本原看做是惰性的和被动性的，而将能动性归结于某种独立的精神实体的观点，是在较晚的希腊哲学中才产生的。

当泰勒斯把水当作万物由以产生的根源时，他第一次以哲学的方式(而非神话的方式)表述了关于本原的思想(尽管"本原"这个概念是由他的学生阿那克西曼德首先使用的)，他由此被看做希腊哲学的创始人。

(二) 阿那克西曼德

米利都学派的第二位代表人物是阿那克西曼德(鼎盛年约在公元前 570 年)。许多古代作家把他与泰勒斯的关系说成他是泰勒斯的朋友和学生。第欧根尼·拉尔修说："普拉克西亚德的儿子阿那克西曼德，是米利都本地人。"雅典人阿波罗多洛在他的《编年史》中说，"阿那克西曼德在第 58 届奥林匹亚赛会的第二年，是 64 岁，以后不久就死了，而他的鼎盛年大约是在波吕克拉

---

① 北京大学哲学系外国哲学史教研室编译：《古希腊罗马哲学》，三联书店，1957 年，第 4-5 页。
② 转引自苗力田：《古希腊哲学》，中国人民大学出版社，1989 年，第 21 页。
③ 转引自苗力田：《古希腊哲学》，中国人民大学出版社，1989 年，第 22 页。

底担任萨摩斯的僭主的时候。"[①]他对天文学、地理学均有过较为深入的研究，发明了计时器和天球仪以测定太阳的轨迹和昼夜平分点，绘制了第一张陆地与海洋的轮廓图。与泰勒斯不同，古代记载一般都肯定阿那克西曼德有过著作。古代辞书《苏达》记载过阿那克西曼德的著作目录，说他写过《论自然》、《大地概况》、《论恒星》、《天球》等著作。但需要说明的是，所有苏格拉底以前的自然哲学家和自然学家几乎都被后来的记载说写过《论自然》。可惜阿那克西曼德的著作早已失传。阿那克西曼德还以一种朴素的方式表达了进化论的思想，他认为生物都是从太阳所蒸发的湿元素中产生的，而人则是从鱼进化而来的，因为人在胚胎状态时很像鱼。他建立了一种宇宙论模型，认为世界的形状像一个圆筒，地球处于圆筒的中间，被大气和火圈所环绕，人们透过气孔而看到的火光就是日月星辰。

阿那克西曼德是泰勒斯的学生，据说他绘制出第一张地图，制造了第一个天球仪和计时器

　　"本原"(又译作"始基")这个概念据说是由阿那克西曼德最先使用的，而且他使得"本原"概念具有了一点抽象的和形而上学的意味。阿那克西曼德显然对于他的老师泰勒斯单是将水说成万物本原的做法不满意。在他看来，泰

---

　　① 第欧根尼·拉尔修著，马永祥等译：《名哲言行录》上册，吉林人民出版社，2003年，第83-84页。

勒斯之所以要把水作为本原，是由于水的"无定形"的性质，但宇宙间无定形的不单只是水，所以本原应当是一切"无定形之物"(即"无定形"之意，又译作"无限"，或音译为"阿派朗")。阿那克西曼德认为："在火、气、水、土之中任何一种都不能生成万物。除此而外的其他事物也不能，如某种介乎气与水或气与火之间的中间物。"①总之，任何单一的或单纯的自然物均不能成为万物的本原，只有各种无定形之物所构成的原始混沌体，才是万物的本原。尽管阿那克西曼德并没有具体说明"无定形"究竟是什么，但是他却明确地表示它不是任何一种具有固定形态的东西，因为任何单纯的和有形的东西都是有生有灭的，而只有无定形的东西才是不生不灭的，一切生灭变化的东西都是从中作为结果而产生出来的。如亚里斯多德所解释的："它作为本原，是不生不灭的。凡是产生出来的东西，都要达到一个终点，然而有终点就是有限(有定形)。所以说，无限者(无定形者)没有本原，它本身就是别的东西的本原，包罗一切，支配一切。"②可以说，"无定形"是阿那克西曼德对万物本原的一种否定式的表述，黑格尔认为，阿那克西曼德"把原则规定为'无限'，所造成的进步，在于绝对本质不再是一个单纯的东西，而是一个否定的东西、普遍性，一种对有限者的否定。"③这意味着哲学思维层次的提高。

"无定形"作为一种原始混沌体，包含着一些对立的东西于自身之中，这些对立物就是冷与热、干与湿，由于它们的作用，从原始混沌的"无定形"中分离出万事万物。与泰勒斯不同，阿那克西曼德认为事物的产生不是由于某种基本元素(如水)的转化，而是由于永恒的运动把对立物从"无定形"中分离出来，因此，所谓产生即是对立物的分离。辛普里丘在介绍阿那克西曼德的哲学思想时写道："万物由之产生的东西，万物又消灭而复归于它，这是命运规定了的。因为万物在时间的秩序中不公正，所以受到惩罚，并且彼此互相补足。这是他以颇带诗意的语言说出的话。"④这种以朦胧的诗意语言表达的哲学思

① 转引自苗力田：《古希腊哲学》，中国人民大学出版社，1989年，第25页。
② 北京大学哲学系外国哲学史教研室编译：《西方哲学原著选读》上卷，商务印书馆，1981年，第17页。
③ 黑格尔著，贺麟、王太庆译：《哲学史演讲录》第一卷，商务印书馆，1959年，第195页。
④ 北京大学哲学系外国哲学史教研室编译：《古希腊罗马哲学》，三联书店，1957年，第7页。

想，与表现"命运"主题的希腊悲剧具有内在的相似性，都反映了一种由神秘的"命运"所主宰的对立面冲突和因果报应思想。这种关于"命运"的决定论思想，稍后我们在与阿那克西曼德有过师承关系的毕达哥拉斯的哲学中也可以看到。

(三) 阿那克西美尼

米利都学派的第三位代表人物是阿那克西美尼(鼎盛年约在公元前 546 年)。第欧根尼说："阿那克西美尼，欧律司特拉图的儿子，米利都本地人，是阿那克西曼德的学生。根据另一种说法，则是巴门尼德的学生，他以为气为万物的本原，气是无定形的。他认为星辰不是在大地上面运行，而是环绕着大地运动，他用简单而淳朴的爱奥尼亚方言写作。根据阿波罗多洛的说法，他主要活动在萨尔迪斯陷害的时候，死于第 63 届奥林匹亚赛会。"[①]

与米利都学派的前两位自然哲学家一样，阿那克西美尼也对自然现象作过一些研究，他认为地球和日月星辰都是从空气中产生出来的，并且被空气和一种神圣性的"嘘气"(或"精气")所包围着，他因此提出了气是万物本原的观点。亚里斯多德说："阿那克西美尼和第欧根尼认为气先于水，它比其它单纯的物体更是本原。"[②]希波吕托[③]讲的更为详细：阿那克西美尼说本原是无定的气。正在生成的、已经生成的和将要生成的都由此产生，众神和神圣的东西也不例外，其余的东西又从它们产生。气的形状是这样：当它处于最平稳的状态时，不为视力所见，但加热、变冷、潮湿及运动时就呈现出来。它处在不断运动中。

阿那克西美尼关于气是万物本原的观点显然是对泰勒斯和阿那克西曼德思想的一种综合，如果说泰勒斯的水是对万物本原的一种肯定性的表述，而阿那克西曼德的"无定形"是对万物本原的一种否定性的表述，那么阿那克西美尼的气则是对万物本原的一种否定之否定的表述。气一方面是一种与水一样的自然物质，另一方面却比水更加具有无定形的特点，它是一切无定形之物中

---

① 第欧根尼·拉尔修著，马永翔等译：《名哲言行录》上册，吉林人民出版社，2003 年，第 85 页。

② 转引自苗力田：《古希腊哲学》，中国人民大学出版社，1989 年，第 31 页。

③ 西波吕托是公元 2 世纪早期基督教神学家，他的著作中保留了许多早期希腊哲学家的资料。

"最"无定形的一个，因而能作为一切无定形之物的代表。它一方面实实在在地存在着，另一方面却不可测量和无边无际，无孔不入也无所不包。因此将气说成万物的本原似乎更加顺理成章，既超出了泰勒斯的局限性，也克服了阿那克西曼德"无定形之物"的笼统性。气本身具有无定形的属性，正是它的聚散离合构成了宇宙万物。气具有冷与热两种性质以及与之相对应的凝聚与稀散两种运动。阿那克西美尼认为："使物质集合和凝聚的是冷，使它稀薄和松弛的则是热。"[1]作为万物本原或基质的气"借稀薄和浓厚而形成不同的实体。当它很稀薄的时候，便形成火；当它浓厚的时候，则形成风，然后形成云，而当它更浓厚的时候，便形成水、土和石头；别的东西都是从这些东西产生出来的。"[2]由于冷、热这两种对立性质的相互消长，气就随着凝聚和稀散这两种相反的运动而分别转化为火、水、土以及宇宙万物。

阿那克西美尼的气不仅是指一种自然物质，有时候它也指呼吸、灵魂或某种神圣性的东西（"精气"）。但是无论是哪一种意义上的气，都不具有一种独立精神性含义。基尔克指出："可能阿那克西美尼自己关于神说过一些什么，有理由可以推论出的是：世界上的诸神本身是从包含一切的气中派生出来的，只有气才是真正神圣的。"[3]神本身就是从气中产生的，因此神圣的"嘘气"（或"呼吸"）和灵魂之类的东西仍然是一种物质性的气。就此而言，阿那克西美尼的"气本原说"表现了一种朴素的物质与精神未分化的思想。早期希腊人缺乏关于独立的精神实体的观念，同时也缺乏脱离了精神性的纯粹物质的观念。他们很难想象和理解完全脱离肉体的灵魂或精神。只有到了希腊城邦文化的鼎盛时期，希腊哲学家（阿那克萨戈拉）才提出了与物质相分离的、独立的精神实体（"心灵"）的概念。

阿那克西美尼也有一些宇宙生成论的思想。"阿那克西美尼、阿那克萨戈拉及德谟克利特说大地的宽阔是其停留的原因，因它与下面的气并不分开，而是同一只盖子盖在气上，正如那些宽阔的物体那样，由于它们本身的阻力，即

---

① 北京大学哲学系外国哲学史教研室编译：《古希腊罗马哲学》，三联书店，1957年，第13页。
② 北京大学哲学系外国哲学史教研室编译：《古希腊罗马哲学》，三联书店，1957年，第11-12页。
③ 汪子嵩等著，《希腊哲学史》第一卷，人民出版社，1988年，第232页。

使是风也难以移动它们。"①

米利都学派是西方哲学史第一个哲学学派，是西方哲学的开端，它从理性出发回答了世界的本原是什么的问题。这种回答有以下几个特点：第一，它是一元论的。米利都学派的哲学家们都坚持认为作为万物之始基的只是某一种东西。他们把万物都视为这个始基的生成物，把杂多的世界统一于这个始基或本原。第二，他们都以某种特殊物作为万物之始基。无论是水、无定形之物、还是气，都只是万物中的一种。这就把特殊物视为普遍物，将普遍性的特征赋予了它们。这也说明米利都学派还未能真正摆脱具体的感性思维方式，表明了这种哲学思维的朴素性。第三，米利都学派的哲学家们都以一种感性直观的方式看待始基与万物之间的转化，都认为始基是运动的，并在运动中通过对立物，借助凝聚、疏散等形成万物。这就表现出一种自发的辩证思维。总之，作为哲学开端的米利都学派的哲学是朴素自发的，但是它却是人类思维划时代的变革，是西方认识史上的一个质的飞跃。

二、毕达哥拉斯学派

毕达哥拉斯(鼎盛年约在公元前 531 年)出身于爱奥尼亚的萨摩斯岛，早年曾就学于泰勒斯和阿那克西曼德，40 岁时由于与萨摩斯僭主波吕克拉底发生冲突而出走，曾经到过埃及、印度，在游历四方后定居于南意大利的克罗顿城邦，并在那里建立了一个带有宗教色彩的学术团体，被人们称为毕达哥拉斯同盟。据说要加入他的同盟要遵从许多规矩。同盟成员虽是男女兼收，贫富皆可，但是一旦入盟，财产就要收归公有，盟员不得保留私有财产。盟员分为三个等级：初入盟者为听僧，其责任是只听不说；第二等级是数学弟子，从事数学的学习和研究；最高等级的盟员是哲学学人，只有在此时，才能学习和研究哲学。所以每个成员在入盟时必须发誓在几年之内不出一言。后据说为他的政敌所杀。一些哲学史家认为，毕达哥拉斯主义是奥尔弗斯神秘教内部的一种改良运动，它代表着与爱奥尼亚的自然哲学相对立的神秘主义倾向。毕达哥拉斯本人就是一个令人费解的神秘人物，他既是一位伟大的数学家，也是一个神秘主义宗教团体的创始人，并且被这个团体当作介乎人与神之间的半神来加以崇拜。

---

① 转引自苗力田：《古希腊哲学》，中国人民大学出版社，1989 年，第 33 页。

在早期人类看来，凡是超出感官所能把握的东西之上都带有某种神秘意味，如"数"就是这种东西。所以在毕达哥拉斯所创建的团体中既传授数学、音乐等方面的知识，又有着许多奇怪的忌禁，例如禁食豆子、不许用刀子拨火、不许坐在斗上等等。毕达哥拉斯在科学上卓有建树，他是"毕达哥拉斯定理"的发明者，第一次提出了"心灵和表象是在脑子里面"的观点（在此之前人们都认为心灵是在心脏里），创立了宇宙中心火（地动说）的理论，并且在谐音学方面也颇有造诣。另一方面，他也在奥尔弗斯宗教的基础上提出了灵魂不死和轮回转世的思想，据说他有一次阻止人们去打一条狗，因为他从这条狗的叫声中听到了他的一位逝去朋友的声音。

古希腊哲学家数学家毕达哥拉斯

毕达哥拉斯学派提出万物的本原是"数"。在他们看来，"无定形的东西"不论是什么，都不配作万物的本原，因为它们连自己都没有定形，如何能给万物定形呢？所以万物的本原应当是有定形的东西，而万物共同的有定形的东西就是"数"。他们发现一切事物都包含着数量关系，数与万物之间的联系远远超过了水、火、土、气等任何一种元素与万物之间的联系。这种"数本原说"的思想产生于毕达哥拉斯学派对于数学与谐音学的研究，他们根据谐音的音程取决于琴弦的长度这一原理，进而认为一切事物的性质都是由它们包含的数所决定的。根据这种联系，数不仅可以用来解释具体事物，而且可以用来解释抽象事物，因此他们把数说成万物的本原是对米利都学派理论的一种深化。数作为万物的本原，已经超越了米利都学派的感性物质意义上的开端，而具有了抽象原则的含义。亚里斯多德认为，毕达哥拉斯学派"不从感觉对象中引导出始基。……他们所提出的始基和原因是用来引导他们达到一种更高级的实在的。"[①]这就在认识论上开创了一条理性主义的思路。不过，在毕达哥拉斯学派那里，数虽然具有了最初的抽象意义，但是它却并未完全脱离形体，而是首先要用来构成形体的。在他们看来，数是构成事物实体的物理质点或基本元素。作为一切数之根本的"1"是第一本原，而"1"表现为点，由"1"派生出其他的数乃至万物的过程则被表述为：(1) 点产生线，(2) 线产生面，(3) 面产生体，(4) 体构成水、火、土、气等四种元素，这四种元素则以不同的方式相互结合和转化，从而产生出世界的万事万物。

正因为万物都是由数构成的，所以数是决定事物性质的比例关系或抽象原则。而最基本的原则就是从奇数与偶数的对立中引申出来的十对基本对立范畴，即有定形与无定形(有限与无限)、奇数与偶数、一与多、右与左、阳与阴、静与动、直与曲、明与暗、善与恶、正方与长方，每一对范畴的前一项都优于后一项。他们用这些对立范畴来说明事物的性质和价值。此外，毕达哥拉斯学派还用自然数来象征无形事物。例如，"1"代表灵魂或理智(因为它是最基本的数)，"2"表示意见(因为它是摇摆不定的)，"4"和"9"是正义(因为它们分别是第一个偶数"2"的平方和第一个奇数"3"的平方)，"5"是婚姻(因为它是第一个偶数与第一个奇数之和)，"8"是爱情与友谊(因为八度音是谐音)，"10"则是完满与和谐(因为它是 1、2、3、4 之和)。毕达哥拉斯学派常常用这种神秘的象征方式来解释事物的性质，认为具体事物是对数的"摹仿"，因此要求具体的存在物必须与数相符合。例如，他们认为天体的数目应该是 10(完满与和谐)，因此他们就在观察到的九个天体之外又杜撰出一个想象的天体——"对地"，以满足和谐的需要。

毕达哥拉斯早年曾到埃及、巴比伦等地游学，从那里获得了几何学、天文学等方面的知识。埃及人在很早的时候就由于丈量土地和建造金字塔的需要创立了几何学，但是埃及人的几何学始终停留在经验的水平，尚未从具体的几何图形中抽象出一般的数学定理。例如关于直角三角形的问题，埃及人已经知道

---

① 北京大学哲学系外国哲学史教研室编译：《古希腊罗马哲学》，三联书店，1957 年，第 39 页。

如果一个三角形的边长分别为 3、4、5，那么该三角形必为一个直角三角形。但是将这种经验性的观察结果抽象为一般性的数学定理 $a^2+b^2=c^2$，却是毕达哥拉斯学派的伟大功绩。"毕达哥拉斯定理"的得出，意味着数学命题可以脱离几何图形而独立地表示事物的比例关系，这样就蕴含着一种把数看得比形更加具有本质意义的可能性。伴随着"毕达哥拉斯定理"的发明而必然出现的不可公约数危机，进一步加强了人们关于数与形相分离的观念，从而一方面使独立于经验图形的纯粹数学演绎成为可能，并由此发展出抽象的形式系统(逻辑学)；另一方面却培养了一种形而上学的倾向，即把通过抽象思维而非感官知觉所把握到的对象(如超时空的数学定理、哲学概念或逻辑命题)当作最真实的东西，当作先于和高于具体存在物(现象)的本质，由此发展出从柏拉图一直到黑格尔的种种"本质先于存在"和"本质决定存在"的形而上学体系。正因为如此，黑格尔对毕达哥拉斯学派大加赞扬，认为它不再把"本质"、"原则"、"绝对"等理解为一种物质性的东西，而是将其理解为一种思想范畴，"本质被描述成非感性的东西，于是一种与感性、与旧观念完全不同的东西被提升和说成本体和真实的存在"，从而"形成了实在论哲学到理智哲学的过渡"。①而罗素则对毕达哥拉斯开创的形而上学源流颇有微词，他将种种形而上学的谬误和神秘主义的信仰都归咎于毕达哥拉斯所开创的数学，他说道："我相信，数学是我们信仰永恒的与严格的真理的主要根源，也是信仰有一个超感的可知的世界的主要根源。""人们根据数学便设想思想是高于感官的，直觉是高于观察的。如果感官世界与数学不符，那么感官世界就更糟糕了……结果所得的种种启示就成了形而上学与知识论中许多错误的根源。"②

除了数是万物的本原思想外，毕达哥拉斯的另一重要哲学思想是关于灵魂的学说。据记载，他的灵魂学说包括这样几个要点："第一，灵魂不朽；第二，灵魂能转移到其他生物体中。"③也就是灵魂不死及轮回的思想。据说他的这种思想是从埃及人那里接受过来的。在他看来，灵魂和永恒的东西相似，因此它

① 黑格尔著，贺麟、王太庆译：《哲学史讲演录》第一卷，商务印书馆，1959年，第217—218页。
② 罗素著，何兆武、李约瑟译：《西方哲学史》上卷，商务印书馆，1963年，第64、61—62页。
③ 转引自苗力田主编：《古希腊哲学》，中国人民大学出版社，1989年，第62页。

是永恒的，而肉体只是灵魂赖以依托之物，灵魂可以不断地进入不同的肉体之中。毕达哥拉斯学派的其他人还提出过"灵魂是一种永恒运动的自动实体"，"灵魂是一种和谐"，"灵魂要靠音乐来净化"等观点。从上述说法中可以看到，在毕达哥拉斯学派那里，对灵魂的探讨还带有浓厚的原始宗教的色彩。毕达哥拉斯对灵魂的较为理性的探讨主要表现在以下的一些说法中："他把人的灵魂分为三个部分：表象、心灵和生气。动物有表象和生气，只有人有心灵。灵魂的位置从心到脑。它在心里的部分是生气，心灵和表象是在脑子里面。……灵魂的理性部分是不死的，其余的部分则会死亡。灵魂以血液取得养料，语言就是灵魂的嘘气。灵魂是形成语言的元素，是与语言不可分的。"[1]毕达哥拉斯关于灵魂分三个部分以及理性灵魂不死的思想对亚里斯多德的哲学产生了深远影响。他的这些思想是人类认识自身精神的属性及活动的一大进步。

毕达哥拉斯学派代表了一种与米利都学派完全不同或相反的思维倾向，除了从感性的东西上升到抽象原则之外，他们还抛开了前人推崇"无定形"的做法，通过数的确定性第一次建立起一种"有定形"的最高原则，这一原则对后世西方哲学和科学(直到近代定量化的精密自然科学)的发展产生了巨大而深远的影响。另一方面，毕达哥拉斯学派从奥尔弗斯宗教那里继承并发展了关于灵魂不死和轮回转世的思想，这种强调灵、肉分离甚至相互对立的思想突破了希腊人传统的灵肉统一观念，构成了源远流长的西方唯灵主义的雏形。它后来通过苏格拉底、柏拉图和新柏拉图主义而融入基督教中，成为基督教神学的理论砥柱。

三、赫拉克利特

同前面的几位哲学家相比，赫拉克利特的残篇要多一些。但这并不意味着研究赫拉克利特比较容易。"因为赫拉克利特对以后从柏拉图到海德格尔的历代思想家都一直是一个格外丰富的灵魂源泉，所以怀疑论、斯多亚学派、基督教和柏拉图主义的思想家们对他的利用已经歪曲了那些我们必须据之以重构的他的思想的资料。"[2]

---

[1] 北京大学哲学系外国哲学史教研室编译：《古希腊罗马哲学》，三联书店，1957年，第35-36页。

[2] 泰勒主编，韩东晖等译：《从开端到柏拉图》，《劳特利奇哲学史》，中国人民大学出版社，2003年，第100页。

赫拉克利特(鼎盛年约在公元前504至公元前501年)是爱菲斯学派的主要代表，爱菲斯是爱奥尼亚地区的一个繁荣的港口城市，赫拉克利特出身于爱菲斯王族，本应是王位的继承人，但是他却由于热爱哲学而隐退山林，把王位让给了自己的弟弟。据古代文献记载，赫拉克利特恃才傲物、目中无人，对于荷马、赫西俄德、毕达哥拉斯等著名人物均嗤之以鼻，认为他们仅有博学而无智慧。他愤世嫉俗，蔑视民众，满脑子精英意识，曾公开宣称一个最优秀的人抵得上一万个人。他因为爱菲斯人放逐了他的朋友赫尔谟多罗而说道："爱菲斯的每一个成年人最好都将自己吊死，并把城市留给尚葆其天真的少年。因为他们放逐了他们中间那个最优秀的人物赫尔谟多罗。"[①]他远离城邦政治，潜心于一种神秘的沉思生活，由此造成了他的哲学思想极度晦涩。晚年的赫拉克利特过着离群索居的孤独生活，靠吃草根树皮为生，最终患水肿病而死。

爱菲斯与米利都同属于爱奥尼亚的城邦，从赫拉克利特的哲学思想中可以看到米利都学派的影响，他们也被人统称为"爱奥尼亚学派"。此外，虽然赫拉克利特曾以轻蔑的口吻谈论毕达哥拉斯，但是在他的哲学中我们同样可以看到毕达哥拉斯学派的思想痕迹。他的哲学有两个最重要的主题，即"火"本原和"逻各斯"。

赫拉克利特

赫拉克利特在留存至今的著作残篇中明确表示："这个世界，对于一切存在物都是一样的，它不是任何神所创造的，也不是任何人所创造的；它过去、

---

① 转引自苗力田主编：《古希腊哲学》，中国人民大学出版社，1989年，第53页。

现在、未来永远是一团永恒的活火，在一定的分寸上燃烧，在一定的分寸上熄灭。""一切转为火，火又转为一切，有如黄金换成货物，货物又换成黄金。"赫拉克利特认为，火通过浓厚化而变为气，进一步浓厚化则依次变为水和土，这是"下降的道路"；反之，土通过稀薄化而变为水，进一步稀薄化则依次变为气和火，这是"上升的道路"。而"上升的道路和下降的道路是同一条路"，它们表现的都是火与万物之间的相互转化过程。他用"生"与"死"这两个概念来形容火、气、水、土之间的相互转化："火死则气生，气死则水生。——土死水生，水死气生，气死火生；反过来也是一样。"①从这里我们可以看到，赫拉克利特与米利都学派一样，坚持用某种无定形之物来说明世界的产生和变化。不同的是，他把万物的本原规定为火。

但赫拉克利特的"火本原说"的创新意义并不在于用另一个不同的东西来说明万物及其转化，而在于强调了这种转化是按照"一定的分寸"进行的，亦即在不断转化的"无定形"原则中加入了"有定形"的原则。火的燃烧当然是无定形的，但由于燃烧有"一定的分寸"，它又是有定形的(如"火苗"、"火舌")，表现为一个无定形和有定形相统一的过程，即无定形的火在燃烧中自我定形，从而实现了米利都派和毕达哥拉斯派两种对立哲学原则的综合。火是变化无常的，始终处于不断转化的过程中("活火")，但其"分寸"、"次序"、"周期"、"必然性"等却是永恒不变的，是世界万物所遵循的普遍法则。这种永恒不变的普遍法则又被赫拉克利特表述为"逻各斯"。

"逻各斯"一词的原意是"话语"，也由此而带来了规律、命运、尺度、比例和必然性的意思。赫拉克利特说神就是永恒的、流转着的火，命运就是那循着相反的途程创生万物的"逻各斯"。"赫拉克利特断言一切都遵循命运而来，命运就是必然性。——他宣称命运的本质就是贯穿宇宙实体的'逻各斯'。'逻各斯'是一种以太的物体，是创生世界的种子，也是确定了周期的尺度。"②

"逻各斯"概念的提出是西方哲学史上的一个里程碑式的创举，它对于西方形而上学的发展具有十分重要的意义，它标志着西方哲学中语言学精神的出

---

① 北京大学哲学系外国哲学史教研室编译：《西方哲学原著选读》上卷，商务印书馆，1981年，第21页。

② 北京大学哲学系外国哲学史教研室编译：《古希腊罗马哲学》，三联书店，1957年，第17页。

现，语言及其规律和结构(逻辑)从此成了哲学家们离不开的一个参照维度。从毕达哥拉斯的数当然也可以很自然地就过渡到赫拉克利特的逻各斯，因为事物的运动变化都具有数或量的必然规律，但赫拉克利特的逻各斯并不仅仅是量的必然性，而更主要的是一种质的必然性，这种质的必然性只有通过逻各斯(话语)才能表达。

因此，逻各斯在赫拉克利特那里不仅具有客观规律的含义，同时也具有主观理性的含义，因为语言本身就是主客观统一的。赫拉克利特认为，"'逻各斯'是灵魂所固有的，它自行增长。"然而，"'逻各斯'虽是人人共有的，多数人却不加理会地生活着，好像他们有一种独特的智慧似的"。[①]因此，对于逻各斯的听从就是智慧。显然，逻各斯的客观含义(规律或秩序)与主观含义(理性或智慧)在赫拉克利特这里也是统一的，所谓理性或智慧就在于对客观规律或秩序的认识和把握。他由此对理性思维给予了极大的推崇，认为"逻各斯"是惟有思想才能把握的对象，"眼睛和耳朵对于人们乃是坏的见证"，"思想是最大的优点；智慧就在于说出真理"[②]，表现出某种唯理主义的倾向。

这样一来，我们就在赫拉克利特哲学中看到了两个不可分割的原则，一个是作为万物本原的火，另一个是作为万物运动变化法则的逻各斯。逻各斯不是外加于火的，而是火本身固有的尺度，它规定和制约着火与万物之间的流变转化，而后者又反过来显示出逻各斯的永恒不变性。"从一切产生一，从一产生一切"。[③]"逻各斯"是"一"，它"永恒地存在着"，"万物都根据这个'逻各斯'而产生"，因此，"承认一切是一，那就是智慧的"。[④]

辩证法的奠基人赫拉克利特的哲学以晦涩而著称，他的语言充满了高深莫测的神秘色彩，但同时也包含着极其丰富的辩证思想。黑格尔认为，"在赫拉克利特那里，哲学的理念第一次以它的思辨形式出现了"，而赫拉克利特的哲

---

① 北京大学哲学系外国哲学史教研室编译：《古希腊罗马哲学》，三联书店，1957年，第18页。

② 北京大学哲学系外国哲学史教研室编译：《古希腊罗马哲学》，三联书店，1957年，第29页。

③ 北京大学哲学系外国哲学史教研室编译：《古希腊罗马哲学》，三联书店，1957年，第19页。

④ 北京大学哲学系外国哲学史教研室编译：《古希腊罗马哲学》，三联书店，1957年，第18-23页。

学之所以被人们看做是晦涩的，正是由于它包含着日常理智所无法理解的"深奥的、思辨的思想"。①这些思想正是在对逻各斯的深刻内涵的挖掘中形成起来的。赫拉克利特被公认为辩证法的奠基人之一。

　　赫拉克利特的辩证思想表现在如下几个方面：第一，认为一切事物均处于普遍的运动变化与相互转化之中。"赫拉克利特在某处说，万物流变，无物常住。他把存在着的东西比作一条河流，声称人不可能两次踏入同一条河流。"②"我们既踏进又不踏进同样的河流；我们既存在又不存在。"③赫拉克利特由此展现出一幅充满了运动变化的宇宙图景。第二，运动变化的根据是对立面的冲突。赫拉克利特明确地表示，对立的状态或相反的性质导致了和谐，相反者才能相成。"互相排斥的东西结合在一起，不同的音调造成最美的和谐，一切都是斗争所产生的。""在我们身上，生与死，醒与梦，少与老，都始终是同一的东西。后者变化了，就成为前者，前者再变化，又成为后者。""疾病使健康舒服，坏使好舒服，饿使饱舒服，疲劳使休息舒服。"④赫拉克利特把毕达哥拉斯提出的对立范畴辩证地统一起来，并把对立统一看做事物运动变化所遵循的必然规律或"逻各斯"。第三，强调事物的相对性和不同的评价标准。赫拉克利特用一种言简意赅的箴言方式写道："海水最干净，又最脏：鱼能喝，有营养；人不能喝，有毒。""驴爱草料，不要黄金。……猪在污泥中洗澡，鸟在灰土中洗澡。""最美的猴子同人类相比也是丑的。"⑤

　　当然，辩证法与诡辩之间只有一步之差，关键在于如何把握度。赫拉克利特关于运动变化的辩证思想如果向前推进一步，就会变成一种诡辩论。他的弟子克拉底鲁就用绝对的运动来否定相对的静止，认为"人一次也不能踏入同一条河流"。克拉底鲁甚至拒绝用语言来表述事物，因为当一句话脱口而出的那一瞬间，它所表述的事物已经变得面目全非了，因此对于变动中的事物，最多

---

①　黑格尔著，贺麟、王太庆译：《哲学史讲演录》第一卷，商务印书馆，1959年，第295、298页。

②　转引自苗力田主编：《古希腊哲学》，中国人民大学出版社，1989年，第40页。

③　北京大学哲学系外国哲学史教研室编译：《古希腊罗马哲学》，三联书店，1957年，第27页。

④　北京大学哲学系外国哲学史教研室编译：《古希腊罗马哲学》，三联书店，1957年，第19、27、29页。

⑤　北京大学哲学系外国哲学史教研室编译：《西方哲学原著选读》上卷，商务印书馆，1981年，第24-25页。

只能移动一下手指头来加以暗示。这就偏离了赫拉克利特的意思。

和米利都学派相比，赫拉克利特还有一个进步，那就是他开始接触或者说意识到认识论的问题。也就是说，他回答了世界的本原是火，描述了火与万物的转换后，他还想说明人们是如何认识到世界是如此的。他认识到对世界的认识要依靠眼睛和耳朵等感官去听、去看、去感觉，除此之外还应该运用思想和理智。他说："眼睛和耳朵对于人们乃是坏的见证，如果他们有着粗鄙的灵魂的话"。①而"思想是最大的优点；智慧在于说出真理，并且按照自然行事，听自然的话"。②他在这里已经暗含把感觉与理性结合起来的思想。

四、爱利亚学派

爱利亚学派是因为它诞生且活动于南意大利的城市爱利亚而得名。这个学派的代表人物有：作为学派先驱的克塞诺芬尼，作为学派创始人及中坚人物的巴门尼德，以及作为学派学说捍卫者的芝诺和麦里梭。

(一) 克塞诺芬尼

克塞诺芬尼(鼎盛年约在公元前 540 年)是爱利亚学派的创始人，他出身于爱奥尼亚的科罗封城，年轻时代由于反对波斯人的统治而被逐出母邦，长期在西西里岛等地过着流浪生活，以吟游为生，晚年才定居爱利亚，活了近百岁之久，著有《哀歌》、《讽刺诗》、《论自然》等诗篇，至今仅剩下少数残篇。

克塞诺芬尼是第一个对神人同形同性的希腊神话进行公开批判的人，在此之前，虽然米利都学派和赫拉克利特等人也曾试图突破神话的影响而建立独立的自然哲学，但是在他们的哲学思想中却或多或少地掺杂着神话的成分。如果说吟游诗人荷马和赫西俄德是希腊神话世界观的重要奠基人，那么同样是吟游诗人的克塞诺芬尼则从根本上动摇了神话世界观。

众所周知，神人同形同性是希腊神话的最基本的特点，克塞诺芬尼的批判正是针对着这一基本特点而展开的。他认为，并非神创造了人，而是人按照自己的形象创造了神，并让神穿着人的衣服，说着人的语言。因此，不同的民族

---

① 北京大学哲学系外国哲学史教研室编译：《古希腊罗马哲学》，三联书店，1957 年，第 29 页。
② 北京大学哲学系外国哲学史教研室编译：《古希腊罗马哲学》，三联书店，1957 年，第 29 页。

就有各自不同形态的神。"埃塞俄比亚人说他们的神皮肤是黑的，鼻子是扁的；色雷斯人说他们的神是蓝眼睛、红头发的。"推而论之，"假如牛、马和狮子有手，并且能够像人一样用手作画和塑像的话，它们就会各自照着自己的模样，马画出和塑出马形的神像，狮子画出和塑出狮形的神像了"。[①]人们不仅按照自己的模样、而且还根据自己的性情虚构出神，因此神也像人一样有喜怒哀乐和七情六欲，荷马和赫西俄德甚至把人类的各种丑恶行径——偷盗、奸淫、欺诈等——也加到神的身上，这样的神灵并不值得人们去崇拜。

克塞诺芬尼之所以要否定与人同形同性的多神教，是由于他在哲学上总结米利都学派的"本原"（"有一个东西，万物产生于它，万物又复归于它"）、毕达哥拉斯派数学本原的"一"、赫拉克利特的"一切是一"的逻各斯，而提出了万物的本原是"一"，惟有"一"才是"神"，神则是唯一的。这个神超越了人的特殊性和有限性，具有普遍性和绝对性的特点。他说道："有一个唯一的神，是诸神和人类中间最伟大的；他无论在容貌上或思想上都不像凡人。""神是全视、全知、全闻的。"[②]神永远在同一个地方，但是却用他的思想支配着世间的一切事物。克塞诺芬尼所说的这个神不仅不具有人的形体，而且也不具有任何形体，它实际上只是一个抽象的概念，是无法用时间和空间的尺度来加以限定的。正因为如此，克塞诺芬尼认为这个神既不是无限的，也不是有限的，既不是静止的，也不是运动的，神是不生不灭的。克塞诺芬尼第一次运用一种归谬法来说明神不是产生出来的：一方面它不是产生出来的，因为产生出来的东西应当或者从同类的东西生出，或者从不同类的东西生出。可是照他说，同类的东西不能有产生同类的东西的作用，因为既有理由说这个产生那个，也有同样的理由说这个为那个所产生；而另一方面，如果存在是从不同类的东西产生的，那它就是从不存在的东西生出的。这样也就证明了它不是产生出来的，而是永恒的。[③]

克塞诺芬尼的这种归谬法尽管非常粗糙，其中的一些论证明显地带有牵强

---

① 北京大学哲学系外国哲学史教研室编译：《古希腊罗马哲学》，三联书店，1957年，第46页。
② 北京大学哲学系外国哲学史教研室编译：《西方哲学原著选读》上卷，商务印书馆，1981年，第29页。
③ 北京大学哲学系外国哲学史教研室编译：《古希腊罗马哲学》，三联书店，1957年，第42页。

的色彩，但是他毕竟开创了一种逻辑论证的方式，这种论证方式在爱利亚学派的其他哲学家那里被发展为一种具有深刻的思辨内容的"诡辩"，并经过智者派的进一步发展，最终在苏格拉底那里形成了希腊的辩证法。

（二）巴门尼德

巴门尼德(鼎盛年约在公元前 500 年)出身于爱利亚的豪门望族，是克塞诺芬尼晚年时的学生，但是真正引导他走向沉思生活的却是一位毕达哥拉斯学派的哲学家阿美尼亚，此外他与另一位毕达哥拉斯派学者狄奥开达也是至交。巴门尼德也非常了解米利都学派的思想，有一种不太可靠的说法认为他是阿那克西曼德的学生。他曾经为母邦立过法，据说爱利亚城邦的执政者每年都要遵循巴门尼德所立的法进行公民宣誓。他还用六韵步诗体写过一部哲学著作，在那里他不点名地批评了赫拉克利特的观点。在这部诗体著作的"序诗"中，巴门尼德用想象的方式描写了他乘坐着驷马高车，在太阳神女儿的指引下穿越了光明之门，受到了正义女神的亲切接待，女神勉励他要坚持"真理"而远离"意见"。

巴门尼德

存在与非存在、克塞诺芬尼的不变不动、独一无二和不生不灭的"神"被巴门尼德表述为一个纯粹的哲学概念——"存在"（又译作"是"、"有"等），而与此相区别的一切处于运动流变之中的事物则被他称为"非存在"。巴门尼德自觉地站在米利都学派和赫拉克利特的对立面上，认为哲学的首要任务就是要确立"存在"与"非存在"之间的根本区别。他说道："信心的力量也决不容许从非存在物中产生出任何异于非存在物的东西来。因此正义并不放松它的锁链，听任存在物产生和消灭，而是牢牢地抓住存在物。关于这一点，可以判定的乃是：或者它存在，或者它不存在。"[①]面对着这个根本性的问题，巴门尼德明确地指出了"真理之路"与"意见之路"之间的分歧："第一条是：存在物存在，它不可能不存在。这是确信的途径，因为它遵循真

---

① 北京大学哲学系外国哲学史教研室编译：《古希腊罗马哲学》，三联书店，1957年，第 52 页。

理。另一条是：存在物不存在，这个不存在必然存在。走这条路，我告诉你，是什么都学不到的。因为不存在物你是既不能认识(这当然办不到)，也不能说出的。"①

巴门尼德的这段话的意思通常被简要地表述为："存在物存在，非存在不存在"(或"是者是，不是者不是")。"存在"或"存在物"(二者在此尚无分别)在巴门尼德那里具有如下特点：第一，"存在"既不产生、也不消灭。"它没有过去和未来，因为它整个在现在，作为完整、统一、联系的(连续的)东西。"②巴门尼德沿用了克塞诺芬尼曾经用过的归谬法，来说明"存在"既不能从"存在"中产生(因为这样就无所谓产生)，也不能从"非存在"中产生(因为"非存在"是无，无中不能生有)。第二，"存在"是"一"，它没有部分，不可分割。"存在者也是不可分的，因为它全部都是一样的，没有哪个地方比另一个地方多些，妨碍它的连续，也没有哪里少些。因此它是整个连续的；因为存在者是与存在者连接的。"③第三，"存在"是不变不动的。"存在者是不动的，被巨大的锁链捆着……它是同一的，永远在同一个地方，居留在自身之内。"④第四，"存在"虽然是无始无终的，但是它却不是无边际的或无定形的，强大的必然性从四面八方围绕着它。"存在者不能是无定形的，因为它没有缺陷；如果无定形，那就正好是有缺陷的了。"⑤巴门尼德之所以认为"存在"不能是无定形的，显然是受了毕达哥拉斯学派的影响。因为阿那克西曼德的"无定形"是不确定的，故而是"有缺陷的"，因此毕达哥拉斯学派的十对范畴中才把"有定形"视为优于"无定形"的。正是由于反对把"存在"理解为无定形的，所以巴门尼德认为"存在"在各方面都是锁闭的，"好像一个滚圆的球形"，从中心到球面上每一点的距离都相等(这种相等被视为完满)。同时他也坚决否认在这

① 北京大学哲学系外国哲学史教研室编译：《西方哲学原著选读》上卷，商务印书馆，1981年，第31页。

② 北京大学哲学系外国哲学史教研室编译：《古希腊罗马哲学》，三联书店，1957年，第32页。

③ 北京大学哲学系外国哲学史教研室编译：《西方哲学原著选读》上卷，商务印书馆，1981年，第33页。

④ 北京大学哲学系外国哲学史教研室编译：《西方哲学原著选读》上卷，商务印书馆，1981年，第33页。

⑤ 北京大学哲学系外国哲学史教研室编译：《西方哲学原著选读》上卷，商务印书馆，1981年，第33页。

已获定形的"存在"之外还有任何其他东西存在。这也说明巴门尼德的存在论尚未完全摆脱形体的理解而上升到概念的纯粹思辨。

与米利都学派、赫拉克利特等人把流变的东西当作存在的观点相反，巴门尼德认为只有那永恒的、唯一的和不变不动的东西才是存在，因为处于流变之中的事物没有定形，因而是转瞬即逝的，这种变化无常的东西不能是其所是——当我们说它是什么时，它就已经不再是什么了(克拉底鲁已经表明，我们连一次也不能踏进同一条河流)，因而这些东西只能是"非存在"。只有那个始终如一地是其所是的东西，才是真正的"存在"。

巴门尼德的"存在"(或"存在物")抽掉了一切感性特征和数量规定，是对事物进行了各种抽象之后仅剩下来的最基本的规定或表述。这种规定所表述的东西超越时空，因此不变不动、独一无二和不生不灭，它是通过逻各斯这条"道路"所通达的。正因为如此，巴门尼德才强调"存在物"只能存在于思想和语言中，"能够被表述、被思想的必定是存在"，"思想只能是关于存在的思想，因为你找不到一个没有它所表述的存在的思想"①，所以"思维与存在是同一的"②。而那些作为感官对象的、处于生灭流变过程中的具体事物(包括水、火、土、气等)正因为无法用语言确切地表述出来、固定下来，因而都只不过是"非存在"罢了。在巴门尼德看来，米利都学派由于把变化无常的"非存在"(水、气等)当作万物的本原，主张"非存在"存在，所以是虚妄的"意见"；赫拉克利特认为"存在和非存在既相同又不相同"，所以同样也是荒谬的"意见"。只有坚持"存在物"存在，"非存在"不存在，才是唯一的"真理之路"。

巴门尼德的这种观点无疑构成了西方形而上学的基石，在以后的西方哲学中，关于"存在"的学问就被称为本体论("存在")。另一方面，巴门尼德通过逻各斯首次建立起思维与存在的同一性也开了西方认识论从语言中寻求线索这一做法的先河。由于"存在"作为系词("是")是任何语言表述(每一句话)中的确定性的体现，这才使思维有了自己确定的对象，感官感觉则由于不确定的流变而处于"非存在"之中，无法用思维来确定。因此依据抽象思维而得到的是"真理"，依据感官知觉得到的则是"意见"，这样就确立了一条轻视感官

---

① 转引自汪子嵩等著：《希腊哲学史》第一卷，人民出版社，1988 年，第 634、635 页。
② 北京大学哲学系外国哲学史教研室编译：《古希腊罗马哲学》，三联书店，1957 年，第 51 页。

和知觉、强调理性思维的唯理主义认识路线。

巴门尼德虽然在"真理"与"意见"之间做出了泾渭分明的区分，但是他仍然认为对于"意见"的研究有助于加强对"真理"的认识。"意见虽然不含真理，你仍然要加以体验，因为必须通过全面的彻底研究，才能制服那种虚幻之见"。①这种"知己知彼"的态度使巴门尼德在他的著作的后半部分里对自然哲学的研究对象——自然世界进行了考察。他认为构成宇宙万物的是一对最基本的矛盾——光明与黑暗，二者充满于每一个事物之中，相互对立且彼此相等。有时候他又将这一对基本矛盾说成是火与土，或者热与冷，前者是"以太的火焰"，后者是"无光的黑暗"，宇宙就是由火构成的光明圆环和土构成的黑暗圆环所组成。

他描绘的宇宙图形是一个圆形模型，最外层是轻柔的以太，往里是镶嵌着日月星辰的光明之环，再往里是光明与黑暗的混合地带，充满了大气和水，最里层则是黑暗之环，即地球(土)。

巴门尼德的存在论与他的宇宙论是相互对立的，亚里斯多德评论道："他被迫着追随现象，于是就主张在原理上它是一，在感觉主义上它是多。此外他还设定两种原因、两个本原，即热和冷，或者说火和土。在这两者之中他又把热列入存在，把另一个列入非存在。"②巴门尼德尽管把关于后者的知识称为"意见"，但是他还是不得不面对现实世界，借用米利都学派和赫拉克利特的自然哲学对自然现象做出说明。对于存在论和宇宙论之间的矛盾，他采取了一种简单的方式：把二者作为"真理"和"意见"截然对立起来。在这里可以看到他与赫拉克利特的根本分歧。

(三) 芝诺

芝诺(鼎盛年约在公元前 468 年)是爱利亚本地人，为了将他与希腊晚期斯多亚学派的创始人芝诺相区分，学者们在提到他时经常加上他的出生地。他是巴门尼德最喜爱的学生，他身材伟岸，气宇轩昂，性情孤傲，自视甚高。但是与赫拉克利特不同，芝诺并没有远离凡尘去过一种离群索居的生活，而是积极

① 北京大学哲学系外国哲学史教研室编译：《古希腊罗马哲学》，三联书店，1957 年，第 50 页。
② 转引自苗力田主编：《形而上学》，《亚里斯多德全集》Ⅶ，中国人民大学出版社，1993 年，第 42 页。

参与城邦的政治斗争，因反对僭主的统治而被捕入狱，由于拒绝招供同伙而被僭主投入臼里用杵捣死。

巴门尼德的哲学思想在当时的希腊无疑具有"阳春白雪"的格调，这种将思维的抽象物当作真实的"存在"，而将感性的具体事物当作虚妄的"非存在"的观点，对于注重感性生活的希腊人来说是很难理解的。在这种情况下，作为巴门尼德的得意门生，芝诺所要进行的工作就是运用逻辑论证的方式来说明感性知觉的结论是虚假的，从而将思想的对象确立为唯一真实的东西。

芝诺

芝诺本人在哲学思想上并没有什么新建树，但是他却运用克塞诺芬尼开创的归谬方法，系统地论证了其师的基本观点。芝诺可能写过一些著作，但它们的名称和写作时间都不确定。他的著作现在只留下四则残篇，其他还有三十则后人的转述和介绍。

巴门尼德的"存在"的基本特点是不变不动和独一无二，这是只有靠抽象的思维才能把握住的特点；芝诺则要用归谬法来说明，作为感官对象的运动和多在理论上是自相矛盾的，从而来反证巴门尼德的观点。芝诺的论证包括两个方面，一是对运动的否定，二是对多的否定。

在否定运动这一方面，芝诺的论证有"二分法"、"阿喀琉斯追不上乌龟"、"飞箭不动"和"运动场"等。

"二分法"的论证是：运动的事物要达到目的必须先走完全程的 1/2，而要达到 1/2 则又须先完成 1/2 的 1/2，如此分下去，以至无穷，因此永远也不可

能达到目的。(图 1)[1]

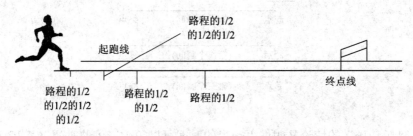

图 1

"阿喀琉斯追不上乌龟"的论证是：阿喀琉斯(又译"阿基里斯"，希腊传说中最勇猛的英雄，人称"捷足的阿喀琉斯")要想追上乌龟，必须首先到达乌龟出发的地点，而在这一段时间里(无论多么短)，乌龟已经向前爬了一段距离，于是阿喀琉斯又先要赶上这一段路，而此时乌龟又往前爬了一点……如此推论，阿喀琉斯只能无限地接近乌龟，却永远也追不上乌龟。(图 2)

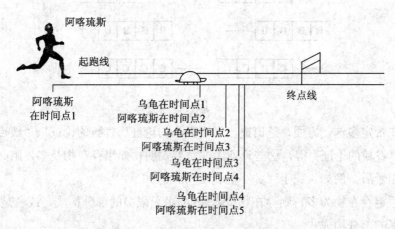

图 2

"飞箭不动"的论证是：飞箭在一定的时间里要经过许多点，而在这段时间的每一个瞬间，飞箭都必然处于某一点上，因此是静止的，飞箭既然在每一点上都是静止的，那么所有静止的点集合起来仍然是静止的，故曰飞箭不动。(图 3)

---

[1] 图 1、2、3、4 来自王晓朝著：《希腊哲学简史》，上海三联书店，2007 年，第 80-81 页。

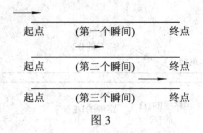

图 3

"运动场"的悖论又叫做"一半的时间可以等于一倍的时间",芝诺让两列运动的物体(B、C)以相同的速度相对于一列静止的物体(A)作相向运动,在一段相同的时间中,B 越过 C 的长度是它越过 A 的长度的两倍,由此推论出 B 越过 C 的时间要比它越过 A 的时间长一倍,然而它实际所用的却是同一段时间,由此得出"一半的时间等于一倍的时间"这一悖论。(图 4)

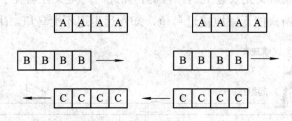

图 4

在否定多这一方面,芝诺提出了"大小的论证"、"数的论证"、"地点的论证"、"谷粒的论证"等,这些论证无非是要说明,如果存在物是多,则必然导致自相矛盾。例如,关于"大小的论证"大意如下:

假定存在物为多,则存在物或者是(A)由无限多的部分构成,或者是(B)由有限多的部分构成。

(A)如果存在物是由无限多的部分构成的,那么构成它的部分或者是(A_1)有体积的,或者是(A_2)没有体积的。

(A_1)如果每个部分都有体积,那么无限多的部分的体积之和就会是无限大,这显然是不可能的。

(A_2)如果每个部分都没有体积,那么无限多的部分之和就会是零,这显然也是不可能的。

因此，存在物不可能由无限多的部分构成(对 A 命题的否定)。

(B)如果存在物是由有限多的部分构成的，那么构成它的部分或者是(B₁)连续的，或者是(B₂)间断的。

(B₁)如果部分是连续的，那么在每两个部分之间就必定会有一个中介部分，而中介部分和那两个部分之间又会有中介部分，如此推论，则中介部分的数目将会是无限多，这与"存在物是由有限多的部分构成的"这一前提是相矛盾的。

(B₂)如果部分是间断的，那么每一部分又可以进一步分割为更小的间断部分，如此分割，以至无穷，因此同样是与前提相矛盾的。

因此，存在物也不可能由有限多的部分构成(对 B 命题的否定)。

存在物既不能由无限多的部分、也不能由有限多的部分构成，因此，存在物不可能是多，而只能是一。

相对于"大小的论证"，"谷粒的论证"要简单明了得多：一斗谷子洒落在地上会发出响声，而一粒谷子掉在地上却悄无声息。一斗谷子是由一粒粒的谷子集合而成的，如果每一粒谷子都落地无声，那么一斗谷子何以会发出声响呢？由此可见，事物是由多组成的乃是一种假象。

在芝诺的上述论证中，有一些明显是出于对事物的错误观察和理解(如"运动场"、"谷粒的论证"等)；另一些从表面上看似乎是荒诞不经的，但是却包含着非常深刻的思辨内容。例如，"二分法"和"阿喀琉斯追不上乌龟"涉及空间和时间的无限可分性问题，"飞箭不动"涉及运动与静止的关系问题，而"大小的论证"更是广泛地涉及无限与有限、连续性与间断性等重要的哲学问题。因此，对于芝诺的这些论证，不能简单地斥之为无聊的诡辩，而应该从这些带有诡辩色彩的论证中发掘出深刻的辩证成分。亚里斯多德把芝诺称为辩证法的创始人，是有着充分根据的。

当然，芝诺的所有论证都是出于一个目的，那就是运用归谬法来反证"存在"是不变不动和独一无二的。这些论证的实质在于，用逻辑推理来否定经验观察，用理性证明来否定感官知觉，并且在此基础上确立起一个基本信念，即"眼见为虚，思想为实"，从而奠定了西方哲学把思想的对象看得比感觉的对象更加真实可靠的传统。

(四) 麦里梭

麦里梭(鼎盛年约在公元前 441 年)。据第欧根尼·拉尔修的记载。"麦里梭是伊泰根尼的儿子，萨摩斯本地人。他是巴门尼德的学生。……他还参与政治活动，受到本邦人的敬重，被选为舰队司令。他的功绩为他赢得很多荣誉。……根据阿波罗多洛，他的鼎盛年在第 84 届奥林匹亚赛会(公元前 444 年至公元前441 年)。"①第欧根尼·拉尔修的记载是否可靠，麦里梭到底是不是巴门尼德的学生，学者们有许多质疑。据辛普里丘说，麦里梭写过一本名叫《论自然》的书，但现在已经佚失。第尔斯辑录的麦里梭残篇共 10 则，主要来源是辛普里丘对亚里斯多德《论天》、《物理学》的注释。亚里斯多德说麦里梭的思想"相当粗糙"和"低级"，因此轻蔑地不予考虑。但是作为爱利亚学派的代表人物，麦里梭的使命是为巴门尼德的存在学说辩护。比照他们两人的思想，可以看出麦里梭在下列方面修正和补充了巴门尼德的存在论。

麦里梭与芝诺一样，对老师的存在论进行了逻辑论证。同时，麦里梭也对巴门尼德的某些观点进行了修改，尤其是把"存在"的空间特性从有限(有定形)改变为无限(无定形)。麦里梭像巴门尼德一样认为，"存在"不是生成的，而是永恒的；然而，"正如它永远存在一样，它在大小方面也永远应当是无穷的。"②因为只有无限的东西才是不受其他事物限制的，否则它就会成为二或者多了。

麦里梭也不像芝诺那样断然否认感性事物的运动与众多，而是认为感性事物的运动与众多并不会影响"存在"本身的不动不变和自身同一。"因为其他事物在感觉上全部表现为众多。但这并未毁掉这个道理，即存在物生成，存在不是众多，而是既永恒又无限又在一切方面相类同的一"。③麦里梭似乎并没有把运动和众多的感性事物当作不存在的，而只是把它们当作不真实的存在，他认为只有"虚空"才是不存在的，"因为虚空就是无有，无有的东西是不存在

---

① 第欧根尼·拉尔修著，马永翔等译：《名哲言行录》下册，吉林人民出版社，2003年，第 571 页。
② 北京大学哲学系外国哲学史教研室编译：《古希腊罗马哲学》，三联书店，1957 年，第 62 页。
③ 苗力田主编：《形而上学》，《亚里斯多德全集》Ⅶ，中国人民大学出版社，1993 年，第 62 页。

的"。[①]此外，麦里梭还提出了存在是充实的、虚空是空虚的观点，他在论证存在是不动时说道："如果它(存在)不是空虚的，它就应该是充实的。如果它是充实的，它就是不动的。"[②]"单一的存在是不运动的。因为不进入或达到某物就不可能运动。而它必然不是进入充实就是进入虚空。两者之中充实不可能再接纳，而虚空根本就不存在。"[③]麦里梭由此表明了某种向后来的结构自然观转变的契机。

综上所述，麦里梭对于维护和发展爱利亚学派的存在论哲学有积极作用。他生活在一个多元论哲学已经兴起的时代，遇到了新对手的挑战，在这种情况下，麦里梭没有再去维护巴门尼德学说中有明显破绽的地方，而是大胆地修正和补充了巴门尼德的学说。

五、自然哲学

公元前 5 世纪初，希腊的政治、经济、文化中心逐步从殖民地区转向希腊本土，从这时起直到公元前 4 世纪 40 年代马其顿统一希腊，这是希腊城邦制从繁荣到衰落的时期，被称作古典时期，以区别于公元前 8 世纪至公元前 6 世纪的古代希腊。本章所述的自然哲学不是希腊早期思想家提出来的那些蕴含哲理的有关自然的描述，而是公元前 5 世纪下半叶出现的一批自然哲学家的理论。在这一时期，古希腊哲学开始走向系统化，这些自然哲学家吸取和借鉴了爱利亚学派的思维方式，踏上了凭借抽象思维探索物体结构的新途径。

希腊早期思想家已经提出了万物的本原是什么这一中心问题。经过爱利亚学派的深化，该问题转化为万物本原是一还是多，是变还是不变，是连续的还是间断的等相互关联的问题。如何消除由巴门尼德创建的"真理世界"和"意见世界"之间的僵硬对立，沟通自然本原和生灭变易的现象世界，求得自然界多样性的统一，是摆在这批自然哲学家面前的首要任务。最先朝着这方面尝试的是三位公元前 5 世纪下半叶的哲学家——恩培多克勒、阿那克萨戈拉、德谟

---

① 北京大学哲学系外国哲学史教研室编译：《古希腊罗马哲学》，三联书店，1957 年，第 63 页。

② 北京大学哲学系外国哲学史教研室编译：《古希腊罗马哲学》，三联书店，1957 年，第 63 页。

③ 苗力田主编：《论麦里梭、克塞诺芬和高尔吉亚》，《亚里斯多德全集》Ⅶ，中国人民大学出版社，1993 年，第 3-4 页。

克利特。由于他们都试图用若干种终极原则来解释变易，有学者把他们放在一起，称作"多元论者"。

(一) 恩培多克勒

恩培多克勒是西西里岛南部的阿克拉伽人。该地最初是由多利安人于公元前 6 世纪建立的殖民地，不久便成为叙拉古城的竞争对手。阿克拉伽城有鳞次栉比的庙宇，见证了它的富裕和公众的虔诚，至今仍有许多留存下来；城外远处耸立着埃特纳火山，近处则是丰产的平原。恩培多克勒大约生活在公元前 492 年至公元前 432 年，鼎盛期在第 84 届奥林匹亚赛会期间(即公元前 444 年至公元前 441 年)。恩培多克勒出身显贵，家庭富有，父亲名叫麦同，祖父与他同名，曾在第 71 届奥林匹亚赛会上获得荣誉。恩培多克勒在政治上属于奴隶主民主派，积极参与了建立和维护奴隶主民主制的政治活动。[①]

恩培多克勒对各类自然现象作了大量观察和解释，在天文、气象、生物、生理和医学等方面有过许多贡献。但他同时又将自己掌握的科学技艺夸大到近乎江湖奇术的地步，并公然以"不朽之神"自命。在这一点上，他很像传说中的毕达哥拉斯，把科学思想与宗教混合在一起，乃至于给人留下行巫术的印象。据说他最后纵身跳进埃特纳火山口而死。罗素说他的人格是"哲学家、预言家、科学家和江湖术士的混合体"。[②]

恩培多克勒

① 第欧根尼·拉尔修著，马永翔等译：《名哲言行录》下册，吉林人民出版社，2003年，第 527 页。
② 罗素著，何兆武、李约瑟译：《西方哲学史》上卷，商务印书馆，1981 年，第 83 页。

恩培多克勒的观点通常被称作四根说，即认为世界万物都由四种"根"组成，这一观点打破了以往哲学家在本原问题上的一元论主张，提出了与之相对的多元论主张。恩培多克勒说："首先请听真，万物有四根：宙斯照万物，赫拉育生命；还有爱多纽和奈斯蒂，她用自己珍珠泪，浇灌万灵生命泉。"[①]我们看到，在恩培多克勒现存残篇中，只有这一处使用"根"这个词。接下去提到的是四位神灵的名字，分别喻指火、气、土、水四种本原。天神宙斯是火，天后赫拉是气，爱多纽就是冥神哈得斯，是土，奈斯蒂是西西里水神，是水。恩培多克勒本人没有使用"本原"这个范畴，而代之以"根"，那么他说的"根"是什么意思呢？"根"在希腊文中其本义指的是植物的根，也用来指毛根、牙根等等，但其抽象意义指的则是事物从中生长出来的那个东西，含有基础、根基、起源的意思，这就与"本原"的意思相通。

亚里斯多德把恩培多克勒的"四根"解释为四元素。他在《形而上学》中指出：泰勒斯认为本原是水，阿那克西美尼认为本原是气，赫拉克利特认为本原是火，而恩培多克勒说本原是四种元素，除了以上说的几种外，还加上第四种——土。由此可见，恩培多克勒的四根就是水、火、气、土四种基本要素。它们的结合就生成万物，它们的分解就使个别事物消亡。世界万物处于不断生灭和变动之中，而四种基本要素不变，只是处于轮番的结合与分离之中。这就是他说的双重真理。

四根不是单一的物体本原，而是物体内部构造的四个基本要素。它们通过结合与分离的构造活动，使事物生成和毁灭。因此，原来哲学家所探讨的本原到了恩培多克勒这里开始有了物体结构元素的崭新意义。恩培多克勒所提出的四元素不仅仅是扩大了本原的种类数目，也不只是将早先哲学已涉及的四种基本物体简单地拼在一起。他所说的根已经是物体结构的基本元素，是物体内在构成的本原。恩培多克勒认为四种基本元素自身是既不变动也没有生灭的，只是由于它们的相互结合和分离从而产生万物。那么这些物质性元素怎么会运动？它们相互结合和分离的源泉究竟何在？恩培多克勒提出一对原因：爱和恨(或者译为争、憎、斗)。总之，万事万物都是爱和恨这两种力量在四种元素间发生作用的结果。由于爱和恨这两种对立的力量此起彼伏，轮流消长，使四种

---

① 转引自苗力田：《古希腊哲学》，中国人民大学出版社，1989年，第110-111页。

基本元素不断结合又不断分离，由此产生的万物就处于经常的生灭变易之中。

四种元素加上爱与恨这两种动力因，就是恩培多克勒的自然哲学中的基本范畴和原则。他的自然哲学的基本倾向是带有机械性的朴素唯物论。本着这样的原则，他进一步探索宇宙演化，阐释自然现象，取得了不少成果。

恩培多克勒关于宇宙演化的论述留存残篇比较零散，但我们仍然可以简要地勾勒出其学说的基本轮廓。他将全部宇宙演化的历史描述为：爱和恨两种力量在斗争中此起彼伏，轮流消长，造成四种元素的分离和结合，这是一个周而复始、循环往复的过程。每个周期可以分为以下四个阶段：第一阶段，爱的力量占主导地位。这时候整个宇宙是一个滚圆的混沌球体，在球体中一切都混合在一起。第二阶段，恨的力量崛起。恨从外层边缘侵入球体，将爱的力量向球体中心压迫，造成各元素从绝对混合中分化。第三阶段，恨的力量达到高峰，占据主导地位。这时由元素结合成的一切物体都解体了，各种元素相互处于绝对分离状态，每一种元素自己聚集在一起。宇宙中各种结合物体不复存在，只有四种元素各自的集合体。第四阶段，爱的力量重新崛起。爱的力量又从中心点扩张开来，将恨的力量向球体的外层边缘驱压，各种不同的元素又重新结合起来，形成另一个自然和生命世界。直到爱的力量又逐渐达到顶峰，使各种元素又绝对地混合在一起，回复到最初的、绝对和谐的混沌，再开始下一个周期。

恩培多克勒的宇宙演化学说虽然带有许多虚构和想象的成分，但与希腊早期宇宙生成论思想相比，显然有了很明显的进步，包含较多科学成分。他比较科学地阐释了天体的演化，解释了某些天文现象，比如关于日蚀的成因。"每当太阳从月亮上面经过时，它的光线就被月亮遮没，在地上投下一束阴影，和面容苍白的月亮一样宽阔。"[①]又如，恩培多克勒认为光由火粒子构成，光线由太阳传播到大地，要经历一段运行的时间。这种见解在当时堪称有卓越的科学想象力。

(二) 阿那克萨戈拉

与恩培多克勒遥相呼应，阿那克萨戈拉在希腊本土的雅典孜孜不倦地从事哲学启蒙，播种科学文明的种子。据第欧根尼·拉尔修记载说，赫格西布卢或

---

① 转引自苗力田：《古希腊哲学》，中国人民大学出版社，1989年，第121页。

欧布卢的儿子阿那克萨戈拉，是克拉佐门尼本地人。据说当他 20 岁时正是薛西斯渡海入侵之时，他活了 72 岁。阿波罗多洛在他的《编年史》中说，他生于第 70 届奥林匹亚赛会，死于第 88 届奥林匹亚赛会的第一年。卡利亚斯当政时，他 20 岁，开始在雅典研究哲学，这是法莱勒人德米特里乌在他的《执政官名录》中说的，他们说他在雅典住了 30 年[①]。根据这一记载，阿那克萨戈拉大约生于公元前 500 年，死于公元前 428 年；他大约于公元前 480 年去了雅典，住了 30 年后，大约在公元前 450 年受到审判，被逐出雅典。

阿那克萨戈拉出身显贵门第，少年时就好学深思，追求知识。他漠视金钱，将继承的遗产分赠亲属，自己专心致志于学业。他在雅典的 30 年，正值这个伟大城邦空前兴旺繁荣的年代。希波战争的胜利使雅典赢得了全希腊的尊敬。但这时的雅典若同爱奥尼亚各城邦相比，思想还相当保守。所以他带来的自然哲学和科学知识，对当时的雅典来说还是一股非常清新的空气。

阿那克萨戈拉的思想对当时雅典的思想文化有重要影响。当时著名的剧作家欧里庇得斯是他的学生。在伯罗奔尼撒战争爆发前不久，雅典的贵族势力对伯里克利民主派发起进攻，选择拿阿那克萨戈拉开刀，借以打击伯里克利。阿那克萨戈拉被控的主要罪状是他不敬神，并宣传"太阳是炽热燃烧的石头"。就在他身陷囹圄的时候，伯里克利上法庭为他陈情辩护，他得到宽恕，被逐出雅典。据第欧根尼·拉尔修的记载，阿那克萨戈拉只写过一本著作，名叫《论自然》，他的著作有着引人入胜而格调庄重的风格。他的著作保留至今的残篇有 22 则。

阿那克萨戈拉的学说主要渊源于爱奥尼亚早期思想家，但他的思想并非爱奥尼亚学说的简单重复，而是通过回应爱利亚学派提出的挑战，对爱奥尼亚思想作了革新和发展。为了克服爱利亚学派所揭示的一与多的矛盾，阿那克萨戈拉也用多元的物体本原来改造巴门尼德的存在，用粒子化的物体结构来阐明自然的本原和现象的统一，从而创立了他自己的本原学说——种子论。

阿那克萨戈拉接受了巴门尼德"存在不能从非存在产生，也不能变为非存在"的原则作为种子说的前提。种子是一个非常直观的语词，不仅指植物的种

[①] 第欧根尼·拉尔修著，马永翔等译：《名哲言行录》上册，吉林人民出版社，2003年，第87-88页。

子，而且还指动物的精子，其抽象含义则指一切事物的起源。在阿那克萨戈拉的思考中，种子成了一个具有许多抽象性质的、类似现代物理学中"粒子"这样的术语。首先，种子在数量和种类上都是无限的，宇宙开初时的万物是无限微小的种子。其次，种子可以无限分割。第三，种子包含万物的成分，现存的每一个种子也包含宇宙中一切东西的成分，一切包含一切。种子是可以无限分割的微小粒子，所以种子是间断的；种子本身又包含万物的一切成分，不能孤立和分离，所以种子又是连续的。既然一切事物包含一切事物的成分，因此万物之间都以极其细微的成分互相包含、互相渗透。种子和宇宙万物都是互相紧密联系的、具有连续性的统一体。

阿那克萨戈拉的本原论的另一重要内容是他的"心灵说"。第欧根尼·拉尔修说他是"第一个将心灵摆在物体之上的人"，在阿那克萨戈拉那篇以动人而庄严的语言写成的文章的开头，他这样说："先是万物聚合在一起，然后心灵来安排他们有序。这为阿那克萨戈拉本人赢得了努斯或心灵这个绰号。"[①]

努斯这个词在希腊语中是常用词，相当于中文的心、心灵，泛指感觉、思想、意志等精神活动，荷马史诗以及早期思想家的著作中经常使用这个词。以往学者的讨论花了很多时间探究阿那克萨戈拉的努斯究竟是精神的还是物质的。这样的探讨对于我们认识人类思维进程对精神与物质的界定有积极作用，但在一个普遍不能区分精神与物质的时代作这样的定性，无论如何均有把古人思想现代化之嫌。我们看到阿那克萨戈拉的心灵说是他的本原说的一部分，其主要作用是阐明事物运动和生成的原因。可见，阿那克萨戈拉本人确认的本原只有种子，但由于他赋予努斯以重要作用，所以他实际上肯定了两种本原，即种子和心灵。

总之，努斯或心灵是无限的、单纯的、同质的、独立存在的、能动的本原，对物体具有支配作用，是万物秩序的安排者。然后他又指出努斯是永恒的，是运动的推动者。可见，阿那克萨戈拉的努斯概念主要用于解释万物运动的原因，同宇宙的规律和秩序问题紧密结合。

包含努斯说在内的种子论是阿那克萨戈拉对希腊哲学多样性的一个贡献。

---

① 第欧根尼·拉尔修著，马永翔等译：《名哲言行录》上册，吉林人民出版社，2003年，第87页。

它不仅是一种自然哲学思想，而且是别具一格的特体结构理论。他的种子是无限可分的细微粒子，而粒子间又可互相渗透和包含，是间断性与连续性的统一。从现代量子力学的角度看，种子说可以说是颇有意义的猜测。

(三) 德谟克利特

对早期希腊思想家的自然学观点进行综合与概括，作理论上的提升和建构，建立西方哲学史上第一个较为完备的自然哲学体系，这是德谟克利特的主要贡献，德谟克利特是一位先驱。人们一般认为：留基伯已经提出了原子论哲学的基本框架，而原子论的系统理论是由德谟克利特完成的。限于篇幅，我们在这里只提德谟克利特，不提留基伯。

第欧根尼·拉尔修记载说："德谟克利特是赫格西斯特拉图的儿子……他是阿布德拉本地人，也有人说他是米利都人。……后来他就学于留基伯，而照有些人的说法，他就学于阿那克萨戈拉，他比后者年轻 40 岁。"[1] "关于他的年代，他自己在《小宇宙系统》中说，当阿那克萨戈拉是老年人时，他还是一个青年，他比阿那克萨戈拉小 40 岁。他说《小宇宙系统》写于特洛伊被攻陷后 730 年。按照阿波罗多洛在《编年史》中所说，他应生于第 80 届奥林匹亚赛会。"[2]策勒尔据此推算德谟克利特约生于公元前 460 年。德谟克利特去世的年代无法推断，有古代文献说他非常高寿。

德谟克利特

---

① 第欧根尼·拉尔修著，马永翔等译：《名哲言行录》下册，吉林人民出版社，2003
　年，第 577 页。
② 第欧根尼·拉尔修著，马永翔等译：《名哲言行录》下册，吉林人民出版社，2003
　年，第 580 页。

第欧根尼·拉尔修记载说：德谟克利特认为"宇宙的第一原则是原子和虚空"①。原子一词的原意是指不可分割、不可摧毁的，加上定冠词，指的是具有这种性质的东西。在思考事物本原时把物体微小化、颗粒化，是早期思想家的普遍趋势，巴门尼德的存在者，恩培多克勒的根，阿那克萨戈拉的种子都有这种性质。亚里斯多德说德谟克利特将原子比作在空气中游动的细微尘粒，"它们非常之小以至于不能为感官所感知。它们有各种各样的形式和形状，在体积上互不相同。这样他就能从它们之中(通过增加它们的体积)创造出能被眼睛和其他感官所感知的事物，正如从元素中感知一样。"②这是当时人用眼睛可以看到的最小的物体粒子。然而要说明这种粒子的性质只能靠抽象思维。

虚空与原子正好相反，内部空无，为原子提供运动的场所。这种虚空不是空气，当时希腊人已经知道气也是实在的存在物。原子是坚实的，如果整个宇宙只有原子，那么整个宇宙都充满着原子，原子就不能运动了。只有肯定虚空的存在，才能为原子提供运动的可能。正因如此，原子论者认为虚空也和原子一样，具有万物本原的地位。

根据现有材料，留基伯和德谟克利特认为原子有下述性质：原子本身非常微小，内部绝对充实而无空隙，是坚不可入、不可分割的粒子；它们又是看不见的、不可感知的、在数量上无限多的，是构造物体的基本单元。原子都是同质的，它们之间没有性质的不同，只在形状、大小和排列上有差异。原子内部充实，所以它们的内部永远变动，但每个原子作为整体，又是能动的，原子的运动是永恒的，它们在虚空中结合与分离，导致具体事物的生成和消亡。

留基伯和德谟克利特的原子论是一种缺乏实验科学验证的假设，但它已不像早先自然哲学家那样，只满足于对自然的直观，以某种具体的物体作为万物的本原，而是运用科学的抽象，立足于当时的经验知识，提出一种在当时比较合理的物质结构假说。原子就是当时所能达到的较为科学的"物质"概念。原子论者将自然事物的全部生灭变化归结为永恒不变不灭的原子的结合与分离，而原子的全部运动又被归结为在虚空中的位移。他们站在朴素唯物论的立场上，认为原子本身不断运动，运动是原子的本性，只要有虚空，原子就能运动，

① 第欧根尼·拉尔修著，马永翔等译：《名哲言行录》下册，吉林人民出版社，2003年，第582页。
② 转引自苗力田主编：《古希腊哲学》，中国人民大学出版社，1989年，第161页。

原子和虚空构成全部自然事物的永恒运动。

原子论的提出也为原子论者解释认识问题提供了手段。德谟克利特认为，遍布全身的灵魂原子具有感觉的功能，而努斯则是思想的器官。一切认识都发源于外界物体对身体的作用，外界事物的进入刺激了身体中的灵魂原子。依据这一原则，德谟克利特提出了他的影像说。"留基波、德谟克利特、伊壁鸠鲁都认为感觉和思想生成于从外部世界所进入的影像。如果没有影像撞击，那么，任何人都不可能有感觉和思想。"[1]他还论述了其他各种感觉。他认为声音是密集的空气产生的一种运动，气流中大量粒子进入耳朵的孔道，扩散到全身，形成听觉，味觉和触觉是各种不同形状的原子刺激舌头和身体的结果。

影像说是对恩培多克勒的流射说的发展。德谟克利特肯定影像是主体感官和客观物体的原子流射相互作用的结果，但他并不认为颜色、冷热、味道这些感觉内容就是物体本身的特性，而是在主客体相互作用中才表现出来的性质，它们因主观条件而变易，具有相对性。由此可见，德谟克利特在西方哲学史上最早提出了物体第一性质和第二性质的问题。客观物体是由原子和虚空组成的，原子具有的形状和大小是物体固有的性质(第一性质)，而冷热、颜色、味道等感觉性质(第二性质)则是由第一性质派生出来的，并且因主体条件不同而具有相对性。德谟克利特对感觉的思考比他以前的哲学家要深入细致得多。近代的伽利略、笛卡尔和波义耳在这方面都采取了同德谟克利特相似的观点，直到洛克比较系统地建立了关于第一性质和第二性质的学说。

必然性是原子论哲学体系中的一个重要范畴。德谟克利特所说的必然性，主要是指事物的产生都有一定的因果关系，自然界的任何一种情况的发生，都可以找出它确定的原因。德谟克利特的名言是："只要找到一个原因的解释，也比成为波斯人的王还好。"[2]然而，由于德谟克利特是初次探讨必然性问题的人，还分不清必然的原因和偶然的原因、现象的因果关系和本质的因果关系，不了解必然和偶然的对立与辩证关系，所以他在论述必然性时陷入了机械论。他举例说，挖地时发现宝藏、秃鹰从高空猛扑乌龟而碰破脑袋等等，都有必然的原因。这样的论述虽有缺点，但排除了任何神学意义上的目的论，启发人们

---

① 转引自苗力田主编：《古希腊哲学》，中国人民大学出版社，1989年，第166页。

② 北京大学哲学系外国哲学史教研室编译：《古希腊罗马哲学》，三联书店，1957年，第103页。

去认识自然界本身固有的客观原因和规律。

德谟克利特利用原子运动的必然性，阐述了自然界的生成和宇宙演化的总貌。他认为世界是这样产生的：各种形状的、无限数目的原子在无限的虚空中运动，它们在那里聚集，互相作用，就形成一种漩涡运动。原子在漩涡中彼此冲撞，向各个方向转动，彼此分开，同类相聚。由于原子数量之多，由于它们的形状大小造成轻重有别，以及有不同的运动方向，就不能在漩涡运动中保持平衡。轻的物体像筛扬似地被抛向外层虚空，其余较重的物体就集结着陷向漩涡中心，因为运动的合力，紧密地结合成最初的一团球形，它像一层壳，逐渐凝固，形成大地。抛向外层的物体也不断有自由原子和新的物体附着上去，分别形成一团团紧密的物体，形成日月星辰。它们各自运动的轨道同处于漩涡中心的大地的距离不等，因而速度也不等。我们人类所处的这个自然体系，就是这种原子运动的必然结果。他进而认为：宇宙在时间空间上都是无限的，像人类所处的原子漩涡运动所生成的世界，在宇宙中有无数个。无数个世界产生了，又分解还原为无限多的原子。总之，无限的宇宙中有无数个世界在生灭不息。一切世界，一切事物都是要灭亡的，它们的运动生灭都有必然性，有一定的原因，只有运动的原子永恒不灭。德谟克利特的宇宙演化学说虽然还只是一种朴素的科学假设，但与早期希腊思想家的宇宙生成论的猜测相比，科学内容大为增强，对于促进西方科学的发展具有重要的启发意义。

第 五 章

希腊哲学的黄金时代

【内容提要】

公元前 5 世纪，雅典由于在希波战争中的重大功绩而在希腊崛起，社会经济繁荣，民主政治臻于鼎盛，学术文化绚丽多彩。古典时期的希腊是希腊奴隶制的黄金时代，其哲学主要是雅典哲学。就哲学本身来说，它从自然哲学的单一对象、单一问题扩展到社会、国家、人生目的等多个方面，不断继续探讨宇宙论问题，而且开始重点研究现象的本质及认识的主体问题。哲学思维也日益多样化，逻辑推理渐趋严密，学派林立，体系纷呈，哲人辈出。智者学派反对传统观念、迷信和信仰，开始对国家的产生、伦理准则、法律制度进行讨论，对逻辑、语法、修辞、论辩等学科的建立和发展具有重大贡献。苏格拉底放弃个体，追求普遍，贬斥感性，推崇理性。他批判了自然哲学，把哲学研究的对象引向人，引向心灵，引向道德问题。柏拉图把哲学研究的范围从伦理学扩展到整个世界，把苏格拉底寻求的普遍定义、本质独立化、实体化，设置了一个在可感世界之上并且是可感世界根据的理念世界，从而建立了庞大的理念论体系。柏拉图的弟子亚里斯多德对以前的哲学做了综合考察，发扬了爱智慧、尚思辨的精神，拯救现象，跟随经验，成为古希腊哲学的集大成者。

一、智者运动及代表人物

(一) 智者运动

公元前 5 世纪后半叶在雅典和其他城邦陆续出现了一批自称为智者的职

业教师，其主要代表人物有普罗泰戈拉、高尔吉亚、普罗狄科、希庇亚、安提丰、塞拉西马柯、克里底亚等人。他们以雅典为活动中心，活跃在希腊各主要城邦。他们收费授徒，传授修辞、演说、辩论、诉讼的技能以及有关城邦治理和家政管理的知识。他们顺应时代的潮流，提出许多有关人类社会、人的本性、人的价值、人神关系，以及道德评价方面的新观念，提高了公民的文化素质，在现实生活中产生了广泛的影响。哲学史上称之为智者运动，这是西方思想史上最早发生的一次启蒙运动和人本主义思潮。

古典时期所有智者的活动都与希腊修辞学有关。今人眼中的修辞学乃是一门演讲的艺术，包括立论和修饰词句，但古希腊人并不局限于此。他们的修辞学包括的范围很广泛，文辞的修饰、正确的语法、铿锵的音韵、崇高的风格都是修辞学的研究对象。词源学、语法学、音韵学、论辩术、演讲术都是修辞学的分支。概言之，古希腊人心目中的修辞学是运用语言的一门技艺。古希腊人对运用语言的技能十分重视。他们认为，有无运用语言的技能是一个人有无智慧的重要标志。正常的人都会说话，但要在公众场合讲述自己的见解，那是要有智慧的。在这一理想的推动下，希腊人在把握世界的过程中发展了自己认识客观世界的关键性工具——语言，提高了自己运用语言的技能。

关于古希腊修辞学的发明权，人们有两种说法。一种观点认为，公元前5世纪的两位西西里人科拉克斯和提西亚斯发明了修辞学。提西亚斯的生平无从查考。科拉克斯的鼎盛年约在公元前467年，与阿那克萨戈拉、恩培多克勒，芝诺等哲学家的生活年代相仿。据说他出于参政和立法的需要，撰写了最早的修辞学著作。还有一种观点把修辞学的发明归功于哲学家恩培多克勒，主要根据是亚里斯多德在他的著作《智者》中的论断。两种说法实际上都已指明，修辞学在希腊产生于科拉克斯和恩培多克勒的时代，即巴门尼德之后这几十年间。

在这一代思想者中，思想观点不再是圣贤的独断、祭司的箴言和诗人的想象，而是人们心灵的交流和撞击。神灵和传统的威慑力固然还存在，但理性的证明更不容忽视。在对话中，参与者不仅要有论断，还要有论据；不仅要表达自己的观点，还要让对方理解和信服自己的观点。希腊人最早的对话体文章实际上就是对话的现场记录或事后的追记，以后又发展成为哲学匠心独具的写作。实际的对话活动隐退为文章的场景，重要的是对话者的思路与证明的方式。著名的智者无一不是对话能手，以苏格拉底为主角的对话直到公元前 4 世纪还是人们创作的热门文体，对话大师柏拉图穷毕生精力，写下了相当于《圣经》篇幅的对话集，亚里斯多德早年也写过一些对话，后来则完全用散文写作。从亚里斯多德开始，西方哲学可以说完全进入了散文时代，一直延续至今，散文成为哲学家们著书立说的基本文体。

以上历史事实表明，智者时代是希腊民族理论思维发展的关键时期。修辞学的诞生与发展和哲学文体的变迁发生在同一时期决不是偶然的，它们从两个方面反映着古希腊人理论思维水平的提高，亦即运用语言的技能和概念思维能力的进步。智者们大都倾心于修辞学的研究，聚集在雅典的普罗泰戈拉、普罗狄科、希庇亚等著名智者也不遗余力地开展修辞学的研究和实践，高尔吉亚也从事修辞学的教育活动。

智者们研究和讲授的内容涉及政治、伦理、法律、宗教、教育、文学、史学等各个领域。这些问题的探讨导致原有知识，主要是哲学、宗教、伦理观念的变革，同时又促进了语言学、逻辑学、修辞学等新学科的形成。从性质上看，智者的学说首先是一种文化哲学，它在内容上不同于以前的自然哲学。智者学说不仅在内容上，而且在方法上也不同于自然哲学。自然哲学当然不会排斥对于自然的经验观察，但因为其最终目的是要系统地表述一个永远不变的原理以解释世界，除了纯理论的思维，别无其他自由选择的途径。所以自然哲学家的方法是从一般原理推演出特殊的结论，是演绎法。而智者并不打算去穷究事物的第一原因，他们立足于经验之上，并试图在生活的所有领域里积累大量的知识，然后再从中引出某些结论，因此，它们的方法主要是经验归纳法。智者与哲学家追求的目标也有不同。在哲学家看来，探索真理本身就是一个目的，如果有学生的话，他们也会试图使学生变成哲学家，然而这不是绝对必要，因为他们的目的纯粹是理论上的。而智者则不然，他们的目的首先不是使学生成为智者，而是想要给一般信徒以一种可以在生活中应用的一般教育，因此他们的目的主要是实践方面的。

从智者开始，希腊哲学的中心议题有了转向：从自然转向人和社会。这一重大转折的根源在于时代的巨变。取代了氏族制的新型共同体城邦的民主制度，在古典时期迅速发展完善起来；希波战争的胜利使希腊人得到成长，雅典成为全希腊的政治、经济和文化的中心。雅典城邦民主制度的高度发展保证了它的公民享有政治自由权利。公民们积极投身于各种公私事业，自由的讨论促使他们产生了历史的自觉和思想的自觉。以普罗泰戈拉、高尔吉亚和安提丰为代表的一大批智者可以说是希腊古典时期人本主义思潮的开创者。通过对普罗泰戈拉和高尔吉亚这两位现存材料相对较为丰富的智者的研究，或许可以对整个智者运动的哲学依据有所把握。

（二）普罗泰戈拉

普罗泰戈拉堪称智者的首席代表。他是德谟克利特的同乡，阿布德拉人。柏拉图在《普罗泰戈拉篇》和《国家篇》中都称他为"阿布德拉的普罗泰戈拉"。第欧根尼·拉尔修说："据一些人说，他近90岁时在一次旅途中去世；阿波罗多洛则认为他享年70岁，其中作为智者的生涯是40年，还认为他的鼎盛年在第84届奥林匹亚赛会期间。"①联系其他一些材料，学者们推测他的生活年代大约是公元前490年至公元前420年。

普罗泰戈拉

有记载说普罗泰戈拉早年在德谟克利特门下学习，从30岁开始从事智者的职业，共达40年。他的主要活动地点在雅典，享有盛誉，拥有众多追随者。在雅典期间他与伯里克利结为挚友，他们俩曾就标枪致人死命的事辩论了一天。伯里克利的两个儿子都跟从普罗泰戈拉学习治理城邦的知识和演讲、诉讼的技艺。公元前430年至公元前429年雅典发生大瘟疫期间，普罗泰戈拉亲眼看到伯里克利在两个儿子死于瘟疫时表现出来的镇静自若。关于他的死因，有记载说他在雅典宣读他的著作《论神》，受到渎神的指控，被逐出雅典，在逃亡途中溺海而死。这些说法都缺乏确凿的史料证实，但大体上有助于我们了解这位哲学家的活动。

据说普罗泰戈拉写过许多著作，但他到底写过哪些则很不确定，比较可靠

---

① 第欧根尼·拉尔修著，马永翔等译：《名哲言行录》下册，吉林人民出版社，2003年，第591页。

的大约有《论真理》、《论神》、《论相反论证》这三部。这些著作已经全部佚失，仅存残篇 12 条和一些后人的记述。

　　普罗泰戈拉最著名的哲学命题"人是万物的尺度"最先由柏拉图保存下来。普罗泰戈拉的这个命题历来受到学者们的重视，值得我们进一步理解。命题中的"人"是个类名词，它形式上是单数，但它既可指个别的人，也可以指整个人类，就好像英文中的 man。尽管普罗泰戈拉时代还没有种、属和个体的区分，但从柏拉图、亚里斯多德等古人对普罗泰戈拉的命题的理解来看，该命题中的人指的是个人，是这个人或那个人。命题中的"尺度"一般都解作"标准"，亚里斯多德说除了度量尺度和标准外，这个词还可以理解为知识或认识的标准。命题中的"存在"我们在巴门尼德哲学中已经遇到过了。

　　普罗泰戈拉命题的具体含义是：每一个人的感觉和体验是判断事物的标准；对于我来说，事物就是向我呈现的那个样子；对于你来说，事物就是向你呈现的那个样子；我就是对我而言的存在事物的判断者，也就是对我而言不存在事物的不存在的判断者。

　　普罗泰戈拉的这个命题不是在讨论某种自然现象，而是与其全部学说密切相关，集中表达了他的认识论和真理观。他对真假和知识发表了独特的见解：无论是论辩、诉讼、政治，双方的议论、命题或体验，如果从真假考虑，都是真实的，无所谓假，目标只是要寻求好的、对己有益的方面。所谓知识就是教人在相反的命题中发现和追求好的、有益的命题。从智者运动的整个理论和实践来说，普罗泰戈拉所表述的原则正是智者运动的理论基础和指导思想，也是智者运动的实践概括。

　　普罗泰戈拉的命题具有感觉主义和相对主义的特征。智者们研究的主要对象是社会现象和社会问题，他们思考问题的角度、观察问题的方法以及认识事物的目的都不同于以往的自然哲学家。他们着眼于现实，追求眼前对自己有用的、能实现的目标，置价值考虑于真假问题之上，这是他们的共同特点。由此提炼出的以价值目标为核心的感觉主义、相对主义和怀疑论是他们的哲学思维的最高准则。然而，该命题所具有的历史作用我们仍旧要放回到普罗泰戈拉所处的时代中去作评价。

　　在普罗泰戈拉生活的时代，希腊人还普遍处在原始宗教的统治之下，把神视为万事万物的尺度，而普罗泰戈拉的命题意味着希腊人已经开始看到人生和社会这个舞台上，人才是中心。人为自己制定习俗、法律、伦理规范、生活准则，并且有资格对此发表意见，加以褒贬，作出裁决。人类第一次意识到自己是自己所属的城邦与社会的审判者，自己有资格有力量也有权力重新规范自己和城邦的生活。这是人类在原始宗教统治下的第一次觉醒，因此可以说普罗泰戈拉是西方人文主义的先驱。

(三) 高尔吉亚

高尔吉亚出生在西西里东部的林地尼。他的鼎盛年约在公元前 427 年，具体生卒年份不详，第欧根尼·拉尔修没有给他列传，但在恩培多克勒传中提到："阿波罗多洛在其《编年史》中谈到高尔吉亚时，说他活了 109 岁。萨提罗斯引用同一位高尔吉亚的话说，当恩培多克勒开创他那不可思议的业绩时，高尔吉亚正好侍其左右。"[①]他大体上和普罗泰戈拉是同时代人，但活得比普罗泰戈拉长。

高尔吉亚手稿文物

有记载说高尔吉亚向恩培多克勒学习过修辞学、医学和自然哲学。公元前427 年，林地尼和叙拉古发生争执。林地尼派遣代表团赴雅典求援，高尔吉亚

---

① 第欧根尼·拉尔修著，马永翔等译：《名哲言行录》下册，吉林人民出版社，2003年，第 530 页。

担任使团首席代表，说服雅典同林地尼结盟反对叙拉古。他在雅典发表的演说表现出很高的才能，使公民大会为之震动。高尔吉亚的活动地点不固定，在雅典、德尔斐等地都发表过演讲。高尔吉亚写过一篇题为《论非存在和论自然》的修辞学或哲学论文，还写过《海伦颂》和《为帕拉墨得斯辩护》，前者是颂词，后者是辩护词，基本完整地保留了下来。由第尔斯辑录的高尔吉亚残篇有31条，是智者中最多的。限于篇幅，我们在此仅介绍高尔吉亚的《论非存在和论自然》。

第一个命题：无物存在。这个命题中的"物"同普罗泰戈拉命题中的"物"是同一个词，泛指一切东西。为了证明这个命题，高尔吉亚首先把以往哲学家的观点结合起来，组成一些相反的命题，再用反证法证明两者都不可能，从而得出无物存在的结论。高尔吉亚首先证明非存在并不存在。他说："非存在是空无。因为如有非存在存在，那它就同时既存在又不存在。就它不被认作是存在而言，它不存在；就它被认为是存在而言，它又存在。但同一件事物同时既存在又不存在是矛盾的，所以，非存在不存在。"①然后，高尔吉亚证明存在不存在。"存在也不存在。如果存在存在，那么它要么是永恒的，要么是生成的，要么既是永恒的又是生成的。但正如我们所要证明的那样，存在不是永恒的，也不是生成的，也不是既是永恒的又是生成的，所以存在并不存在。"②然后，高尔吉亚证明既存在又非存在是不可能的。"如果存在是永恒的，它就不是生成的；如果它是生成的，它就不是永恒的。既然存在不是永恒的，不是生成的，也不是既是永恒又是生成的，所以得出：存在者不存在。"③最后，高尔吉亚得出结论："存在并不存在，非存在也不存在。"④巴门尼德证明唯有存在是存在的，非存在以及既存在又不存在是不可能的，而高尔吉亚则证明了存在是存在的也不可能，从而得出了与巴门尼德相反的结论。

第二个命题：即使存在某物，人们也不可能把握。"这是合理的，合乎逻辑的。我们再进一步证明，被思想的东西并不是存在物，因而存在不能被思想。而思想的东西并不是些存在的东西，则十分明显。""因为如果被思想的东西是

---

①　转引自苗力田：《古希腊哲学》，中国人民大学出版社，1989 年，第 190 页。

②　转引自苗力田：《古希腊哲学》，中国人民大学出版社，1989 年，第 190 页。

③　转引自苗力田：《古希腊哲学》，中国人民大学出版社，1989 年，第 191 页。

④　转引自苗力田：《古希腊哲学》，中国人民大学出版社，1989 年，第 192 页。

一些存在着的东西，那么，只要有人能思想它们，一切被思想的东西便都存在了。甚至一些奇想以致于谎言也都是存在的。但并不是因为我们想到有一个飞行的人或一辆在海上奔驰的马车，便真有一个人在飞，真有一辆马车在海上奔驰。因而，所思想的东西并不是存在物。"[1] "除此而外，如果被思想的东西是存在物，那么非存在物就不能被思想，……其他许多非存在物都被思想到了，所以存在是不能被思想到的。"[2]高尔吉亚这个命题的推论和证明不完善，但通过这些论证可以看出他的第二个命题的实质还是否认有所谓存在(物)。他的中心思想是：所谓真实的事物都是相对于某种特定的感官说的。想到的东西则是相对于思想的器官而言的。它们都是人们头脑中的东西，并不是真实存在的东西。假如真有什么存在，那一定是无法想象的，只要他想到了，或者推论出来了，那就一定是非存在的东西。

第三个命题：即使把握了，人们也无法加以表述，告诉别人。高尔吉亚证明说："既使我们能够把握，也无法把它告诉别人。因为如果作为处于外间的存在物可以为视觉、听觉及其各种感官所感知，如果可见的东西为视觉所把握，可闻的东西为听觉所把握，但不能相互替换，怎么可能把它告诉别人呢？""我们告诉别人时所用的是语言。语言不是主体和存在物，所以我们告诉别人的不是存在而是语言。语言是跟主体相异的东西。因而，既然可见物不能变成可听物，可听物不能变成可见物，那么作为外间主体的存在物就不可能变成我们的语言。"[3]既然语言不是真实存在的东西，它就不可能明白无误地传递给别人。高尔吉亚的第三个命题可以说是进一步否定了存在，他指出存在不是语词，外在事物和语言是异质的，人们告诉别人的仅仅是语言而不是真实的存在。

高尔吉亚提出了有关存在的三个重要命题，其理论意义可与普罗泰戈拉的基本命题相媲美。如果我们在希腊早期哲学思想发展的环节中来给高尔吉亚定位，我们可以看清高尔吉亚在希腊哲学史上的价值和地位。在智者运动中，高尔吉亚的三个命题和普罗泰戈拉的"人是万物的尺度"起着同样的作用。普罗泰戈拉主要体现了智者的感觉主义和相对主义的哲学原则，高尔吉亚的三个命题则体现了它的怀疑论原则。"智者学说不仅以其哲学的怀疑主义使人们怀疑

---

① 转引自苗力田：《古希腊哲学》，中国人民大学出版社，1989 年，第 192 页。

② 转引自苗力田：《古希腊哲学》，中国人民大学出版社，1989 年，第 192-193 页。

③ 转引自苗力田：《古希腊哲学》，中国人民大学出版社，1989 年，第 193 页。

科学的可能性，而且以其相对主义理论及其某些成员彻底的个人主义从根本上动摇了宗教、国家和家庭现存的权威。它所提出的问题超过了它所解决的问题。只有到这时，确认认识的可能性以及不依赖于人的见解的不准确性的认识客体的存在，并在人自身的本性深处去发现在实际生活中引导他的固有理想才成为必要。正是在这一点上，苏格拉底以及从苏格拉底得到启发的人们才认识到自己的任务。"①

二、苏格拉底

苏格拉底是古希腊最重要的哲学家之一，他以一种对哲学的崭新理解开创了希腊哲学的新纪元。他倡导哲学的变革，体现了时代精神。他拥有巨大的人格魅力，终生不渝地恪守哲学理想和道德原则，不惜为此英勇献身，成为后人仰慕的伟大思想家。哲学家苏格拉底的活动，使希腊哲学真正雅典化，雅典成了名副其实的哲学中心，而哲学成为雅典城邦的品牌。

(一) 生平与史料

苏格拉底是一位伟大的哲学家，但要研究他的哲学却非常困难。引起这些困难的首要原因在于苏格拉底"谈哲学"和"做哲学"，却从来不"写哲学"。今人通过现存的史料解读他的哲学思想，当然需要识别哪些是苏格拉底本人的思想，哪些是别人的或后人的。

苏格拉底一生没有写过任何著作，但他的一些学生和古代学者记述了他的活动与思想。古希腊留存下来的苏格拉底史料主要有四种：(1) 与苏格拉底同时代的喜剧家阿里斯托芬的喜剧，主要是公元前 423 年上演的《云》。这部喜剧是最早记述苏格拉底的资料，而当时苏格拉底还在世，亲自看过演出。该剧对于我们了解苏格拉底早期思想有参考价值，但它把苏格拉底描绘成一个玩弄诡辩的智者、有无神论倾向的自然哲学家、禁欲主义的道德家，与其他记述均不符。(2) 苏格拉底的学生色诺芬的著述，主要是《回忆苏格拉底》。色诺芬约生于公元前 430 年，青年时代追随苏格拉底，他以亲近弟子的身份，平实地回忆和记述了苏格拉底的活动与思想，可信度较高。(3) 柏拉图的对话，主要是早期对话和一部分中期对话。柏拉图生于公元前 427 年，青年时代跟从苏格拉

---

① 策勒尔著，翁绍军译：《古希腊哲学史纲》，山东人民出版社，1996 年，第 100 页。

底学习，当时苏格拉底已经年届六十。苏格拉底被处死以后，柏拉图离开雅典，在外地游历 12 年，在此期间写了许多以苏格拉底为主角的对话，比较真实地记述了苏格拉底的思想。总之，柏拉图对话是我们研究苏格拉底哲学思想最主要的史料，但需要认真鉴别包含在这些对话中的思想的归属，不能把柏拉图借苏格拉底之口表达的他自己的思想也说成是苏格拉底的。(4) 亚里斯多德的著作中有四十多处提到苏格拉底的思想，但大多简明扼要。苏格拉底去世时，亚里斯多德尚未出生，但他在柏拉图学园中生活了 20 年，可以从柏拉图那里得到许多关于苏格拉底的知识，也可以看到当时有关苏格拉底的著述。所以，我们可以把亚里斯多德的相关论述与色诺芬、柏拉图的著作对照使用。

第欧根尼·拉尔修记载说："据阿波罗多洛在其《编年史》中说，他(苏格拉底)出生于阿普色菲翁执政的时候，是第 77 届奥林匹亚赛会的第 4 年，塔格利翁月的第 6 天，当时雅典人正在净化城邦，而据提洛人说，那一天还是阿耳忒弥神的生日。他死于第 95 届奥林匹亚赛会的第一年，享年 70 岁。"①根据这条史料推算，苏格拉底生于公元前 469 年，死于公元前 399 年。

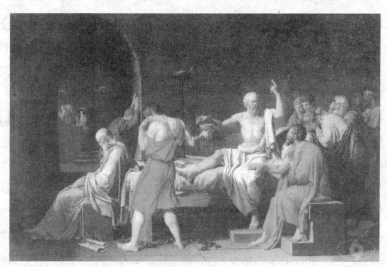

苏格拉底之死

苏格拉底出生时，希波战争已趋向希腊人获胜的结局。公元前 444 年，雅

---

① 第欧根尼·拉尔修著，马永翔等译：《名哲言行录》上册，吉林人民出版社，2003年，第 110 页。

典和斯巴达订立 30 年和约。雅典民主派政治家伯里克利在这一和平时期完善民主制度，建立强大海军，在爱琴海地区扩展势力范围，统领"提洛同盟"诸盟邦，成为头等强悍的海上霸主。少年苏格拉底在浓厚的文化氛围中接受良好教育，获得了丰富的知识。苏格拉底青壮年时期同雅典的学者名流交往甚多，声誉渐起。柏拉图的不少早期对话以智者的名字作为篇名。苏格拉底无疑深谙智者的学说，以他们为主要论敌进行犀利的抨击。到了伯罗奔尼撒战争爆发前，苏格拉底已经成为雅典颇有影响的人物，在他周围聚起了一批追随者。

苏格拉底的后半生处于伯罗奔尼撒战争时期。这场大战长达 27 年，是希腊社会的一个重要转折点。战争使全希腊的政治秩序陷入极度混乱，霸主们公然宣扬血和火的杀伐，弱肉强食就是"正义"和"公道"。斯巴达打着"解放希腊，帮助诸邦摆脱雅典统治"的旗号，雅典则喊着"为帝国利益而战"，实质上双方都赤裸裸地奉行霸权政治原则。战争使雅典帝国从强盛走向衰落，城邦社会及其精神生活走向解体。作为忠诚于雅典的城邦公民，苏格拉底曾经参加过三次战争。他在征战中英勇杀敌、吃苦耐劳、抢救战友，以其英勇表现获得了良好的社会声誉。苏格拉底致力于讨论"正义"问题，屡屡批驳智者的强权政治哲学，实质上乃是对当时现实政治的批判。

苏格拉底敏锐地观察到伯罗奔尼撒战争已给雅典带来深刻的危机。在他看来，整个危机的根源是道德和人性的堕落，因此拯救社会的根本出路在于改善灵魂和人的本性。于是他借"神的命令"为自己设定哲学使命，在雅典城内到处找人谈话，讨论问题，启迪理智，引导人们追求智慧和道德的善，用以改善灵魂，从而批判愚昧、私欲、不义和邪恶，以振奋城邦社会。他将自己比作一只神赐给雅典的"虻子"，在城邦里飞来飞去，螫刺、惊醒雅典这头高贵而懒惰的马，促其重新奋发。在柏拉图《申辩篇》中他对雅典人说："雅典人啊，我敬你们，爱你们。但我将服从神而不是服从你们；只要我还活着，还有力量，我就永远不会放弃哲学，或停止劝告你们，对你们之中每一个我所碰到的人指出真相，以我惯常的口吻说：最优秀的人啊，最强大、最以智慧和力量著称的雅典公民，你只关心钱财、名声和荣誉，却不注意也不想到智慧、真理及你的灵魂的完善，难道你不觉得羞愧吗？"①苏格拉底喜欢和青年交往，他教育的对

---

① 转引自苗力田：《古希腊哲学》，中国人民大学出版社，1989 年，第 206-207 页。

象以青年居多，他想用他的哲学塑造年轻一代，在他们身上寄托他的理想。他在雅典的街头巷尾、竞技场所谈论时周围常簇拥着许多青年子弟，如何教育青年培养他们的美德常是他的谈话主题。他总是循循善诱，启迪他们的心智。苏格拉底不仅有哲学教育的言教，而且有身体力行的身教，以他俭朴、刚健、正直、英勇的人格，在雅典公众面前树立一种道德典范，使他的教导更具感召力。

苏格拉底无意直接当政，但他作为一名公民还是忠实地履行了他的政治义务。在多次重大政治事件中，他显示出独立不倚、刚正不阿的品质。公元前406年民主派执政时，雅典海军在阿吉纽西岛击败斯巴达舰队，但雅典海军也损失了25艘战船和4000名军人。当时暴风雨阻碍了雅典海军将阵亡者尸体打捞起来安葬，雅典人民以此违反惯例而控告了海军将领，由五百人议事会审议。当时苏格拉底正轮到担任议事会主席，面对狂怒喧哗的群众和许多威胁恐吓，苏格拉底坚持依法办事，反对把不合法的提案付诸表决。公元前404年，雅典贵族在斯巴达的支持下建立了"三十僭主"寡头专制的政权，实行残暴统治，抓捕政敌，杀害了许多人。苏格拉底拒绝接受"三十僭主"的派遣去抓捕一位雅典公民，受到"三十僭主"的仇视，勒令他不得继续讲学，还要加害于他。只是因为"三十僭主"不久后被推翻，他才没有遭殃。总之，不管是什么人或什么政体，只要言行不合正义，他都要批评反对。

公元前399年，苏格拉底受到指控，罪名主要有两条：一条是不敬城邦所敬的诸神而引进新神，另一条是败坏青年。在法庭上他为自己的所作所为进行了申辩，毫不退缩求饶，结果被判处死刑。朋友们打算营救他逃离雅典，但他拒绝了。他认为自己必须遵守雅典的法律，因为他和城邦之间有神圣的契约，不能违背。他临终前仍旧在和朋友们讨论哲学问题。最后他十分安详地饮鸩就刑，用自己的生命报答了祖国城邦。柏拉图的《申辩篇》是苏格拉底在法庭受审时当众发表的一篇真切动人、富有哲理性的演说词。受审时柏拉图在场，这篇申辩词在苏格拉底死后数年就问世了，当时参与法庭审讯的苏格拉底的追随者和指控人以及法官们都会读到它，所以这篇申辩词虽经柏拉图修琢文字，但其基本内容是真实可信的。

苏格拉底使哲学的主题从自然转向人，这是哲学史上的一种定论。最早记述这一转变的是色诺芬。他在《回忆苏格拉底》中说："他并不像其他大多数哲学家那样，辩论事物的本性，推想智者们所称的宇宙是怎样产生的，天上所有的物体是通过什么必然规律形成的。相反，他总是力图证明那些宁愿思考这类题目的人是愚妄的。""至于说到他本人，他时常就一些关于人类的问题作一些辩论，考究什么事是虔敬的，什么事是不虔敬的；什么是适当的，什么是不适当的；什么是正义的，什么是非正义的；什么是精神健全的，什么是精神不健全的；什么是坚忍，什么是怯懦；什么是国家，什么是政治家的风度；什么是统治人民的政府，以及善于统治人民的人应当具有什么品格；还有一些别的问题，他认为凡精通这些问题的人就是有价值配受尊重的人，至于那些不懂这些问题的人，可以正当地把他们看为并不比奴隶强多少。"[①]

从柏拉图的早期对话中也可以看出苏格拉底有一个思想转变过程。柏拉图的《斐多篇》有苏格拉底的大段自白："年轻的时候，我对那门被称作自然科学的学问有着极大的热情。我想，要是能知道每一事物产生、灭亡或持续的原因那就好了。我不断地反复思考，对这样一类问题困惑不解。""后来我听人说他读了阿那克萨戈拉的一本书，书上断言产生秩序的是心灵，它是一切事物的原因。这种解释使我感到高兴。某种意义上它似乎是正确的，心灵应当是一切事物的原因，我想如果心灵是原因，那么心灵产生秩序使万物有序，把每一个别的事物按最适合它的方式进行安排。""这些想法使我高兴地假定，在阿那克萨戈拉那里我找到了一位完全符合自己心意的关于原因问题的权威。""我一刻也不耽误地搞来了那些书，开始尽快地阅读，以便尽可能知道什么是最好的和较好的。我的朋友，这个希望是多么美妙啊，但它马上就破灭了。当我读下去的时候，我发现心灵在这个人手中变成了无用的东西。他没有把心灵确定为世界秩序的原因，而是引进了另一些原因，比如气、以太、水，以及其他许多稀奇古怪的东西。""我担心，由于用肉眼观察对象，试图借助每一种感官去理解它们，我也有可能使自己的灵魂完全变瞎。所以我决定，一定要求助于某些理论，在探讨事物真理时使用它们。""我建议从我的原则开始，这些原则是你们熟知的。我假定绝对的美、绝对的善、绝对的大等等一类事物的存在。如果你们承认我的假设，承认这些事物是存在的，那么我希望在它们的帮助下能够向

---

① 色诺芬著，吴永泉译：《回忆苏格拉底》，商务印书馆，北京，1984 年，第 4–5 页。

你们解释什么是原因，并且为灵魂不朽找到一条证据。"①

单纯从研究对象来看，希腊哲学从研究自然转变到研究人和社会是从智者开始的。但是智者所说的人还只是感性的个人，以个人的好恶为判断价值的标准，其结果必然陷入相对主义的泥潭。只有对人作深入的研究，反思人的本性，发掘人的理性能力，方能返身思考自然和社会。所以苏格拉底的哲学变革不只是将人们的视线从自然哲学转向人间的日常生活，而是在于他将哲学的主题转向人自身，在人的本性中激扬出一种深蕴逻辑力量的理性精神。苏格拉底关注的首要问题是伦理道德，但他总是上升到哲学高度，对人的本性作深刻反思，包含本体论、认识论和方法论的哲学内容，并且运用他的哲学和道德原则去探讨社会的政治、宗教、审美、语言等问题，企图通过改造希腊人的全部思维和精神生活，以克服社会的全面危机。

(二) 原则与方法

对于苏格拉底，用对一般哲学家的方法去理解他，那是不够的。他不是那些只会在某些方面给人以知识、启发和智慧的人，而是单刀直入要求哲学抓住人和生活实践本身，教导人对自己有一种彻底的反省和自觉，从而认识和改造他自己，改造生活和他们的世界。所以他所教导的不是单纯的知识和局部的智慧，而是要给人生和哲学灌注新的生命，震撼人的全部心灵，使之摧毁旧我寻求自新，这样就引起了希腊思想精神和哲学的全盘改造。

希腊宗教圣地德尔斐神庙的墙上铭刻着一句箴言——认识你自己。在色诺芬的《回忆苏格拉底》中，苏格拉底问自以为热爱哲学的欧绪德谟有没有看到过、思考过这几个字，有没有注意过、察看过自己是什么样的人。他说："必须先察看了自己作为人的用处如何、能力如何，才能算是认识自己。"②这是苏格拉底对"认识你自己"的最一般解释。

在柏拉图的《卡尔米德篇》中，苏格拉底引导对话人克里底亚探讨自制的定义。克里底亚说："我几乎要说，节制的本质就是认识自己，在这一点上我和那位在德尔斐神庙刻下'认识你自己'这句铭文的神的看法一致。""'认识

---

① 柏拉图著，王晓朝译：《斐多篇》，《柏拉图全集》第一卷，人民出版社，2002 年，第 104-108 页。
② 色诺芬著，吴永泉译：《回忆苏格拉底》，商务印书馆，北京，1984 年，第 149 页。

你自己'和'要节制'的意思在我看来是一样的，而随着这些词语的使用，人们以为它们是不同的。后来的贤人又添上'万勿过度'。"①由此可见，能否认识自己最重要的表现是能否自制，能自制就是认识了自己，不能自制就是没有认识自己。"要自制"是从正面讲的，"万勿过度"是从反面讲的。

"自制"一词在荷马史诗中的意思是心智健全、谨慎、聪颖，中文也随着译为"节制"。然而它不仅有道德方面的含义，即对欲望的自我约束和控制，而且还有认识自己、明智自律、使灵魂健全的含义。苏格拉底在讨论中认可了克里底亚的新定义，然后提出两方面的问题：一是这种自我认识的对象是什么，亦即自我认识是否可能；另一个问题是这种自我认识对人的实践生活是否有益。"首先我要请你把这样一门学问存在的可能性说出来，这是我在前面就说过的；其次，告诉我这样一门学问有什么益处。这样一来，你可能会使我感到满意，我也会认为你关于节制的看法是正确的。"②

苏格拉底多次提到德尔斐神庙中的那句箴言"认识你自己"，把它当作他的哲学的主要问题。智者已经说人是物的尺度了，但在苏格拉底看来，由于他们没有弄懂人自身究竟是什么，也就不能对这个命题有正当的运用。因为人之所以为人不能仅仅归结为他有感觉和欲望，而应当归结为人有灵魂，能够追求善，人之为人就在于灵魂的求善。要完成认识你自己的任务就要研究人的灵魂，唯有灵魂才是理性和智慧的所在地。他论证说，因为使用者和被使用的工具是有分别的，使用身体的是灵魂，因此灵魂是使用者，是统治身体的。所以认识你自己应该是认识你的灵魂，爱自己也不是爱自己的身体，更不是爱钱财，这些都会消逝，只有对灵魂的爱才能持续存在。而"把节制种植在灵魂之中"③就是苏格拉底所谓的治疗灵魂。可见，苏格拉底将哲学从研究客观世界转向研究人本身，研究人的认识能力，开创了人的哲学。他看到人除了有各种具体知识外，还有更高抽象层次的一般的知识，亦即关于知与无知的知识，还有关于善与恶的知识，这就又提出了认识论与伦理学的一般问题。

---

① 柏拉图著，王晓朝译：《卡尔米德篇》，《柏拉图全集》第一卷，人民出版社，2002年，第150页。

② 柏拉图著，王晓朝译：《卡尔米德篇》，《柏拉图全集》第一卷，人民出版社，2002年，第157页。

③ 柏拉图著，王晓朝译：《卡尔米德篇》，《柏拉图全集》第一卷，人民出版社，2002年，第140页。

灵魂以追求自善为目的，这一观点的提出具有重要的现实意义，苏格拉底是在这种时代背景下担负起他的使命的。所以他对有关人的种种社会政治和伦理道德问题的关怀，不能不带着新的思考。他发现即使是人们和自己从前最尊敬的伯里克利也是很有问题的。他指责伯里克利和那些政治家们不注意使公民的灵魂从善、生活正直，只热衷于建造船舰、军港、卫城，实行帝国政治，并用发放津贴等手段使雅典人变得骄傲、贪婪和粗野，培育了人的兽性而不是人性，因此他对雅典的不幸是有责任的。他认为智者对这种社会危机也负有重要责任，因为智者主张人性就是弱肉强食，助长了政治家的穷兵黩武；他们自称是公民的教师，却唆使人一味追求满足欲望的快乐，追求错误的生活目的，毒化了人们的灵魂。因此在人的问题上，真正的原因不在自然和物欲方面，而在人的心灵或灵魂，在你把什么东西认作"好"(善)的。他说："把这些东西也称作原因真是太荒唐了。如果说没有这些骨头、肌肉，以及其他所有东西我就不能做我认为是正确的事情，那么这样说就是对的。但如果说我做了我在做的事的原因在于它们，尽管我的行为受心灵支配，但并没有经过对最佳事物的选择，那么这是一种非常不严格、不准确的表达法。"[①]在解释人的行为和本性上，用单纯的自然和身体的因素是绝对不够的。人是有思想灵魂的动物，他的一切行为都要受一种有目的的思想支配，要高于其他一切自然物和别的动物。所以当他听说阿那克萨戈拉主张心灵是安排一切的原因时非常高兴，大为赞许。然而阿那克萨戈拉本人却没能贯彻这个学说，这使苏格拉底失望，但却开启了他自己哲学研究的方向。

(三) 伦理学的首创

伦理学是苏格拉底哲学的主干部分。伦理学又称道德哲学。在西文中，它的原义为风俗、习惯。按今人的理解，道德是伦理学的研究对象。伦理一词经常与道德一词通用，如伦理关系亦即道德关系，但这两个词也有一些区别：道德指人们之间的道德关系和道德行为，伦理指社会的人际应然关系，对这种应然关系的概括就是道德规范，而道德则是主体对道德规范的内化和实践，即主体的德性和德行。伦理更侧重于社会，更强调客观方面，道德则更侧重于个体，

---

① 柏拉图著，王晓朝译：《斐多篇》，《柏拉图全集》第一卷，人民出版社，2002 年，第 107-108 页。

更强调内在操守方面。

"美德即知识"本来是苏格拉底伦理学的基本命题，它表明美德的本性是知识，人的理智本性和道德本性是同一的。这个词在希腊文中的含义比中文要广，它不仅指人的优秀品质，而且也指任何事物的优点、长处和美好的本性。苏格拉底将人在生活行为中表现的所有优秀善良的品质，如正义、自制、勇敢、智慧、友爱、虔诚等等都称为人的美德。"苏格拉底说，正义和其他一切美德都是智慧。因为正义的事和一切道德的行为都是美好的；凡认识这些的人决不会愿意选择别的事情；凡不认识这些的人也决不可能将它们付诸实践。所以智慧的人总是做美好的事情，愚昧的人则不可能做美好的事，即使他们试着去做也是要失败的。既然正义和其他美好的事都是美德，很显然正义和其他一切美德便都是智慧"。①亚里斯多德解释说："年老的苏格拉底认为德性的知识是目的，并且常常讨论什么是公正，什么是勇敢以及德性的每个部分；他的行为是处于理智的，因为在他看来，一切德性都是知识的种类，所以知道公正与变得公正是同时出现的。"②苏格拉底同人讨论种种具体美德的定义，经过往复辩驳，最终都归结到这个基本命题。苏格拉底提出美德即知识，明确肯定了理性知识在人的道德行为中的决定性作用，从而赋予道德价值以客观性、确定性和规范性，这就在古希腊哲学中首次建立起一种理性主义的道德哲学。

苏格拉底认为，既然美德的共同本性是知识，人的理智本性贯穿在道德本性之中，美德就具有整体性和可教性。正义、自制、勇敢、友爱、虔敬等美德都是同质的，都是由人的理智本性体现为道德本性，它们是相互贯通、内在联系的整体。人可以通过学习获得美德，也可以通过教育改造社会状况。智慧和知识能力是人人皆有的天赋，有些人缺乏美德只是由于感觉的迷误和欲望膨胀，以至于扭曲了人的理智本性，所以通过知识教育和道德陶冶可以恢复他们的理智本性，培植美德。推广到社会，可以通过道德教育改善人的灵魂，匡正祛邪，使城邦生活确立在有严整规范的理性道德价值的基础上。

智者的相对主义的感觉论助长个人利己主义和享乐主义，是造成社会道德混乱的思想根源，因而苏格拉底强调知识，贬低感觉，要求人们运用理性去探

---

① 色诺芬著，吴永泉译：《回忆苏格拉底》，商务印书馆，北京，1984 年，第 117 页。
② 转引自苗力田：《古希腊哲学》，中国人民大学出版社，1989 年，第 220-221 页。

讨伦理观念和道德价值，确定普遍的、绝对的善。然而从理论上分析，苏格拉底认为灵魂的本性只是理性，美德只是纯理智的，忽视了意志和情感对形成美德的作用。理性知识对形成美德、规范道德行为无疑起着主导作用，以此批评智者主张个人情感欲望支配一切行为固然正确，但是人的意志和欲望也是形成道德品性和情操的重要因素，正当的欲望、坚韧的意志、良好的习惯、高尚的情感、审美的激情等等都能陶冶美德。苏格拉底否认灵魂的非理性部分，排斥一切意志和情感的道德价值是片面的。

三、小苏格拉底学派

苏格拉底生前追随者甚多，难以计数。尽管他本人并没有建立学派的企图，但他的教诲影响了一批希腊哲学家。在他身后，他的弟子柏拉图和再传弟子亚里斯多德构筑了博大精深的理性主义哲学体系，使希腊哲学达到光辉灿烂的全盛状态。

苏格拉底的思想主要通过柏拉图发扬光大，但也有其他一些学生吸取和发挥苏格拉底思想的某些内容，或糅合其他哲学思想而自成学派，且有代代传人，产生持久影响。这些学派被称作"小苏格拉底学派"，主要有麦加拉学派、昔尼克学派、居勒尼学派。研究小苏格拉底学派的材料大多出自第欧根尼·拉尔修的记载，此外还有柏拉图、亚里斯多德、普罗塔克、西塞罗等古代哲学家的论述片断。

苏格拉底的哲学变革具有开创性和探索性，内容丰富却尚未形成严密和确定的哲学体系。善是苏格拉底伦理思想的基本范畴，但只是一些比较抽象的规定，没有进一步具体阐发。因此根据小苏格拉底学派对善的阐发来阐述这些学派的思想是一条简捷的路子。小苏格拉底学派也都非常注重辩论，在此过程中，他们对逻辑学的发展做出了贡献。

（一）麦加拉学派

麦加拉学派的创始人是欧几里德。他与后来著名的《几何学原理》的作者同名。柏拉图在《泰阿泰德篇》开头写公元前369年雅典和科林斯之战中欧几里德将负重伤的泰阿泰德从科林斯运回雅典，并说他曾记录苏格拉底早先同泰阿泰德的谈话，并向苏格拉底反复核对过这篇对话。由此推算他年长于柏拉图，可能活了近 80 岁。第欧根尼·拉尔修记载说："如亚历山大在其《哲学家的师承》中所说，欧几里德是处在伊斯姆地峡的麦加拉的本地人，或据一些人说是吉拉的本地人。他致力于研究巴门尼德的作品，后来人们把他的追随者称作麦加拉学派，然后又称作论辩派，再晚些时候还称作辩证论者——这个名称是卡尔西顿的狄奥尼修首先送给他们的，因为他们使用问答方法进行辩论。赫谟多鲁告诉我们，苏格拉底死后，柏拉图和其他哲学家因为警觉到僭主们的残酷而去了他那里。"①除了欧几里德，麦加拉学派的哲学家还有欧布里德、斯提尔波、狄奥多罗、菲罗等等。这个学派一直延续到公元前 3 世纪，其逻辑思想由斯多亚学派继承和发展。

善是苏格拉底哲学的基本范畴，但苏格拉底没有具体阐发善的本体论意义。巴门尼德的"存在是一"是最抽象的同一性，是最空泛的规定。欧几里德根据爱利亚学派的观点阐发苏格拉底的"善"，将至善规定为与自身相似和相同的"一"，这样一来，既给巴门尼德的"一"以一定的规定性，又赋予苏格拉底的"善"以本体论意义。亚里斯多德说："执持有不变本体存在的人，有些人说本一亦即本善；但他们认为本善的性质以元一为主。"②这里指的就是欧几里德等人的观点。对此，黑格尔评论说："麦加拉学派是最抽象的，他们死盯着善的定义不放。麦加拉学派的原则就是单纯的善，单纯形式的善，单纯性的原则。……麦加拉学派的任务是认识规定、共相；这个共相，他们认为是具有共相形式的绝对，因此绝对必须坚持共相的形式。"③欧几里德认为人的理性所认识的普遍本质即共相才是最高的善，这种不变的绝对自身同一的存在才是真实的存在。他拒绝承认与至善相对立的实在，将人所感知到的一切流动变化的现象都说成是毫无真实性可言的非存在，是无知和恶的渊薮，没有认识价值和道德价值。

麦加拉学派在逻辑方面有许多贡献。"有趣的是，他们这三个贡献都与现代逻辑有联系，即悖论的研究、命题逻辑的、模态逻辑的研究。"④麦加拉学派

① 第欧根尼·拉尔修著，马永翔等译：《名哲言行录》上册，吉林人民出版社，2003年，第 143 页。
② 亚里斯多德著，吴寿彭译：《形而上学》，商务印书馆，1959 年，第 300 页。
③ 黑格尔著，贺麟、王太庆译：《哲学史讲演录》第二卷，商务印书馆，1960 年，第 114 页。
④ 杨百顺：《西方逻辑史》，四川人民出版社，1984 年，第 26 页。

的逻辑思想直接影响了后来斯多亚学派的逻辑思想，被逻辑史家称为"麦加拉-斯多亚学派"。

麦加拉学派提出了一批悖论，其中最著名的有"说谎者"、"幕后者"、"有角者"、"谷堆"、"秃头"等。"说谎者"悖论的原形是古代希腊克里特岛的厄庇美尼德的一个论断——"克里特人都是说谎者。"这句话的悖论在于：如果厄庇美尼德说的是真话，那么克里特人都是说谎者，但厄庇美尼德本人是克里特人，他就说了假话；如果厄庇美尼德是克里特人，他就说了真话。按照悖论的严格定义来衡量这句话，仍有漏洞：从其真可以推出假，而从其假不能推出其全真。欧几里德把这句话改造为：一个人承认自己是说谎者，那么他是在说谎还是在说真话？对这个问题有两种回答：如果他是在说谎，那么他不是说谎者，他在说真话；如果他是在说真话，那么他是说谎者，他在说谎话。从这个命题的假可以推出它为真，从它的真可以推出它为假。麦加拉学派提出这些悖论的原意是为了证明用谓词规定主词是不可能、不允许的，如果非这样做不可，便会陷入自相矛盾。然而他们没有想到的是，这些逻辑史上的第一批悖论为后世的逻辑学家大力研究，多方探索了解决悖论的办法，促进了逻辑学的发展。

(二) 昔尼克学派

昔尼克学派亦译为犬儒学派。它的创始人是苏格拉底的学生安提司泰尼。由于他常常在白猎犬运动场距离大门不远处与人交谈，因此有人认为犬儒学派就得名于白猎犬运动场。安提司泰尼本人也有个绰号叫纯种猎犬。这个学派一直延续到罗马帝国时期。属于昔尼克学派的有第欧根尼、克拉底、希帕基娅、莫尼摩、彼翁、凯尔基达等人。

安提司泰尼大约生活在公元前 446 年到公元前 366 年。他是雅典人，但血统并不纯正，因为他的母亲是色雷斯人。按照雅典法律他不能获得雅典公民权，但是他参加了公元前 424 年的唐格拉战役颇有功绩，取得了雅典公民资格。他对那些因为自己是纯正雅典人而自负的人表示轻蔑，说他们并不比土中滋生出来的蜗牛和蝗虫强。起初，他跟

安提司泰尼

随高尔吉亚学习修辞学，所以他的讲话颇有雄辩之风。后来，他与苏格拉底取得联系。"他从苏格拉底那里获得了莫大的收益，以至于常常劝诫其门徒与他一起做苏格拉底的学生。他住在拜里厄斯，每天都要徒步五里去雅典聆听苏格拉底讲学。从苏格拉底身上，他学到了一种刚毅的精神，这种精神甚至可以与他对感觉的不屑相媲美，由此他开始了犬儒式的生活"。①

安提司泰尼同苏格拉底一样崇尚理智。第欧根尼·拉尔修记载说："他证明美德可教，高贵只属于有美德的人。他认为美德是自足的，足以保证幸福，因为除了苏格拉底的品格力量外，其他什么都不需要。他主张美德是一种行为，不需要许多词藻和学识；智慧的人是自足的，因为他拥有一切其他的善的东西；缺乏名誉同痛苦一样是善的；智慧的人在公众活动中不受人为的法律指导，只受美德指导。"②从这些十分简略的记载中我们可以看出，安提司泰尼将智慧、善和美德视为一体，认为美德就是满足于节制、俭约和自律自足的生活。他认为"一个人只要有美德就够了，而物质生活越简单越好。"为此他反复说："我宁可成为疯子也不愿追求感官的愉悦。"③

安提司泰尼能言善辩，"有着完美绝伦的技巧，通过愉悦的谈话就能说服任何他想说服的人"。④在逻辑方面，"安提司泰尼最早为陈述或断言下定义：陈述就是指出某物曾经是或者现在是什么的句子"。⑤安提司泰尼认为事物的普遍本质是绝对自身同一的，A 就是 A，不能用任何其他属性去陈述 A。亚里斯多德对他提出批评说："安蒂瑞尼(安提司泰尼的昵称)认为一个主题只有一个云谓，除了对本身记录以外，事物不能有其他的说明，世间将不可能有矛盾，而且也不可能有错误了。"⑥而实际上，对一事物不仅可以用它的本质来陈述，也

---

① 第欧根尼·拉尔修著，马永翔等译：《名哲言行录》上册，吉林人民出版社，2003年，第335-336页。

② 第欧根尼·拉尔修著，马永翔等译：《名哲言行录》上册，吉林人民出版社，2003年，第339页。

③ 第欧根尼·拉尔修著，马永翔等译：《名哲言行录》上册，吉林人民出版社，2003年，第336页。

④ 第欧根尼·拉尔修著，马永翔等译：《名哲言行录》上册，吉林人民出版社，2003年，第340页。

⑤ 第欧根尼·拉尔修著，马永翔等译：《名哲言行录》上册，吉林人民出版社，2003年，第336页。

⑥ 亚里斯多德著，吴寿彭译：《形而上学》，商务印书馆，1959年，第115页。

可以用它的其他属性来陈述，比如说，苏格拉底和文雅的苏格拉底实际是同一个人；事物的本质往往也有具体多重的内容规定，不可能简化为"A 是 A"这个公式。

安提司泰尼同苏格拉底一样主张事物的本质自身同一，不包含矛盾和差异。然而，苏格拉底并不否认事物有多种属性，认为有必要对它进行陈述，而安提司泰尼认为事物绝对同一于它自身的本质，其他属性都是虚幻的，不真实的，所以对一事物只能有一个陈述。此外，他还片面强调陈述的谓语和主语应绝对同一，乃至于认为下定义是不可能的。对此，亚里斯多德批评说："安蒂瑞尼学派以及其他未经教导的人们所常引起的疑难有时也颇趋合风尚，他们说'什么'是不能为之制作定义的(所谓定义只是一漫长的公式)，所能为之界说的只是物之所近似而已，例如银，他们认为谁都不能答复'什么是银'，所能答复的只是说'这像锡'。"①

安提司泰尼在伦理学上的建树虽然不多，但却开创了一种潮流。安提司泰尼主张善即顺应自然，因此要满足于最简单的生活需要，节制物质欲望。然而他自己并不能将此主张贯彻到底，因为他毕竟还有一个家。而第欧根尼则通过观察老鼠的生活方式体悟到了自己适应环境的方式。他披着一件斗篷，背着一个装食物的口袋，无论走到何处，想吃就吃，想睡就睡。他说自己夏天钻进大桶里在滚烫的沙子上打滚，冬天则常常抱着盖满雪花的雕像，用各种方式使自己习惯艰苦生活。他有一天看到一个小孩用手捧水喝，便把水杯从口袋里拿出来扔了，还说："一个小孩在生活俭朴方面打败了我。"②

第欧根尼是一个彻底的、极端的、纯粹的犬儒，是后世犬儒的典范。在他的影响下，犬儒派奉行苦行主义：长发、赤足、身穿破烂不堪的短外套，肩背一个破皮袋子，手里拿根象征权杖的木棍或拐杖。他们以乞食为生，随遇而安，渴了喝点清水即可。

他们"白天在大街上、市场里、体育场等一切有人群的地方游荡，与人交谈或辩论，不时把毒厉的斥责、不失幽默的嘲笑、尖刻的讽刺无情地抛向路人。

① 亚里斯多德著，吴寿彭译：《形而上学》，商务印书馆，1959 年，第 164 页。
② 第欧根尼·拉尔修著，马永翔等译：《名哲言行录》上册，吉林人民出版社，2003 年，第 353 页。

晚上则睡在神庙、大街上，以天为被，以地为床。"①以反文明、反社会为其行为特征的昔尼克学派一直延续到罗马帝国，值得我们进一步思考与研究。

亚历山大造访第欧根尼

(三) 居勒尼学派

居勒尼学派的创始人是阿里斯提波，他在血统上属于北非希腊城邦居勒尼，该学派因此而得名。阿里斯提波大约生活于公元前 435 年至公元前 350 年间。苏格拉底的名声吸引他去了雅典。他看来相当有钱，在苏格拉底的追随者中他第一个给老师送学费，但被退了回来。苏格拉底本人和苏格拉底的一些学生都不喜欢他，但他仍旧坚持己见，并与他们争辩，有自己的独立思想。在行为方式上，阿里斯提波奉行的原则与昔尼克学派的苦行正好相反。昔尼克学派主张抛弃快乐和享受，以简朴顺应自然，而阿里斯提波则认为有理性的人应当在现实的人事中千方百计地追求个人的快乐和享受。在第欧根尼·拉尔修的相关记载中，奢侈、浪费、争辩、酗酒、嫖娼，构成了阿里斯提波的生活基调。

居勒尼学派一直延续到亚历山大时代。居勒尼学派还有其他一些代表人物，但他们并不认为自己是阿里斯提波的追随者，而是赫格西亚、安尼凯里、第奥多罗的追随者。这些人与阿里斯提波观点相近，但并不属于居勒尼学派，而且有他们自己的小学派。

---

① 杨巨平：《古希腊罗马犬儒现象研究》，人民出版社，2002 年，第 6 页。

阿里斯提波的伦理原则是：快乐是善。在西方伦理学中，居勒尼学派最先论述了快乐论的基本原则，具有深远影响。第欧根尼·拉尔修没有单独讲述阿里斯提波的伦理思想，但提到了整个居勒尼学派所坚持的学说："有两种状态，即快乐和痛苦，前者是一种和谐平畅的状态；后者是一种粗糙难受的状态。""快乐状态令人惬意，痛苦状态令所有的人反感。""快乐是一种内心体验，不能只归结为视听感觉，如我们愉快地听到摹仿呻吟的声音，而现实的呻吟是会引起痛苦的。"

"目的和幸福不是一回事。目的是特殊的快乐，幸福则是所有特殊快乐的总和。""即使快乐来自最不体面的行为，它也是善。因为即使行为是反常的，无论如何，其作为结果的快乐仍旧因其本身是可欲的，因而就是善的。"[①]阿里斯提波本人的生活方式确实也体现了他贪图享受、追求安逸的所谓快乐精神。但是在理解居勒尼学派的快乐主义时我们不能在一般的意义上把它理解为倡导肉体快乐的享乐主义。因为居勒尼学派的快乐主义有两个环节，一个是确定以快乐为基本原则，另一个是要求人们凭借精神的教养去获得快乐。快乐是原则，但这一原则只对有精神教养的人有效。这两个环节后来在伊壁鸠鲁主义中有了更加清晰的表现。

快乐论的哲学基础是感觉主义的认识论。塞克斯都·恩披里柯叙述道："居勒尼学派主张感觉是标准，只有感觉才是可理解的，不会错；而引起感觉的事物都不是可理解的，不是确实可靠的。他们说，我们感觉白或甜是一种我们能确实无可争辩地陈述的东西，但是产生这感觉的对象是白或是甜却是不能断言的。"[②]个体的感觉是人所知道的一切，是判断一切的标准，也是生活的目的。感觉才是唯一真实的存在，透过感觉去判断、探究现实的对象事物的本性是没有意义的。"对一切事物而言，感觉的存在就是标准和目的。"[③] "因此居勒尼学派的基本原则是感觉，感觉被当成真与善的标准。我们特别从晚期的居勒尼派那里，……听到阿里斯提波的原则的进一步科学的发挥，直到它衰落

① 第欧根尼·拉尔修著，马永翔等译：《名哲言行录》上册，吉林人民出版社，2003年，第134页。
② 转引自汪子嵩等：《希腊哲学史》第二卷，人民出版社，1988年，第579页。
③ 转引自汪子嵩等：《希腊哲学史》第二卷，人民出版社，1988年，第589页。

和坠入伊壁鸠鲁主义。"①

四、柏拉图

(一) 生平及著作

柏拉图(公元前 427 年至公元前 347 年)是古希腊大思想家、大哲学家、大文学家、大教育家。柏拉图思想对西方哲学与文化理念的发展起过重要作用，产生着深远影响。

柏拉图的思想影响很大，但生平史料不多。人们了解他的生平主要依据第欧根尼·拉尔修的《著名哲学家的生平和学说》第三卷和柏拉图自传性的《第七封信》。柏拉图的《第七封信》是柏拉图传世书信中最长的一封，大多数学者承认这封信是柏拉图本人的作品，把它当作可靠的史料进行研究和引证。柏拉图于公元前 427 年 5 月 7 日出生在雅典附近的伊齐那岛。他的父亲阿里斯通和母亲珀克里提俄涅都出自名门望族。父亲的谱系可以上溯到雅典最后一位君王科德鲁斯，母亲出自梭伦家族，柏拉图属于梭伦的第六代后裔。②

柏拉图

---

① 黑格尔著，贺麟、王太庆 译：《哲学史讲演录》第二卷，商务印书馆，1960 年，第 137 页。

② 柏拉图著，王晓朝译：《第七封信》，《柏拉图全集》第四卷，人民出版社，2002 年，第 78-108 页。

柏拉图原名阿里斯托克勒。据说，他的体育老师见他体魄强健，前额宽阔，就把他叫作柏拉图。柏拉图有两个哥哥阿得曼图和格劳孔，在柏拉图对话中常有出现。柏拉图还有一个姐姐名叫波托妮，她是后来柏拉图学园继承人斯彪西波的母亲。柏拉图的父亲去世后，他的母亲改嫁给她的堂叔皮里兰佩，生子安提丰。皮里兰佩和雅典民主派领袖伯里克利关系密切，柏拉图在《卡尔米德篇》中以颂扬的口吻提到过他的这位继父。①

柏拉图出生的那一年，伯罗奔尼撒战争已经进行到第四个年头。柏拉图从小在继父家度过，受到良好的教育。他在青年时期热衷于文艺创作，写过赞美酒神的颂诗和其他抒情诗，富有文学才能。大约 20 岁时，柏拉图追随哲学家苏格拉底，直到苏格拉底被雅典当局处死，前后约有七八年时间。苏格拉底之死给柏拉图留下了终身难以忘怀的印象，也改变了他一生的志向。从他七十高龄时撰写的自传式的《第七封信》中可以看出，他在青年时期热衷于政治，希望能参加政治事务，公正地治理城邦，但是实际经验告诉他，包括雅典在内的所有城邦都不能做到这一点。最后，他认为只有在正确的哲学指导下才能分辨正义和非正义，只有当哲学家成为统治者，或者当政治家成为真正的哲学家时，城邦治理才能是真正公正的。这就是他在《理想国》中提出的一个重要思想，即所谓的"哲学王"，让哲学家治理国家，或让统治者成为哲学家。

苏格拉底去世以后，柏拉图离开雅典，先后到过麦加拉、埃及、居勒尼、南意大利和西西里等地，直至公元前 387 年返回雅典。他在游历中考察了各地的政治、法律、宗教等制度，研究了数学、天文、力学、音乐等理论和各种哲学学派的学说。在这样广博的知识基础上，柏拉图逐步形成了他自己的学说，以及对改革社会制度的见解。他回到雅典以后便建立学园，全面制定他自己的哲学体系，进一步传播他的学说，培养人才，期望实现他的理想。

公元前 387 年，柏拉图在朋友的资助下在雅典城外西北角的阿卡德穆(Academ)建立学园。此地原为阿提卡英雄阿卡德穆的墓地，设有花园和运动场。这是欧洲历史上第一所综合性传授知识、进行学术研究、提供政治咨询、培养学者和政治人才的学校。柏拉图的学园建校后园址长期未变，直到公元前 86

---

① 柏拉图著，王晓朝译：《卡尔米德篇》，《柏拉图全集》第一卷，人民出版社，2002年，第 140 页。

年罗马统帅苏拉围攻雅典时才被迫迁入城内，以后一直存在到公元 529 年被东罗马皇帝查士丁尼下令关闭为止，前后延续达 900 年之久。

为了能够实践自己的政治理想，柏拉图曾三次赴西西里岛与叙拉古统治者狄奥尼修一世打交道，希望说服后者制定新政，用最好的法律来治理这个国家，但最后还是遭到失败。从此以后，柏拉图放弃了参与政治实践，将全部精力用于办好学园，学园的创办是柏拉图一生最重要的功绩。公元前 347 年，柏拉图在参加一次婚礼宴会时无疾而逝，享年八十，葬于他耗费了半生心血的学园。柏拉图晚年在希腊享有崇高的声誉。

阿卡德穆学园

柏拉图的大部分著作都是对话。在希腊历史上，这种体裁虽然不是他第一个使用的，但柏拉图使这种写作形式得到完善，所以应该把发明对话并使之富有文采的功劳归于他。柏拉图的对话不仅是哲学著作，而且也是文学作品，和著名的希腊史诗和戏剧一样，有着非常优美的文采，又有极其感人的魅力。"在柏拉图手里，对话体运用得特别灵活，不从抽象概念而从具体事例出发，生动鲜明，以浅喻深，由近及远，去伪存真，层层深入，使人不但看到思想的最后成就或结论，而且看到活的思想的辩证发展过程。柏拉图树立了这种对话体的典范，后来许多思想家都采用过这种形式，但是至今没有人能赶上他。柏拉图的对话是希腊文学中的一个卓越的贡献。"[①]

柏拉图对话所涉及的内容极为广泛，哲学、伦理、自然科学问题、政治、

---

① 朱光潜：《柏拉图文艺对话集》译后记，人民文学出版社，1983 年，第 335 页。

教育、语言、艺术等等，几乎无所不谈。他以前的所有希腊哲学家的名字和某些重要学说都在对话中出现，惟有德谟克利特除外。他以前的希腊重要诗人、戏剧家的名字也多数出现在对话中。所以我们可以说柏拉图的对话是希腊文化的一部百科全书。通过阅读柏拉图对话，我们可以了解希腊民族的精神世界，从中得到精神的享受和文化的熏陶。

(二) 两个领域的区分

分离学说是柏拉图主义的要义，它肯定在可感的个别事物组成的整体之外，还有一个理智可知的更加真实的领域。虽然这个学说有悖于日常经验和常识，并且在很多情况下被混同于宗教教义，但实际上，它是柏拉图在总结过去各派哲学的基础上，运用思辨论证的产物。在哲学史上，一个论证过程往往比它所达到的结论更加重要。理解柏拉图区分两个领域的论证，是理解"分离学说"的关键所在。

柏拉图在其主要代表著作《理想国》中提出这样一个推理：如果不同的能力在本性上与不同的对象相联系，并且意见和知识是彼此不同的能力，那就应该说，知识的对象无法等同于意见的对象。[①]这句话表达了这样一个推理：

大前提：不同的认识能力与不同的知识对象相对应；

小前提：意见和知识是不同的认识能力；

结论：意见的对象和知识的对象是不同的。

小前提表达了以前和当时哲学家普遍同意的一个区分，即感觉和理智的区分。关于这句话的大前提，《理想国》里有这样的论证：知识在本性上与是者相对应；无知必然地归诸非是者；意见总是对于某些东西的意见，而非是者不能归诸某一个东西，只能被当作无。结论：意见的对象既不是是者，又不是非是者，它既是又不是，这类事物介于纯粹地、绝对地是一个东西和完全不是一个什么东西之间。[②]

从哲学史上看，柏拉图的区分调和了巴门尼德和赫拉克利特的矛盾。赫拉克利特看到可感事物都处于流动变化的过程中，得出它们"既是又不是一个东西"的结论。巴门尼德以"一个东西不能既是又不是"的逻辑区分推翻"既是

① 柏拉图著，郭斌和、张竹明译：《理想国》，商务印书馆，1986年，第222页。

② 柏拉图著，郭斌和、张竹明译：《理想国》，商务印书馆，1986年，第222-223页。

又不是"的说法。柏拉图同意巴门尼德的意见：任何能被认识的对象必须为"是者"，非是者是无法被认识的。但他并没有由此得出结论说被认识的对象不能"既是又不是一个东西"。他同意赫拉克利特的说法：可感事物的运动变化不是完全不可认识的。但他补充说，这种认识并不是知识、真理，而是等而次之的意见。作为意见对象的运动变化决定了意见的相对性和不确定性，"既是又不是"正是意见含糊不清、似是而非的特征。意见好像这样一个谜语：一个不是男人的男人，看见又看不见，用一块不是石头的石头，打又没有打一只站在不是一根棍子的棍子上的不是鸟的鸟(谜底：一个独眼太监用一块浮石打却没有打中一只站在芦苇上的蝙蝠)。柏拉图说：这些东西具有含糊的两重性，使人不能明确地知道它们中任何一个是或不是什么，也不知道它们都是或都不是什么。[1]

柏拉图的结论是："知识所知道的存在的东西不同于意见所认识的东西。"就是说，可感领域不是真正的是者，但也不完全是非是者；真正的是者是知识的确定对象，属于理智的领域。可感的与理智的是两个分离的领域。

柏拉图用"四线段"的比喻形象地说明了两种认识、两个领域的区分。他把一条直线分割成两个不相等的部分，然后再把每一部分按同样比例分割，部分代表可感和可知的序列，比例表示它们相对的清晰和模糊的程度。[2]柏拉图心目中的"比例"究竟是多少呢？他在前面的讨论中做了一点暗示。在知识、意见和无知三重区分中，他说意见不如知识清晰，但不像无知那样模糊，介于二者中间；同样，在是者、可感事物和非是者的三重区分中，可感事物介于二者中间。他说："把两端归给两端，把中间归于中间。"这句话的意思可用下图表示：

是者	可感事物 (既是又不是者)	非是者
1	$\frac{1}{2}$	0
知识	意见	无知

上图可以说是"四线段"的草图。它使我们清楚地看出一定的比例关系：

---

① 柏拉图著，郭斌和、张竹明译：《理想国》，商务印书馆，1986年，第225页。
② 柏拉图著，郭斌和、张竹明译：《理想国》，商务印书馆，1986年，第268页。

知识以及与之对应的存在领域是绝对的完满的状态，意见以及与之对应的可感事物处于既是又不是、半真半假、有无之间的状态，相当于数学上 1 与 0 的中点位置。

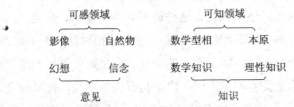

柏拉图对四线段代表的意义以及各部分之间的关系(见上图)做了进一步解释，深化了两个领域、两种认识的区分。

幻想。这是个人的想象和印象。它们因人而异，一个可感对象向一个人的显现可能不同于向另一个人的显现，人们通过幻想只能认识事物向他自己的显现，即影像。按柏拉图的说法，诗和艺术作品都属于认识的这一阶段，文艺作品中的人和事都是诗人和艺人个人想象的产物，不是实际的可感事物，只是可感事物的影像。

信念。这是关于可感事物的共同知觉。柏拉图承认信念是真判断，但仍把它排除在知识之外，原因在于，与信念相对应的可感事物是个别的、变化的，不能确定地说它们"是"什么，只能说它们"既是又不是"什么，这种处于不断流变之中的事物叫"活物"，例如动物、植物、人工制品等。在《蒂迈欧篇》中，柏拉图把物理学(或自然哲学)归于信念。信念是对日常生活有用的经验，但缺乏知识必须具备的确定性。

数学知识。这是低级的知识。柏拉图说它"介乎意见和理智之间"。数学的中介作用表现在：第一，数学研究的数量和形状虽然是普遍的、不变的性质和关系，但却往往借助可感的图形和事物来说明不可感的数的规定性，心灵利用这些肖像，才能认识数的型相；第二，数学方法的特点是从前提到结论的推理，推理的最高前提是这样一些公理和定义，它们想当然地被当作自明的原则，但却具有假设的性质。柏拉图后期关于无理数的思考进一步揭示了当时被人们当作自明真理的数学公设，如"一切数都可通约"、"一切数非奇数即偶数"等的假设性质。他在这一时期所论述的数学中介作用为后期的"数学型相论"埋下伏笔。

理性知识。这是纯粹的知识，哲学就是这种知识。哲学的方法是辩证法，它和数学的推理不同，不是从假设下降到结论，而是由假设上升到原则。辩证法以假设的定义为出发点，在苏格拉底式的对话过程中，逐步剔除和修正定义中的假设成分，从一个定义过渡到另一个定义，最后达到最完善、最确定的定义。用柏拉图的话来说，辩证法把假设"当作梯子和跳板，暂时搭一脚"，一步一步往上爬，到达目标之后就不再需要假设的"梯子"了。另外，哲学纯理智的思辨也摒除了数学尚保留的感性色彩。辩证法所运作的定义，包括被暂时利用的假说，都与被称作"理念"的理智对象相对应。辩证法的全过程不掺合任何可感事物，只在理念之中移动，最后到达理念。理智最终认识的本原就是统摄一切的原则——善。

太阳比喻。柏拉图把苏格拉底的伦理原则外化为世界本原，用太阳比喻善。他说，可感领域中最崇高、最伟大、最美丽的是太阳，善在可知领域占有同样的位置。按照他一贯坚持的认识能力与认识对象相对应的原则，柏拉图从两个方面进行比较。

在认识能力方面，太阳是肉眼视觉的源，善则是"心灵的眼睛"，认识的源泉。他说，仅有视力和可视对象不足以使肉眼看见对象，必须有一个媒介把两者联结起来，这个媒介就是太阳发出的光。若没有光，眼睛只有"视而不见"的能力，光使视力变成看见可视对象的活动。同样，仅有理智和理智对象不足以使心灵知道理智对象，善为理智提供活动的动力，促使理智朝向并把握与之相适应的对象。

从认识对象方面说，太阳是可感事物生长的源泉，使可感对象显现出来；同样，善决定可知对象的所是，使之向心灵显示。一个对象的"所是"既指它自身存在，又指它所具有的本性。"显示"则指"真理"的意思。柏拉图说，"给予知识对象以真理，给予知识的主体以认知能力的东西，就是善的理念。"①但他又接着说，善高于理念，知识和真理可被看做类似于善，但以为它们等于善则错了。知识的对象不仅从善所在之处获得它们的可知性，并且从善得到它们自己所是之处。善本身却不是一个是者，它的尊严和统摄力量都超过是者。

善究竟是不是一个理念？这个问题类似于：太阳究竟是不是一个可感事物？

---

① 柏拉图著，郭斌和、张竹明译：《理想国》，商务印书馆，1986年，第267页。

就善与理智的关系而言，善是一个理念，并且是最高的理念，正如太阳是肉眼可见的一个事物一样，但就善与整个可知领域的关系而言，善是安排、规定这一领域的秩序的外在原则和原因；正如太阳高悬于可感领域之上，照耀着、培育着可感事物一样。柏拉图强调，善是知识和真理的源泉，不能反过来用知识和真理来规定善。善不同于某一个存在和本质，但却统摄着所有的存在和本质。理智知道善的方式也不同于它知道理念的方式。柏拉图在《会饮篇》中谈到，爱善、爱美和爱智慧是同一活动：爱善的目标是永恒地占有善，爱美的目标是通过生育在有朽中实现不朽，爱智慧的目标是把有限的知识融会在无限的持续过程之中。言下之意是：作为爱的目标的真善美是统一的。柏拉图所说的真善美的统一不是一个推理论述的结论，而是神秘情感所能达到的最高境界。

洞穴的比喻。柏拉图对两个领域的区分有着强烈的现实针对性，寄托着哲学家的使命感和政治理想。他在"太阳"的比喻和"四线段"比喻之后，又以"洞穴"比喻说明了他的学说的现实意义。这是一个意味深长的故事。[①]有一群人世世代代居住在一个洞穴里，他们从出生时起就被铁链锁在固定地点，犹如囚徒，甚至连脖子也被锁住，不能回头或环顾，只能面壁直视眼前的场景。在他们的身后，有一堆火，在火与囚徒之间有一堵矮墙，墙后有人举着各种各样的雕像走过，火光将这些雕像投影在囚徒面对的洞壁上，形成多样的、变动着的影像。囚徒们的一生都犹如在看皮影戏，他们不能相互观望，不知道自己的模样，也不能回头看到造成影像的原因，他们都以为眼前晃动的影像就是真实的事物，用不同的名字称呼它们，仿佛这些影像就是真实的人、动物和植物。洞穴的环境可用下图表示：

---

① 柏拉图著，郭斌和、张竹明译：《理想国》，商务印书馆，1986年，第272-279页。

囚徒们已经习惯了这种生活，他们并不感到悲惨，也没有挣脱锁链的念头。但是，有一个囚徒偶然挣脱了锁链，他移动脚步，回过头来，生平第一次看到眩目的光亮，火光会使他感到刺眼的痛楚，使他看不清原先已经习以为常的影像。经过一段时间的适应，他终于能够分清影像和雕像，明白雕像比影像更真实，影像是火造成的投影。他不顾刺目的难受，逼近火光，走向洞口。后来有人把他从陡峭的洞口拉出洞外。当他第一次看到阳光下的真实事物时，再次眼花缭乱，甚于初见火光时所受的痛苦。他只能慢慢适应阳光的照耀，先看阴影，再看水中映像，进而看事物本身，抬头看天上的月亮和星辰，最后直接观察太阳，知道太阳是岁月和季节的原因，主宰着世间万物。

　　很明显，洞内和洞外分别比喻两个领域：洞内的影像和雕像分别相当于"四线段"比喻中的形象和自然物(活物)，被锁住的囚徒的观看是幻想，自由的囚徒在洞内的观看是信念。

　　洞内的火相当于"太阳"比喻中的太阳，洞外的太阳相当于"太阳"比喻中的善，洞外的自由人看见的是理念，他的观看是知识，获得知识的渐进过程相当于借助"阴影"和"映像"的数学推理，以及逐步上升的辩证法，最后认识到最高原则和万物本原是善。至此，柏拉图讲述的是一个囚徒解放的历程，但这个故事却有一个悲壮的结局。

　　再说这个解放了的囚徒，当他回想往事时，他在庆幸自己的解放的同时，怜悯他的囚徒同胞。这些囚徒中最有智慧者，充其量不过是敏于发现倏忽即逝的影像、善于记住它们出现的惯例、正确推测将出现的影像的可怜虫。知道事物真相的人不会向往洞穴中的荣誉和奖赏，按照他自己的意愿，宁愿在外面作贫困的主人，也不愿回到洞穴里当高级囚徒。但是，为了解放他的同胞，这个解放了的囚徒还是义无反顾地回到洞穴里。他的失败却是不可避免的。他从光明处来到黑暗处，已不能适应晃动的影像。别人会因为他看不清影像而嘲笑他，说他在外面弄坏了眼睛不合算。没有人相信他在外面看到的东西，他不得不在法庭和其他场合与他们论争幻觉和真理、偶像和原型的区分，因此激起众怒，恨不得把他处死。他虽然最终失败了，但却经历过真正的幸福，值得赞扬，因为他失败的原因是光明不能适应黑暗。他的同胞因为黑暗不能适应光明而未获解放，则是可悲叹的。

很明显，柏拉图借解放囚徒失败的故事比喻苏格拉底的悲剧。他从失败汲取教训，总结了哲学家的使命和工作。按照他的想法，哲学家的兴趣在可知的理念，最高的目标是追求善，除此之外，他们没有世俗的兴趣和利益，包括参与政治的兴趣。然而，柏拉图又说，哲学家如同返回洞穴的自由人一样，他们为了其他人的利益，不得不放弃个人兴趣和思辨的幸福而参与政治。启蒙和解救陷于悲惨境地而毫无自觉的人，乃是哲学家的公民义务。

(三) 理念论

柏拉图哲学的理论来源主要有四个方面：一是赫拉克利特的变的理论。据说柏拉图早年熟悉赫拉克利特的学说，还说他当过克拉底鲁的学生。赫拉克利特的万物皆变，无物常在的观点为柏拉图所接受。他不否认感性事物的运动变化，但他认为，变动不居的感性事物不能成为哲学研究的对象。二是巴门尼德的存在论。柏拉图在出游麦加拉时，通过麦加拉学派接触了巴门尼德的哲学，认为他的"存在"才是不变的、真正的实在，是真正知识的对象。三是毕达哥拉斯的数论。毕达哥拉斯学派的数的哲学使他加强了对不变本体的认识，同时，数论也似乎使他把巴门尼德的存在的唯一性，从"多"的意义上加以了解。四是苏格拉底的概念论和寻找定义的方法。他从学苏格拉底八年之久，苏格拉底在同类事物中寻找定义的哲学研究方法对他影响最大。但是，柏拉图不满足在道德范围内发现普遍定义，而是扩大到在一切事物中来寻找普遍定义，由此建立了他的理念论哲学。柏拉图的理念具有什么样的特征呢？可以从以下一些方面来了解。

第一，本原性。柏拉图认为，理念是万物的本原。它外在于并且先于感性的个别事物而独立存在，是个别感性事物的范型，而感性的个别事物则是它的摹本。第二，超感性。在柏拉图看来，同可感觉的具体事物不同，理念也像巴门尼德的"存在"一样，是感官所感触不到的，只能为理性所把握。他认为作为多个的东西，是我们所能看见的，而不是思想的对象，但是理念则只能是思想的对象，是不能被看见的。第三，不变性和永恒性。在柏拉图看来，具体的东西都是变化的、不稳定的，而理念则是不变的、永恒。如具体存在的床是各式各样的，可新可旧的，可成可毁的，而床的理念，也即所谓"床本身"，却是始终如一，不动不变的。第四，绝对性。柏拉图在《斐多篇》中讨论什么是美时，以苏格拉底的口吻说："如果有人向我说，一件东西之所以美，是因为它有美丽的颜色、形状之类，我是根本不听的，因为这一切把我闹糊涂了。我只是简单、干脆、甚至愚笨地认定一点：一件东西之所以美，是由于美本身出现在它上面。"①在柏拉图看来，具体事物的美都是相对的、不纯粹的、不完全的，它们无论怎样美，也有不够完满的地方，即有不美的成分存在。而美的理念则不然，它是绝对的、纯粹的、完全的，决不可能既美又不美。第五，客观性。柏拉图在《克拉底鲁》中说："一切事物并非同等地在同一时刻属于所有人，并且始终如此，那么必须假定事物有它们自己专门的、永久的本质；它们并非与我们相连，或受我们影响，按我们的想象动摇不定，而是独立的，保持着它们自己的本质和自然给它们规定的联系。"②柏拉图在这里所说的存在，也即是理念。他认为，理念客观地存在着，不依赖于人们的意志、想象。第六，真实性。柏拉图认为，现象世界的各种具体事物虽然是可感知的，但却是虚幻的，不真实的，而理念虽然是不可感知的，但却同巴门尼德的存在一样，是唯一真实的。正如柏拉图所说，美本身、善本身(理念)是真实的存在。第七，完善性和目的性。柏拉图的理念还具有伦理价值，服从一种善或"好"的目的。他在《斐多篇》中讲过一个相等的理念，说明现实世界里所有具体事物的相等、相似，都不可能是真正的相等、相似，它们的相等比相等本身的相等要差一些③。这些具体事物之间的相等永远把具有完善性的相等的理念作为追求的目的，但是它们又永远达不到相等的理念本身。可见，理念又是事物的目的。第八，单一性和多数性。柏拉图认为，同类事物只有一个同名的理念。这就是说理念是多中之一，但他又不同意巴门尼德把世界的本体归之一种唯一的存在。在他看来，巴门尼德的"存在"过于一般了，不便说明个别事物。因此，他肯定不同类型的事物有相应的不同类型的理念，就是说他又承认理念的多数性。这种众多的理念的思想来源，一方面是受了毕达哥拉斯的影响，也有人指出是受了原子论的影响，因为原子作为万物的本原也是多数的。第九，等级性。在柏拉图

---

① 北京大学哲学系外国哲学史教研室编译：《西方哲学原著选读》上卷，商务印书馆，1981 年，第 73 页。
② 柏拉图著，王晓朝译：《克拉底鲁》，《柏拉图全集》第二卷，人民出版社，2002 年，第 61 页。
③ 柏拉图著，王晓朝译：《斐多篇》，《柏拉图全集》第一卷，人民出版社，2002 年，第 75 页。

看来，众多的理念并不是杂乱的，而是有等级的。最低等级的理念是具体事物的理念(如桌子、床等)，依次向上为关系的理念(如大于、小于)、性质的理念(如黑白、冷热)、数学理念、伦理理念、政治理念，最高的是善的理念。

总之，柏拉图认为，和多变的、相对的、感性的事物不同，理念乃是不变的、绝对的存在。现实的具体事物是虚幻的，理念才是真实的，是世界万物的本原。但是，柏拉图又认为，理念和感性世界的具体事物又是有联系的。对此，柏拉图提出了摹仿说、分有说和工匠说。

所谓摹仿说，就是认为，理念是事物的范型，事物是理念的摹本，事物得以存在，是由于摹仿了理念。例如，桌子和床等都是同名的理念的仿造品。现存的国家也是国家的理念的仿造品。现实的国家摹仿了理念的国家的本质规定，但是它不可能完全达到理念国家的绝对要求。柏拉图的摹仿说显然是受了毕达哥拉斯的影响而提出的。毕达哥拉斯说万物是摹仿"数"，而柏拉图则说万物摹仿了理念。

分有说是柏拉图的独创。它是说个别事物的存在，乃是分有了理念的存在。例如，美的花、美的画、美的人，它们之所以是美的，就是因为它们分有了美的理念。柏拉图认为一个东西之所以是美的，乃是因为美本身出现于它之上或者为它所"分有"。①柏拉图所说的事物分有理念，不一定是事物占有理念。理念是绝对的、纯粹的，事物则具有相对性和不完满性，因此理念对于事物来说，是一个可以分有，而不可以达到的对象。

柏拉图的工匠说与摹仿说相似，是说工匠造床是以理念之床为范型的，画家画画是以理念之画为蓝图的。工匠说和摹仿说的不同之处，在于在理念同个别事物之间增加了一个制作者。这个制作者的出现，为他的神创造世界的理论提供了根据。

理念是柏拉图哲学的最基本的概念，是他全部学说的理论基石。柏拉图理念论的提出，说明他比较明确地注意到个别与一般、个性与共性的关系问题。共性是事物的一种普遍的性质和事物之间的普遍联系，较之个别事物，它具有相对的稳定性，是事物的内在的东西，因而只能是理性所把握的对象。犬儒派

---

① 柏拉图著，王晓朝译：《斐多篇》，《柏拉图全集》第一卷，人民出版社，2002 年，第 109–110 页。

的第欧根尼曾对柏拉图的理念不屑一顾，说道：我的确看见一张桌子，一个杯子，但是我没有看见"桌子性"和"杯子性"。柏拉图答道，你说得不错，因为你的确具有人们用来看桌子和杯子的眼睛，但人们用来看桌子的本质和杯子的本质的精神，你却没有[①]。柏拉图在这里所强调的是，只有用理性才能认识到事物的共性和普遍本质。从人类认识史上看，柏拉图对人类认识的理解，较之早期哲学是深入了一步。

但是，柏拉图的理念论是一种客观唯心主义的理论。他注意到事物中的一般和共性这是对的。但他把一般绝对化、客观化、神化了，看成是一个可以离开具体事物而独立存在的实体，甚至是先于个别事物并且创造个别事物的本原，这就陷入了唯心主义、神秘主义。

（四）灵魂学说

灵魂与肉体的区分是两个领域区分的推论：正如世界有可见与不可见两种，人也有可见与不可见两部分。可见的人是人的形体，不可见的人则是寓存于人的形体之中的"内在的人"[②]。他的区分蕴涵着后来被称作身心二元论的观点，即，灵魂和身体是两个相互独立的实体。柏拉图并未像以后的身心二元论者那样否认灵魂与身体之间的相互作用。一个明显的理由是：按照不可见的理念统摄可见的有形物的原则，灵魂统摄身体。柏拉图把人的本性归结为灵魂，在他看来，人不是灵魂与身体的复合，而是利用身体达到一定目的的灵魂。另一方面，他也看到身体对灵魂的反作用，这种作用或者有益于、或者有害于灵魂。

《理想国》首次对灵魂做出理性、激情和欲望的三重区分，柏拉图视它们为灵魂的三个部分。[③]但我们应该理解，"部分"仅仅是一个比喻的用法，在此之前，他用的是"型相"这个词，说明灵魂包含着人的行为必须服从的三个原则：理性控制着思想活动，激情控制着合乎理性的情感，欲望支配着肉体趋乐避苦的倾向。柏拉图认为，理性把人与动物区别开来，是人的灵魂的最高原则，它是不朽的，与神圣的理念相通。激情和欲望则是可朽的。激情高于欲望，因

---

① 第欧根尼·拉尔修著，马永翔等译：《名哲言行录》上册，吉林人民出版社，2003年，第360页。

② 柏拉图著，王晓朝译：《斐德罗篇》，《柏拉图全集》第一卷，人民出版社，2002年，第159-160页。

③ 柏拉图著，郭斌和、张竹明译：《理想国》，商务印书馆，1986年，第150-152页。

为激情虽然也被赋予动物，但只有人的激情才是理性的天然同盟。欲望专指肉体欲望，理性的欲望被称作爱欲，这是对善和真理的欲求。肉体的欲望或服从理性而成为一种德行，或背离理性而造成邪恶。

柏拉图所说的灵魂和身体的关系归根到底是灵魂内部理性和欲望的关系：当理性原则支配着灵魂时，灵魂正当地统摄着身体；反之，当欲望原则支配着灵魂时，身体反常地毁坏着灵魂。不管在哪一种情况之下，起决定作用的总是灵魂自身的原则。《斐德罗篇》里有一个比喻，灵魂被比作两驾马车，理性是驭马者，激情是驯服的马，欲望是桀骜的马。灵魂的善恶取决于驭马者驾驭着这辆马车，还是桀骜的马不受控制地拉着马车任意狂奔。凡此种种，说明了这样一个道理：灵魂始终支配着身体活动，即使身体对于灵魂的有害影响也是通过灵魂中的欲望而起作用的。

柏拉图在《蒂迈欧篇》中说，理性存于头部，激情存于胸部，欲望存在于腹部。这种说法可追溯到荷马史诗。柏拉图运用这一传说是为了强调灵魂的每一部分都是支配身体的原则，因此与身体的各部分分别相对应。他还把灵魂的各部分与各种德性相对应：理性对应于智慧，激情对应于勇敢，欲望对应于节制。我们将看到，灵魂与德性的对应关系是政治等级关系的基础。

柏拉图对灵魂做出的三重区分并不影响他所坚持的灵魂统一性。在他看来，灵魂的本性是理性，激情和欲望都应服从于理性，欲望违背理性而耽于肉体享受是违反灵魂本性的反常行为。当他不加区别地使用"灵魂"这一词时，往往指合乎本性的灵魂。比如，他所说的"灵魂不朽"，主要指理性灵魂的不朽。只是在需要分析灵魂与身体、道德和政治活动的对应关系时，他才区别灵魂包含的不同因素，而不把"灵魂"与"理性"等同起来。在不同的场合，他有时强调灵魂的统一，有时强调灵魂的区分，然而却始终坚持了灵魂在本性上高于身体的原则，保持着灵魂学说与理念论的衔接。

灵魂回忆说。灵魂既是一个理念，为什么会与身体结合在一起呢？柏拉图用一个神话故事做出解释。宙斯率领诸神去赴宴，次等的神和灵魂跟随在后面。装载他们的马车由一些顽劣的马拉着，驭马者也缺乏高超的技巧，在经过陡峭天路时失去对马车的控制，被顽劣的马曳落到地上。灵魂被折断翅膀，不能上升到天上的理念领域，只得附着于肉体作为暂居之处。①这个神话以隐喻方式暗示，灵魂是一些不纯粹的理念，包含着向往身体的因素（"顽劣的马"），灵魂和身体的结合虽然是一种堕落，但却是符合灵魂状况的堕落，具有某种必然性。

灵魂在未跌落之前，对理念领域有所观照，包含着天赋的知识。灵魂在附着身体之后，由于身体的干扰或"污染"，它忘记了过去曾经观照到的东西。只有经过合适的训练，才能使它回忆起曾经见过的理念。因此，学习就是回忆。在《美诺篇》中，苏格拉底做了一个实验，通过适当的提问，便使从未学过数学的童奴知道如何计算正方形面积，知道两个正方形面积之比等于它们边长平方之比。柏拉图通过这个事例说明：知识不是后天获得的，也不是从灵魂中自发产生的，而是灵魂固有的，或者说，先天地存在于灵魂之中，但处在潜在状态，宛如在梦境一般。学习的作用在于触动、提示或唤醒知识，使之明白地昭示于灵魂。②如果把柏拉图的语言变成现代的语言，他的意思是：灵魂有无意识和意识两种状态，无意识包含着意识的内容，意识活动是对无意识内容的自觉与反思。

柏拉图的"回忆说"旨在解决这样一个难题：一个人既不能知道他所知道的东西，也不能知道他不知道的东西。他不会寻求他所知道的东西，因为他既然已经知道它，就无需再探寻；他也不会寻求他不知道的东西，因为他甚至连他要寻找的东西是什么都不知道。智者提出这个悖论是为了否定知识的可能性。"回忆说"肯定一个人可以学习他所知道的东西，但对"知道"的意思进行了分析：知识包含于灵魂之中，已经是被知道的东西；被知道的东西不一定是被关注的东西，拥有知识的灵魂不一定知道它的拥有。"回忆"、"寻求"，都是灵魂对自身的关注，是对拥有知识的再认识。按照这样的分析，原初的知识是灵魂对理念的自我观照，学习的知识则是对原初知识的摹本，灵魂的摹仿就是回忆。在此意义，柏拉图说，回忆是"死亡练习"。他的理由是，原初的知识既然是灵魂在降落于肉体之前获得的，既然灵魂在肉体之中忘却了知识，那

① 柏拉图著，王晓朝译：《斐德罗篇》，《柏拉图全集》第一卷，人民出版社，2002年，第160-162页。
② 柏拉图著，王晓朝译：《美诺篇》，《柏拉图全集》第一卷，人民出版社，2002年，第517页。

么，只有尽量地净化肉体的污染，才能尽可能地接近知识。最彻底的净化是灵魂与肉体的完全分离，这意味着个人生命的终结，灵魂重新回到对理念的观照，最高的智慧只有在死亡之后才能达到。因此，哲学家是唯一不畏惧死亡的人，不畏惧死亡的人也不会畏惧其他任何东西，哲学家因而是最勇敢的人。①柏拉图把灵魂的回忆等同于灵魂的净化，强调智力训练和道德修养的一致性，"死亡练习"和"爱的追求"同样神秘，最后达到"惊喜交集，不能自制"的迷狂境界。

"回忆说"在柏拉图哲学中占有重要地位，它的主要作用在于：第一，为苏格拉底方法提供了理念论的论证。苏格拉底方法相当于由低到高的集合辩证法，这种方法之所以能够在灵魂内部诱导出真理，原因在于灵魂回忆起既有的知识，在于灵魂与理念领域的相通。第二，回答了生活在可感世界的人何以能够认识理念的诘难。在《巴门尼德篇》提出的诸诘难之中，这一诘难给理念论造成了"最大的困难"。"回忆说"依据"同类相知"的认识论原则做出答复：灵魂来自理念领域，它所拥有的知识是理念对于理念的把握，人类知识是灵魂对过去经历的回忆。第三，论证了灵魂不朽。柏拉图把灵魂分为九等，最高级的灵魂属于哲学家、爱美者和音乐家，最低的两种灵魂分别属于智者和暴君，清白的哲学家如果在三个时期(每期一千年)都过着这样的生活，他们的灵魂就会重新长出翅膀返回上界。其余人的灵魂在生命结束时则要接受审查，根据生前的善恶，或上升到较高等级，或下降到较低等级。暴君如果继续作恶，他们的灵魂将会沦为动物灵魂。西方伦理学有把灵魂不朽说作为道德生活必要前提的传统，柏拉图的轮回说可以说是开这一传统之先河。

(五) 政治伦理

有学者称："柏拉图的学问可称为综合性的，亚里斯多德的学问则可称为分科性的。"②此话不虚。除了他的实在论、知识论和辩证法，柏拉图还在宇宙论、自然哲学、社会、政治、伦理等方面提出过许多重要思想。限于篇幅，在此仅介绍他在政治伦理方面的一些重要观点。

① 柏拉图著，王晓朝译：《斐多篇》，《柏拉图全集》第一卷，人民出版社，2002 年，第 87-88 页。
② 柏拉图著，郭斌和、张竹明译：《理想国》，商务印书馆，1986 年，译者引言。

《会饮篇》中的场景：政治家亚西比德来到诗人阿迦同的家中与他进行彻夜长谈

在古希腊哲学中，社会与国家、政治与伦理之间的关系一直不清楚，或者说是混合在一起的。柏拉图在众多领域中的贡献不是缔造了相关的学科，而是在这些方面提出了重要思想。比如，社会分工与互助的国家起源说、奴隶制城邦的社会结构说、男女平等权利说(他抨击财产私有化，在统治阶层范围内主张财产公有)、"哲学王"的思想、治国方略、教育与审美等等。"柏拉图是一位经世致用型的哲学家。"①他的社会政治伦理思想突破了苏格拉底的个人美德论，扩展到社会公德领域，从而将社会伦理思想与政治融为一体，设计了一个以正义理念为基础的理想城邦国家。

柏拉图探究了城邦国家的起源。他认为社会或国家的起源不仅仅是因为人们为了抵御野兽侵袭而群居，而在于每个人都不能自给自足，相对于我们自己的需要来说，每个人都缺乏许多东西，由于有种种需要，他们聚居在一起，成为伙伴和帮手，这种聚居地称作城邦或国家。②这是西方国家学说中最早的"互助论"思想。柏拉图从经济生活的角度，提出由于人的基本生存需要而形成的分工互助关系是城邦产生的根源。恩格斯评论说："柏拉图把分工描述为城市的(在希腊人看来，城市等于国家)自然基础，这在当时说来是天才的描述。"③柏拉图这一想法的合理性在于他重视经济，从分工导致商品生产与市场发生来

① 姚介厚：《古代希腊与罗马哲学》，江苏人民出版社，2005年，第641页。
② 柏拉图著，王晓朝译：《国家篇》，《柏拉图全集》第二卷，人民出版社，2002年，第328-330页。
③ 恩格斯：《马克思恩格斯选集》第三卷，人民出版社，1972年，第269页。

说明城邦的起源与发展，但其深层含义则是为了说明不同行业与阶层的人应当做符合其天然禀赋的工作。柏拉图指出，城邦从贫乏的自给自足逐渐抵达繁荣发达。到了这个时候，社会物质产品已经较为丰富，城邦文化人产生，但由于从事非生产的人口增多，本来自给自足的城邦为了要有足够大的耕地和牧场，就要与邻邦争夺土地，这就是战争的起源。为了进行战争，城邦"增加一支军队，用它来抵抗和驱逐入侵之敌，保卫我们刚才提到过的所有那些财富和奢侈品"。①而军队的出现，正是国家产生的重要标志。

柏拉图认为，一个理想的城邦国家应当由三个等级的社会集团成员组成。第一等级是统治者；第二等级是卫士；第三等级是被统治者，包括农工商和其他服务者。为了说明其设想的合理性，他还讲了一个"立国神话"。"听完这个故事，你就全明白了。在我们的故事中，尽管所有人在这个城邦里都是兄弟，但神在塑造那些适宜担当统治重任的人时在他们身上掺了一些黄金，由于这个原因，他们是最珍贵的，神在那些助手身上掺了一些白银，在农夫和其他手艺人身上掺了铁和铜。虽然他们都有亲缘关系，一般说来有什么样的父亲就会生下什么样的儿子，但有时候也会有这样的情况，金的父亲生下银的儿子，银的父亲生下金的儿子，其他的也有类似情况，可以互生。因此神给统治者下的命令中首要的一条就是要他精心保护和关注自己的后代，不让他们的灵魂混入低贱的金属，如果他们儿子的灵魂中混入了一些废铜烂铁，那么他们决不能姑息迁就，而应当把这些儿子放到与其本性相对应的位置上去，安置在手艺人或农夫之中。还有，如果手艺人和农夫竟然生了一个金的或银的儿子，那么他们就要重视这个儿子，提升他，让他担当卫士或助手的职责。须知有个神谕说，铜铁之人当政，国家便要倾覆"。②这样的解释很容易被误解为血统论，而柏拉图实际上指出这样的等级不是一成不变的，金银的父辈也会有废铜烂铁的后辈，出身是一回事，品德与才能是另一回事，社会的等级是可以变换的。

柏拉图的理想城邦国家以正义为其伦理基础和治国原则。正义本来是希腊传统美德之一，但在以往的哲学家那里主要被解释为个人行为是否正当。苏格

---

① 柏拉图著，王晓朝译：《国家篇》，《柏拉图全集》第二卷，人民出版社，2002 年，第 332 页。

② 柏拉图著，王晓朝译：《国家篇》，《柏拉图全集》第二卷，人民出版社，2002 年，第 387 页。

拉底谈正义主要也是指个人道德行为，没有涉及城邦正义。柏拉图说："我们建立我们国家的时候，曾经规定下一条普遍的原则。我想这条原则或者这一类的原则，就是正义。你还记得吧，我们所规定下来的，并且时常说到的这条原则，就是：每个人必须在国家里面执行一种最合适于他的天性的职务。"所谓正义就是"注意自己的事而不要干涉别人的事"。①"当商人、辅助者和监护者这三个阶级在国家里面各做各的事情而不相互干扰的时候，便是有了正义"。②总之，在城邦国家的伦理基础中，正义是最根本的，它保障着国家的体制与稳定，"从而也就使一个国家成为正义的国家了"。③

确立了正义的基础之后，柏拉图提出了三项主要的制度设计：第一，以德治国，通过教育培养人的美德，从而达到国家的良好治理。第二，在统治阶层实行财产公有。第三，在统治阶层中做到男女平等，子女共有。这样的制度设计虽然带有乌托邦的性质，但也表现出柏拉图为建设繁荣城邦而付出的苦心孤诣，给后人以一些启迪。

要建设一个繁荣昌盛的城邦，统治者是关键，他提出了以"哲学王"为理想统治者的思想。所谓"哲学王"的含义宽泛，指的是集政治权力与哲学智慧于一身的统治者，或者是真正的哲学家掌握了政治权力，或者是统治者对哲学有了真正的把握。这样的人有良好的记性，敏于理解，豁达大度，温文尔雅，爱好和亲近真理，拥有正义、勇敢和自制的美德，能够把握永恒，制定出良好的法律并守护它们。只要有一个"哲学王"，就可以保证理想国家的建成。

柏拉图的上述思想主要见于他的《理想国》。到了后期，随着他实践政治理想的西西里之行遭到失败，他的思想也发生一些变化。在被人们称作"第二理想国"的《法律篇》中，柏拉图完成了从人治向法治的转变。他综合了以往的思想，把重心转到法治上面来，论述了立法原则、国家起源、政体比较、官吏任命，具体拟定了包括政治、经济、军事、外交、教育、文化、宗教、婚姻、遗产在内的一整套完整的法律制度。这是西方第一部关于法学思想与法律制度

---

① 北京大学哲学系外国哲学史教研室编译：《古希腊罗马哲学》，三联书店，1957年，第229页。
② 北京大学哲学系外国哲学史教研室编译：《古希腊罗马哲学》，三联书店，1957年，第230页。
③ 北京大学哲学系外国哲学史教研室编译：《古希腊罗马哲学》，三联书店，1957年，第230页。

的著作，在西方法学与法律思想史上有重要的地位，对后来的罗马法也有较多影响。

五、亚里斯多德

(一) 生平与著作

亚里斯多德(公元前 384 年至公元前 322 年)是希腊哲学理论思维的一个高峰。他的思想博大精深，恩格斯称之为古代"最博学的人物"，[1]黑格尔则说："假使一个人真想从事哲学工作，那就没有什么比讲述亚里斯多德这件事更值得去做。"[2]如果说西方文化的特征在于崇尚理性、注重逻辑分析，那么这个特征在很大程度上是由亚里斯多德铸就的。

亚里斯多德出生于希腊北部的斯塔吉拉。他的家族长期从事医生这门职业，他父亲尼各马科是马其顿国王阿明塔斯三世的御医。亚里斯多德从小跟随其父在宫廷中生活，接受了良好的教育。据说他还接受过医学训练，后来在雅典行过医。

"亚里斯多德是柏拉图最有正宗的门徒"。[3]他 17 岁时进入柏拉图学园，直到37 岁离开，前后长达 20 年。有些史料记载了他和柏拉图的师生关系，但真假难辨。柏拉图说"亚里斯多德踢开了我，正如小雄驹踢开生养它的母亲一样"[4]，似乎对亚里斯多德很不满；而亚里斯多德则说："因为形式学说是我们所敬爱的人提出来的。不过这还是较好的选择，特别是作为一个哲学家，为了维护真理就得牺牲个人的东西。两者都是我们所真爱的，但人的责任却要我们更尊重真理。"[5]似乎也在为他和柏拉图的关系找理由辩解。柏拉图与亚里斯多德在学术观点上有不同之处，看到亚里斯多德的成长，柏拉图发点牢骚当属可

① 恩格斯：《反杜林论》，《马克思恩格斯选集》第三卷，人民出版社，1972 年，第59 页。
② 黑格尔著，贺麟、王太庆译：《哲学史演讲录》第二卷，商务印书馆，1960 年，第284 页。
③ 第欧根尼·拉尔修著，马永翔等译：《名哲言行录》上册，吉林人民出版社，2003年，第 269 页。
④ 第欧根尼·拉尔修著，马永翔等译：《名哲言行录》，吉林人民出版社，2003 年，第5 卷，第 2 节。
⑤ 苗力田主编：《尼各马科伦理学》，《亚里斯多德全集》Ⅷ，中国人民大学出版社，1994 年，第 9 页。

理解的范围；而不管亚里斯多德"尤爱"什么，他至少对老师还是在"爱"。柏拉图死后让斯彪西波继承了学园的领导地位，这可能是亚里斯多德离开学园的根本原因。[①]

离开学园以后，亚里斯多德去小亚细亚漫游。公元前 342 年，应马其顿国王腓力二世之邀，他担任了王子亚历山大的教师。公元前 336 年腓力二世被暗杀，亚历山大继承王位，他平定希腊等地的叛乱后立即挥师东向举行了史无前例的远征，横扫欧、非、亚三大洲。亚里斯多德于公元前 335 年重返已处于马其顿统治之下的雅典，创建吕克昂学园，在那里工作了十多年，这是他学术活动的鼎盛时期。公元前 323 年亚历山大大帝去世，雅典发生反马其顿运动，亚里斯多德离开雅典，回他母亲的故乡优卑亚岛居住，次年病故。

柏拉图和亚里斯多德

亚里斯多德的著作卷帙浩繁，第欧根尼·拉尔修开列的书目有 150 种之多。[②]我们现在还能看到的著作有 47 种。亚里斯多德的著作经历了长达两千多年的历史演变和极为复杂的编纂过程。[③]我们知道，亚里斯多德离开吕克昂学园后，他的学生塞奥弗拉斯特主持吕克昂学园，将亚里斯多德的手稿交给奈琉斯保管。由于时局变化，奈琉斯将手稿带往外地，藏入地窖，达 150 多年。大约公元前 100 年，这批手稿才回到雅典。几十年后，吕克昂学园的第 11 代继承人安得罗尼柯将这批手稿与学园内流传下来的讲稿相校勘，编纂了亚里斯多德著作集。公元 2 世纪以后出现了诠释亚里斯多德著作的风气，先后出现了阿司巴修的诠释、阿佛罗狄西亚的亚历山大的注释、公元 5 世纪的叙利亚文的译本和注释、8 世纪的阿拉伯文译本和注释、10～12 世纪阿维森那和阿维洛伊的阿拉伯文注释。1204 年十字军东征后，亚里斯多德著作直接从希腊文译成拉丁文。13 世纪出现了阿尔伯特和托马斯·阿奎那的注释。1830～1870 年，柏

---

① 汪子嵩等：《希腊哲学史》第三卷，人民出版社，1988 年，第 39-58 页。
② 第欧根尼·拉尔修著，马永翔等译：《名哲言行录》，吉林人民出版社，2003 年，第 5 卷，第 22 节。
③ 汪子嵩等：《希腊哲学史》第三卷，人民出版社，1988 年，第 39-58 页。

林科学院用了 40 年功夫校订了希腊文的全集，编了标准页，出版了贝刻尔希腊文版、拉丁文版及注释和索引。

(二) 对理念论的批判

亚里斯多德对其师柏拉图充满了崇敬之情，但是这并没有妨碍他对柏拉图的理念论进行全面而深刻的批判，他的一句名言是："吾爱吾师，吾更爱真理。"亚里斯多德对理念论的批判比较集中地表现在《形而上学》中，尤其是在该书的第一卷第九章中，这些批判可以归纳为如下几点：

第一，实体或共相只能存在于具体事物之中，而不能在事物之外独立存在。"说实体和那些以它为实体的东西会彼此对立，这似乎也是不可能的。理念既然是事物的实体，怎么能够独立存在呢?"[①]柏拉图理念论的要害就在于，认为在个别事物之外还独立存在着一个与之相应的理念，并且把二者的关系颠倒过来，将理念说成是"在先的"，具体事物反而退居其次了，这样就在存在和认识的次序上都使得"相对的先于绝对的了"。

第二，人们用来论证理念存在的方法都站不住脚，它们或者是缺乏必然性的推论，或者推出了一些没有与之对应的东西的形式或理念，如"否定了的东西"、"缺乏"也有其理念，不能独立存在的"关系"也有相应的理念，这显然是荒谬的。更为严重的是，将具体事物与理念相分离必然会导致"第三者"的出现，因为要想说明具体事物与理念的相似性，就必须设定一个"第三者"，它与具体事物和理念都具有某种相似之处。而为了说明这个"第三者"与具体事物和理念的各自相似性，又必须设定一个新的"第三者"，这样就会陷入"第三者"概念的无限倒退。

第三，"分有"只能是对"实体"的分有，因为只有"实体"才具有形式或理念，而柏拉图却让那些非实体性的东西也具有理念，这样一来，"分有"就成为一句空话，充其量不过是"一种诗意的比喻"而已。至于"摹仿"，更是无稽之谈[②]。任何东西都能够存在和生成，和别的东西一样，不必是从理念摹下来的，因此不论苏格拉底是否存在，苏格拉底这样一个人都可以生出来，

---

① 北京大学哲学系外国哲学史教研室编译：《西方哲学原著选读》上卷，商务印书馆，1981 年，第 128 页。
② 指"苏格拉底"的理念。

而且很明显，就算苏格拉底是永恒的，也仍然可以有苏格拉底出世。而且，如果具体事物是对理念的分有或摹仿，那么同一个事物都会有几个不同的形式或理念，例如，苏格拉底的理念既是"人本身"，也是"动物"和"两脚的"，那么苏格拉底岂不是同时分有或摹仿了好几个理念？而在这些理念中，"人本身"是"动物"的摹本，同时又是苏格拉底的原本，这样一来，一个东西岂不是同时既是原本又是摹本了吗？这显然是自相矛盾的。

第四，从现实的角度来看，理念对于感性事物没有任何意义，它既不能引起事物的运动变化，也不能帮助人们更好地认识事物。就前一个方面而言，理念本身是不变不动的，因此它不能成为运动变化着的事物的原因；就后一个方面而言，理念论在具体存在的事物之外又加上了数目与之相等的"形式"或"理念"，从而使我们不仅要面对众多的事物，而且还要面对与事物同名的单一的理念，把问题的难度陡然增加了一倍。

在从各方面对理念论进行了批判之后，亚里斯多德总结道："一般说来，虽然哲学家是寻求感性事物的原因的，我们却放弃了这个任务，因为我们完全没有谈变化的原因。我们幻想自己在说出感性事物的实体时，却是断言了另一种实体的存在。我们说那种实体如何如何是感性事物的实体，说的其实都是些废话。因为所谓'分有'，如前面所指出的，是毫无意义的说法。"[1]亚里斯多德在对柏拉图理念论批判的基础上，建立了自己的形而上学体系。

(三) 实体的定义

亚里斯多德所说的"实体"(substance)作为哲学的最基本的范畴是第一性和独立存在的，一切其他范畴(如数量、性质、关系等)都必须依附于实体而存在。显然，当我们说一个东西"是怎样的"之前，首先要弄清楚它"是什么"，"是什么"的问题在任何意义上都是最根本的问题。亚里斯多德指出："尽管最初有许多意义，但实体在一切意义上都是最初的，不论在定义上、在认识上，还是在时间上。其他范畴都不能离开它独立存在。惟有实体才独立存在……存在是什么，换言之，实体是什么，不论在古老的过去、现在、以至永远的将来，都是个不断追寻总得不到答案的问题。有些人说它是一，有些人说它是多，有

---

① 北京大学哲学系外国哲学史教研室编译：《西方哲学原著选读》上卷，商务印书馆，1981 年，第 131 页。

些人说它是有限的，有些人说它是无限的。所以，我们首要的问题，或者唯一的问题，就是考察这样的存在是什么。"①

因此，在谈论任何有关实体的问题之前，首先要弄清楚实体是什么。亚里斯多德在《范畴篇》中对实体下了一个基本的定义："实体，在最严格、最原始、最根本的意义上说，是既不述说一个主体，也不依存于一个主体的东西。如'个别的人'、'个别的马'。"②所谓"不述说一个主体"，是指实体不能在一个陈述句里作为谓词来述说主词，例如，在"苏格拉底是人"这个陈述句中，"人"是用来述说"苏格拉底"的，但是"苏格拉底"却不能反过来述说"人"或其他的东西。"苏格拉底"是一个个别的人，而"人"则是苏格拉底所属的一个普遍的属，我们只能用后者描述前者，不能用前者描述后者。所谓"不依存于一个主体"则是指实体必须具有独立存在的特点，它不同于属性，只能依附于某个主体而存在。例如"苏格拉底是白色的"这个陈述句，"白色的"不仅是用来述说苏格拉底的某种特性的，而且也必须依附于苏格拉底的身体，它不可能脱离苏格拉底或其他主体而独立存在。因此，一般说来，用来述说主体的东西或者是普遍性的种属概念(如"人"、"动物"等)，或者是依附于被述说者的某种属性(如"白色的"、"勇敢的"等)，而被述说者则通常只能是具体的个别事物(如"苏格拉底"、"那匹白马"等)。亚里斯多德把这些既不述说、也不依存于其他主体的具体的个别事物称为"第一实体"，它们构成了支撑一切其他事物(种属或属性)的最后的载体和绝对的主体(在一切陈述句中都恒为主词)。实体具有如下特点：首先，实体是一个具体的、个别的东西，是"这一个"，而不是抽象的、普遍的东西；其次，实体不同于属性，它没有与之相反的东西，例如，与"大"相反的属性是"小"，与"好"相反的属性是"坏"，但是却没有什么东西是与"苏格拉底"相反的；再次，实体没有程度上的差别，即没有一个实体比另一个实体更是实体，例如我们不能说"张三"比"李四"更是实体；最后，实体是变中之不变，无论苏格拉底是脸黑还是脸白，是年少还是年老，他都是苏格拉底。苏格拉底的具体属性可以变化，但是作为实体却是始终如一的。当然亚里斯多德并不否认实体本身也有生灭变化，但是这种变

① 苗力田主编：《形而上学》，《亚里斯多德全集》第Ⅶ卷，中国人民大学出版社，1993年，第153页。

② 转引自苗力田主编：《古希腊哲学》，中国人民大学出版社，1989年，第401页。

化不同于属性的变化，就每一个实体来说，它都是自身同一的。必须注意的是，所有上述规定都有一个明显的特点，就是它们都是从人们的说话方式即语言语法中引出来的，亚里斯多德相信语言的逻各斯与存在的事物有相同的结构，因而他的本体论与他的逻辑学一开始就有一种密切的内在联系。

从实体的定义中我们可以看到，亚里斯多德把个别的、具体的事物当作第一实体的做法是与柏拉图把普遍的、抽象的种属概念（"理念"）当作真实的存在的做法截然对立的。但是亚里斯多德在"第一实体"之后马上又提出了"第二实体"的概念，这就是逻辑上的"种"和"属"的概念。亚里斯多德说："人们所说的第二实体，是指作为属，包含第一实体的东西，就像种包含属一样。如，某个具体的人被包含在'人'这个属之中，而'人'这个属自身又被包含在'动物'这个种之中。所以，这些是第二实体，如'人'、'动物'。"①这样一来，作为种属概念的"理念"也就如同个别事物一样成为了实体，尽管只是第二实体。虽然亚里斯多德承认，只有第一实体才具有"既不述说一个主体，也不依存于一个主体"这两个基本特点，而第二实体则仅仅只具有"不依存于一个主体"的特点，它却可以述说一个主体（述说个别事物），因此第一实体比其他事物更是实体，第一实体乃是在最严格意义上的实体。但是，把属概念当作实体必然会导致把一切抽象的普遍概念都当作实体这一逻辑后果。因为任何一个述说属的种又可以被一个更大的种所述说。这样一来，亚里斯多德又部分地回到了柏拉图的理念论。

(四) 四因说

除了从语言规则上（逻辑上）给实体下一个定义外，亚里斯多德认为从客观事物中为实体概念找到它的具体根据也是必要的。第一哲学不仅要说明实体是什么，而且更要说明实体为什么成了实体，即不仅要"知其然"，而且更要"知其所以然"，这就要探讨实体存在或产生的原因，而他提出的"四因说"是对古希腊各种本原学说的一种理论概括。亚里斯多德正是在总结前人思想的基础上提出了他的"四因"——质料因、形式因、动力因和目的因。以建造一所房屋为例，砖瓦木料是房屋的质料因，设计蓝图是它的形式因，工匠及其技艺是它的动力因，而房屋的用途——供人居住则是它的目的因。

---

① 转引自苗力田主编：《古希腊哲学》，中国人民大学出版社，1989年，第401页。

亚里斯多德认为，在人造物中"四因"是彼此区别的，但是在自然物中，动力因和目的因都可以归结为形式因。例如一棵橡树，它从中生长起来的橡子是质料因，而橡子所要长成的橡树则是形式因，同时橡树也是橡子所要达到的目的以及推动橡子向它生长的动力。因此，形式因、动力因和目的因是合一的，"四因"可以归结为形式因与质料因这两个最基本的原因。形式规定了事物的本质，包含着事物发展的动力和目的，因此是积极的、能动的和决定性的因素，质料则是消极的、被动的和被决定的因素。

于是亚里斯多德由实体的原因反过来再对实体加以规定，看什么是"真正的"实体，或"本质的"实体，因为一个事物的本质就是该事物的原因。他首先把实体的原因追溯到质料因，认为质料作为实体的"载体"是最基本的实体，一个东西没有质料就根本谈不上存在。但他又认为，一个东西光有质料也不可能存在，因为作为最基本的"第一实体"的个别实体必然具有其独特的形式。如在一尊苏格拉底的铜像中，铜不一定构成"这一个"实体，它也可以用来铸成别的形象，只有苏格拉底的形象才使这些铜料成为了"这一个"铜像。由于任何个别事物都是由形式和质料构成的，因此质料、形式都是实体。但是相比之下，形式由于代表一个实体的个别性，因而比具有"无定形"的普遍性的质料更是实体。是形式把那些没有确定形状的质料聚集在一起，才构成了一个有定形的个别实体，所以真正的实体就是形式。一个实体的形式就是使该实体成为"这一个"实体的东西，即作为本质的实体。

但在亚里斯多德看来，事物的形式与质料又是相对的，对于低一级的事物是形式的东西，对于高一级的事物则是质料。例如，砖瓦是泥土的形式(泥土是砖瓦的质料)，同时又是房屋的质料，房屋是砖瓦的形式，却又是街道的质料。这样以此类推，整个宇宙就形成了一个从质料到形式交替上升的统一序列，高一级事物不仅构成了低一级事物的形式，而且也是推动或吸引低一级事物向自己发展和上升的动力和目的。这个序列的最下端就是没有任何形式的"纯质料"，它相当于"非存在"；序列的最顶端则是不再构成质料的"纯形式"或"形式的形式"。这个"纯形式"是一切事物追求的终极目的，也是推动一切事物向其发展运动的"第一推动者"，它自身不动而推动万物，因此是"不动的推动者"，亚里斯多德又把它称为"神"。他的第一哲学因此也被他称为"神学"。

至于形式和质料的结合方式，亚里斯多德诉之于目的论。在他看来，自然本身如同人工产物一样，也含有目的的意义，"自然属于那一类为了某个东西而活动的原因"，"自然是一种原因，一种为一个目的而活动的原因"①。在由自然产生的事物中，这目的就表现为质料对形式的追求、趋向，但不是质料主动追求，而是形式给质料赋形，使自己在质料中实现出来。因此对于自然产生的东西，形式就是目的，质料是被动的可能性，形式是主动的现实性。形式不是抽象僵化的形式(如通常讲的"形式主义")，而是能动的活动(形成活动)。如一棵树的形式就是树从种子到长成大树所追求的目的。当它还未长成大树时，目的是"道生"于种子里的，而长成之后则是目的(形式)"实现"出来了。所以形式作为事物的目的，看起来似乎后于质料(作为结果)，实际上先于质料(作为动机)。

(五) 潜能与实现

亚里斯多德不仅说明了"实体是什么"和"实体的原因是什么"，而且也试图说明"实体是如何生成的"。原子论者及其先驱们用元素(四根、种子或原子)的机械组合来说明事物的生成，柏拉图用"分有"或"摹仿"来说明事物的生成，亚里斯多德则立足于目的论，提出了潜能与实现(又译"现实")的学说，以说明万物生成的根据。他认为任何实体或个别事物都处于从潜在状态("潜能")到实现的运动过程中，他甚至以此来给运动下定义："所以正是那潜在的东西，并且作为潜在的东西，其完全的现实性才是运动。"②潜能与实现的关系对应于质料与形式的关系。任何事物都是由质料与形式共同组成的。当质料尚未获得该事物的一定形式时，它就是处于潜在状态的事物，只有当它获得了这种确定形式之后，才成为现实的事物。亚里斯多德认为，潜能与实现是不可截然分开的，它们并不是两个漠不相关的东西，而是同一事物的两种不同的存在状态，潜能之为潜能，仅在于它还没有实现或完成。

亚里斯多德认为，实体的生成过程就是从潜能向实现的转化过程，这个转化过程就是运动。运动既不同于单纯的潜能，也不同于完全的实现，但是作为

---

① 北京大学哲学系外国哲学史教研室编译：《古希腊罗马哲学》，三联书店，1957年，第 255、258 页。
② 北京大学哲学系外国哲学史教研室编译：《古希腊罗马哲学》，三联书店，1957年，第 269 页。

实现的形式正是吸引作为潜能的质料向自身运动的能力。质料是能被推动者，形式则是能推动者，正是后者吸引或推动着前者运动起来。因此运动是属于实现或形式的一方。运动是正在进行的实现过程，现实则是已经完成了的运动结果(又译"圆成")。在亚里斯多德看来，实现或现实既是一个正在进行的过程，也是一个已经完成的过程，因为在希腊语中，"现实"一词的本意就是"正在运动"。现实不仅是引起运动的动力，而且也是运动所要实现的目的，当潜能通过完全的实现过程(运动)而成为现实时，运动也就达到了它的目的，从而一个实现了自己的形式的实体或个别事物也就形成了。由此可见，亚里斯多德对于事物的运动发展是从目的论的角度来进行阐发的，他对宇宙万物的结构的解释持一种有机论的立场，常常以植物(如橡树)甚至动物作例子来说明宇宙的生长活动。他曾认为一只从身体上割下来的手就不再是手了，据说这与他出身于医生世家有关。他由此而把神也看做一个生物有机体："生命是属于神的，因为思想的现实活动就是生命，神就是现实性。神的自我现实性就是最美好的、永恒的生命，所以我们说神是有生命的、永恒的、至善的，不断延续的生命只能属于神。①在西方哲学史上，亚里斯多德的目的论长期以来成为自然哲学中片面机械论的中和剂，同时也是神学的重要支柱。

(六) 认识论

亚里斯多德的认识论也如同本体论一样，表现出一种折中与调和的特点。一方面他承认对于第一实体或个别事物的认识是从感觉开始的，客观存在的事物是感觉发生的源泉。他把人的"感性灵魂"比作"蜡块"，感觉就是外物印在"蜡块"上的痕迹。离开感觉，没有人能够理解任何东西。认识的顺序是从感觉经过记忆、经验而上升到科学技术和哲学的认识。哲学的认识就是智慧，它虽然是对一般原理和原因的认识，但这些一般原理和原因是"理性灵魂"通过分析和归纳从"感性灵魂"这个"蜡块"的痕迹中得出的。因此亚里斯多德实际上已经接近了"凡是在理智中的，无不先在感觉之中"这一经验论的基本原则，他的整个科学研究中也表现出明显的经验主义倾向，与柏拉图形成鲜明的对比。

但是亚里斯多德同时也表现出巴门尼德-柏拉图这一传统的唯理论的一

---

① 亚里斯多德著，吴寿彭译：《形而上学》，商务印书馆，1959 年，第 248 页。

面，他认为，感觉只能感受事物的形式而不能把握其实质，更不能使我们认识到事物的本质。"'感官'是指这样一种东西，它能够撇开事物的质料而接纳其可感觉的形式。这正像一块蜡接纳图章的印迹而撇开它的铁或金子。我们说产生印迹的是铜的或金的图章，而它的特殊金属素质如何却不相干。同样情形，感官受到有颜色的、有香味的、或者发声音的东西影响，至于那个东西的实质是什么却没有关系"。①这就是所谓的"蜡块说"。此外，感觉与感觉的对象是彼此外在的，感觉在对象面前是完全被动的，而且它只能对个别的事物进行感觉，不能把握普遍的东西，普遍的东西是内在于理性灵魂之中的。他在《论灵魂》中说："现实的感觉是个别的，而知识是普遍的。在某种意义上，普遍存在于灵魂自身之中，这就是人们何以只要愿意，便能随时思维的原因。而感觉不是随自己意愿的，它必须要受到感觉对象的启动，关于感性对象的知识也是如此，由于同样的原因，感觉对象是个别的、外在的。"②从这种意义上来说，感觉当它尚未被外在的对象刺激时，只是一种潜在的认识能力；只有内在地包含着普遍概念的理性灵魂的思维活动，才是现实的认识。亚里斯多德虽然承认理性灵魂中关于一般原理和原因的知识不能脱离感觉经验，但是他却把感觉经验仅仅当作普遍知识的触媒，而不是它们的来源。在他看来，科学的第一原理和基本概念，如数学公理、形式逻辑的思维规律等，都是潜在于理性灵魂之中的，只是通过感觉经验的刺激才被理性直观到(在这里可以看到柏拉图"回忆说"的明显痕迹)。因此，普遍经验就其根本而言是先验的。亚里斯多德把理性灵魂(努斯)区分为两种状态，一种是受到肉体遮蔽的、消极被动的理性灵魂，它以外界事物为对象建立在感觉、记忆和经验基础之上，随着身体的死亡而消失；另一种是积极能动的理性灵魂，它摆脱肉体束缚，只以自身为对象，只思维不涉及任何质料的"纯形式"，在这里，"思维者和被思维者是一样的；因为思辨的知识和它的对象是一样的"③。这种积极能动的理性灵魂是永恒的精神实体，它并不随着身体的死亡而消失，而是从"外部"进入身体的神圣精神的

---

① 北京大学哲学系外国哲学史教研室编译：《西方哲学原著选读》上卷，商务印书馆，1981年，第149页。

② 转引自苗力田主编：《古希腊哲学》，中国人民大学出版社，1989年，第483页。

③ 北京大学哲学系外国哲学史教研室编译：《西方哲学原著选读》上卷，商务印书馆，1982年，第153页。

闪光，正是它使得潜在于灵魂中的普遍原理成为现实的知识。显然，亚里斯多德关于有死灵魂与不死灵魂的划分是对德谟克利特和柏拉图的灵魂学说的一种调和。德谟克利特认为构成灵魂的原子随着身体的死亡而彻底消散，因此根本就不存在什么"不死的灵魂"；柏拉图主张灵魂可以在不同的肉体之间进行轮回，因此灵魂就其本性而言是不死的。亚里斯多德则试图以一种折中的方式把这两种对立的灵魂学说协调起来。但是他同时又强调，积极能动的理性灵魂只存在于自由人身上，奴隶作为"会说话的工具"只具有消极被动的灵魂。

(七) 逻辑学

亚里斯多德是传统形式逻辑的奠基人，他创建了范畴表和谓词表，提出了逻辑思维的三大规律(同一律、矛盾律、排中律)，确定了判断的定义和分类，制定了演绎三段论推理的主要格式和规则，并且说明了演绎与归纳的关系。亚里斯多德不仅注重逻辑的形式，而且也时常联系认识的内容来探讨思维的形式，因此在他的形式逻辑中包含着丰富的辩证因素，逻辑学并未与认识论、本体论分家，不像后来的经院哲学那样片面地将形式逻辑推向形式主义的极端。传统形式逻辑关于概念、判断和推理的基本内容，在亚里斯多德那里已经得到了相当精确的表述。尤其是演绎逻辑，自亚里斯多德以来深刻地影响了西方思想达两千年之久。

亚里斯多德把逻辑形式和规律看做是客观事物存在的形式和规律在主观思维中的反映，把主谓判断看做是客观世界中个别事物与一般概念(属和种)之间的关系，或者实体与属性之间的关系。他将谓词分为两大类，即属于定义的部分和不属于定义的部分。前者是对事物本质的规定，如"人是有理性的动物"；后者则仅仅表示事物的某种性质，如"苏格拉底是白的"。在《正位篇》中，他又根据谓词所表述的内容将谓词细分为五类：种、属差、定义、属性(专有性质)和偶性(非专有性质)。例如，对于主词"人"，可由这五类谓词来加以表述："动物"是种，"有理性的"是属差，"有理性的动物"是人的定义，这三类谓词都是对"人"的本质的规定，属于定义的部分；"能学习语法"是人的专有属性，"白色的"则是人的偶性，这两类谓词只是对"人"的某种性质的表述，不属于定义的部分。尽管有以上差别，但是所有的谓词都是对主词的规定，从客观存在的角度来说都是对事物的本质或性质的表述，因此谓词必须依存于主词(客观事物)本身，它们不能独立地存在。

亚里斯多德在对客观存在进行归纳和抽象的基础上，提出了著名的十范畴表，它们是对谓词以及谓词所反映的客观存在的最高或最普遍的分类，也是思维最基本的内容。这十个范畴是：实体(如"人"或"马")、数量(如"二尺长"或"三尺长")、性质(如"白色的")、关系(如"二倍"、"一半"、"大于")、地点(如"在市场上"、"在吕克昂")、时间(如"昨天"、"去年")、姿态(如"坐着"、"躺着")、状态(如"穿鞋的"、"武装的")、动作(如"切割"、"烧灼")、遭受(如"被刺"、"被烧灼")等。这十个范畴(后来又增添了五个)是相互联系的，其中实体范畴是最基本的范畴，它构成了其他一切范畴的主体、基础和中心，其他范畴都是对实体的述说，必须依赖于实体而存在。亚里斯多德不仅把范畴当作逻辑思维和语言表达的基本单位，同时也把它看做客观存在的最基本的形式和最普遍的联系。这样一来，亚里斯多德就不仅克服了毕达哥拉斯派将诸范畴彼此孤立地加以考察的局限性，使各种范畴处于相互联系和彼此从属的关系之中，进一步发展了柏拉图"通种论"中的辩证思想，而且也把主观逻辑与客观逻辑统一起来，辩证地表述了思维与存在的同一性。

在判断理论上，亚里斯多德对判断进行了初步的分类，提出了"质"的判断即肯定判断和否定判断，"量"的判断即全称判断和单称判断，"关系"的判断即简单判断和复合判断，"模态"判断即实然的、必然的和可能的判断，这些对后来康德的"先验逻辑"产生了巨大的影响。但他尚未把判断的系词"是"从纯粹逻辑意义上作形式化的理解，而是同时理解为一个谓词(如"人是"意味着"人存在")，表示肯定一个事实为真；或理解为时态动词："因为'是'、'将是'、'曾是'、'正将要是'以及诸如此类的用语，按照我们的定义乃是动词，因为除它们的特殊意义之外，它们还表达了时间的概念。"[1]但"存在(是)与时间"的这种本体论的联系，到两千年后的海德格尔那里才得到深入的研究。

但亚里斯多德最为看重的是他对演绎三段论推理法则的制定，这一贡献使逻辑具有了精密量化的特点，因而成为具有现实可操作性的形式化工具。三段论式的定义是："三段论是一种论说，在其中某些东西被肯定了，另外一个东

---

① 亚里斯多德著，方书春译：《范畴篇·解释篇》，商务印书馆，1986 年版，第 58 页。

西就必然由于这些基本的东西而成立。"①它的最基本的形式为：大前提、小前提和结论这三个判断中每个判断都有一个词与另一判断中的一个词辗转重叠，因而共同表达了三个词之间的这样一种必然关系，即如果最后的词包含在中间的词里，中间的词又被第一个词所包含(或排斥)，那么"最先和最后的词就必定借一个完全的三段论式而发生关系"②。这称之为三段论的"第一格"。其他三个格(后人补充为四个格)都是在此基础上变动三个词在判断中的位置而形成的，再加上肯定和否定、全称和特称的关系，每个格又变化出一些不同的"式"(共 24 个)。所有这些格或式都可以通过一套确定的规则还原为第一格，所以第一格也就成为检验三段论是否正确的标准了。

但三段论是否能得出真理，还取决于大小前提的真实性，这却是演绎三段论推理所不考虑的，它所考虑的只是从已知的知识推出正确的结论，因而只是"证明"。如何能保证前提的真实性？为解决这一问题，亚里斯多德又提出了另外两种不同性质的三段论，即辩证的三段论和归纳三段论。前者是要通过两个截然相反的三段论互相辩难来推翻对方的前提，以考验三段论前提的真实性，其作用是批判(这里已包含有康德"先验辩证论"的先声)；后者则是通过对感性知觉的处理来获得真实的前提，以便为一切学术研究建立可靠的基础。"如果没有感性知觉，就必然缺乏知识；假如我们不善于应用归纳法或证明，就不能获得知识。证明从一般出发，归纳从个别出发。要认识一般，如没有归纳法是不可能的。"③但枚举归纳永远是或然性的，因而是值得怀疑的，所以他又提出了"完全归纳"来赋予归纳以必然性。但后人指出，完全归纳法实际上并不能获得新知识，而只是循环论证，其结论不过是把前提中已说出的东西重说一遍而已。亚里斯多德认为归纳既然不具有必然形式，它就只是"演讲术的说服形式"④，不如演绎三段论科学。

最后，亚里斯多德还把三段论的证明的确定性追溯到三条逻辑公理，即矛

① 杨百顺：《西方逻辑史》，四川人民出版社，1984 年，第 78 页。
② 北京大学哲学系外国哲学史教研室编译：《古希腊罗马哲学》，三联书店，1957 年，第 302 页。
③ 阿赫曼诺夫著，马兵译：《亚里斯多德的逻辑学说》，上海译文出版社，1980 年，第 111 页。
④ 阿赫曼诺夫著，马兵译：《亚里斯多德的逻辑学说》，上海译文出版社，1980 年，第 288 页。

盾律(或"不矛盾律"):"互相矛盾的判断不能同时为真";排中律:"两个互相矛盾的命题之间不能有居中者";同一律:"一切真实的(事物)必在任何方面其自身始终如一"。[①]他认为这些公理是凭直观就可确认的,用不着证明。这就是形式逻辑的最高原则。

(八) 伦理学与政治学

亚里斯多德是伦理学和政治学这两个相对独立学科的创立者或奠基人。伦理与政治在亚里斯多德的知识体系中均属实践知识。在所有实践知识中,伦理学是起点和基础。因为个人不是孤立的人,而是城邦公民,伦理学不仅研究个人的德性培养,而且还要为城邦政治提供伦理价值的基础。所以,有关道德的讨论不仅是政治学的部分,而且还是政治学的起点。

亚里斯多德以前的哲学家有丰富的伦理学思想,但对伦理学的学科知识缺乏系统的建树,而亚里斯多德则从伦理学的宗旨、原则出发,提出了以德性论为主干内容的伦理学知识体系。这是亚里斯多德的巨大贡献,至今在西方产生着深远的影响。近年来,伦理学和政治学在中国学界被人们视为既有理论价值又有实际应用价值,值得大力发展的热门学科。读了亚里斯多德的著作,我们可以更加深切地理解西方伦理与西方政治的范式,从中吸取有益于中国当代公民道德建设和政治文明建设的养料。

亚里斯多德把研究伦理学的宗旨和目的确定为人生的至善与幸福。幸福是一切行为的最后目的,它以自身而不以任何别的东西为目的,所以它是至善。至善、幸福、德性的合一,使亚里斯多德的伦理学被称作至善论、幸福论、德性论的伦理学。亚里斯多德把德性确定为伦理学的主要研究对象。伦理德性的养成是知识与行为、理智与情感、经验与理性交融的结果。简言之,亚里斯多德的伦理德性就是一种能够做出合乎中庸原则的道德选择和优秀品质。

亚里斯多德伦理学的主要内容是对城邦和个人的各种伦理德性的具体讨论。他在讨论中总是融合经验与实践,对许多日常生活中的事例加以分析比较,从而形成相关理论。他的《尼各马科伦理学》具体细致地论述了希腊传统的各种伦理德性,其中最重要的有:勇敢、节制、公正、友爱。

勇敢是古希腊受到广泛尊重的美德。勇敢是一种与自信心相关的品质。勇

---

① 杨百顺:《西方逻辑史》,四川人民出版社,1984 年,第 104、105、110 页。

敢就是自信心适中，缺乏自信或自信心不足就是胆小，自信心过度就是鲁莽。

节制就是把快乐与痛苦控制在适中的地步，节制过头就是冷漠，节制不足就是放纵。亚里斯多德认为，并非一切快乐都需要节制，对于非肉体的、灵魂上的快乐既说不上节制，也说不上放纵。节制的人有正常的欲望，放纵的人具有反常的欲望。

公正在古希腊被视为最重要的伦理德性，接近善。亚里斯多德像柏拉图一样，也主张公正(正义)既是城邦的首要德性，也是个人的德性，两者是相互关联的。公正在各种德性中不仅是首要的，而且统摄、包括其他德性。公正的主要含义就是以德待人，以维护他人的和整个城邦社会的幸福为主要目标。总体的公正就是要守法，做一个好公民，具体的公正就是要在利益分配上均等，也就是要做到公平。

友爱虽然不是古希腊的四大美德之一，但颇受重视。亚里斯多德对友爱的讨论非常详细。在他看来，友爱"就是某种德性，或者是赋有德性的事情；或者说是生活所必需的东西，谁也不会愿意去过那种应有尽有而独缺朋友的生活"。[①]友爱的产生有三个原因：善、快乐、对他人有用。与此相应，友爱分为三种：以善为目的的友爱、以快乐为目的的友爱、以实用为目的的友爱。以善为目的的友爱只发生在善良者之间。友爱不仅是一种私人的德性，而且也是城邦的德性。有三种最基本的共同生活形式：家庭、伙伴、公民。前两种属于私人的共同生活，后一种是政治的共同生活，要以法律和契约为基础。公民的友爱是公民之间以私人形式进行的正常交往，是一种自愿的交换关系。作为公民当事双方的友爱，本质上是属于法律与契约的实用的友爱。它的首要性质是平等，法律对公民间自愿达成的契约和交易不加干预。公民的友爱要求人们相互回报他们各自从对方那里接受的好处。每个人都有责任以善回报善。回报是公民生活中的最基本的德性。

以德性伦理学为基础，亚里斯多德也系统地研究了政治问题，从而使政治学成为一门系统的学科知识。从古代书目可见，亚里斯多德写过许多种政治著作，但绝大多数已经佚失。他的现存政治学著作题为《政治学》(中文译)。按

---

① 苗力田主编：《尼各马科伦理学》，《亚里斯多德全集》Ⅷ，中国人民大学出版社，1994年，第165页。

其原意翻译，则应为"论城邦"或关于城邦的学问。这本书虽然不是一本由亚里斯多德本人写定的完整著作，而是后人汇编的亚里斯多德有关政治问题的论述，但仍能比较全面地反映亚里斯多德的政治思想。柏拉图深入研究过城邦问题，而亚里斯多德的贡献是把它落实为一门科学。

亚里斯多德探讨了城邦国家的起源和本性。他像柏拉图一样，把城邦和国家视为一体，论述城邦的起源也就是论述国家的起源。亚里斯多德指出，城邦的产生是自然而然的。家庭由男人和女人组成，他们有自然繁殖的欲望，家庭是为了日常目的而自然形成的。家庭中有主人和奴隶，他们是自然的(天然的)统治者和被统治者。多个家庭组成村庄，村庄的存在是自然而然的。多个村庄组成城邦，城邦的存在也是自然而然的。因为所有人都有建立这种联系的自然冲动。人是一个在本性上适宜城邦生活的动物。一个不在城邦里生活的人尽管是一个人，但不再是个完全的人，他能达到幸福的手段是有限的。亚里斯多德这样的观点被称作"自然目的论"，因为它不是要人返回自然界的动物状态，而是要人在城邦中实现其能力，实现其获得至善的目的。除了幸福生活，人没有更高的目的，也只有在城邦生活中，才有可能实现这一目标。城邦在本性上优于家庭和个人，城邦没有特定的个人也能繁荣，而个人要是没有城邦，他就不能发挥作为公民的全部功能，就不能得到幸福。

亚里斯多德紧密关注希腊生活的现实，探讨了理想的政体。通过研究，亚里斯多德总结道：我们把正确的政体分为三类，即君王制、贵族制和共和制；这些政体又有三类相应的变体：僭主制或暴君制是君王制的蜕变，寡头政体是贵族政体的蜕变，平民政体是共和政体的蜕变。这样的概括和总结在其先辈柏拉图或其他地方已经有了，但亚里斯多德的高明之处在于提出判断政体的本性要看统治者是以公民的共同利益还是以统治者的私利为目的。

亚里斯多德提出，为了避免极端政体，切实可行的出路是由中产者执政。"一个城邦本应尽可能地由平等或同等的人构成，而中产阶层就最具备这种特征。所以我们说，由中产阶层构成的城邦必定能得到最出色的治理，这完全符合城邦的自然本性。"[①]"最优良的政治共同体应由中产阶层执掌政权，凡是中

---

① 苗力田主编：《政治学》，《亚里斯多德全集》Ⅸ，中国人民大学出版社，1994年，第141-142页。

产阶层庞大的城邦，就有可能得到良好的治理；中产阶层最强大时可以强到超过其余两个阶层之和的程度，不然的话，至少也应超过任一其余的阶层。中产阶层参加权力角逐，就可以改变力量的对比，防止政体向任何一个极端演变。"①

亚里斯多德也像柏拉图一样提出了他的理想城邦国家。身处希腊化时代即将来临、希腊小型分散的城邦奴隶制国家即将转变为大型集中的奴隶制帝国的时候，亚里斯多德的思想虽有某些新意，但显然不符合历史前进方向，因而也不可能成为现实。

---

① 苗力田主编：《政治学》，《亚里斯多德全集》Ⅸ，中国人民大学出版社，1994 年，第 141-142 页。

第 六 章

晚期希腊哲学

【内容提要】

　　晚期希腊哲学主要指公元前322年亚里斯多德逝世到公元529年东罗马帝国皇帝查士丁尼下令关闭雅典所有的学园这段时期。这段时间在历史上却经历了两个不同的时期：希腊化时期和罗马时期。在希腊化时期，希腊哲学随着马其顿王国的军事征服带来的文化扩张，传播至东方，埃及的亚历山大城与雅典并列为文化和哲学的中心。这个时期的新学派区别于老学派的一个显著特征是伦理化的倾向。所谓伦理化，指以伦理学为核心或归宿，哲学的主要目标不再是追求智慧，而是追求幸福。虽然各派对于幸福有不同理解，但都认为理性的生活只是达到幸福的一个途径，没有为智慧而智慧的思辨精神和穷究世界奥秘的探索精神，如伊壁鸠鲁派之于原子论，斯多亚派之于赫拉克利特，新柏拉图主义之于柏拉图，怀疑派之于学园派，都有这样的联系。伦理化倾向的原因，一方面是城邦制的瓦解所造成的社会动荡和融合，深刻而全面地改变了人与人、人与社会的关系，人们在迅速变化的、复杂的社会环境中，普遍渴望安宁和谐的生活；另一方面是罗马人和东方人的实用态度和宗教信念侵入希腊哲学内部，怀疑主义和相对主义引起的无谓争吵也从内部毁坏了希腊人固有的思辨理性精神。

一、晚期希腊哲学产生的背景和特点

　　公元前4世纪末马其顿的统治崩溃之后，希腊城邦及其古典文化走到了尽头。希腊人经受了一场苦难，于公元前146年为罗马所灭。罗马人成了地中海世界的主人，然而与希腊人相比，罗马人在文化上是落后的，精神上是不充实的。罗马人拥有武力却没有成熟的哲学。它征服了希腊却又为希腊人高雅的文学、艺术、戏剧所慑服。罗马民族有自己的民族语言拉丁语，在日常生活中，罗马人使用的是拉丁语。但是有许多领导人都是由希腊奴隶和家庭教师教育的。他们都认为希腊语更优美，表达力更强。罗马帝国早期的文化繁荣，主要是罗马人共和末期引进希腊的教育制度并积极吸收希腊文化的结果。文化饥渴、精神贫乏的罗马人见到希腊的好东西就拣，糅合成一个混杂的体系，为己所用。这种状况反映了罗马帝国建立之后，希腊文化，尤其是精神文化，仍然起着重要作用，这就是我们将希腊文化与拉丁文化称作罗马帝国文化两大主干或传统的原因。

帝国的统一呼唤着一种共同文化。罗马文化原先确实有过相对独立于希腊文化的某个阶段。但是，罗马人在过去的时代里，尤其在精神领域中，已经从希腊人那里借用了许多东西。随着托勒密埃及的灭亡，历时300年的希腊化时代结束，希腊文化就和罗马文化汇合在一起，形成了希腊罗马文化。帝国建立以后，帝国文化在其成形阶段呈现出多样性，但以希腊、罗马两大传统为主干。希腊传统以古典时期的希腊文化为基础，这种传统在经历了几个世纪的希腊化时代以后，在罗马帝国时期仍在起着重要作用。因此，成形时期的罗马帝国文化可以称作希腊罗马文化，也可称"大希腊文化"。这是一种尚未融为一体的多民族文化的共生形态，真正的融合还有待来日。

与以前的哲学相比，晚期希腊哲学有两个明显的特征。一是这个时期的哲学家们没有提出新的理论学说，通常是以前人的思想成果为依据加以改造或发挥，而且由于理性思辨的衰落，带有退回到柏拉图、亚里斯多德之前去的倾向，从而使他们的思想具有比较浓厚的感性色彩。二是因为连年战乱，社会动荡不安，使人们陷入了对生与死等人生哲学问题的思考之中，所以这个时期的哲学思想具有伦理化的倾向。这一时期无论哪一派哲学都是以伦理学为核心来建构理论的，都以灵魂安宁或生活幸福为主要目标。在这一特定的历史时期之所以会出现这样的现象，原因是多方面的。首先是社会巨变的反映。城邦制的瓦解，马其顿人和罗马人的政权交替，造成了剧烈的社会动荡与融合，生活于其中的人们普遍渴望和平安宁的生活。其次是学术发展的结果。随着亚历山大里亚城文化地位的确立和人们视野的开阔，这一时期的学术研究逐渐向专业化的方向发展，几何学、天文学、生物学、地理学、文学等领域在取得辉煌成就的同时，逐步摆脱哲学而分化出去，一时间不可能再出现柏拉图、亚里斯多德那种综合性的哲学体系，而其他学科所不涉及的伦理学等问题却更加凸现出来。最后是哲学内部的争论。早期和中期希腊哲学家那种穷究天理的思辨精神以及占统治地位的绝对主义哲学形态，遭到了相对主义和怀疑主义的抨击。当希腊哲学因内部争论而变得不如过去自信和强大时，罗马人和东方人的实用主义态度及宗教观点便乘虚而入。

二、伊壁鸠鲁派

伊壁鸠鲁(公元前342至公元前270年)生于萨摩斯，早年学习柏拉图和德谟克利特学说，18岁时来到雅典服兵役，之后在外地学习和教学。公元前306年再次来到雅典，在自己住宅的花园里开办学校，他的学校因而被称作"花园"。花园聚集着伊壁鸠鲁的朋友，吸引了不少学生，包括一些妇女。

伊壁鸠鲁

伊壁鸠鲁生前享有崇高威望，追随者把他当作神圣者来崇拜，他的教导被当作正统学说而严格执行，形成了花园派独尊师长的传统。伊壁鸠鲁著述传说有三百余卷，但只有三封信和题为《格言集》和《学说要点》的残篇流传下来。

伊壁鸠鲁的哲学体系包括三个部分：研究真理标准的准则学；研究自然及其生灭的物理学；研究人及其目的的伦理学。在他看来，哲学是通过论辩和讨论的方式产生幸福生活的一种活动，正如不能治疗身体疾病的医药是无用的技艺，不能解除灵魂痛苦的哲学是无用的空话。为了能够幸福地生活，必须学习伦理学；为了摆脱错误的认识和不必要的忧虑与恐惧，必须学习物理学。

（一）原子论的自然观

伊壁鸠鲁是德谟克利特原子论的忠实继承者。面对各派自然学说，他坚决维护原子和虚空的真实性。原子和虚空虽然是不可感的，不能被自明的感觉所直接证明，但它们的真实性却不可辩驳，就是说，如果不设定原子和虚空，那么自明的感觉将被推翻。感觉的自明性证明了原子和虚空。伊壁鸠鲁对德谟克利特的原子论做了重要的补充。他认为，原子除有形状、次序和位置外，还有重量这一性质。原子运动原因有二：一是由于原子自身的重量，原子在无限的虚空中垂直下落；二是由于原子相互碰撞，造成原子碰撞的原因是某些原子在下落运动时产生偏斜，碰撞沿另外垂直方向运动的原子，产生出横向和斜向的运动。原子相互碰撞形成了原子团，所有的事物只不过是大大小小的原子团，都是无序的碰撞造成的结果。马克思在他的博士论文中首次阐发了伊壁鸠鲁新贡献的理论意义，指出原子的重量和偏斜所造成的运动既有必然性，又有偶然性。用这种方式，伊壁鸠鲁否认了目的论、宿命论和神意，甚至神本身也被当作原子运动的结果。这些神远离人事，不干涉自然，没有理由畏惧这些与我们的生活无关的东西。

伊壁鸠鲁的这一思想，纠正了德谟克利特把原子运动中的必然性绝对化，否认偶然性存在的缺点，确立了偶然性在事物运动中的地位。这是一种朴素的辩证法思想。伊壁鸠鲁关于原子偏斜学说的提出，为他在伦理学上反对宿命论提供了理论依据。

（二）快乐主义

伦理学是伊壁鸠鲁哲学的核心目的，在他那里，全部哲学和科学都是为了论证道德问题。根据伊壁鸠鲁的原子论，既然任何事物都是由原子构成的，那么人也不能例外。因此，由原子组成的人和人的灵魂也会分化和毁灭，个人的毁灭并不是灾难和不幸。在他看来，认识人生，就是要克服对死亡的恐惧，以求得幸福。

伊壁鸠鲁的伦理学被称为快乐主义。按照感觉主义的准则，快乐无可辩驳地具有崇高的价值，感觉证明了快乐为善、痛苦为恶这一常识的正确性，感情显示了趋乐避苦的自发性和自明性。另外，视快乐为幸福也是在人类生活中形成的前定观念。因此，快乐的伦理价值是显而易见的真理。

伊壁鸠鲁虽然把快乐与幸福相等同，但却坚决反对把快乐与享乐相等同。他说："所有的快乐由于天然与我们联系，所以是善的，但并不是都值得选择。"[①]"当我们说快乐是终极的目标时，并不是指放荡的快乐和肉体之乐，就像某些由于无知、偏见或蓄意曲解我们意见的人所认为的那样，我们认为，快乐就是身体的无痛苦和灵魂的不受干扰，构成快乐生活的不是无休止的狂欢、美色、鱼肉及其他餐桌上的佳肴，而是清晰的推理、寻求选择和避免的原因、排除那些使灵魂不得安宁的观念"。[②]那么，什么样的快乐才值得选择呢?伊壁鸠鲁区分了三类不同的快乐：第一种是自然的和必需的，如食欲的满足；第二类是自然的，但却不必需的，如性欲的满足；第三类是既不自然又不必需的，如虚荣心、权力欲的满足。他又区分了强烈但不能持久的快乐与平静而长久的快乐，还区分了动态快乐和静态快乐，前者是欲望的要求和满足，如娱乐和高兴，后者是痛苦的消除，如无饥无渴、无欲无求的轻松状态。

伊壁鸠鲁在比较了各种快乐的得失之后，认为静态快乐高于动态快乐。他的理由是：最高的幸福是不可增减的，人们在动态快乐中得到的享受或强或弱，只有在静态快乐中才能处于平稳不变的幸福状态。从历史上看，把希腊哲学中流行的"不变高于变化"的观念应用于"快乐"概念，始于亚里斯多德。他曾说，快乐更多地存在于静止之中，而不在运动之中。[③]伊壁鸠鲁也认识到，享乐无止境，欲望对快乐的追求和满足是贪得无厌的。他说："当我们缺少快乐和感到痛苦时，就会觉得需要快乐。当我们不痛苦时，就不会觉得需要快乐"[④]欲望的追求和满足总是摆脱不了痛苦，过度的享受最终导致痛苦，这也是"欲壑难填"的道理。

伊壁鸠鲁所谓的静态快乐指身体免遭痛苦和心灵不受干扰两个方面，或用肯定的方式表述，指身体健康和心灵宁静。伊壁鸠鲁认为这两个方面相互影响，

---

① 转引自苗力田主编：《古希腊哲学》，中国人民大学出版社，1989年，第639页。
② 转引自苗力田主编：《古希腊哲学》，中国人民大学出版社，1995年，第640页。
③ 转引自苗力田主编：《尼各马科伦理学》，《亚里斯多德全集》Ⅷ，中国人民大学出版社，1994年，第164页。
④ 转引自苗力田主编：《古希腊哲学》，中国人民大学出版社，1989年，第639页。

身体遭受痛苦时心灵不能宁静；反之，心灵受到干扰时身体健康也会受损害，但是，他更加强调心灵的快乐。"宁静"的心态是静态快乐的主要特征，伊壁鸠鲁把它和审慎的生活相联系，认为这种生活才是最高的善。他本人对自己的伦理思想身体力行，一生过着宁静生活，赢得追随者的信任和尊重。

无论从理论上看还是从实践上看，伊壁鸠鲁都没有提倡享乐主义或纵欲主义。然而，在历史上，享乐主义的坏名声和纵欲主义的不实之词却加在了伊壁鸠鲁头上。这固然出自后人的误解和穷奢极欲的罗马贵族的曲解，但伊壁鸠鲁快乐主义确实包含着某些易被曲解和利用的因素。首先，伊壁鸠鲁虽然区分了动态快乐和静态快乐，但并未否认动态快乐。相反，他认为动态快乐增加了快乐的种类，丰富了快乐的体验，人们在痛苦时主要通过对快乐的回忆和期待来摆脱痛苦，而动态快乐所提供的体验是回忆和期待的来源，因而是达到静态快乐的手段和途径。其次，他虽然强调心灵快乐高于身体快乐，但在不影响健康的条件下，并不排斥身体快乐，有时还容许把无害的尽情享受当作摆脱痛苦的手段。伊壁鸠鲁甚至说："胃的快乐是一切善的起始和根源，智慧和文雅也与之相关。"必须再次强调的是，一切官能享受只有在不妨碍身体健康和心灵宁静的前提下才能被认作快乐。

不可否认，伊壁鸠鲁的快乐主义确有难辞其咎的一些缺陷，这就是它的个人主义倾向。他的伦理学关心的只是个人的快乐，而不是社会的福利，达到个人快乐的途径也与社会服务和利他行为无关。伊壁鸠鲁所能想象的快乐的社会生活只是友谊，但这不是相互帮助、济贫救困式的友谊，而是悠闲的知识阶层之间的愉快交往。

(三) 社会契约论思想

伊壁鸠鲁从他的伦理观出发，在政治学方面第一次提出了社会契约论思想。他认为，所谓社会正义，并不是永恒地、自然地适合一切民族的，也不是本来就是好的或坏的。社会、国家乃是人们相互约定的产物，即是说，人们为了"避免彼此伤害和受害"，共同加以约定，才组成了社会和国家。他说："公正没有独立存在的，而是由相互约定而来。"①约定的原则是互利，是对人有用。

---

① 北京大学哲学系外国哲学史教研室编译：《古希腊罗马哲学》，三联书店，1957年，第347页。

约定也是可以改变的，当人们认为对人不利时，就失去了公正，就是约定被解除的时候了。这个主张是社会契约论思想的萌芽。在当时的希腊社会历史条件下，这个思想同他的伦理思想一样，体现了一种自由的精神，反映了中小奴隶主反对大奴隶主和马其顿人入侵的愿望。但是，他的契约论的理论基础却是唯心主义史观。

三、斯多亚派

(一) 概论

斯多亚派是希腊哲学中流行最广泛、延续时间最长的一个派别，按照时间顺序和思想倾向，斯多亚派可分早期、中期和晚期三个阶段。早期斯多亚派流行于公元前 4 世纪至公元前 2 世纪的希腊化时期，中期斯多亚派流行于罗马人征服希腊化地区之后的罗马共和国时期，晚期斯多亚派流行于罗马帝国时期。它的第一创始人芝诺(公元前 336 年至公元前 264 年)生于塞浦路斯岛，早年到雅典求学。公元前 300 年左右开办了自己的学校。他在一个画廊讲学，他的学派因此而得名(希腊文"斯多亚"Stoa 的意思是"画廊")。经过三十年的努力，他使"画廊"成为与"学园"和"花园"齐名的雅典著名学校。他死后，雅典人为他建墓立碑，碑文赞扬他"在这个城市从事哲学多年，在各方面都是一个善人，鼓励年轻人恢复德性和节制，走上正道。他本人的生活是所有人的榜样，与他教导的学说完全吻合"。[①]为此，雅典人决定按照法律给他戴上金冠。

克里尼雪斯(公元前 331 年至公元前 232 年)来自小亚细亚的阿萨斯。他以顽强的毅力学习和实践芝诺的教导，以热烈的情感颂扬神，把芝诺的自然哲学和伦理学进一步神学化。他的继承人为克吕西甫(公元前 280 年至公元前 206 年)，把芝诺的学说系统化，以精密的逻辑论证斯多亚派观点，反驳学园派和伊壁鸠鲁派，著述多达七百余卷，对斯多亚派哲学体系的形成和传播贡献极大，被称作斯多亚派的第二创始人。

罗马政体由共和国转变为帝国之后，斯多亚派几乎成为罗马帝国的"官方哲学"。第一任皇帝奥古斯都的两位教师都是斯多亚派哲学家，从他统治时期

---

① 第欧根尼·拉尔修著，马永翔等译：《名哲言行录》下册，吉林人民出版社，2003年，第 402-403 页。

开始，斯多亚派不但出入于宫廷，而且活跃在一切公共场所，不但流行于贵族阶层，而且深入一般民众之中。这一时期斯多亚派代表人物是塞尼卡(公元前4年至公元65年)、爱比克泰德(公元55年至公元135年)和马可·奥勒留(公元121年至公元180年)。他们之中一个是权贵，一个是奴隶，一个是皇帝，足见斯多亚派影响范围之广。晚期斯多亚派的重要著作大多被完整地保留下来，都以拉丁文写成。罗马斯多亚派理论没有系统性，但对人在世界中的地位、人的社会责任和道德规范、合适的生活方式和内心修养的途径等直接关系到个人幸福的实践问题做了深入阐述。

斯多亚派的哲学体系包括逻辑学、自然哲学和伦理学三部分。早期斯多亚派哲学家把哲学比作一个动物，把逻辑学比作骨骼和腱，自然哲学比作有肉的部分，伦理学比作灵魂。他们还把哲学比作鸡蛋，称逻辑学为蛋壳，伦理学为蛋黄，自然哲学为蛋白。也拿肥沃的田地作比，逻辑学是围绕田地的篱笆，伦理学是果实，自然哲学则是土壤或果树。[①]按照这些比喻，伦理学是哲学的核心和目的，自然哲学是基础，逻辑学是手段。在罗马斯多亚派的著作中，逻辑学和自然哲学不再受重视，伦理学的中心地位愈益突出，对人的地位、责任、道德规范、生活方式和内心修养等直接关系到个人幸福的实践性问题更为关注，并且使伦理学和神学的结合更加密切，以便与普通人的宗教信仰和生活方式相协调，为统治阶级提供精神支柱。

(二) 物理学

斯多亚学派的物理学是关于自然的学说。他们根据亚里斯多德实体是个体的观点，宣称一切都是物体，都是有形体的。这里似乎是坚持一切存在都是个别事物的唯物主义的基本观点。但他们又认为，不但个别事物是有形体的，就是神和灵魂也是有形体的物体，这就表现出唯心主义的性质。斯多亚派物理学的基本原则是：有两种本原，一种是主动的，另一种是被动的，它们在不同的层次上构成世界万事万物。

在微观的层次上，万事万物均由元素构成，并消解为元素。据史料，斯多亚派说有些元素是主动的，有些是被动的，气和火是主动的，土和水是被动的。

---

① 北京大学哲学系外国哲学史教研室编译：《西方哲学原著选读》上册，商务印书馆，1981年，第178-179页。

主动的元素向上运动，被动的元素向下运动。在圆球形的世界中，"向下"意味着向中心聚集，"向上"意味着向边缘扩散。最初只有火元素，火在做向下运动时，依次生成气、水和土元素，因此，宇宙外层是由火构成的星球，其次是气和水，中央是大地。当元素做向上运动时，按照土、水、气、火的次序，一切都复归为火。只有火是永恒的，其余三种元素都从火元素产生，并且包含着火的活动力。只不过水和土包含的火较少，活动力较小，故被当作被动的元素。火与气这两种能动的元素构成精气，精气并不是火与气的混合物，而是最富有火的能动性的热气，又被称作气息或"普纽玛"(pneumo[①])，一般译作"精神"(spirit)，但需注意的是，"普纽玛"不能按现代意义被理解为"无形体"的精神，因为它是由能动元素构成的，而元素是精细的形体。

在可感的宏观层次，被动的本原是质料，能动的本原是"逻各斯"或理性，两者结合为运动着的形体。质料只是没有任何规定性的实体或存在，只有理性才赋予存在以运动的能力。理性依自身能力的不同而被分为不同等级，理性所规定的形体也相应被排列成无生命物、植物、动物、人和神。最低级，但却最普遍的理性是弥散于宇宙之间，渗入万物之中的气息或"普纽玛"，"普纽玛"给予质料以"内聚力"，使之形成一个单一的整体。即使石头中也有"普纽玛"，否则它就不能保持其完整的形状。植物中的理性除了有内聚力之外，还有生长力，这种理性被称作"种子理性"，它控制着生命的生长、扩大和繁殖的过程。动物的理性除有内聚力和生成力之外，还有自动和感觉的能力，这种理性即"灵魂"。人除有灵魂之外，还有理智。理智是最高级的理性，是人与神共享的活动力。理智或"奴斯"(nous)与"普纽玛"不同之处在于它是纯粹的火，不再掺杂着较被动的气。斯多亚派认为神是"有智谋的火"，只有神才具有完全的理智。人介于神和动物之间，他与神分享理智，与动物分享灵魂。

在斯多亚派的术语中，神、理性和火常常被用作同义词。例如，当他们说质料和神分别是消极的和积极的本原，或说石头有神性时，并非表达后人所说的泛神论观点。毋宁说，这里表达的是一种带有唯物主义倾向的理性观，即认为精神和灵魂是有形体的观点和形体自身包含着能动的力量的观点，这些观点贯穿于斯多亚派的世界观。

---

① 加下划线的为拉丁文。

在宇宙观层次，斯多亚派认为宇宙本身就是一个活着的形体，它包含着千千万万个体的普遍形体。他们使用的"宇宙"一词包含三层意思：第一，事物的全部；第二，宇宙的秩序；第三，两者结合的整体。他们争辩说，"全部"不等于"整体"。事物的全部只是有限的形体，宇宙的秩序把有限形体结合在无限的虚空之中，使之成为宇宙整体。这一整体是有理性的，因为宇宙的各部分都是有理性的，整体不可能没有部分所有的性质，宇宙所有部分都受理性的秩序支配。按照他们的解释，充斥宇宙的"普纽玛"的颤动具有一定的节律，宇宙按照这样的节律做循环运动。从宇宙万物由火中生成到万物复归于火是一个周期，称为"大年"。宇宙的整体在空间上是有限的，被无限的虚空所环绕，在时间上是有朽的，按照一定的秩序生成和毁灭，只有火才是永恒的，神圣的。很明显，这种思想来自赫拉克利特，宇宙被看做是一团活火，在一定的分寸上熄灭，在一定的分寸上燃烧。

（三）按照自然生活

伦理学是斯多亚学派学说体系的核心。首先，斯多亚的伦理学具有宿命论的倾向。根据他们的自然观，世界是一个有理性、有秩序的整体，一切都围绕着整体有目的地活动着，造成了同一与和谐。人是宇宙的一部分，或是一个小宇宙，人的本性应同世界的本性一致。人只能在服从世界理性和秩序中尽自己的本分，达到自我的完善。克昌西普说："因为我们个人的本性都是普通本性的一部分，因此主要的善就是以一种顺从自然的方式生活，这意思就是顺从一个人自己的本性和顺从普通人的本性；不作人类的共同法律惯常禁止的事情，那共同法律与普及万物的正确理性是同一的，而这正确理性也就是宙斯，万物的主宰与主管。"[①]不难看出，斯多亚学派的这个观点同伊壁鸠鲁强调人的自由和能动性的观点是对立的，具有明显的宿命论观点。

同时，斯多亚关心自然的目的是为了达到幸福生活，他们的口号是"按照自然生活"。这里所谓的自然是指世界的本质，即"逻各斯"、"正确理性"或"共同法"。按照自然生活也就是按照理性生活，按照自然律生活。需要注意的是：按照斯多亚派严格的决定论，按照自然生活也就是服从命运。他们认为

---

① 北京大学哲学系外国哲学史教研室编译：《古希腊罗马哲学》，三联书店，1957年，第375页。

每一个人都有自己的命运，人不能改变或控制命运，但却可以控制对待命运的态度，爱比克泰德把命运比作每一个人在人生舞台上扮演的角色，有人当主角，有人当配角，有人当英雄，有人当小丑。人生舞台的总导演是神，神赋予每一个人的角色就是他们的命运。人不能控制和改变他的命运，但却可以控制他对待命运的态度。正确的态度是顺从命运，努力承担命运赋予的职责。不正确的态度是为幸运而沾沾自喜，为厄运而怨天尤人，就好像一个演员不演好自己的角色，却嫉妒别人所承担的较好的角色，或喧宾夺主，企图改变剧情。公元2世纪的基督教哲学家希波利特曾如此形容斯多亚派的命运观：好比一条狗被拴在一架车上，当它情愿遵从时，它拉车；当它不情愿遵从时，它被车拉。斯多亚派所提倡的顺应命运的态度，正像一条奋力而欣快地拉车的狗。

斯多亚派认为，不顺应命运的态度是非理性的情感，这样的情感有四种：忧伤、恐惧、欲求和快乐。他们有如下定义：忧伤是非理性的压抑，恐惧是非理性的退缩，欲求是非理性的扩展，快乐是非理性的膨胀。"压抑"、"退缩"、"扩展"和"膨胀"指示不足和过度的心理状态。与此相反，理性态度的特点是"不动心"。即使面对死亡，也要不动心。

马可·奥勒留说："不要蔑视死亡，而是正常地表示满意，因为这也是自然所欲的一件事情。"[1]不动心即他所推崇的坚忍。他说："要像峙立于不断拍打的巨

马可·奥勒留

浪之前的礁石，它巍然不动，驯服着它周围海浪的狂暴。我是不幸的，因为这件事对我发生了。不要这样，而是想我是幸福的，虽然这件事发生了，因为我对痛苦始终保持着自由，不为现在或将来的恐惧所压倒。"[2]

可以说，不动心是斯多亚派所追求的幸福目标。塞尼卡说："幸福的生活，就是符合自己本性的生活，要做到这一点，必须精神健全，而且要经常保持健全。""这样就会得到一种持久的心灵安宁，不为任何刺激和恐惧所动。"[3]斯多

---

[1] 马可·奥勒留·安东尼著，何怀宏译：《沉思录》，三联书店，2008年，第110页。

[2] 马可·奥勒留·安东尼著，何怀宏译：《沉思录》三联书店，2008年，第41页。

[3] 北京大学哲学系外国哲学史教研室编译：《西方哲学原著选读》，商务印书馆，1981年，第190页。

亚派提倡"不动心"的理由是：幸福归根到底是一种心理感受，人们既然不能控制外界发生的事件，就应该排除外在事件对心灵的影响，以心灵的不变对付外界的万变。不管什么样的命运，不管外界发生了什么，有智慧的人都能保持平稳而又柔和的心情。爱比克泰德心目中理想的斯多亚人虽病而幸福，危险而幸福，被放逐而幸福，蒙受羞耻而幸福。[①]

(四) 命运和自由选择

斯多亚派认为，一切都按照命运而发生。这是因为一切都被"逻各斯"、"火"或"神"严格地决定着。虽然在斯多亚派术语中，"逻各斯"、"火"或"神"都指示同一种支配宇宙、规范运动的力量，但却区分了不同程度的必然性。"命运"(fate)，表示最严格的必然性，如天体在特定的轨道上运行。产生命运的原因是宇宙理性或"逻各斯"。按照"同类相知"的原则，命运被人类理性所理解。斯多亚派用以表示必然性的另一术语为"天命"(providence)。天命和命运的区别在于天命暗示着人格神的预见和前定，命运却是非人格的理性的决定作用。西塞罗后来解释说，"天命"一词只是"神的天命"的缩语，它肯定"神以预见统治着宇宙"这一信条。按照克里尼雪斯的说法，命运包含着天命，神也不能摆脱命运。

斯多亚学派伦理学还有禁欲主义的倾向。他们认为，人具有自我保存的本性，但是，这个本性对人来说只是附庸，而不是目的。人的真正的本性是理性。人的幸福是理性的完善，实现了理性的完善才是真正的满足，并从中产生最大的快乐。德性的目标就是服从世界理性，而服从世界理性就是自我完善。斯多亚派认为，除掉理性的完善之外，都是恶，都是不道德的。什么健康、生命、荣誉、财产、权力、地位、友谊、成功等，它们本身不一定是善；死亡、疾病、耻辱、贫困、卑贱等也不一定是恶。快乐、幸福也不一定是善，它们本身并无多大的价值，只有德性才是有价值的、令人幸福的。斯多亚派在道德问题上，同伊壁鸠鲁重视生命、健康、安全、快乐、适度的利益等观点相反，认为德性应该摒弃一切享受、爱好、兴趣、激情，对一切都采取默然、无动于衷的态度。在他们看来，"一切有道德的人都是严肃的，因为他们从来不谈论愉快的事情，

---

① 北京大学哲学系外国哲学史教研室编译：《古希腊罗马哲学》，三联书店，1957 年，第 445 页。

也不听别人谈论愉快的事情"。①

塞涅卡是晚期斯多亚派成员之一，也是尼禄的老师，公元 54 年至公元 62 年，他主要参与了罗马帝国的管理。

斯多亚派的命运观是严格的决定论，但并不一定导致消极无为的宿命论。斯多亚派的论敌声称，斯多亚派的命运观是一种"懒惰学说"，就像对病人说：如果你命定要康复，找不找医生看病都不起作用。如果你命定不能康复，医生也不能起作用。因此，不论你的命运是什么，你都不用找医生看病。克吕西甫回答说：命运是整体的连续不断的秩序，一类事物跟随着另一类，并导致别的一类，它们之间的相互联系不可违反。他提出"合成原因"的概念：每一个事件都有自身原因，命运是这些原因的合成原因。正如睡梦者不能观看一样，逃兵不会获胜，不劳者没有收获。合成原因的概念排除超自然的奇迹，使命运观成为因果决定论。

斯多亚派又区别了"近因"和"主因"。在物理世界，形体运动的近因是外力推动，主因是形体的内趋力。在伦理领域，人的活动的近因是呈现在心灵中的表象，主因是心灵对表象的反应。虽然人的表象被外物所决定，但人却可以自主地选择对待表象的态度。爱比克泰德用抵制女色诱惑为例，说明了人选择表象的自由：如果做出正确的选择，那么他就是幸运的人。虽然世界上一切都被命运严格地决定着，人仍然有行善的幸运和作恶的不幸。严格的决定论仍然留有自由选择的余地。

有一句名言：一个人的性格就是他的命运。斯多亚派不能回答这样一个问

① 北京大学哲学系外国哲学史教研室编译：《古希腊罗马哲学》，三联书店，1957 年，第 376 页。

题：一个人能否选择他的性格呢？如果人不能选择他的性格，那么他的一切都是命定的；如果他的性格是他的创造，那么他就掌握了他的命运。斯多亚派既要避免宿命论，又要肯定人的自由和自主性，他们的学说在理论上是有矛盾的。

（五）世界城邦

芝诺著有与柏拉图《理想国》同名的著作，却表达了与柏拉图相反的政治理想。这部著作提出的"世界城邦"和"世界公民"的思想具有划时代的意义。苏格拉底和犬儒派的第欧根尼是这一思想的前驱，他们在被问及"你属于哪一城邦"的问题时，都回答说："世界。"芝诺根据理性统一性的宇宙图式，认为有理性的人类应当生活在统一的国家之中，这是一个包括所有现存国家和城邦的世界城邦，它的存在使得每一个人不再是这一或那一城邦的公民，而只是"世界公民"。斯多亚派提出大一统的国家学说绝非偶然。早期斯多亚派哲学家大多出生于希腊本土以外，他们生活在文化交流空前活跃的大希腊化时期，反对希腊哲学家狭隘的民族优越感。"世界城邦"的思想预示了后来兴起的大一统的罗马人统治的国家，客观上有助于希腊哲学和文化的传播。

"世界城邦"是完善的国家。按芝诺所描绘的蓝图，它的法律是由自然颁布的"正当律"或"公共法"，而不是人为约定的、在各城邦实施的法律，后者只是前者发展的低级阶段。斯多亚派关于自然律的思想不但在哲学史上有深远的意义，而且在实际中促进了罗马人的法学研究，可以说，希腊哲学和罗马法这两大西方文明源泉的合流肇始于斯多亚派。

自然律是宇宙理性或"逻各斯"的无声命令，无条件地被人类理性所接受。芝诺以自然律的名义，摒除希腊城邦不合理的法律和习俗。他说，世界城邦没有阶级、种族和任何等级差别，一切人都是平等的公民，是互爱互助的兄弟。男女是平等的，男人不能把女人作为自己的财产。他们应当穿着同样服装，无须向对方遮掩自己的身体。男女以自由结合方式组成家庭。这个城邦将没有殿堂、庙宇和法庭辩论，没有剧场和体育场，没有货币，总之，凡是无助于德性的设施一律废止，让理性以自然方式起作用。

自然律的第一条命令是履行责任。芝诺是第一个使用"责任"的人，他把它定义为"与自然相一致的行为"。他说，由驱动力产生的行为，有些被赋予责任，有些没有责任，有些无所谓责任和非责任。区别有责任行为的标准是"可以合理地加以辩护的行为"。责任并非专属于人类，动物也有责任。简而言之，动物对一切有待实现的自然本性都负有责任。自我保存、避害趋利、婚配繁殖是一切动物的责任。但是，人还有组成社会的自然本性，因此，人对他人和国家负有责任，孝敬父母、敬重兄弟、热爱朋友、忠于国家是人所特有的责任。

责任和德性都以自然律为根源，两者的差别在于：德性是终极目标，责任是朝向德性的从属目标；德性适用于神和人，责任适用于人和动物，只有极少数有智慧的人才能达到德性的要求，但一切人，包括儿童和成年人、有智慧和无智慧的人都能履行责任。规定德性的自然律扎根于人的头脑之中，即使哲学家也很难解释德性的依据，但却很容易解释责任所依据的自然律，并用日常生活准则概括责任。虽然存在着这些区别，履行责任毕竟是获得德性的必要条件，但不是充分条件。

斯多亚哲学延续了差不多五个世纪之久。在此期间，它的学说经历了相当大的变化。然而它的始终如一的伦理学说却将这一运动维系了下来。斯多亚主义的这个方面源于苏格拉底的生活方式，勇敢面对危险与磨难，淡薄物质追求，这些都是斯多亚学派重视的德性。正是如此强调忍耐与超越，才赋予了"斯多亚"一词现代的含义。

四、怀疑派

希腊后期哲学贯穿着独断论和怀疑论两种对立倾向。按当时的区分，那些声称自己发现了真理的人是独断论者，逍遥派、伊壁鸠鲁和斯多亚派都属于独断论。学园派则认为真理是不可知的，怀疑派对真理是否存在持犹豫不决的存疑态度。学园派和怀疑派实际上都具有怀疑论的倾向，只是学园派包含着被怀疑派认作为"独断论"的因素，即尚且肯定真理的不可知。从词源学上来看，"怀疑"一词的希腊文的意思是"探究"。怀疑派认为，真正的怀疑应该是不断的探究，不应该终结于某一个肯定的或否定的结论。这种彻底怀疑态度的代表者是皮罗。

（一）皮罗主义

皮罗(约公元前 365 年至公元前 270 年)出生于希腊城邦爱利斯，早年做过画匠，后改学哲学，追随德谟克利特的继承者阿那克萨库多年。他们随着亚历山大东征队伍去过印度。皮罗生前无著述，以独特的生活方式赢得同时代人的尊重。有人甚至把他在哲学史上的地位与苏格拉底相比。他的思想经传记作家拉尔修和恩披里柯的介绍，受到各派哲学家的重视。

皮罗的口号是："不作任何决定，悬搁判断。"[1]"悬搁"的意思是中止，既不肯定，也不否定。皮罗主张悬搁对事物的判断，其理由是事物本身的不确定性。皮罗声称，事物都同样是没有差别的、不可测定的和不可判别的。由于这一原因，我们的感觉和意见都不告诉我们真理或错误，因此，我们一点也不能相信它们，而应该无意见、不介入、不动摇，对任何一个东西都说它既不是也不非，既同为是和非，又不同为是和非。真正采取这种态度的结果首先是沉默，然后是没有任何烦恼。

(二) 悬搁判断

"悬搁判断"的理论意义是为了避免怀疑的悖论。亚里斯多德在《形而上学》中指出，像矛盾律和排中律这样的根本原则是不可怀疑的，对它们的怀疑将导致相反的结果。[2]

让我们以对排中律的怀疑为例来说明这一悖论。如果怀疑派说，不能够肯定"A 或～A"是真的，那么试问："A 或～A"是不是真的呢？如果它不是真的，那么恰恰证明了"A 或～A"是不可怀疑的；如果它是真的，那么也否定了对"A 或～A"的怀疑。皮罗以既不肯定、也不否定排中律之为真，不做任何判断，当然也就不会陷入逻辑悖论了。

(三) 不动心

皮罗同希腊晚期的其他哲学家一样，把哲学服务于其伦理学。在皮罗主义看来，哲学上的怀疑并不是目的，怀疑的结果和真正的目的是为了达到一种道德修养，形成一种道德训导。恩披里柯指出："怀疑论的起因，我们说是获得安宁。有一些有才能的人，为事物中各种矛盾所困惑，在就二者中选择一件加

---

① 第欧根尼·拉尔修著，马永翔等译：《名哲言行录》下册，吉林人民出版社，2003年，第 605 页。

② 苗力田主编：《形而上学》，《亚里斯多德全集》VII，中国人民大学出版社，1993 年，第 91 页。

以接受时发生怀疑，于是进而研究事物中间什么是真的，什么是假的，希望通过这个问题的解决得到安宁。"[1]怀疑论的起因是希望获得安宁。在各种相互矛盾的事物中做出判断，必然会引起争论，使心灵不得安宁：无论什么样的判断，都会引起困惑，因为"对任何一个命题都可以说出相反的命题"；因此，只有悬搁判断，才能避免争论和困惑。皮罗因而说："最高的善就是不做任何判断，随着这种态度而来的就是灵魂的安宁。"[2]"悬搁"不仅是一种认识论的态度，而且也是一种生活态度，皮罗的怀疑论同时也是一种生活方式。一些哲学家之所以欣赏皮罗思想，并不是因为接受了他的怀疑论，主要出于伦理上的原因。皮罗先于伊壁鸠鲁和斯多亚派提出，生活的目标是灵魂的安宁，这大概是他的学说魅力所在。

皮罗所说的"不动心"指两种不同的情况。一种是完全消极的状态，既无思想和情感的冲动，又无积极的作为。据拉尔修写的传记，皮罗不关心任何事物，也不避免任何事物，对像车祸、摔倒、被狗咬之类的危险无动于衷。有一次，他的朋友跌入泥坑，他径自走过，没有伸手相助。又有一次在海上遇到风浪，别人都惊慌失措，他却若无其事，指着船上一头正在吃食的猪说，这就是哲人应有的不动心状态。但是，一个人如果真的如此生活，可能很难存活，皮罗只是在其朋友紧随其后，不时地把他救出危险境地的情况下，才能过那种"不动心"的生活。另一种更为合理的观点是，"不动心"是一种随遇而安的态度。据史料记载，皮罗主义者"并不背离正常的实践"，他们接受生活的四条常规：自然的指导，情感的约束，习俗和法律的传统以及技能的使用。按照这种理解，"不动心"只是平常心而已，并非哲人才能达到的高深境界。看来，皮罗派还是区分了理论和实践，他们所悬搁的只是理论上的判断，而不是日常生活须臾不可离的经验判断。

怀疑主义在人类思想史上具有重要意义。怀疑是哲学家们思考哲学问题的基本动力，而推至极端，便是怀疑主义。在某种意义上说，怀疑主义乃是新的哲学思想产生的契机和前奏。

---

① 北京大学哲学系外国哲学史教研室编译：《西方哲学原著选读》上册，商务印书馆，1981 年，第 176 页。

② 北京大学哲学系外国哲学史教研室编译：《西方哲学原著选读》上册，商务印书馆，1981 年，第 177 页。

五、新柏拉图主义

新柏拉图主义的创始人普罗提诺(公元 204 年至公元 270 年)生于埃及，28岁时到亚历山大城师从阿曼纽斯学习哲学。阿曼纽斯是当时著名的学者，但没有著作，并且不许学生们传授他的思想。普罗提诺跟随他 11 年。

普罗提诺尽管不是基督教徒，但他的思想仍然得到充分认可，

其大理石棺材就被安放在梵蒂冈的博物馆中

普罗提诺抱着到波斯学习哲学的想法，参加罗马对波斯的军事征服。这次军事行动彻底失败，他逃亡回来。40 岁左右时在罗马定居。他在罗马开办的学校吸引了不少达官贵人，甚至包括加里安皇帝和皇后。他说服皇帝在康帕尼亚建立一座"柏拉图城"，实现柏拉图《理想国》的蓝图。这项计划因遭大臣的反对而搁浅。普罗提诺生活简朴，善意助人，在他周围形成了尊他为精神导师的团体。在他 60 岁时，波菲利成为他的热忱追随者。波菲利所写的《普罗提诺生平》的回忆录记载了这位哲学家的生平和善举。特别提到他所具有的强烈的宗教热忱。在波菲利和他交往的六年之中，他四次陷入与神直接沟通的迷狂境界。普罗提诺在 50 岁时开始写作，写成的 54 篇论文分批寄给波菲利。波菲利把它们整理成六集，每集九篇，故名《九章集》。

普罗提诺在前人研究的基础上，论证太一、理智和灵魂为"三个首要本体"。"本体"一词被普罗提诺赋予独特的意义，与过去出现的"是者"、"实体"、

"基体"等范畴相区别。普罗提诺所谓本体指最高的、能动的原因，现代人也把它译为"原则"。严格地说，本体并不是抽象的原则，而是具体的神。

(一) 第一本体"太一"

"太一"指无所不包的统一性。"太一"这一中译概念取自《庄子·天下》中概括老子学说的一句话："主之以太一。"如同老子的"道"既是有，又是无一样，太一有肯定和否定两重规定性。肯定地说，太一是善本身。它的善不是伦理之善，而是本体的完善和圆满，或者说，它是生命之源、力量之源。否定地说，太一不是一个东西，也不是万物的总和，而是先于万物的源泉。正因为如此，它不能与任何一个有生命、有力量的东西相等同。太一无形式、无德性、无意志、无思想、无意识、无运动、无变化。因为太一不具备多样性，是不可分割的、原初的、单纯的统一性。一切能肯定的东西都有它的对立面，都是区分和分割的结果，只能归属于"多"，而不是"一"。太一也不是理智的对象，因为理智只能靠概念和范畴去把握对象，而一切概念和范畴都需要区分才能被定义，因此只适用于能被分割的东西，但不适用于不可分割的太一。总之，太一是不可名状的，不可认识的。

普罗提诺特别强调太一或善的否定特征，以此说明它超越了"是者"所指示的存在和本质，太一不是一个东西，而是是者的前提和基础。一个东西之所以为是者，首先因为它有某种统一性。在此意义上，"太一超越于'有'之上，'有'是继太一而后的第一个。"[①]这段话表明，普罗提诺意识到柏拉图和亚里斯多德关于最高原则的分歧，他同意柏拉图把善作为最高原则，面不同意亚里斯多德把"是者"作为最高原则。

(二) 流溢说

普罗提诺虽然没有用过多的概念来规定太一，但却用形象来比喻它。太一时常被喻为"太阳"、"源泉"。按照这些比喻，可以想象，太一虽然不运动，但却能生成其他本体，这一生成过程被喻为"流溢"。这一比喻有两方面意义。其一，太一的生成并不是主动的创造，创造是一种外求的活动，但太一却是完满自足的，在生成的原初活动中，为了使存在得以生成，源泉必定被认为不是

---

① 罗素著，何兆武、李约瑟译：《西方哲学史》上卷，商务印书馆，1963 年，第363 页。

存在而是存在的生成者，"一"不寻求什么，不拥有什么，不缺少什么，是极其完善的。在我们的比喻中，它要外溢。它的流溢生成了新的事物。[①]或者毋宁说，流溢是善的自然流露。普罗提诺说，物满自溢，这个道理甚至连无生命的事物也要遵从。无生命的事物尚且尽可能地滋生繁殖，何况那最完善的太一呢?最完美的事物，即首要的善，指向万物的力量如何能够处于自身牢固的状态呢？它怎么能妒忌给出自身，或者怎么会没有能力给出自身呢？要是那样，它怎能照样成为源泉？如果异于它自身的事物是存在的，事物依赖于它而获得它们的真实，那么它必定生成，因为没有别的源泉。[②]其二，流溢是无损于自身的生成，正如太阳放射出光芒无损于自身的光辉一样。太一的生成是完善的本性所在，是自满自足、产生外物而又无损于自身。

(三) 第二本体"理智"

理智或心灵是最先从太一中流溢出来的本体，被产生的本体不再保持原初的绝对统一性，它包含着一些原初的区分，因而具有肯定性质，可用最一般的范畴表示它。当然，理智仍然享有太一的统一性，因此，被区分出来的多样性仍然是统一的。如果说太一是绝对的一，理智则是一和多的统一。用柏拉图的语言来说，理智本体是理念型相的领域。

普罗提诺还进一步说明了适用于理智的范畴，它们是：思想和存在、异和同、动和静。以上六范畴基本取自柏拉图的"通种论"。普罗提诺认为，通种只适用于第二本体"理智"，因为它们是区分的产物，不能适用于不能被区分的太一。通种表示的三组区分是最高的理智区分，是一切可感区分的前提。

(四) 第三本体"灵魂"

灵魂从理智中流溢出来。普罗提诺说，理智的流溢是对太一流溢的模仿。作为第三本体的灵魂即柏拉图所说的世界灵魂，它是一种能动力量。它的能动性表现在变动不居，活跃于各个领域，既可以作用于和自己本性相一致的理智和太一，也可以作用于和自己本性不一致的低级对象。或者说，灵魂既是一，

---

① 北京大学哲学系外国哲学史教研室编译：《古希腊罗马哲学》，三联书店，1957 年，第 463-464 页。

② 北京大学哲学系外国哲学史教研室编译：《古希腊罗马哲学》，三联书店，1957 年，第 464-465 页。

又是多：当它与理智和太一相通时，它复归于原初的统一，因而是一；当它被分割在个别事物之中时，作为推动事物变化的内部动力，它是多。

普罗提诺使用哲学与宗教相混杂的表达方式，太一、理智和灵魂是三个本体，但又是同一个最高的神。他和其他希腊人一样，相信星辰日月都是神，但他在哲学上却是一神论者。用单数大写的神表示三大本体。用哲学的语言说，神即是一，或是绝对、纯粹的一(太一)，或是一和多的统一(理智)，或既是多，又是一(灵魂)。就是说，三个本体为同一位神。后来的基督教教父将"本体"译为神的"位格"，把神作为单一实体，引申出上帝"三位一体"的概念。

(五) 可感世界

普罗提诺承认在三大本体之外，还有质料。质料没有任何规定性，包括形状的规定性，但质料不是"虚无"、而是"非是者"。非存在并非一无所有，而是一团漆黑的混沌。排除了事物所有性质之后，事物不成其为事物，剩下的只有质料。正如涂抹一切颜色之后仍有黑色一样，质料并不是完全虚无的状态。

质料和太一是对立的两端，犹如黑暗与光明的对立。正因为如此，由太一发端的流溢终止于质料，犹如光线不能穿越无际的黑暗。然而，灵魂以其活跃的能力，却能与质料相结合，产生出个别的、可感的事物，它们的总和就是可感世界。

(六) 人的灵魂

人生活在充满灵魂的可感世界，人的灵魂与周围的灵魂相通，普罗提诺称之为"同情"。这种作用力虽然是无形的，但却是一种物理(自然)的力量，推动着人的活动。但是，人的灵魂不是完全被决定的，普罗提诺承认人有自主的能力，因为影响人的灵魂的"灵魂"本体处于中间地位：一方面可以上升到最高本体，另一方面可以下降到可感世界。同样，人的灵魂既可以通过思辨和观照追求神，也可以耽于肉欲而陷入身体不能自拔。应该注意的是，人的灵魂两种相反的能力并不表示自由状态，恰恰相反，它表明灵魂无能力自我完善，不可避免地受外部力量的影响。普罗提诺没有"自由选择"的观念。按亚里斯多德的说法，意志的自由选择表现在人们对"应当做什么"思虑的结果；按普罗提诺的说法，人不会自觉地思虑"应当做什么"的问题，因为"自觉"和"专注'成反比关系，当一个人专心致志做一件事时，他不会自觉地思考这件事的性质。

正如一个专心读书的人，不会对读书这件事有自觉意识。对他来说，人的灵魂决定做或不做什么时，都不自觉地受到外部灵魂的影响。

(七) 灵魂的上升

人的灵魂被禁锢在肉体之中，人的灵魂朝向本体或神的上升活动是摆脱肉体的唯一途径，具有趋善避恶的伦理价值。普罗提诺说："灵魂很自然地对神有一种爱，以一个处女对她的高贵父亲的那种爱要求与神结合为一体。可是当她委身于创造时，她在婚姻中受骗了，于是她把以前的爱转换成尘世的爱，失去了她的父亲，变得放荡起来。一直要等到她重新开始厌恶尘世的放荡，她才再次纯洁起来，回到她父亲那里，一切才都好起来。"[①]

灵魂如何回归到神呢？普罗提诺要求通过德性的修养，净化灵魂，经过对神的沉思，最后达到观照神的最高境界。观照使人达到迷狂境界，迷狂是比幸福更强烈、更充实的生命体验，是灵魂出窍、舍弃躯体与至善的太一合一的不可名状、无与伦比的神秘状态。可以说，观照只见光线，不见对象，或者说，把一切可视对象都融会在光线之中，即使神的形象也不会出现，否则将不会有神人合一的境界。神人合一的思想是普罗提诺给柏拉图主义注入的新内容。在这一点上，东方神秘主义的影响显而易见，比如，印度教吠檀多派不二说就是这样一种关于人内部的神灵与外在绝对的神相同一的教义。但是，我们无法确定普罗提诺通过哪些渠道接受了东方神秘主义的影响。他为了学习波斯人的智慧而参加了罗马人的东征这段经历可以说明他的兴趣所在，这种兴趣绝不会是毫无成果的。

---

① 北京大学哲学系外国哲学史教研室编译：《古希腊罗马哲学》，三联书店，1957 年，第 466。

第 七 章

信仰的时代

【内容提要】

从哲学上讲，西方哲学有两大源头，一个是希腊哲学，一个是基督教哲学。基督教自诞生至今，有无数的基督徒积极献身于这项事业，从而形成了一个基督教哲学的连续传统。基督教是中世纪封建社会占统治地位的意识形态。罗马、基督教和日耳曼人，构成了欧洲中古史的三个重要环节。日耳曼蛮族入侵毁灭了罗马帝国，基督教作为中世纪的精神支柱，统一了欧洲的精神世界，进而渗透到了社会生活的方方面面，哲学和科学成了基督教神学的婢女或工具。神与人、天国与世俗、信仰与理性的关系问题是中世纪哲学探讨的主要问题。基督教哲学是由信仰坚定的基督徒建构的，它以基督教的信仰为指导，但又以人的自然理性论证其原理的哲学形态，使人类对人的本质、存在的本质、上帝的本质做出了深刻的哲学探索。

一、基督教的诞生和发展

（一）基督教的诞生

众所周知，西方文明的另一称呼就是基督教文明。从基督教的诞生到其成为罗马帝国的国教，时至今日，西方文明无不留有基督教的痕迹。从普通民众手按《圣经》在法庭起誓到国家总统手按《圣经》宣誓就职，都表明了他们必须效忠于上帝、人民和国家。基督教影响了西方，影响了世界，认识和理解基督教的产生、思想演变都将具有重要意义。

人最可怕的是没有精神，而根源则是没有信仰。基督教是西方的信仰，其文化中所蕴含的基督教思想渗透到社会文化的各个具体层面，尤其是这一时期的哲学思想受宗教的影响最为巨大，甚至可以说这一时期的哲学就是基督教。基督教这一信仰可以说是西方一切行为的根源。

基督教的创始人是耶稣。《圣经》对于基督教的诞生是这样描述的：耶稣是上帝耶和华之子，他出生在巴勒斯坦北部的加利利的拿撒勒，母亲名叫玛利亚，父亲叫约瑟。玛利亚在未被迎娶前，圣灵就降临在她身上，使她怀孕。约瑟一度想休了玛利亚，但受了天使的指示，最终把她娶了过来。耶稣三十岁时受了约翰的洗礼，又在旷野中经受了魔鬼撒旦的诱惑，坚定了他对上帝的信念。此后，耶稣就率领彼得、约翰等门徒四处宣传福音。耶稣的传道引起了犹太贵族和祭司的恐慌，他们收买了耶稣的门徒犹大，把耶稣钉死在了十字架上。但三天以后，耶稣复活，向门徒和群众显现神迹，要求他们在更广泛的范围内宣讲福音。从此，信奉基督教的人越来越多，他们把基督教传播到世界各地。

基督教是从犹太教的母体内诞生出来的新的宗教。它是巴勒斯坦犹太人反抗罗马奴隶主残暴统治所进行斗争的产物。基督教的创始人耶稣生于公元前 6 年。青年时代的耶稣是一个虔诚的犹太教徒，他对摩西创立犹太教的故事和犹太教的教义、信条十分神往。然而，当他第一次来到犹太教的圣城耶路撒冷，看到圣殿内牛马成群、商人云集，一片乌烟瘴气，不禁大失所望。他深切感到他的民族对自己的神主耶和华的信仰态度发生了惊人的变化。他意识到自己有责任改革宗教。他从约翰那儿接受了"洗礼"，开始用更深邃的眼光观察社会，宣传他经过深思熟虑的新思想，并且再度来到耶路撒冷大闹圣殿，赶走牲口贩子和各种商人，要求恢复圣殿的庄严和宁静。耶稣的举动，大大触怒了巴勒斯坦的当权者和宗教领袖。他们视耶稣为仇敌，到处搜捕捉拿耶稣。耶稣的十二门徒之一——犹大，为了贪图 30 枚银币而被官府收买，出卖了耶稣。于是，耶稣被捕。罗马帝国统治者采用惩罚逃跑奴隶的十字架酷刑来惩罚耶稣。由于耶稣蒙难于十字架，因此十字架成为基督教的标志。

最后的晚餐

耶稣死后，他的忠实门徒继续传播他的宗教思想，成为最早的一批基督教徒。在最早的基督教徒中，出现了一位被称为"耶稣的圣徒"的彼得，他奔走于巴勒斯坦、小亚细亚和埃及各地，积极进行传教活动，形成了"彼得派"。由于彼得派的积极活动，使基督教在西亚和埃及地区得到广泛传播。后来，又有一位"圣徒"保罗在罗马帝国范围内的希腊和爱琴海地区进行传教，最后到了罗马，在那里建立了欧洲最初的教会组织。这些地区的基督教信徒，形成了"保罗派"。然而，当时的罗马皇帝敌视基督教，保罗不幸被捕受审，虽然后来被释放，但由于屡经折磨，奄奄一息的保罗很快便愤然死去，但他的理想已经实现。经由他28年的苦心努力，终于把基督教从一个小小的犹太教支派，发展成为一个新的影响最大的世界宗教。保罗一生的伟大功绩，还在于他用文字将基督教的基本教义确定下来。在基督教的经典《新约全书》27章中，有14章是保罗编写的。公元312年，罗马皇帝君士坦丁正式宣布皈依基督教。于是，基督教成为罗马帝国的国教，很快在全欧洲传播开来。

(二) 基督教的发展

基督教在中世纪时发生了东西教派大分裂。公元4世纪，随着罗马帝国一分为二，基督教也形成了以罗马为中心的西部教会和以君士坦丁堡为中心的东部教会。两个教会都希望获得支配基督教事务的最高权力，矛盾和斗争愈演愈烈。到1054年，东部教会领袖宣布脱离罗马教皇的领导，导致东西部教会公开决裂。西部教会以罗马教皇为首，称罗马公教会，又称天主教会，主要分布在西方各国。东部教会以君士坦丁堡大主教为首，称希腊东正教，主要分布在巴尔干半岛、西亚和俄国。东正教对斯拉夫民族的文化和文学的发展产生了深刻影响。

分裂后的欧洲天主教势力迅速扩大。教皇拥有至高无上的权力。教会成为最强大的政治势力和最大的封建主,拥有大量土地和财产。教皇每年的经济收入超过当时欧洲各国国王年收入的总和。天主教会还垄断了欧洲的文化,用基督教神学控制和摧残一切科学、文化和先进思想。它成立宗教法庭——宗教裁判所,扼杀一切新生事物,迫害进步思想家和科学家,焚毁所有科学进步书籍。像哥白尼、布鲁诺和伽利略等著名科学家,都曾遭到宗教裁判所的残害。

公元 11 世纪末,罗马教皇宣称:基督教世界已因伊斯兰教的胜利而蒙受了耻辱,圣地已沦入异教徒手中,遭到玷污。为了拯救东方的兄弟,应拿起武器参与“圣战”。于是,一场经历了 200 年之久的“十字军战争”开始了。“十字军战争”是打着宗教旗号的侵略战争。“十字军”的十次东征,无数生灵涂炭,无数财物受到破坏,无疑是人类历史上的一场灾难。然而,用历史辩证法的观点来看,十字军东征对于东西方文化的交流和融合具有一定的促进作用。特别是古老的东方文明传入西方,对近代欧洲文学、艺术、经济的发展都产生了积极影响。

十字军进入君士坦丁堡

欧洲的基督教发展到 16 世纪,由于教会日益腐败,甚至用发放和出售“赦罪符”来欺骗和搜刮百姓,从而引起了广大教徒的不满。于是,一场规模空前的宗教改革运动在欧洲各国兴起。其中影响最大的有德国马丁·路德的宗教改革运动、闵采尔的人民宗教改革运动、瑞士加尔文的宗教改革、英国的清教运动等。特别是马丁·路德的宗教改革，有明确的改革方案和纲领，针对教皇滥用权力、愚弄信徒的弊端，提出"信仰可以获救"的思想，并发表了《改革论》一书，明确反对教皇专制，否认教皇特权，在此基础上创立了他的"新教"（又称"路德教"）。从此，欧洲的基督教分为两大派。一派为"旧教"，又称天主教；一派为"新教"，又称基督教。目前，基督教在全世界拥有九亿八千多万信徒，是世界第一大宗教。

二、基督教的经典

基督教各派都以《圣经》为其经典，《圣经》也称为"新旧约全书"，由《旧约全书》和《新约全书》这两大部分所组成。

《旧约全书》所包括的经卷是基督教从犹太教经典继承而来的。犹太教视这些经卷为其圣书，但不承认基督教创立之初所产生的《新约全书》为其圣典。犹太人认为《旧约全书》记载了上帝与世人所立的"契约"，并把本民族视为"上帝的选民"。他们声称上帝最早与义人挪亚及其后裔以"虹"立约，后来又与犹太先祖亚伯拉罕立约，定立"割礼"，最后则与犹太民族英雄摩西订立"十诫"律法，让犹太人永守其"约"。

犹太教的"立约"之说对基督教产生着深远的影响，基督教依此而认为其救世主耶稣基督降世意味着上帝与人重新立约。由于有了这一"新约"，过去上帝与犹太人定立的律法之约则称为"旧约"。这就是《旧约全书》和《新约全书》名称的来历与含义。

除"新旧约全书"外，基督教还有《圣经后典》(外典、次经、旁经)。《圣经后典》共 15 卷，约 182 章，但其卷数在历史上说法不同，而且各卷的排列次序也不完全相同。天主教《圣经》中的《旧约全书》一般包括《后典》的大部分经卷，但宗教改革家马丁·路德不承认这些《后典》经卷是"神圣的经典"，而仅视其为"有益的读物"。这样，新教的《圣经》一般不包括《后典》各卷。直至现代基督教普世运动和对话运动开展以来，人们才对《圣经后典》采取重视和承认的态度，将之收入新版《圣经》之中，作为单独部分排列在《旧约全书》与《新约全书》之间。

(一)《旧约全书》概要

《旧约全书》共 39 卷，约 929 章；但天主教的《旧约全书》因参照古代《七十子希腊文本》而增补了 7 卷，合为 46 卷，其他经卷中亦有些增补。人们通常将这些增补的经卷或章节作为《后典》来看。公认的 39 卷《旧约》包括自公元前 11 世纪末以来相传的犹太古代律法、典籍和各种文学作品，于公元前 6 世纪至公元前 2 世纪之间逐渐形成。《旧约全书》大体可分为"律法书"、"先知书"和"圣著"三个部分。

"律法书"包括《创世记》、《出埃及记》、《利未记》、《民数记》和《申命记》等 5 卷，亦称"摩西五经"，约在公元前 5 世纪左右汇集成书。其中《创世记》介绍了创世的传说，人类始祖失乐园的经过，该隐与亚伯的命运，挪亚方舟与洪水灭世，以及以色列先祖亚伯拉罕、以撒、雅各的故事和约瑟的传奇遭遇；《出埃及记》介绍了以色列人在其民族英雄摩西率领下离开埃及，到达西奈的经历，上帝与以色列人立约，授予摩西"上帝的十诫"，以及以色列人的宗教生活；《利未记》是一本宗教法典手册，内容包括献祭条例、祭司职责、有关不洁净的律例和圣律等，涉及到其宗教礼仪和伦理说教；《民数记》记载了以色列人从西奈东进前后的两次人口统计，讲述了各种律法及利未人的特殊职责，以及以色列人对约旦河以东地区的征服；《申命记》则重申了上帝给摩西的命令，内容包括摩西的三次重要讲道和他对以色列人的祝福，并记载了摩西之死和埋葬的情况。

"先知书"共有 21 卷，约在公元前 190 年编集成书，是关于一些民间"先知"的著作汇编。其中包括"早期先知" 6 卷：《约书亚记》、《士师记》、《撒母耳记(上、下)》和《列王纪(上、下)》；"晚期先知" 15 卷：《以赛亚书》、《耶利米书》、《以西结书》、《何西阿书》、《约珥书》、《阿摩司书》、《俄巴底亚书》、《约拿书》、《弥迦书》、《那鸿书》、《哈巴谷书》、《西番雅书》、《哈该书》、《撒迦利亚书》和《玛拉基书》。

《约书亚记》叙述了约书亚在摩西死后带领以色列人渡过约旦河、征服迦南的历史，以及以色列人获胜后按其 12 支派来分疆划界、安居乐业，从而应验了上帝对之赐福的许诺。

《士师记》描述了以色列人征服迦南后的生活与发展，战乱与堕落，以及其士师俄陀聂、珊迦、底波拉和巴拉、基甸、耶弗他、以比赞、以伦、押顿、参孙等人拯救以色列民族的故事。

　　《撒母耳记(上)》追溯了以色列人最后一任士师撒母耳的生平，论及了撒母耳膏立扫罗为王，随后又另选大卫为王等历史。《撒母耳记(下)》则重点讲述了大卫的生平、其成功与失败、统一以色列王国并建都耶路撒冷以及其统治末期的诸事。

　　《列王纪(上)》记载了以色列人神治政体的历史，从大卫王之死、所罗门继位以来以色列王国的鼎盛，一直叙述到所罗门死后王国的分裂和公元前853年亚哈王之死。《列王纪(下)》则从亚哈之死叙述到公元前586年耶路撒冷失陷、犹太人沦为巴比伦之囚这一时期以色列、犹太诸王的生平历史。

　　《以赛亚书》是先知以赛亚对犹太人的警告、预言和教诲，以规劝人们嫉恶如仇、从善如流、悔罪信主、受恩归道。

　　《耶利米书》通过先知耶利米的预言来展示上帝对犹太人所犯罪恶的严厉审判，指出犹太人因背弃上帝才遭到巴比伦人兵临城下、尼布甲尼撒王毁城掳人的厄运。

　　《以西结书》是被掳往巴比伦的先知以西结对所见异象的讲述，和对亡国后产生绝望的同胞们的告诫、抚慰、勉励与期望。

　　《何西阿书》以先知何西阿对北方以色列王国 10 个支派说预言的方式来表明上帝并没有遗弃其犯罪的百姓，对之仍有着无限的怜爱。

　　《约珥书》是先知约珥对以色列民族的劝告，他号召人们谦卑悔改、在其期盼的"主日"来临之前就应悔罪归主。

　　《阿摩司书》是先知阿摩司劝以色列人迷途知返、痛改前非、悔罪自新、敬神归主的号召。阿摩司原为南方犹大王国的牧羊人，后来蒙召去北方以色列王国说预言，被视为最早的先知。

　　《俄巴底亚书》是先知俄巴底亚谴责以色列南部邻居以东人的预言集，因为以东人在耶路撒冷失陷时曾对太发人的苦难幸灾乐祸。

　　《约拿书》是描述先知约拿去尼尼微城布道警世的故事，约拿先是违抗主命、乘船逃往他地躲差，后因海中遇险，误入鱼腹三日，后回到出发地，这才去尼尼微完成使命。

《弥迦书》是先知弥迦在南方犹大王国所说的预言，以北方以色列王国的覆灭作为前车之鉴来劝告南方犹太人及早改邪归正。

《那鸿书》是先知那鸿为庆祝尼尼微城倾覆而作的诗歌，其目的是安慰因惧怕亚述人而惊惶不安的犹太人、振兴其民族精神。

《哈巴谷书》是先知哈巴谷因其民族蒙难而发出的抱怨、哭诉和祈祷，以及上帝的回答使哈巴谷坚定了义人将凭信仰而存活的信心。

《西番雅书》是先知西番雅对犹太王国百姓们的警告和关于上帝审判即将来临的预言。

《哈该书》是先知哈该对流放后重返家园的犹太人齐心协力重建神殿的号召。

《撒迦利亚书》是先知撒迦利亚应召在耶路撒冷对人们的布道，他通过异象来解释上帝的启示、做出有关未来命运的神谕。

《玛拉基书》是先知玛拉基劝诫民众停止欺瞒上帝、恢复敬神守律义行的号召，以及关于上帝将对世人施行审判的预言。

"圣著"包括 13 卷，分为三部分。一为《诗篇》、《箴言》、《约伯记》；二为《路得记》、《耶利米哀歌》、《传道书》、《以斯帖记》、《雅歌》；三为《但以理书》、《尼希米记》、《以斯拉记》和《历代志》上、下两卷。其中《诗篇》、《雅歌》和《耶利米哀歌》为诗集，《箴言》、《约伯记》和《传道书》为文艺体裁的哲理书，《路得记》和《以斯帖记》为宗教故事，《以斯拉记》、《尼希米记》和两卷《历代志》为历史记载，而《但以理书》则为"启示文学"的代表作。"圣著"中许多卷章都反映了公元前 3 世纪至公元前 2 世纪流行的犹太"智慧文学"和公元前 3 世纪末以后流行的犹太"启示文学"，它们曾对早期基督教以及《新约全书》中的《启示录》等卷的形成产生过巨大影响。

《诗篇》传统上归为大卫所作，全卷共收集 150 篇诗歌，分为 5 个不同的集子，其内容包括赞美、抒情、训诲、祈祷、忏悔、哀挽、庆颂等诗篇圣歌。

《箴言》由 7 集箴言汇编而成，取自以色列历史上的不同时期，其中许多箴言被归为所罗门的作品，属于犹太文化中的"智慧文学"，其特点是以文学报述的体裁，用简洁精警的言辞来表达睿智古奥的哲理、启窦人之灵性、为人们提供教诲和忠告。

《约伯记》是包蕴哲理、深沉含蓄的文学名篇，它用义人约伯的经历来抒怀，以一种超然的审视来探讨人生苦难及其意义、提出并回答"为何义人也会受苦遭难"的问题。

《路得记》以大卫的曾祖母路得乃一摩押女子来主张犹太人可以与异族通婚，全书通过路得的故事来说明真正的宗教是超越国界的。

《耶利米哀歌》是5首哀叹耶路撒冷被毁的哀歌，传统上归为耶利米所作，其形式为古代希伯来诗歌中流行的字母顺序诗，其内容则是倾诉对耶路撒冷沦陷和犹太神权政治覆亡的悲哀与痛心，祈求获得民族的拯救与复兴。

《传道书》也是犹太"智慧文学"中的一部，其主题为"凡事皆空"，反映出犹太人经历"巴比伦之囚"后在悲观和沮丧中谈论人生的虚无、总结人生的经验、提出对人生的箴言和劝训、找寻人生之谜的真实答案。

《以斯帖记》讲述犹太美女以斯帖设法拯救流落波斯的犹太人免遭仇敌陷害谋杀的故事，用来解释犹太人确定"普珥节"的来历，说明上帝在冥冥之中对其选民的保护和救赎。

《雅歌》又名"所罗门之歌"，传统上被归为所罗门的作品，其形式为6支情歌或6幕爱情歌剧，源自古代希伯来人的爱情诗歌，但世人对其内容则是仁者见仁、智者见智，基督教通常对之加以寓意性解释，认为它是上帝爱以色列人，以及基督爱教会的比喻，其中以色列人或教会喻为新娘，她为新郎所爱，又紧紧追随新郎。

《但以理书》属犹太文化中的"启示文学"作品，描述了但以理及其朋友在巴比伦时所发生的事情，并以但以理"见异象"、"传启示"的方式预示了犹太人的历史发展和将来的得救。

《尼希米记》记述了犹大总督尼希米两次返乡，在耶路撒冷推行各种改革，以及对以斯拉宗教改革工作的支持。

《以斯拉记》也记载了犹太人于公元前538年从流放地第一次返回家乡的情景和伴随的事件，并论及犹太文士以斯拉发起的宗教改革和重建神殿活动。

《历代志》(上)复述了以色列人的族谱及从亚当至公元前970年大卫之死这段历史，以其祭司活动为重点。《历代志》(下)则复述了从公元前970年所罗门统治直至公元前 538 年波斯王古列允许流亡巴比伦的犹太人返回耶路撒冷这段历史。

(二)《新约全书》概要

《新约全书》共 27 卷，最初用希腊文写成，约在公元 1 世纪下半叶至公元 2 世纪末定型，于公元 4 世纪初确立。《新约全书》按其内容可分为"福音书"、"使徒行传"、"使徒书信"、"启示录"四个部分，其中《帖撒罗尼迦前书》、《哥林多前书》和《启示录》等为最早的作品，形成于公元 50 年至公元 70 年之间，《彼得后书》乃最晚的作品，约于公元 125 年形成。.

"福音书"包括《马太福音》、《马可福音》、《路加福音》和《约翰福音》4 卷，亦称"四福音"。其中《马可福音》、《马太福音》和《路加福音》因取材、结构、故事、观点大体相同而被称为"同观福音"，《约翰福音》则风格迥异，具有希腊哲学和诺斯替教派思想的烙印。

《马太福音》传为马太所写，内容是以报"福音"的方式来陈述耶稣基督的家谱、生平、教诲和对人世的拯救，其中包括重要的"登山宝训"和每个基督徒必须熟记的"主祷文"(《马太福者》第 6 章 9～13 节)，是基督教会中应用最广、引用最多的一卷。

《马可福音》传为约翰·马可所写，一般认为是"四福音"中最早的一卷，而且是《马太福音》和《路加福音》的蓝本，全文简要叙说了拿撒勒人耶稣的生平，突出了耶稣的传教实践及其救世的业绩。

《路加福音》传为路加所写，其内容以预言施洗约翰的诞生为开端，详述了耶稣的诞生和生平，最后以耶稣死后复活升天为结束，并特别强调了基督对罪人的仁爱及其救赎的普遍性。

《约翰福音》传为约翰所写，因深受希腊哲学的熏陶、形成较为完备的神学形态而被称为"神性福音"，其内容主要以耶稣生平来强调上帝之道，宣扬"道成肉身"的神迹。

"使徒行传"据传为《路加福音》的作者路加所写，其内容与"福音书"相呼应，记载了耶稣升天后使徒们的信仰生活，主要描述了早期教会的创建以及彼得和保罗的传教生涯。

"使徒书信"共有 21 卷，前 13 卷被称为"保罗书信"，即《罗马书》、《哥林多前书》、《哥林多后书》、《加拉太书》、《以弗所书》、《腓立比书》、《歌罗西书》、《帖撒罗尼迦前书》、《帖撒罗尼迦后书》、《提摩太前书》、《提摩太后书》、《提多书》、《腓利门书》。其余的书信为《雅各书》、《彼得前书》、《彼得后书》、《约翰一书》、《约翰二书》、《约翰三书》、《犹大书》、《希伯来书》。

《罗马书》是保罗写给罗马朋友的书信，在这些书信中陈述了他对耶稣基督之福音的理解，阐明了基督教神学中的许多理论问题，并指出基督的救赎不能只限于犹太人，而应包括外邦人。

《哥林多前书》是保罗写给希腊哥林多教会的书信，以解答歌林多人提出的各种具体问题，并阐述和注释基督教的基本教义、伦理、律法和要仪。

《哥林多后书》是保罗访问哥林多教会后所写，以阐明自己的使徒地位，弥合该教会出现的分裂。

《加拉太书》是保罗写给加拉太基督徒的书信，以帮助其摆脱犹太教中狭隘民族主义的束缚。

《以弗所书》是保罗被囚禁在罗马时写给小亚细亚各教会的"公函"，概括了教会的本质与目的，揭示了基督教救赎的奥秘，阐述了上帝、基督和教会的神学意义。

《腓立比书》是保罗写给以异族人为主的腓立比教会之信，以勉励其按照基督的榜样来生活，使教会兴旺发达。

《歌罗西书》是保罗对歌罗西基督徒发出的警告，以防止他们被散布错误学说的假教师引入歧途。

《帖撒罗尼迦前书》是保罗写给当时马其顿省会帖撒罗尼迦教会的书信，既赞扬其在艰难之中保持了信仰，又告诫其防止对基督复临、信徒复活等教义的误解，消除教会内部的争议。《帖撒罗尼迦后书》则是保罗为纠正帖撒罗尼迦教会关于基督即将复临之观念所写，以鼓励信徒在日常生活中抛弃惰性，坚持纯正的信仰。

《提摩太前书》是保罗所写的第一封"教牧书信"，即为教会和其负责人(教牧人员)以耶稣基督之名行使传教职责提供教义理论和传教实践上的准备。《提摩太后书》则是保罗对提摩太作为福音传播者和教师而进行的工作所给予的忠告与劝勉。

《提多书》是保罗写给其伴侣提多的"教务公函",为教会监督等教牧人员的资格及其行为规范提供基准和告诫。

《腓利门书》为"保罗书信"中的最后一封,乃保罗劝说已皈依基督的歌罗西城富翁腓利门领回其逃掉的奴隶并对之以爱心相待而写,此卷常被称为"基督自由的宣言"或"教会释奴宣言"。

《希伯来书》可能为第二代保罗派教徒所著,写给称为"希伯来人"的犹太基督徒,全文阐述并强调了耶稣基督空前绝后的救赎意义,旨在使基督教摆脱犹太教传统的束缚。

《雅各书》传为"耶稣的兄弟"雅各写于耶路撒冷,行文颇有犹太"智慧文学"的风格,论及信仰、智慧、道德、宣教等方面的教诲。

《彼得前书》传为使徒彼得所写,旨在鼓励人们过圣洁的生活,以忍耐之心来经受人世的苦难,并持守对基督坚定不移的信仰。《彼得后书》亦为托名"西门彼得"之作,旨在反对诺斯替异端学说对教会的影响,强调"真知"只能来自耶稣基督。

《约翰一书》传为使徒约翰所写,文中论及生命之道、耶稣救世的福音、光明与黑暗之争、教徒的爱心与信德等,并对诺斯替异端加以反驳。《约翰二书》亦称约翰所写,旨在鼓励教徒坚持真理,以爱心为大,抵制任何虚假的说教与蛊惑。《约翰三书》传为约翰所作,全文称赞了该犹,尤其是表扬他对旅人们进行的传教工作。

《犹大书》传为"耶稣基督的仆人、雅各的弟兄犹大"所作,其内容是对基督徒提出的警告,反对那种否定基督真实人格的异端学说"幻影说"。

"启示书"的作者为约翰,故也称《约翰启示录》,此乃《圣经》中最后一卷,体现出犹太"启示文学"的典型风格,其内容是通过一系列"异象"来揭示上帝终将战胜邪恶势力,实施其末日审判,给世界带来新天新地。

三、教父哲学

基督教哲学是以论证神学为目的的唯心主义宗教哲学。这一理论体系的基础就是《圣经》,上帝是其中心,信仰为其宗旨。在基督教的长期发展中,随着时代、政治、经济、思想的变化,其形态也相应地发生变化:公元2世纪至公元 5 世纪末的教父哲学；公元 9 世纪至公元 15 世纪的经院哲学；19 世纪出现的新托马斯主义等。纵观人类思想史的发展，基督教哲学经历时间长久，影响广泛，在哲学史上具有重要地位。

从公元 2 世纪到公元 6 世纪，基督教会中一些具有哲学修养的信徒，借用希腊哲学，尤其是新柏拉图主义和斯多亚学派的哲学，在理论上论证和捍卫了基督教信仰，使基督教第一次有了相对统一和完整的教义。由于他们对教会的贡献，教会尊称他们为“教父”，即教会的父亲。根据教父们活动的区域和使用的语言，后人把他们划分为“希腊教父”和“拉丁教父”，亦称之为“东方教父”和“西方教父”。在基督教形成统一教会的过程中，教父们在与异教、异端和希腊哲学的斗争中不仅担负着护教的工作，而且担负着教义的确立、传播、论证和解释等工作。当他们利用希腊哲学，主要是新柏拉图主义和斯多亚学派的思想从事上述工作的时候，不可避免地面临着基督教与希腊哲学、信仰与知识的关系问题。[①]虽然我们称之为“教父哲学”，但实际上教父们并没有建立完整的哲学理论，人们一般不称他们的理论为“教父哲学”，也不称他们为哲学家。不过，教父们在护教以及建立神学理论的时候，或利用或排斥，因而便与哲学发生了紧密联系，他们思想中与哲学有关的这一部分就被称为“教父哲学”。当然，我们要理解教父们的哲学思想，还需要把它们放在当时神学的大背景之中。[②]

教父哲学是基督教哲学的最初形态。所谓“教父”，是指那些以制定教会信条和为基督教辩护为职业的人，他们的学说被称为教父哲学。基督教从犹太教分化出来之始，尚无自己独立的教义，沿用犹太教关于上帝创世、始祖犯罪和末日来临等教义，由于教父们的论证，基督教才有了自己相对完整的教义，它是宗教与哲学、信仰与理性对立和统一的结果。一般说来，希腊教父比较注重理论和形而上学，拉丁教父比较注重实践和伦理，奥古斯丁综合两种倾向从而成为教父哲学的集大成者。从总体上来说，以查士丁、奥里根等人为代表的希腊教父比较注重理性与信仰的关系，注重上帝的“三位一体”、上帝与世界的关系等形而上学层面的问题；而以德尔图良、奥古斯丁等人为代表的拉丁教

---

① 张志伟：《西方哲学史》，中国人民大学出版社，2002 年，第 193 页及以后诸页。

② 赵敦华：《基督教哲学 1500 年》，人民出版社，1994 年，第 76、77 页。

父则更多地注重信仰和伦理，注重人的罪以及救赎等问题。

(一) 早期教父哲学

最早的教父是希腊文作家查士丁(公元100年至公元165年)和奥里根(公元185年至公元254年)等，第一个拉丁文教父是德尔图良(公元145年至公元220年)。他们全面比较了希腊哲学和基督教的异同，论证基督教高于希腊哲学，利用希腊哲学为基督教义辩护。

查士丁第一个提出了"基督教哲学"的概念。殉道者查士丁是最早的希腊教父，他有一句名言："真哲学就是真宗教，真宗教就是真哲学"。《新约全书》从《约翰福音》开始融入了希腊哲学的因素，它一开篇就说："泰初有道(逻各斯)，道与上帝同在，道就是上帝。这道泰初与上帝同在。万物是藉着他造的。"查士丁由此出发，把逻各斯理解为上帝的内在理智和永恒智慧。既然上帝通过逻各斯创造万物，逻各斯便永恒地普照整个世界，为所有人启示着真理。因此，优秀的异教徒，例如，苏格拉底、柏拉图，也能分有逻各斯，从而认识真理。不过，他们只能分有逻各斯的部分或"逻各斯的种子"，哲学家之间的争吵就说明他们认识的只是部分的真理，逻各斯只有在耶稣基督身上才得到了完全的启示，因而只有基督教才拥有完全的真理。所以，希腊哲学中的真理与基督教的真理之间只有程度上的不同，没有本质上的

殉道者查士丁

差别，因为它们来自同一个源泉，那就是上帝的逻各斯。当然，只有基督教才是真哲学，哲学也只有设定并且实现一个宗教的目标时才是真哲学，因而真哲学也就是真宗教。

查士丁最初是斯多亚学派和新柏拉图主义的信徒，后在一位基督长老启发下领悟到基督教是自己寻求的神圣真理，于是他皈依基督教。他认为哲学的使命就在于探求神圣的真理，而基督教既是哲学又是神启，高于希腊哲学，真正的哲学是先知的言论，即《圣经》。早在基督降生之前，圣道之光就部分地照亮了希腊人的心灵，希腊哲学是神赐予的礼物，苏格拉底在一定程度上已经认

识到上帝，因为他说希腊宗教信奉的神是虚假的。斯多亚的"逻各斯"是对圣道的比喻。基督教虽然晚于犹太教和希腊哲学，但耶稣是圣道的化身，因而它更全面真实地接受了圣道。

与查士丁相比，拉丁教父德尔图良所代表的是相反的极端，世间流传着他的一句名言："正因为荒谬，我才相信"。这句话虽然在他的著作中找不到，不过他的确有类似的思想。德尔图良生于北非迦太基，他第一个用拉丁文写作并使拉丁文代替希腊文成为宗教语言。他著有《论异端无权存在》、《论基督的肉体》，具有强烈的反哲学倾向，认为希腊哲学是异教徒的智慧，哲学是"人和魔鬼的学说"，哲学的素材是现世的智慧，异端是哲学教唆出来的。

在德尔图良看来，在雅典和耶路撒冷之间，在哲学与教会之间，没有调和的余地。一切世俗知识在上帝面前都是愚蠢的。启示不仅是超理性的，而且也是反理性的。"上帝的儿子钉在十字架上了，并不因为这是耻辱的就让人耻辱；上帝的儿子死了，正因为这是荒谬的，所以是绝对可信的；他被埋葬后又复活了，正因为这是不可能的，所以是确定无疑的"。[①]的确，不可理解的东西正因为不可理解才是信仰的对象，如果一切都可以得到证明，我们就不需信仰了。

他说人们有了耶稣基督之后就不再需要奇谈怪论，在欣赏了福音书之后"不再需要探求"，表达了一种极端信仰主义立场：信仰一旦确立，便不能对信仰作进一步的探究，不能进一步理解和解释信仰。

德尔图良

不论是查士丁还是德尔图良，对早期教父们来说面临的理论难题是：如何

---

① 转引自张志伟：《西方哲学史》，中国人民大学出版社，2002年，第199页。

既能维护一神教特征，又能保证上帝之子耶稣的神圣地位；既肯定上帝从无中创造一切的信条，又使其具有理论说服力并避免原始性、直观性和神秘性。以公元325年召开的尼西亚宗教会议为契机，教父们围绕圣父、圣子、圣灵的关系展开了激烈的神学争论。

查士丁主张上帝自身是统一的、永恒的和不可名状的，上帝和道同在，以"道"创造了圣子，圣子"道成肉身"即为耶稣基督；上帝还以他的智慧(圣灵)创造了整个世界。

(二) 东方亚里山大里亚学派

公元2世纪末，在东方亚里山大里亚城的教理学校形成了一个企图把哲学与宗教统一起来的流派，史称亚里山大里亚基督教学派，其中最著名的人物是克莱门和奥里根。

克莱门(约公元150年至公元211年)把知识和信仰的统一看做是真正的基督徒的任务。在他看来，上帝的"道"是最高的准绳。但是，为了从纯粹的权威信仰达到知识的更高阶段，从孩童的智慧达到成人的智慧，哲学是必要的。在希腊哲学家的心灵中，也分享有上帝的逻各斯的种子。在古代人类认识史上有两条河流，一条是犹太法律，一条是希腊哲学，这两条河流最后都汇总在基督教之中。基督教是关于显现在基督身上的逻各斯创造、教育、实现人类的学说。神是无名无形的，人们只能赋予神以否定的规定。圣子是上帝与人的中介。人的最高目的是借助于真正的知识上升到神。

克莱门的学生奥里根(约公元185年至公元254年)，是东方希腊教父中最著名的一位，也是基督教第一位系统的神学家和哲学家。在著名的教父中，唯有奥里根自幼就是基督徒。他出生在亚里山大里亚城，自幼在该城的基督教教理学校学习，受到严格的基督教思想教育，约203至231年间继任该校校长。在此期间曾与柏罗丁共学于萨长斯的哲学学校。后由于触犯亚里山大里亚主教德麦特利欧，被以异端罪名革除校长职务，于232年又在凯撒里亚另立教理学校，吸引了众多追随者。奥里根倾向于新柏拉图主义，他力图借助古希腊哲学和当时流行的学说阐述和论证基督教教义。

奥里根哲学的首要问题也就是基督教的最高问题——上帝。在奥里根看来，上帝不是人格化的耶和华，而是万物的永恒始基，是完满的"一"。作为整体，这个"一"包含着圣父、圣子、圣灵这三者。圣父不断地生出圣子("逻各斯"或"道")，圣子在基督耶稣身上取得肉身。但圣父之产生圣子，并不是把圣子分离出去，而是像太阳不断地放射光芒一样，圣子永恒地与圣父同在。同时，逻各斯又是上帝所创造的一切灵魂的原型，在这些灵魂中，圣灵是最高者。圣子产生于圣父，已不像圣父那样纯粹，因而是减弱了的本性，圣灵就更低了。但由于圣子和圣灵都是直接产生于圣父，不能与圣父分离。圣父、圣子、圣灵在本性上是统一的，都属于上帝这同一个神体。

圣徒对"三位一体"的崇拜

可以看出，奥里根关于"三位一体"的主要论点，是套用新柏拉图主义的"太一"、"心智"、"灵魂"这三种假设进行论证的。他把"太一"当作至高无上的唯一的上帝，有时又作为圣父。这是抽象的、无规定性的纯粹神体，这是万事万物的根源，它不可认识，难以形容。"心智"，圣父的逻各斯，也就是圣子，是可以认识的。它是从"太一"那里流出来的，是"太一"本身的流。"灵魂"意味着思想、宇宙之魂，它就是圣灵。而且奥里根还运用新柏拉图主义常用的太阳的例子加以形象地证明，强调圣父、圣子、圣灵三位一体的同时性。又利用"发射"和"产生"等过程，突出圣子、圣灵在表现形式上的差别性。

可以说，奥里根运用了新柏拉图主义的"流溢说"，使"三位一体"这个神学命题具有一定的哲学理论，这在过去是未曾有过的。他把基督教义推向一个新的理论高度，初步勾画出以上帝为主题的宗教哲学的轮廓。

奥里根所处的时代，基督教处于制造舆论、创立理论的时代，尚未能在思想界取得一统，对基督教教义的揭露和攻击时有发生，其中创世论尤其受到一些思想家的批判。关于上帝的创造，奥里根主要根据上帝"全能"这个概念加以论证。他说，如果先存在时间，那么上帝在创造之前就无所事事了，这不是和上帝的"全能"发生矛盾了吗？上帝必须对某事物有所活动，才能证明其"全能"。对象没有存在，也就无法发挥其"全能"。奥里根认为，因为上帝是永恒的、无时间性的，因而他不可能把有时间性的、物质的东西作为自己直接的创造对象，而应当是把与自己相似的无时间的、无形体的东西作为自己的直接创造。因此，他认为，时间中的世界不是上帝的直接创造物。上帝直接创造的是无时间性的、永恒的、无形体的、与自身相似的灵魂。在奥里根看来，世界的形成是灵魂具有自由意志的结果。由于诸灵魂运用了自己的自由意志，因而产生了惰性和过失，最终造成了堕落。由于堕落的程度不一，有的成为高级的神体如天使，有的成为低级的神体如魔鬼，有的成为日月星辰等光明的天体，有的则成为人。他认为，魔鬼的灵魂原来是纯洁的无形神体，由于违抗上帝才堕落成有形的神体。所以万事万物都是由上帝创造的灵魂自己堕落而演变成的。

不难看出，奥里根实质上是同其他教父一样站在基督教的立场上，论证上帝是绝对精神、最高存在，万物是由上帝派生并从属于上帝的。但不同的是，奥里根不是简单地照搬圣经，而是注意结合当时流行的哲学思潮，特别是新柏拉图主义来解释圣经，作为上帝创造的理论根据。这些论述在基督教思想史上是富于创造性的。奥里根首先使柏拉图主义同基督教密切结合在一起，使哲学为神学服务。

奥里根认为，人类，乃是灵魂又一种堕落的表现。就业已堕落的人来说，人是始终有罪的。就每个具体的人来说，人的灵魂已经被禁锢在肉体之中，受肉体各种情欲的影响，不能不作恶。正如柏拉图在《泰阿泰德》篇中对苏格拉底说的那样，在人间恶是不可能消失的，但在神那里恶是没有位置的。可见，人生来都是有罪的，而且还常常犯罪。恶与上帝却是无缘的，上帝是至善的。

不过奥里根又认为，人虽已堕落，但并未失去灵魂的本性和自由。人的灵魂依然知道向往至善，依然可以运用自由摆脱罪恶的物质束缚，回到至善的上帝那里。上帝是万能的，一切事物在上帝面前都将得到神化，善必将取得最后的胜利，因而人人都能得救。

为了阐明自己的这种观点，奥里根甚至提出地狱里的魔鬼也能得救的理论予以强调。他认为魔鬼并不是上帝当初创造时就是魔鬼，而是在他们具有思想变成理性的创造物时，才成为魔鬼这种状态的。即当初有些灵魂妄用自己的思想自由，不忠于上帝，才堕落成魔鬼。既然灵魂会由于自由而堕落为魔鬼，那何尝不可以由于自由而得到恢复。再者，而且主要因为上帝是"至善的"和"全能的"，在他那里不存在解决不了或办不成的事，一切事物都会被神化，所以魔鬼和人一样都能得救。至于魔鬼在地狱里受到永世不灭之火的惩罚，奥里根认为，这无非是上帝告诫人们避恶从善。所谓地狱之火的刑罚，亦如医生用火动刀，目的是为了治病。所以不妨说，地狱之火就是"神化之火"。神化即成，火也就无用了。最后，魔鬼也都要回到至善的上帝那里。奥里根的灵魂在先论和魔鬼获救论与基督教的传统教义相悖，他因而被教会认为是思想怪癖者，他的学说被宣布为异端邪说。

与那些一味地反对哲学，仅只宣传信仰教义的人不同，奥里根主张研究哲学，利用哲学论证教义，让哲学结合于信仰，使人们对最高存在拥有真正的认识。他曾告诫基督徒不要忽视哲学，对哲学要有所认识。奥里根对柏拉图哲学作了充分的肯定，鼓励信徒们学习和运用。他认为柏拉图就曾阐述过绝对存在和创造者，如柏拉图清楚地指出存在着一个"宇宙的主人"，他意识到有一个"创造者"。柏拉图的不少论述与圣经有相似之处，在一定程度上，柏拉图相信至高无上的上帝、上帝的逻各斯和他的独生子。奥里根认为，像这样的哲学是可取的，它有助于宗教信仰。为此奥里根断言，人因理性认识而相信教义，比单纯地相信教义好得多。

不过，作为教义，奥里根对哲学和理性的倡导，并没有排斥信仰的意思。他一方面承认哲学，主张利用哲学，但另一方面又说哲学的不足，宣称务须接受上帝的帮助和圣灵的启发，发挥其理智的反省，透过事物去认识万事万物的原因，即最高存在上帝这一绝对真理。为此，他告诫信徒既要有"事物的知识"，又要有"信仰的知识"，做一个哲学和信仰相结合的超过一般哲学家的"完人"。奥里根肯定哲学，强调理智，可以说是一个大胆的创举。而且正因为他重视哲学和信仰相结合的方法，达到很大的宣传作用，使基督教教义呈现一个新面目，为早期基督教的思想和理论作出了重要的贡献。他所提出来的结合方法，以后一直为著名的基督教神学家和哲学家所采用。

奥里根的学说因为与基督教掌权者的思想发生冲突而受到了压制，但由于他熟悉新柏拉图主义学说，首次在理论上系统地论证了基督教信仰，从而声誉鹊起，获得了大批的信徒。在他死后，围绕他的学说进行的斗争并未停止，在4世纪和6世纪曾达到过两次高潮。尽管基督教当局最终宣布奥里根主义是异端邪说，但他用柏拉图主义论证基督教的原则却为后世神学家所继承，并在奥古斯丁那里达到高峰。

(三) 奥古斯丁的教父哲学

奥里留·奥古斯丁(354—430 年)生于北非的塔加斯特(现在阿尔及利亚)，自幼是个放荡不羁的异教徒，后皈依基督教，清心寡欲，致力于传教事业，曾任北非希波城大主教，写下了《忏悔录》、《上帝之城》、《三位一体》等不朽名著，被称为"上帝的使者"和"伟大的教父"。其学说分为"纯粹神学"和"神学的哲学"。

奥古斯丁理性神学的主题是论证作为最终实在的上帝的神性。他认为，上帝是永恒的。它大而无量，善而无质，实存而无空间，永恒而无时间，人的一切思维和范畴都不适用于认识上帝。他提出了信仰与理解的四种可能性：先理解后相信(适于理性推理)；相信的同时理解(适于对数学公理和逻辑规则的思考)；先相信后理解(适于对上帝的信仰)；只相信不理解(对既成事实的接受)。对于上帝只能信仰，即"信仰，然后理解"的原则。他并不像信仰主义那样排斥理性，而是在信仰和理性关系上持中间立场。

据此，他批驳了怀疑主义的立场。人虽然不能认识上帝，但真理之路能将我们引向上帝。因为人的思维中尽管有怀疑等不确定性，但"我怀疑"中有一点不能怀疑，即"我在怀疑"，所以，"我怀疑，故我存在"，我存在，我活着，我在理解。真理就居住在人的内心，但却不是人的认识或思维的产物，而是凭借"超自然之光"刹那间领悟永恒常在的智慧。这一观点成为笛卡儿哲学的先声。

根据《圣经》，他认为世界万物是上帝用"道"(理念、逻各斯、语词)在某一时刻从虚无中创造出来的。但摩尼教徒诘难道：创世之前上帝干什么？为什么在某一刻创世，而不是此前此后？上帝在第一天结束时创造昼夜，未有昼夜之前何来"一天"？奥古斯丁开玩笑说上帝准备为提出这些问题的人下地狱去寻找答案。他为此讨论了"什么是时间"的问题。他说，我们把握时间的方式决定了时间的本性，流失的时间只能被知觉的运动所度量。

我的心灵啊，我是在你里面度量时间……流逝事物留给心灵的印象之持续，是我对现在时间的度量。我度量时间的时候，是在度量印象。为此，或印象就是时间，或我所度量的并非时间①。

圣·奥古斯丁

印象就是持续的知觉，知觉由外物引起，但知觉的持续却不取决于外物，外物消失之后知觉仍能存在。知觉的持续就是"现在"。时间不能区分为过去、现在、将来，因为过去已不复存在，将来尚未存在，只有转瞬即逝的现在，"或许说，时间分过去的现在、现在的现在和将来的现在三类，比较恰当。这三类时间只存在于我们心中，别处找不到；过去事物的现在便是记忆，现在事物的现在便是直接感觉，将来事物的现在便是期望。"②

---

① 奥古斯丁：《忏悔录》，商务印书馆，1963 年，第 254、255 页。
② 奥古斯丁：《忏悔录》，商务印书馆，1963 年，第 247 页。

奥古斯丁将时间观念化为意识的三种功能，即期望、注意和记忆。"现在"不是时间的一部分，而是全部；"现在"是知觉的持续状态，对过去的记忆和对将来的期望都是现在知觉到的状态，即现在的时间。"时间"是心灵自身的延伸，而非物体的运动。准确地说，时间是上帝心灵的延伸，上帝的心灵是单一的、不变的，只有"现在"这一时态，这是时间的原型。可以知觉到的流逝的时间是按这一原型创造出来的，因而以"现在"为本性。这就是上帝能在瞬间创造绵延不断的时间的原由。这是西方人时间观念上的一次转折，为后来非理性主义和人格主义所继承。

上帝是绝对的至善，上帝创造的万物有善也有恶。人之恶就是犯罪，上帝创造亚当和夏娃时并没有在他们身上创造罪恶，而是他们受撒旦的诱惑犯了罪，从此其子孙都有了"原罪"。根据普罗提诺对"缺乏"(应存在而缺乏存在的东西)的定义，奥古斯丁把恶看做是"背离本性，趋向于非存在"。他区分了"事物的恶"(如自然灾害或生病造成的痛苦)、"认识的恶"(如真理与谬误秩序的颠倒)和"伦理的恶"。伦理的罪恶是人的意志的反面，无视责任沉湎于有害的东西。意志是灵魂的活动，应当以追求高于灵魂的上帝为目标，但如追求低于灵魂的身体，便产生罪恶。所以，罪恶是意志的背逆活动。

人类意志的缺陷在于包含着作恶的可能，这缺陷是意志自由所必需的，因为只会行善而不能作恶的意志就不是自由意志。"上帝赋予人以自由意志"，人类意志对善、恶的自由选择是上帝惩恶扬善的先决条件，也因此人们只能对自己自由选择的事情承担自己的责任。

善、恶都根源于意志自由，叛逆和皈依都是自愿的或自由选择的结果。有善恶才有上帝的赏罚，上帝的恩典表现为赏罚分明的公正，而不在于帮助人择善弃恶。奥古斯丁认为，上帝造人时曾赋予人以意志自由，但伦理的恶与其说是根源于人类的意志自由，不如说是根源于人类的原罪。亚当的原罪使人类意志被罪恶所污染而失去了自由选择的能力。此时，一个人用自由意志去犯罪就已经丧失了意志的自由。只有依靠上帝的恩典，人才能恢复意志自由；上帝的恩典要表现在为人类赎罪，上帝之子耶稣在十字架上的死，是为了代替人类赎去宗教罪并使全人类复生；而人应该爱上帝和与自身等同的他人。由此，他提出了"信"、"望"、"爱"为善德的爱的伦理学。

在社会观上他提出了上帝之城和尘世之城("城"是社会的意思)。它们在世间交织在一起,被世间邪恶所折磨,但伴随着不同的信、望、爱。上帝之城和尘世之城是生活在同一国家的人们的不同精神生活和命运。

奥古斯丁以其丰富的思想和聪颖的思辨能力为基督教建立了第一个百科全书式的完整体系,对西欧中世纪哲学的发展产生了深远的影响。在 13 世纪以前的经院哲学中,奥古斯丁主义一直占统治地位。13 世纪,托马斯·阿奎那改奉亚里士多德主义夺取统治地位,但奥古斯丁主义并未中断,它不仅体现在弗兰西斯教派的哲学中,而且在托马斯·阿奎那本人的哲学中也可以发现它的痕迹。文艺复兴时期的一些人文主义者和宗教改革者把"回到奥古斯丁"看做是改革教会的一个途径。甚至在近现代的许多哲学流派中,也常可看到奥古斯丁哲学的影子。由此,奥古斯丁被称为"西方的导师"。

四、经院哲学

(一) 经院哲学的前导者波爱修斯

公元 476 年,西部罗马帝国灭亡,西欧开始了封建社会的历史,基督教成为占统治地位的思想。但在封建社会初期的三四百年的时间里,西欧社会战乱不断,灾祸连年,社会生产力发展十分缓慢,自然经济占绝对统治地位,政治上分崩离析,文化上极度衰退和停滞。当时只有僧侣是受过教育、有文化知识的人,但他们又往往满足于现有的教条,所以在几百年的时间里,几乎没有什么哲学可言。西罗马帝国被哥特人占领后,曾经在一个短暂的时期内出现了原来的社会秩序与哥特人的社会秩序共存的局面。最后一个罗马哲人——基督教哲学家波爱修斯,就是在这个时期开展他的哲学活动的,他是连接古希腊哲学和中世纪哲学的重要思想家之一。

波爱修斯(约 480—524 年)出生于罗马豪门望族,自幼受到良好的文化教育,青年时期就从事政治活动,30 岁时出任罗马执政官,523 年以图谋不轨罪名被逮捕入狱,次年被处死,在狱中写下了他的哲学代表作《哲学的慰藉》。此外,波爱修斯曾立下宏愿,要将亚里士多德的全部著作和柏拉图的《对话集》译成拉丁文,并设法使这两位思想家的观点协调一致,可惜壮志未酬。波爱修斯还编纂了一些为中世纪所采用的逻辑学等教本。

The Consolation of Philosophy

哲学的慰藉

波爱修斯的著作

　　波爱修斯在哲学上的主要贡献，是对"种"和"属"这一共相问题作了比较深入的探讨。波爱修斯认为，波菲立最困难的问题是辨别和理解"种"本身的性质。而每一存在物，或者是有形体的或者是无形体的，"种"和"属"在这两种情况中必居其一。他认为"种"是有形体的还是无形体的提法有"含混之处"，必须予以消解。如果说种是属无形体的，那它是存在于有形体本身之内，还是之外？他认为无形体有两种存在形式，一是具有无形体性的上帝、心灵之类，是和形体分离并存在于有形体事物之外的；另一种是几何学上的线、面等，是存在于有形体之中，不和形体分离的。可见，波爱修斯的消解工作，是把这一问题的讨论向前推进了一大步。它反映出人的认识的深入。

　　那么，波爱修斯如何看待种和属呢？他的主要思想是：其一，"种"和"属"不是独立存在的实体。一方面，他论证种和属不是一个，种和属在同一时间为许多东西所共有，那它就不能是一个；确实，那为许多东西所共有的，必是多个。如种(动物)为许多属(人)所共有，人为许多个别人所共有。这种共有的方式不是部分地分有，而是整体地具有，也就是每个人都是整体的人，每个具体人都是完整地具有属，每个属都完整地具有种，动物每个属都是动物。它是整个地、又是同时地存在于个体之中，并且它不能构成和形成那些共有它的事物的实体。另一方面，他又论证种和属不是多。如果种和属在数目上是多而不是一，那就不会是最后的种了。如果种是多，第一个种找到之后还要找第二个、第三个等等，这样无穷尽地追下去是不可能的。他认为，如果它既不是一个(因为它是共有的)，也不是多个(因为还要为那个众多寻求另一个"种")，那就可以看出，那个"种"乃是绝对不存在。这同一结论必将应用于其他的"种"。

其二，"种"和"属"不仅存在于理智中，也存在于事物的实际中。波爱修斯认为，种和属的真伪取决于观念和事物是否相符。如果种及其观念不是依据那属于观念的事物的构成，这观念就必然是虚假的，如"半人半马的怪物"。然而，人凭理智通过区别和抽象来进行，那么，事物和观念，尽管有所不同，但是观念仍然一点也不虚假，因为许多东西本是在别的东西中存在的，它们完全不能与之分离，如果硬被分离开，它们就没有理由存在了。种和属有实在的存在和理智的存在的两种形式。

其三，"种"和"属"是相似性集合起来的思想，共性存在于个体之中。波爱修斯认为，对存在的事物进行区别、抽象，得出观念，才能发现事物的真正特性。人类的相似性是从各种具体人中搜集起来的，这个相似性被心灵思索并真正知觉到，这样造成了属。进而思考这些不同的属的相似性时，就形成了种。因此，"种"和"属"都是思想。属是个体中的众多的相似性集合起来构成的思想，种是属的相似性集合起来的思想。这些相似性在个体事物中是可感觉的，在共相中是可以认识的，当感知它时，相似性留于个体中，当它被理解时就成了共相，也就是种和属。这说明共相存在于个体之中。

波爱修斯认识到个体是真实的，共相潜藏在个体中，概念的真伪取决于观念和事物是否相符合，只有概念才能发现事物的真正特性等。这些思想是深刻的、合理的，且有唯物主义的思想倾向。他对种与属相互关系所作的深入阐述，透露出一些辩证法思想的端倪。他的个别与共相的基本思想对以后经院哲学的唯名论有一定的影响。他的哲学思想把古代哲学思想又在新的历史形势下重新提了出来，把一般与个别的关系问题突出地展现在哲学中，为经院哲学的产生作了理论的前导。

在波爱修斯看来，上帝就是存在本身，上帝是形式。神的实体是无质料的形式，因此是一，是其所是，而所有别的东西都不是其所是。也就是说，上帝自身已包含了实在，万物是由上帝才获得其存在的。上帝是善，是完美，除上帝外，不可能设想有更善更完美的东西存在。万物的善和完美来自于上帝的善和完美，因而其善与美都是不完全的。世界是从完美开始的，完美是原本，不完美是完美的摹本，因而又是完美的减弱。由此出发，波爱修斯追随奥古斯丁，否定了恶的现实存在。他认为恶是一种不完全，是由于人们将完全的善加以分离的结果。但是，波爱修斯抛弃了奥古斯丁的"预定说"，在一定程度上肯定了自由意志的地位。他认为，世界上的一切事物都是由永恒的形式决定的，事物的特性不是来自于质料，而是来自于形式，而形式无非就是上帝的理念，也就是神的预知。不过，波爱修斯进一步把世界分作两个部分，即无理性的世界和理性世界。在无理性的世界中，形式以绝对的因果必然性起决定作用。而在理性世界中，永恒的形式只是一种人们应该追求，但也可以拒绝的理想。因而，人的自由意志是判断理性的一种功能，人的精神能够发现众多的可能性并从中进行选择。精神愈强，自由也就愈多。因此，自由不在于意志而在于意志的判断。为了解决上帝的预知与人的自由意志之间的矛盾，波爱修斯进一步分析了上帝的永恒性。他认为，对于人来说，时间是过去、现在和将来的前后相继。但对于上帝来说，只存在永恒的现在。因此，对上帝来说，不存在一种时间上在先的知晓，上帝在永恒的现在中俯瞰时间世界中发生的一切。上帝观察事物时，并不改变事物的过程。波爱修斯的这一思想对后来文艺复兴时的人文主义产生了一定的影响。

(二) 唯名论与唯实论

从经院哲学产生之日起，内部就存在着两种思想的争论，这种争论，集中表现为唯名论与唯实论的争论。

争论的焦点，是对"一般"，即概念、名称、词语的看法。一般，如一般的人、塔、桌子，仅仅是一个名称，还是一个真实存在？唯名论仅仅承认个别存在物，如个别存在的人、塔、桌子，断言作为个别存在物的概念，共相或类，亦即一般，仅具其名；唯实论则认为一般是真实存在的，个别存在物如个别的人、塔、桌子，仅仅是一般的影子、摹本，其本身是不真实的。

这就论及了辩证法的精髓，即个别与一般的关系，并与唯物主义地解决还是唯心主义地解决直接相联。这是古希腊哲学，特别是发展到苏格拉底、柏拉图、亚里士多德哲学以来，人们最为关注的哲学问题，现在又在经院哲学内部展开了。

一般是离开个别事物而独立存在的实体，还是个别事物的名称？一般先于个别事物，还是后于个别事物？这是唯名论与唯实论争论的核心内容和分歧焦点。

唯名论认为，独立存在的只有一个一个的个别事物，一般仅仅是人们用来表示个别事物的名称、概念或符号；一般存在于人的思维和语言中，因而，不是一般先于个别，而是个别先于一般。有两种观点表达唯名论的思想：一种认为，不仅客观上不存在一般，而且人的思维中也不存在一般概念，一般仅仅是名称或符号，甚至只是一种声音，一口气，一个声音振动，它完全否定一般的存在意义和认识价值，属极端派唯名论；另一种认为，一般不单是一个名称或符号，而且是人们用以表述许多个别事物相似性或共同性的概念，它存在于人的思维之中，却不存在于外部的事物中，一般与个别有某种联系，但却不能独立存在，这属"温和唯名论"。

唯实论认为，一般是独立于个别事物的客观存在，而且先于个别事物、高于个别事物，个别事物是由一般派生的。唯实论内部也有两种观点：一种主张一般只存在于上帝的理念中，它是上帝创造个别事物的原型，这种观点把一般看做是一种绝对的独立存在，直接引出了神，把个别与一般的联系看做是绝对不同的两种存在，属"极端唯实论"；另一种主张，一般除了作为万物的原型存在于上帝的理念中，还作为抽象概念存在于人的思维中，作为"实体形式"或"隐蔽的质"存在于个别事物之中，这种观点虽然也抬高了一般，但否定了一般的绝对独立，稍微温和一些，属"温和唯实论"。

唯名论与唯实论的争论，具有唯物主义与唯心主义斗争的类似之处，但是，唯名论并不是唯物论，只是具有唯物论的倾向。它与唯实论一样，都是以形而上学的方法，割裂了个别与一般的联系。

唯名论不懂得一般存在于个别之中，否认一般的客观性，也就不可能承认本质、规律、必然，人就只能停留在现象之中，无法预见、无法确定自己的行动方向，这就会导向主观唯心主义。事实上，后来的贝克莱、休谟，就是从否认一般概念的真实存在而走向主观唯心主义的。唯实论把一般从个别中分离出来，把一般看做比个别更实在的独立存在，这是柏拉图客观唯心主义的翻版。从一般中引出个别，不论事实上、逻辑上都是不能成立的。

唯名论与唯实论的争论，仅仅停留在抽象概念之中，持续进行了400多年，突出反映了经院哲学的特征。但是，在中世纪的特殊条件下，唯名论肯定个别事物的实在性，认为个别事物先于它的概念，却是近代的"唯物主义的最初形式"。近代唯物主义就是从个别事物和对个别事物的经验，开始建立起自己的经验唯物主义体系的。

唯实论是维护正统基督教的，它是基督教教义和罗马教会统治的理论基础。例如，三位一体说，按照唯实论关于一般比个别更实在的观点，就要承认上帝可以在三重神格(圣父、圣子、圣灵)中作为统一的神性而存在，即把上帝看做是一种与这三重个别神格不同的普遍实体。再如原罪说，按照唯实论的主张，就要承认有一种超越于所有个人的普遍统一的人或人类，在其始祖亚当身上就沾染了罪恶，所有的人，即人类或人这一类，都是有罪的。尤其重要的是，唯实论的观点可以直接为基督教会的等级统治进行辩护。例如，唯实论认为一般高于个别，比个别更实在，愈是一般的东西就愈高、愈实在，上帝观念是最一般的，因而上帝是最高的实在。罗马教会是上帝在人间的代表，它的统治遍及西欧各国，因而罗马教会应该高于各国教会，高于世俗王国，教权高于王权，教会的等级愈高，也就愈普遍，愈具有实在性。

与此相反，唯名论作为正统神学实际上的异端，则具有否定正统基督教教义和教会统治的倾向。按照唯名论的观点，只有个别事物是真实存在的，那么，三位一体中的圣父、圣子、圣灵就是三个实体、三个神，而不可能是三位一体。这样，神(上帝)就不是实在的，三个不同的东西怎么能一体于一个上帝呢？另外，既然只有个别是真实存在的，那么，就只有个别人如亚当犯的罪，而没有整个人类的原罪。不仅如此，唯名论的观点还特别容易使人从中引出否定教会统治的结论。因为如果一般只是一个名词而非实在，那么，所谓普遍的教会(教会的原意就是普遍)，也就只是一个名称而非真实的存在，故而只有各个世俗国家，各个教会组织，甚至各个教徒，才是真实存在的。这就在实质上否定了教会的统治，维护了世俗的王权。

上述两种对立的结论，不是当时的唯名论和唯实论自己直接作出的，而是我们从他们各自的理论逻辑中引伸出来的。因为唯名论和唯实论的争论，是在经院内部进行的，根本不接触社会，不接触现实，怎么能联系社会斗争呢？因此，当时唯名论反对唯实论的斗争，只能说具有社会意义，还不能说发生了直接的社会作用。只是到了 13 世纪以后，它才具有了直接的社会作用。

　　唯名论与唯实论的争论大致经历了两个阶段：11—12 世纪为早期阶段，唯实论的代表是安瑟伦，唯名论的代表洛色林。13—14 世纪为晚期阶段，唯实论的代表是托马斯·阿奎那，唯名论的代表是罗吉尔·培根、邓·司各脱和威廉·奥卡姆。

　　洛色林(约公元 1050 年至公元 1125 年)，出生于法国，唯名论哲学的创始人。他的著作被当时的基督教会所焚烧。人们对于洛色林思想的了解主要通过他的论敌安瑟伦。洛色林既是唯名论哲学的创始人，也是一名极端的唯名论者。他坚持只有个别感性事物才具有客观实在性，一般或共相则是代表个别事物的空洞的记号或名称，没有任何实在性。洛色林作为极端的唯名论者，据安瑟伦讲，洛色林把一般当作是一阵风，是声音和空气的振动。由此，洛色林认为，所谓"三位一体"的上帝只是一个名词，并没有与它符合的客观实在。因此，圣父、圣子、圣灵按其权威和意志来讲，它们是统一的。但按其本性来讲，它们则是三个独立的实体。

　　罗吉尔·培根(约公元 1214 年至公元 1294 年)出生于英格兰，曾在牛津大学学习和任教，除了研究神学和哲学外，还从事自然科学研究，主要著作有《大著作》、《小著作》、《第三著作》、《哲学研究纲要》等。

　　作为唯名论哲学家，罗吉尔·培根坚持只有个别才具有实在性，个别的存在是绝对的，无条件的。同时，他也并不绝对地否定"一般"，而是认为"一般"也是一种客观存在，但是一般并不存在于个别事物之前或上帝的理性中，而是存在于个别事物之中，它表示的是个别事物之间的相似性。这种看待一般的观点和早期的唯名论是有所区别的，其强调认识的途径应该是从感觉到理性，这里所说的"经验"，既指感觉经验，也指科学实验。他把感觉经验看做是消极的、自发产生的，而把借助于工具和科学仪器的科学实验称为积极的经验，并认为只有科学实验才是认识自然的真正道路。

罗吉尔·培根

罗吉尔·培根不仅重视科学实验，而且还提出应当破除阻碍科学发展的四种障碍，这四种障碍分别是：第一是对毫无根据权威的崇拜；第二是对习惯的长期固守；第三是对流行的偏见或一般的信念；第四是由于认识的骄妄而来的潜在的无知。"必须认清这四个原因的暴行和毒害的一切罪恶，谴责它们，并将它们远远排斥在科学的考察之外"。①可以看出，他的"四障碍说"所针对的主要是经院哲学，为近代科学的兴起作了思想启蒙。

邓·司各脱(约公元 1265 年至公元 1308 年)苏格兰人，曾在牛津大学受教和任教，他的主要著作有《牛津论著》、《巴黎论著》等。邓·司各脱首先指出，上帝作为造物主和一般的形式，是先于个别而存在的。但这仅是在上帝是造物主这个意义上而言的。从上帝创造事物的角度看，世界上的一切无不是形式和物质的统一体，而且只有个别存在，类和种都不是单独存在。"一般"只存在于理智中。个别事物既有"个性"又有"共性"，两者在个别事物中是有区别的，但这种区别不是实体的区别，而是"形式上的区别"。

邓·司各脱思想中较有特色的是他强调人的意志自由，强调人并不是某种消极和被动的东西，不是容纳上帝恩赐的空罐子，而总是按照自己的意志去追求属于自己的幸福。他的这一观点初步反映了市民阶级要求个性解放的愿望。

威廉·奥卡姆(公元 1285 年至公元 1349 年)，英国人，是司各脱的学生，主要著作有《逻辑大全》、《辩论集七篇》、《神学百谈》等。

---

① 北京大学哲学系外国哲学史教研室编译：《西方哲学原著选读》上卷，商务印书馆，1985 年，第 286 页。

奥卡姆反对阿奎那将哲学沦为神学奴仆的做法，要求将哲学和神学分离开来。他指出，信仰并没有使理性完善化，理性可以证明某些教义是矛盾的。在神学领域以信仰为主，在其他领域应求助于理性。因此，神学不能干预哲学，哲学也不能支持神学。同样地，他主张世俗权利和教会应平起平坐。国家的主权是属于人民的，国家事物应由人民管理，教皇不应干预世俗的政权。由此，他公开攻击教权至上主义，站在世俗国王一边。他对路德维希·巴伐利亚皇帝说："请你用刀剑保护我，而我将要用笔保护你。"

威廉·奥卡姆

奥卡姆坚持唯名论立场，认为只有个别的事物是最终的存在，一般基于个别而存在。人类的认识从个别事物开始，一般只是"标志"事物的记号，我们可以凭借这些记号来认识事物。一般并非思维的虚构或幻想，一般起源于感觉的经验，是代替许多事物的"相似点"的一种记号。

奥卡姆反对经院哲学的烦琐性，特别是托马斯·阿奎那关于上帝存在的证明，以及"隐蔽的质"之类的学说。他认为这些学说不但没有把多样性的事物说清楚，反而增加了比原来事物多一倍的东西，而这些东西本身还有待说明。因此，为了节约时间和精力，应该用"经济原则"这把剃刀，把上述学说统统剃掉。"如无必要，切勿增加实体"，这就是西方哲学史上著名的"奥卡姆剃刀"。

唯实论的早期代表人物是安瑟伦(公元 1033 年至公元 1109 年)，他出生于意大利，曾担任英国坎特伯雷大主教，被称为"最后一个教父和第一个经院哲学家"，主要的著作有《独自》、《宣讲》等。安瑟伦极端实在论的基本特点是认为一般不仅先于个别而存在，而且它是独立于个别之外的客观实在。此外，他还坚持信仰高于理性，要求理性必须服从信仰。"我决不是理解了才能信仰，而是信仰了才能理解。因为我相信：除非我信仰了，我决不会理解"。[①]为了论证信仰的合理性，他提出了著名的关于上帝存在的本体论证明。

安瑟伦

他关于上帝存在的本体论证明的具体理论观点为：人们心中都有一个上帝的观念，这个观念本身的意思就是指上帝是一个最伟大、最完善的存在物，不能设想比他更伟大的实体。因此它就不应该仅仅只存在于我们的心中，否则我们就能设想比他更为完善的存在物。因此，上帝既存在于心中，也存在于现实中。显然这个证明是荒谬的。我们且不论其逻辑推论的前提是否正确，"思想中存在的"和"现实中客观存在的"二者显然不能划等号。

经院哲学的集大成者托马斯·阿奎那是晚期唯实论代表人物。托马斯·阿奎那(公元 1224 年至公元 1274 年)是欧洲中世纪最重要的哲学家，出生于意大利的那不勒斯。父亲朗多尔夫·阿奎那伯爵是西西里王国皇帝弗里德里希二世的姻亲，在当地是一位颇有势力的贵族。托马斯·阿奎那 5 岁时，父亲就把他送到负有盛名的蒙特·卡西诺修道院接受教育。1239 年，弗里德里希二世被指责为信奉阿维洛伊学派的异端邪说，被教皇格里高利九世开除教籍，他所支持的卡西诺修道院也随之解散。托马斯·阿奎那又被父亲送到那不勒斯大学深造。1244 年，20 岁的托马斯·阿奎那在学校加入多米尼克修会，遭到家庭强烈反对。为避免冲突，多米尼克修会会长于 1244 年 5 月将其携往波伦那，拟

---

① 北京大学哲学系外国哲学教研室编译：《西方哲学原著选读》上卷，商务印书馆，1985 年，第 240 页。

转送巴黎大学学习。途中阿奎那被其兄长截回，幽禁于家中。在托马斯·阿奎那的顽强坚持下，他终于于 1245 年秋到巴黎大学学习，拜阿尔伯特为师，成为其得意门生。

托马斯·阿奎那

托马斯·阿奎那参与阿尔伯特主持的注释亚里斯多德著作、汇编百科全书和编写教材等工作，为其后来采用亚里士多德学说改造经院哲学理论体系打下了基础。在阿尔伯特的推荐下，1250 年，托马斯·阿奎那升为神父，1252 年夏，又当上巴黎大学的助教，从事基督教哲学和神学的宣讲与辩护工作。托马斯在讲课时，继承其老师阿尔伯特的治学方向，抛弃过去所沿用的柏拉图哲学的先验论理论，改以新兴起的亚里士多德主义，特别是其自然哲学学说，承认感性经验，肯定理性认识，借助客观世界，运用后天证明，给基督教神学和经院哲学以新的解释和新的论证，受到学生的欢迎，引起很大的反响，但也受到经院哲学内部保守派的攻击与排挤。1256 年，托马斯·阿奎那获得神学博士学位，以学识渊博、善于论辩而闻名；1257 年，被教皇任命为巴黎大学神学教授。托马斯·阿奎那适应了当时意识形态领域的形势，成功地利用亚里斯多德的哲学来论证天主教的教义，从而向教会表明了用亚里斯多德的体系来做天主教哲学的基础，比用柏拉图的体系要好得多。托马斯·阿奎那的业绩受到了教廷的重视，1259 年教皇亚历山大四世把他召回意大利，任罗马教廷神学顾问，成为教皇的重要决策者和教廷神学哲学理论的发布者。1261 到 1264 年间，托马斯·阿奎那结识了希腊文翻译专家曼培克的威廉，利用其翻译的大量亚里斯多德的著作作为第一手材料，他对亚里斯多德进行了广泛的研究，为亚里斯多德的著作作了详细的注释和审定工作。1268 年至 1272 年，奉教皇指派，托马斯·阿奎那又回到巴黎大学讲授神学，参加与阿威罗伊主义学派及保守教派的"巴黎大论战"，将亚里斯多德树为经院哲学的理论权威。1272 年，托马斯·阿奎那回那不勒斯创立多米尼克修会大修院。1274 年，应教皇格里高利十世之邀，去法国里昂参加调和教会内部派系纷争的宗教会议。1274 年 3 月 7 日，在赴会途中病逝，时年 49 岁。托马斯·阿奎那被同时代的人称为"天使博士"。1323 年 7 月 21 日，教皇约翰二十二世追封托马斯·阿奎那为圣徒。1879 年，按照教皇利奥十三的指令，托马斯·阿奎那的学说被认定为天主教会中"唯一正确的哲学"。

托马斯·阿奎那继承老师阿尔伯特的思想路线，不顾教会保守势力的反对，适应时代的新思潮，极力主张用亚里斯多德代替作为教会支柱的奥古斯丁主义，在激烈的争论中建立起较完善的哲学体系，成为经院哲学的主要代表。托马斯·阿奎那一生著述卷帙浩繁，除了为亚里斯多德著作作了大量注释外，他的《反异教大全》、《神学大全》、《论真理》等，无论在哲学上还是在神学上都是中世纪欧洲最重要的著作。

托马斯·阿奎那哲学的核心是论证上帝的存在。他利用亚里斯多德的"形式质料说"，认为上帝是不包含任何质料的纯形式，是世界的最初和终极原因，并提出了关于上帝存在的五大论证。

(1) 不动的推动者的论证。托马斯·阿奎那指出，从我们的感觉可以得知，凡是事物的运动都要受其他事物的推动，其他事物又需另一物推动，依次类推，一定有某种不动的第一推动者，这就是上帝。"最后追到有一个不受其他事物推动的第一推动者，这是必然的。每个人都知道这个第一推动者就是上帝"。[1]

(2) 从动力因的性质来讨论上帝的存在。世上的事物作为一个结果，则必然有其他事物作为自己的原因。依次类推，"有一个最初的动力因，乃是必然

---

[1] 北京大学哲学系外国哲学史教研室编译：《西方哲学原著选读》上卷，商务印书馆，1985 年，第 262 页。

的。这个最初的动力因，大家都称为上帝"。[1]

(3) 从可能性和必然性来论证上帝的存在。自然界的事物都是在产生和消灭的过程中，所以他们又存在，又不存在。他们要长久存在下去是不可能的。因此，事物自身并不具备存在的必然性，这就决定了我们必然要承认使其他事物得到他们的必然性，且其自身也具有必然性的事物，这就是上帝。

(4) 从事物中发现的真实性的等级论证上帝的存在。事物的完善程度各不相同，世界上一定有一种最真实的东西，一种最美好的东西，一种最高贵的东西。由此可以推论，一定有一种最完全的存在，作为世界上一切事物得以存在和具有良好以及其他完美性的原因，即上帝存在。

(5) 从世界的秩序(或目的因)来论证上帝的存在。那些无知识的人，甚至那些生物，也为着一个目标而活动，他们活动起来，总是或常常是遵循同一途径，以求最好的结果。但是他们谋求自己的目标总是受有知识、有智慧的存在者的指挥。因此，必定有一个有智慧的存在者，一切自然事物都靠他指向着他们的目的，这就是上帝。

托马斯·阿奎那关于上帝存在的五种证明被认为是基督教哲学史上的卓越贡献，但实际上他不过是借鉴和综合他以前的哲学家的思想而已。而且，他推论的前提是先肯定上帝的真实存在，然后再来加以证明。而这种证明本质上讲，也只是一种逻辑推论，并不能真正说明上帝的客观实在性。

托马斯·阿奎那认识论的基本特点是力图调和理性和信仰的矛盾。他认为存在着两种知识来源。一是依靠信仰而获得的"天启真理"，二是凭借着理性而获得的"哲学真理"，他们分属不同的领域但二者的关系并不矛盾。在二者的关系问题上，他主张天启真理高于哲学真理。因此"神学可能凭借哲学来发挥，但并不是非要它不可，而是借它来把自己的义理讲得更清楚些。因为神学的原理不是从其他科学来的，而是凭借启示直接从上帝来的。所以，它不是把其他科学作为它的上级长官而依赖，而是把它们看成它的下级奴仆来使用"。[2]

托马斯·阿奎那把人的认识过程分为感性和理性两个阶段。感性认识是认

---

[1] 北京大学哲学系外国哲学史教研室编译：《西方哲学原著选读》上卷，商务印书馆，1985 年，第 262 页。

[2] 北京大学哲学系外国哲学史教研室编译：《西方哲学原若选读》上卷，商务印书馆，1985 年，第 261 页。

识的第一步，它是外物作用于人的感觉器官而形成的，是关于有形物质的个别知识；理性认识则是认识的第二阶段，它认识的是普遍的一般共相。"感性以单个的和个体的事物作为它的对象，理智则以共相(普遍的事物)作为自己的对象，因此，感性的认识先于理智的认识"。①这两种认识能力相对应于人的感觉和理智，此外还有一种是与天使理智的认识能力相对应的认识能力，它是一种最高级的认识能力。从感性认识过渡到理性认识主要就依靠"天使的理智"。即上帝的理智才是真理的来源和标准。只有在上帝理智之光的照耀下，才有可能获得理智知识。这显然是一种先验论的认识论。

阿奎那的认识论和他的实在论立场是紧密相联的。阿奎那持一种温和的实在论立场。他认为真正的知识是一种关于一般概念的知识，"一般"有下列三种存在方式：其一，事物的"形式"或"本质"存在于个别事物中，形式赋予个别事物某种特定的属性，是事物"隐蔽的质"；其二，"一般"的更高级存在方式是纯粹精神的存在物，它不需要同任何质料相结合，它存在于个别事物之外，独立存在于人的心灵之中，是一种一般的抽象概念；其三，"一般"作为最高的存在方式，即作为上帝创世的原因，内在于上帝中。总的看来，阿奎那坚持一般高于个别，一般比个别更加真实。

由于阿奎那的哲学具有更高的思辨水平和协调矛盾的能力，因此被基督教会尊为惟一正统的哲学，成为经院哲学的最高权威，他本人也因此被封为"圣徒"。

在托马斯·阿奎那将经院哲学系统化、体系化，并将经院哲学推向发展高峰的同时，经院哲学内部的唯名论伴随实验科学的发展以及城市市民阶层的兴起，从内部瓦解了经院哲学。其中有代表性的思想家为罗吉尔·培根、邓·斯各脱以及威廉·奥康等。

托马斯·阿奎那在基督教教义的基础上改造了亚里斯多德的社会伦理学说，使其发展成为完整的理论体系。托马斯·阿奎那从神性出发，认为人的本质是由形式和质料结合而成的肉体和精神的统一体，人除了有理性认识能力之外，还有自我保存、自我欲求和意志活动的能力，而人的行为、活动则有趋乐

---

① 北京大学哲学系外国哲学教研室编译：《西方哲学原著选读》上卷，商务印书馆，1985 年，第 271 页。

避苦的自然倾向。在他看来，人的一切德行都是人本性中的自然倾向的表现，这种自然倾向的根源在于上帝赋予人类内心的一种行善避恶的道德自然律，道德就是理性创造物向着上帝的运动，达到与上帝的融合。上帝就是道德价值的标准。

托马斯·阿奎那一方面强调理性高于意志，同时又肯定感性欲望的合自然性。他把德性分为实践的德性、理智的德性和神性的德性，前两者统属于自然的、世俗的道德，后者属于超自然的、神学的道德。他认为，实践的德性和理智的德性相结合就能使人达到德性的完善，获得审慎、节制、刚毅和正义的美德。但他又认为，要达到至善的目的，还必须要有属于神学道德的神性的德性。这种神性的德性就是对上帝的热爱、信仰和服从，它不能靠理性能力获得，而必须依靠上帝的启示和恩典。他指出，自然的道德生活可以使人得到尘世的幸福，但这种幸福是暂时的、虚幻的，只有神性的德性生活，才能使人换得永恒的、真正的幸福，即来世的天国幸福。在他看来，幸福不是美德本身，而是美德的最终报酬，它在本质上是对人类本性能力以外的上帝抱有无限的希望。托马斯·阿奎那承认人有自由意志，但他只是承认在日常生活范围内的自由，而在道德领域，他坚持个人的意志必须服从上帝规定的道德律即"上帝法"。他强调，个人必须抛弃尘世的欲望，自甘贫困，寄希望于来世；同时，社会的秩序，人与人的关系，也必须遵循上帝的目的，遵从等级制度的安排。

托马斯·阿奎那赞同亚里斯多德关于人是社会动物的观点，认为人生来就是一个社会的或政治的存在，必须同自己的伙伴一起结成社会，生活在社会中，实行必要的劳动分工。这种"自然分工"是等级划分的基础。但是，人们之所以必须结成社会才能生存，归根结底是由上帝决定的，所以等级制度是神圣而不可变更的。

既然社会对于人是自然的，那么维持社会秩序的国家也是自然的，正像灵魂离开肉体，肉体就要瓦解一样，如果没有人为了公共的善去指挥社会成员的行动，社会就要被搞成四分五裂，也好比一艘船上的全体水手，如果彼此意见不一，就永远不能按照任何航线去行船。所以社会和国家都有神圣的正义和权威。国家既不是原罪的产物，也不是个人主义的结果，它的建立乃是为了公共的善。国家为了公共的善必须制定人类法，人类法以自然法为依据，而自然法又基于"人类理性的光辉",是人本性所固有的。可是,"自然理性的光辉"无非是"神的光辉"在人身上的"印记",因而自然法说到底来源于上帝的意志,来源于上帝永恒的法规,一切权力都来自于上帝。个人同国家的关系是部分同整体的关系。部分是不完满的,整体是完满的。因此,个人必须服从国家。除非公共的善达到了,个人的善才有可能获得,否则,个人的善就不可能实现。百姓在政治、经济、文化等各方面,都必须安分守己,因为驯服是生活的规律。

在各种政体之中,托马斯·阿奎那认为君主政体是最好的,它给予国家更严密的统一。犹如在身体的各器官之间,有一个对其他器官起推动作用的心脏;在灵魂中,有一个出类拔萃的机能,那就是理性;在蜜蜂中有一个王;在整个宇宙中有一个上帝;在人类社会中最好的政体,就是由一个人所掌握的政体,这些都是完全合乎理性的。君主在地上的地位相当于上帝在宇宙中的地位,他的权力是上帝授予的,并按照上帝法和自然法来控制社会生活,否则社会就会解体,所以臣民应当像服从上帝那样服从上级和君主,不能进行反抗。不过,托马斯·阿奎那又指出,最高的幸福不是在尘世,而是在天国,是灵魂的得救。他因而认为,服从世俗国家权力的只是人的肉体,而不是人的灵魂。他认为,既支配尘世生活和人的肉体,又支配来世生活和人的灵魂的最高权力属于教会,而罗马教皇是"基督的全权代表",应是凌驾于世俗君主之上的至高无上的权力所有者,世俗权力应当服从教会。在他看来,所谓善就是适应于人的理性的本性,所谓恶就是反对理性的欲望。而理性的本性和欲望就是要得到来世的幸福,这也是上帝对人的理性的最高规定。因此,一切行动都遵守上帝的旨意,有助于达到来世幸福,那就是善;而凡不遵守上帝的旨意而行动,如造反等,那就是恶,就是犯罪。他认为对等级制的破坏是对上帝的"暴动",应受到严酷的制裁。但是,一切犯罪中最大的犯罪就是异端或异教行为,因为这种行为曲解了永恒生活所依据的宗教。他主张对一切有异教行为的人,一经查明,就要通过革除教籍的方式,将他们从教会中清除出去,然后由宗教裁判所交给世俗国家的法庭,通过处死把他们从世界上消灭掉。由此可见,托马斯·阿奎那的社会政治伦理观点是以宗教为基础的,它要直接论证的是:罗马天主教会的权力至高无上,封建统治秩序是神圣不可侵犯的。

托马斯·阿奎那的整个体系是庞大的,涉及了各个思想领域,它是西欧封建社会达到全盛条件下的产物，是正统经院哲学发展的最高成就和典型形式。托马斯·阿奎那以大胆革新的精神，抛弃了奥古斯丁采用的柏拉图主义，吸收亚里士多德和其他非基督教思想，重建基督教哲学理论，挽救了早期经院哲学的危机。托马斯·阿奎那力图使天主教的神学更加接近西欧中世纪繁荣时期的生活状况、文化知识状况，力图用更高的形式调和教会内部各种对立的思想倾向，从而一方面使天主教神学具有更加合理、近人的外貌以征服人心，另一方面使天主教会的正统势力更加团结一致以对付各种异端思潮。托马斯·阿奎那的哲学在产生之初，其某些论点还因为得不到某些正统人士的理解而受到过谴责，但不久就受到教会最高当局的赏识，被推崇为天主教会唯一正统的哲学，成了教会维护正统信仰对付各种异端思潮的最有力的思想武器。13 世纪以后，托马斯·阿奎那的思想体系一直是西欧封建社会思想领域占统治地位的官方哲学。

总的来看，中世纪基督教哲学的主要目的不是探讨如何认识自然和社会，而是为了论证神的存在和基督教教义的正确合理性。他们并不把真理看做是对客观实在的正确反映，而是以柏拉图、亚里斯多德的哲学为工具，以《圣经》作为评判真理的标准。为了维护基督教《圣经》的权威，他们采用了烦琐的论证方法，往往是先引证权威的论点，然后借助模糊的概念，通过三段论式进行推演，得出自己的观点。由于这一论证和推论过程异常烦琐，因此经院哲学后来也成为"烦琐哲学"的代名词。在经院哲学内部，存在着唯名论和唯实论的斗争，他们围绕着"一般和个别、信仰和理性"的关系展开争论，反映了现实社会中教权和王权的不同利益取向。

第八章

回到尘世

【内容提要】

14至16世纪诞生在意大利并扩大到其他国家的文艺复兴运动是一次思想解放的运动，是西方社会走出黑暗的中世纪获得新生的转折点。在这一时期，占统治地位的意识形态仍然是基督教及其经院哲学，但文艺复兴时期的哲学在旧意识形态的内部孕育、形成和发展着。在文艺复兴运动中新兴的资产阶级以人文主义为武器，同封建教会文化和禁欲主义世界观进行了激烈的斗争，在文学艺术、政治思想等领域出现了一大批多才多艺、勇于探索的巨匠。宗教改革是文艺复兴的延续，其主要内容是反对控制人的精神和肉体的天主教，要求消减教会的权威，变奢侈教会为廉洁教会，而从哲学上看，其内在的要求则是由外在的权威返回个人的内心信仰，这是一次深层价值观念的革命，其结果是一些国家出现了为资产阶级服务的新教。

一、人文主义思潮

人文主义思潮并不是一个统一的思想运动，其表现形式和思想内容复杂多样。它首先是一场文化运动，主要从事人文学科文化，尤其是古典文化的发掘、研究和传播。人文主义者首先面临的是语言障碍，为此意大利兴起了学习古希腊语的热潮。而西欧社会搜集和收藏古代典籍也蔚然成风。柏拉图和亚里士多德的希腊语、拉丁语全集相继出版。随着复兴和仿效古典文化，人们的目光开始由神转向了人。当时，城市地位逐渐提高，市民阶级开始形成，慢慢形成了一个世俗知识分子阶层。更为重要的是，日益世俗化的教皇、积极争权夺利的诸侯王公，也在不同程度上意识到不可缺少世俗文化。人文主义正是在这样的基础上形成和发展起来的。当时各个人文学科，尤其是文学和艺术达到了空前的繁荣，涌现出但丁、彼特拉克、薄伽丘、达芬奇、米开朗基罗、拉斐尔、斐微斯、拉伯雷、塞万提斯、莎士比亚、爱拉斯谟等文化巨匠。此外，布鲁尼的史学、马基雅维利的政治学、莫尔和康帕内拉的空想社会主义也是这一时期人文主义运动的杰出成就。

在思想内容上，人文主义的实质就是强调人、人的尊严和人生价值。中世纪的宗教学说也曾对人有所研究。它认为人是上帝按照自己的形象创造的最高造物，是尘世的最高目的，尘世的一切都是以人为中心创造的。

文艺复兴时期的人文主义者避开上帝，把研究的重心从人神关系转移到人兽、人物关系，强调人与万物的区别，从而突出了人的优越地位。比如，但丁就认为天赋的理性是人与禽兽的根本区别，是辨别善恶之光。只有遵从理性的指导，人才能达到至善之境，获得真正的幸福。此外，人文主义者还肯定人生价值，肯定了人性的自由。总之，人文主义者们的活动在人们面前展开了一个广阔的、被人遗忘了的精神世界，动摇了基督教思想一家独尊的局面。对人本身、对理性、对现世生活的肯定使人们不再甘心屈服于教会的淫威，促进了人的自我意识的觉醒。

拉斐尔 《西斯廷圣母》 布面油画

这一时期的文化交织在经济、政治和宗教的矛盾与斗争之中。随着教会权威的跌落，经院神学与哲学在意识形态中失去了统治地位。正如 13 世纪亚里士多德主义的传播造成了经院哲学的繁荣，15 世纪以更大规模传入的古希腊文化促成了文艺、语言学、科学、哲学和神学的新发展。文化上出现了新旧并行或交替的局面：人文科学与神学、古代哲学与经院哲学、柏拉图主义与亚里斯多德主义、个人主义与权威主义、批判精神与教条主义、理性与信仰、经验科学与自然哲学、科学与伪科学，相互撞击与混淆，表现出过渡时期文化的特征。过渡时期哲学与其他学科和文化形态之间的界线并不十分明显，它从属于一般的文化思潮和学术理论倾向。15 世纪和 16 世纪的社会文化思潮可以被归结为五类：人文主义、古代文艺复兴、宗教改革、自然科学精神和传统的经院学术。布克哈特在《意大利文艺复兴时期的文化》一书中把这一时期的成果概括为"人的发现和世界的发现"①这两大主题。实际上，这两大发现是文艺复兴时期一切哲学思想的主题。

(一) 人的发现

人文主义的巨擘或为文学家，或为艺术家。前者如但丁、彼得拉克、拉伯雷、塞万提斯、莎士比亚，后者如米开朗基罗、达芬奇、拉斐尔。他们的文学观、艺术观和道德观传播了与经院哲学不同的价值观念。人文主义的思想家则从哲学和神学的角度论证了人的崇高价值。在他们的笔下，人不再是匍匐在上帝之下的可怜被造物，而是上帝创造的杰作，世间最可宝贵的生灵。人文主义者发现人的价值包括尊严、才能和自由。

教皇英诺森三世在《论人类悲惨状况》的文告中强调人是值得怜悯的悲惨动物，他承认自己没有涉及人的尊严这一主题。有鉴于此，彼得拉克(1304—1374 年)说他是第一个讨论人的尊严的人，他也是第一个自称为"人文主义者"的人。人文主义者以"人的尊严"、"人的崇高"为题，歌颂人的价值。人的灵魂和肉体、人的创造和幸福都是他们讴歌的对象。

人文主义者托麦达在《驴的论辩》中设想人与驴争论谁更优越。人用人能建造辉煌的宫殿为例，证明人比动物更高贵，驴用鸟筑巢的本能证明动物的建

---

① 布克哈特：《意大利文艺复兴时期的文化》，何新译，商务印书馆，1979 年，第 280-302 页。

筑才能也不差；人说人以动物为食，因而比动物更高级，驴举出寄生虫以人体为养料、狮子老虎也吃人的反例。但是，人最后找出的证据说服了驴：上帝肉身化的形象是人，而不是其他动物。德国的人文主义者阿格里帕(1443—1485年)说，人体的比例是万物的尺度，人体的构造是小宇宙。人不但包括地界的四种元素，还包括天界的精神元素，人体的直立姿势使人不像其他动物只能俯视地面，人能够仰望苍天，因而能够以精神世界为归宿。西班牙的人文主义者斐微斯(1492—1540年)热情地讴歌了人的形象。他说，在奥林匹斯山诸神的眼里"人有高傲的头颅，这是神圣心灵的城堡与殿堂。五官的安排既是装饰，又有用处。耳朵既无细嫩皮肤，又无硬骨，但被弯曲的耳廓包围，因而可接受来自各方的声音，又不让灰尘、草屑、毛绒、小虫飞入脑内。眼睛成双，因而可看一切，并被睫毛和眼帘所保护，防止尘土毛虫的侵袭。它们是灵魂的标尺，人脸上最高贵之处。再看人的装扮，这是何等漂亮，修长的四肢终止于指尖，十分好看，十分有用。……所有这一切如此协调一致，任何一部分若被改变或损益，都会失去全部的和谐、美丽和效用"。

艺术家阿尔伯蒂(1404—1472年)说，人是自然的一部分，却不同于其他部分；上帝创造人是为了让他的杰作被人欣赏。人在自然界中的崇高地位在于自然赋予人的卓越本性，他说："自然，即上帝赋予人理智、可教性、记忆和理性，这些神圣性质使人能研究、辨识、认识需要避免或趋向的东西，使他以最好的方式保存自己，除了这些无价的、可期羡的伟大礼物之外，上帝还给予人的精神和心灵另外一种能力，这就是沉思。为了限制贪婪与无度，上帝给人谦和与荣誉的欲望。另外，上帝在人心之中建立了把人类联结在社会之中的坚固纽带，这就是正义、平等、自由和互爱。"

高扬人性是人文主义者的共同特征。阿尔伯蒂从自然主义的角度，强调人的创造、伦理和审美活动都是对自然和谐的把握与模仿，崇高的人性充分体现在艺术与自然的和谐之中。文艺复兴的巨匠列奥那多·达·芬奇(1452—1519年)把艺术家看做可与造物主类比的创造者，艺术作品可与自然相类比。他说："人的作品之于自然的作品等于人之于上帝。"

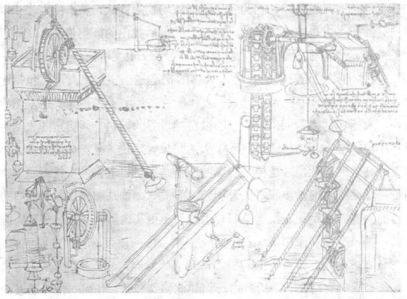

达·芬奇用多年时间撰写的《大西洋古抄本》手稿

　　"人文主义"这个词最初的意思指人文学科(studia humaniatatis)，当时的人文学科大致相当于古代罗马学校讲授的博雅学科(liberal arts)。15世纪意大利崇尚古代文化，恢复以古典拉丁文为主的人文学科，包括语法、修辞、诗学、历史与道德哲学，它的培养目标是个人的表达能力和文化修养。人文学科最初在新开设的拉丁学校中讲授，后来欧洲各国的中等学校也普遍开设，不但学习古典拉丁文著作，还学习希腊文著作。人文学科的培养目标是优雅的语言、细致的艺术鉴赏和创造能力以及高尚的道德，它塑造了与中世纪的经院学者完全不同的新人，同时在社会上树立了新时代的人的崇高形象。人文主义者追求语言典雅、流畅，刻意摹仿古罗马雄辩家的风格。

　　人文主义者瓦拉(1407—1457年)在《拉丁文是优雅语言》中把中世纪的语言称为"野蛮的拉丁文"，他声称自己的目的是恢复古典拉丁文的高尚和纯洁。他更反对野蛮拉丁文表达的经院哲学。他在《辩证法的争论》一书中说，哲学家的争论很多都是语言上的纠缠，语法和修辞可以解决这些困难。他的目标是用古典拉丁文的用法简化逻辑，用修辞手段代替呆板的演绎程序。他把雄辩术称为"万事万物的皇后"，他要"举起雄辩术之剑——至上的皇后之剑反对哲学家的偷偷摸摸的剽窃，处治他们的罪行。雄辩家可以更清楚、更严肃、更优雅地说明含混的、可怜的、贫乏的哲学家要说明的问题"。

但更重要的是，人文主义者都认识到"文"与"人"的联系。他们提倡古罗马的优雅拉丁文，目的是为了传播新的生活方式。佛罗伦萨大学 1937 年章程说："修辞艺术不仅是一切科学用来说服人的工具，而且是公众生活最伟大的装饰。"斐微斯认为："语言是自然赋予人行善的工具。"彼得拉克说得更清楚：语言的实质在于社会凝聚力、人性的表达以及利他主义的精神，这些不仅体现在哲学理性之中，而且更重要的是表现在有雄辩力量的语言之中，这一语言"不仅修正我们的道德生活与行为，而且也修正语言自身的用法"。修辞是展示自己心灵与劝人为善的工具，对于提高道德水准和伦理实践至关重要。

文艺复兴时期的道德观念也发生了根本的变化。亚里士多德的《伦理学》仍然是道德教科书，但人们强调的是亚里士多德幸福观的世俗方面，把健康、富有、幸运等作为外在的善，它们是实现内在的善的必不可少的手段。人文主义者既不赞成禁欲，也不以思辨为幸福，但他们也不认为财富和其他物质利益自身有道德属性；他们把古罗马人追求的荣誉和高尚作为首要的德性。但丁早在《神曲》中就说过，哪里有德性，哪里就有高尚。中世纪的武士尚武，新兴的商人拜金，两者都不符合崇尚人的尊严的人文主义者的情趣。他们追求的德性是荣誉及其外在标记，如优雅的语言、服饰和举止，高超的艺术鉴赏力等。

人文主义者认识到，人的最高价值是自由，即选择和造就他自己地位的力量；自由是神赋予人的礼物。人运用自由最后达到了与神的儿子和神一样的最高境界。斐微斯在《人的寓言》中说，世界是天神朱庇特为人准备的一座舞台，人在上面可以扮演从最高的天神到最低的动物的一切角色；造物主从人的本性中除去固定的本质，让他的行为决定他的存在，人因此比其他实体具有更多、更高的本质。

新柏拉图主义者费奇诺(1433—1499 年)在《柏拉图神学》中构造了一个新柏拉图主义的宇宙等级体系。它由太一、心灵、灵魂、形式和形体五个基本实体构成。"太一"是基督教的上帝，他包含着万物的理念；理念注入天使的心灵，心灵产生理性的灵魂；灵魂包含着与心灵中的理念同样多的"精微理性"，灵魂的创造把精微的理性外在化为形式；形式与形体的结合组成可感的具体事物。在这个宇宙图式中，灵魂占据着联系精神世界(太一、心灵)和物质世界(形式、形体)的中介位置，费奇诺所说的灵魂主要指人的灵魂。个人灵魂是世界灵魂的个体化，因而人可以利用精微活力进行创造，比如，医生集中天体影响力治疗身体紊乱；天象也影响人的想象和思维，使他们能够发现事物的隐秘性质与和谐，创造文艺作品；人还有把事物中精微活力激发出来的创造力，这就是魔术。费奇诺把魔术称作最崇高的自然哲学。然而，他心目中的人性的楷模是艺术家的灵魂。人所创造的奇迹主要是艺术：伟大的城市、辉煌的建筑、雕像和绘画、有用的工具器械，表现了人利用自然、装饰自然的创造力，显示了人的灵魂的神圣。人就是地球上的神。

著名的人文主义者皮科(1463—1494 年)不满意把人置于宇宙中心或把人看做"小宇宙"的观点。他说，造物主在完成创世活动之后，决定再创造一个能够景仰他的杰作的伟大而美观的存在者，这就是人。上帝已经把恩典分摊给了其他被造物，他决定让人分享这些被造物所有的一切。皮科借上帝之口对亚当说："我不给你固定的处所、独有的形式和特别的能力。你可以按照希望和判断的目的占有自己所想要的处所、形式和能力。其他一切存在者的本性被限制在我所规定的规律之下，你不受任何限制，你的本性按自己的自由意志，在你自己手中被决定。把你放在世界中心，使你可以看到这个世界发生的一切；我使你既不属于天上，也不属于地下；既不可朽，又非不朽。你可以用自由选择和自尊心造就你的样式和意愿。你也有堕落到低一级的野兽般的生命形式的力量。"皮科借上帝之口，为人性和自由谱写了一曲我们在现代人本主义者那里才能听到的赞歌。

(二) 人文主义的主要代表人物

"人文主义"是文艺复兴运动的指导思想，是一种与封建神学相对立的资产阶级新文化，它是在思想文化领域内对封建主义、中世纪神学和经院哲学发动的一场革命，它在对封建统治进行批判的同时，也为资产阶级夺取政权进行了必要的舆论和理论准备，后来即成了资产阶级革命时期人道主义的前身。"人文主义"并不仅仅是一种狭义的哲学理论体系，而是体现于哲学、文学、艺术、政治、伦理等各个领域的一种具有共同趋向的思潮，从本质上讲，就是资产阶级的人性论和人道主义。意大利作为文艺复兴运动的发源地，同样也是人文主义的发祥地，但人文主义很快就越过了意大利而向欧洲各国扩展。在 14 世纪末到 16 世纪之间，欧洲涌现出一大批的人文主义者，其中的代表人物有：意大利的但丁、彼德拉克、薄伽丘、达·芬奇、皮科、马基雅维利等；法国的拉伯雷、蒙台涅等。其他著名的还有荷兰的爱拉斯谟，英国的托马斯·莫尔和莎士比亚等。

意大利乃至整个文艺复兴中人文主义的先驱当数著名诗人但丁。其不朽的名著《神曲》对中世纪的封建教会的腐败和黑暗进行了激烈的抨击，并对基督教的正统教义进行了大胆的修正，从而最早放射出人文主义的光芒，标志一个新时代的开始。然而在西方近代历史上，被称为人文主义之父的并非但丁，而是迟于但丁近半个世纪，自称为"人文学者"的意大利作家和诗人彼德拉克。彼德拉克(1304—1374 年)虽是一位久居教皇宫廷的"桂冠诗人"，但他对宫廷的黑暗腐败却极为不满。为了搜集古代的文化典籍与手稿，他几乎走遍了整个意大利，其最主要的作品是《抒情诗集》。在这部著作中，他表达了对中世纪宗教神学的厌恶和对禁欲主义的唾弃，以及对古典文化的崇拜和对个性自由的无限向往之情。其他著作还有《论他自己的无知》和《论对运气、公平与犯规的种种的处方》等。布鲁尼在为彼德拉克所写的传记中，称颂他是一个伟大的天才，首先发现和复活了早已消失的古代文化的华丽风格，他的著作使人们从中世纪的黑暗和野蛮中看到了新时代的曙光。

彼德拉克

彼德拉克对于古典文化的崇拜，在欧洲掀起了一股研究古典人文学科的热潮。然而，他研究古典文化的目的，并不是为了简单地回到过去，而是为了在同古代大师对话的过程中，学习人类最卓越的精神成果，从而改造人们的心灵，对现实人生产生积极的教育意义。心灵与语言紧密地联系在一起，语言不仅是人类心灵借以表达自我的一种方式，而且言辞的卑劣与高雅也是衡量人类心灵的一杆标尺。所以，在与对方的交谈过程中，我们就可以获得对方言谈当中所包含的道德内容，道德内容越丰富，我们所获的教益也就越大。而这不但包含了同古代大师的对话，而且拥有同当代有德者的对话。所以，人并不是一个孤立的存在者，他必然会在与人交谈的过程中与人相爱，从而肯定了人的社会属性，对遗世独处提出了批评。为了与人更好地交往，我们就必须不断提高自己的道德修养，丰富自己言谈当中所包含的道德内容，也就是说，必须对自己有更清醒的认识，发现自己真正的人性。所以，彼德拉克非常重视回到人性本身，反对在外部世界中寻找在内心中早已存在的东西。正是由于彼德拉克对于自我的极端重视，所以，他强烈地反对宗教神学关于来世的学说和不切实际的空谈，而主张研究人的生活，高度颂扬尘世的生活，主张人性的现实实现。然而对于抽象人性的过分强调，使他在对宗教神学的空谈提出强烈批评的同时，也对研究自然事物的自然科学提出了批评，而这与后来的文艺复兴运动的主导潮流是不一致的，甚至相悖。

　　尼科洛·马基雅维利(1469—1527 年)出生于一个律师家庭，30 岁左右开始在政府中供职，1512 年由于梅狄奇复辟而遭逮捕，获释后开始从事著述工作，著有《君主论》与《罗马史论》等。马基雅维利与其他人文主义者的不同之处在于，他更热心于政治。他的《君主论》是一部研究资产阶级政治学的重要著作，因而他被称为资产阶级政治学的始祖。

　　在马基雅维利生活的时代，由于封建割据和外国的殖民统治，意大利尚处于分裂的状态之中，从而阻碍了资本主义发展所需要的统一市场

马基雅维利

的发育。正是为了适应资本主义发展，建立一个统一国家的需要，马基雅维利主张建立一个君主专制政体以加强君主权力，从而结束国家的分裂状态和防止分裂的再度发生。但在马基雅维利那里，君主专制并非最好的政治形式，而只不过是对于当时的意大利更为适用的一种政治形式。按照他的区分，国家可以有君主国与共和国两种形式，并且认为后者优越于前者。但他认为，共和国的理想并非到处都可以变为现实，当时的意大利由于其特殊的历史状况和社会现实，君主制则更值得人们向往。从这里我们可以看出。马基雅维利主要是从历史现实出发，决定国家所采取的形式，体现了他的政治理论的经验性与实用性特征，而这所反映的正是资产阶级的利益至上论。正是由于对利益本身的关注，马基雅维利主张为了达到目的，可以放弃任何道德原则从而不择手段。

《君主论》中所探讨的主要问题，就是通过对大量历史事实和当时事件的描述，阐明公国产生、发展与灭亡的完整过程，以及其中所包含的原因，从而为资产阶级建立与巩固自己的统治提供事实与理论的借鉴。著作中，他提到了凯萨·鲍吉亚。凯萨·鲍吉亚是一个品质低劣的政治投机分子，为了目的可以不顾一切，因而倍受意大利人的批评，但马基雅维利却对他作出非常高的评价，认为他应当成为政治人物学习的榜样。在马基雅维利看来，一切都有利用的价值。尽管他对宗教神学持敌视态度，抛弃了君权神授之类的宗教神学理论，反对教会对于世俗政权的干预，但他要求君主应当"显得"虔信宗教。这是因为，宗教作为政治工具，在维护国家政权和社会统一方面具有重要作用。这也就是说，君主为了实现政治目的，必须抛弃一切公认的道德原则。如果君主怀有一颗仁爱之心，他必将自取灭亡，为了避免走向覆亡，他必须如狐狸般狡猾，如狮子般凶残。这一方面是因为他将君主的利益或资产阶级的利益摆在了至高无上的地位，只要是对君主和资产阶级有利的，那么，手段本身就没有高尚与卑劣之分，手段总是服从于目的的，所以，只要目的是正当的，手段就是正当的。另一方面，因为他有人性本恶作为其理论的基础，人性都是自私的，为了个人的利益而反复无常、忘恩负义，从而产生了虚假、伪善、妒忌等等恶劣品行，如果放任他们发展，必然导致整个社会秩序的混乱，所以，就需要统治者通过玩弄权术，巧妙地利用人们的这种本性为自己的统治服务。既然君主制作为一种迫于历史形势而不得不采取的国家形式，那么，为了维护资产阶级的根本利益，就必须对君主的权力本身有所限制。君主虽然拥有绝对的权力，并可以为了目的而不择手段，但他必须以不损害资产阶级的利益为度。所以，他强调"君主决不能侵犯别人的财产"，从而显示了他对资产阶级财产私有权的高度重视。

前面所讲的彼德拉克和马基雅维利都是意大利人，可以算作文艺复兴运动中欧洲南部的两个典型代表人物，而爱拉斯谟和莫尔可以看成北方各国的两个典型代表。北方的人文主义运动虽然没有像意大利那样取得辉煌的成绩，但工作做得非常扎实，很少像意大利人那样热衷于炫耀个人学识，而是希望使学问传播得尽可能的广泛；它与意大利反对道德原则不同，强调公德的重要性，并将道德作为一个普遍的标准来衡量一切，甚至将此作为标准用到《圣经》上，从而对宗教提出批评。

爱拉斯谟(1466—1536 年)出生于鹿特丹，被称为西欧人文主义运动的领袖，其思想主要表现于《疯狂颂》(又译《愚神颂》)一书。在该书中，爱拉斯谟坚持资产阶级的道德标准，讥讽教皇、僧侣和贵族的愚蠢和违反人性，却大力颂扬被教会贬斥的所谓"愚行"，大力倡导资产阶级的人性论与价值观。《疯狂颂》由于其革命性，从而对整个西欧产生了非常巨大的震撼力，并广为传播，在爱拉斯谟生前就发行了 40 多次，可见其影响力之大。

爱拉斯谟

爱拉斯谟的所谓"愚神"是指资产阶级的典型代表，他们以资产阶级的道德原则作为最高原则，追求个性解放。正是"愚神"作用，才"柔化、缓和男人的僵板与阴郁的心情"，使人类抛弃理性的计较而过着畜类般顺应自然的生活，因而人类才能够男女婚配，得以延续。宗教教义却违反了人类的本性而要求人们过一种清心寡欲的生活，将人类的全部精力花费于一些稀奇古怪的问题的探讨上。爱拉斯谟对基督教发起了猛烈的抨击。他指出，教会僧侣都是精神错乱的蠢物，没有一点宗教气质，然而却是一个个自恋狂：他们沉迷于琐屑的繁文缛节，成天思考腰带要有多宽多长、鞋带要有多少个结之类的鸡毛蒜皮之事，而对于人与人应当相爱这样重要的问题却从来不去提及。即使具有无上威严的教皇也没有任何道德过人之处，他并不效法上帝的博爱与献身精神，而是一个打着上帝旗号欺压、敲诈百姓的贪得无厌的暴君。

英国的托马斯·莫尔与其他的人文主义者又有所不同，他是一位比较接近人民的人文主义者。托马斯·莫尔(1478—1535 年)由于生活于英国的原始资本积累时期，充分地感受到了资产阶级为了本阶级的利益而表现出来的残酷剥削性质，所以，他在所著《乌托邦》一书中，对资本主义社会中出现的剥削与压迫提出抗议，希望建立一个完全合乎人性的理想社会。

托马斯·莫尔

在莫尔看来，乌托邦中，财产归整个社会所有，人们集体劳动，产品为大家所用，从而既无闲汉，也无贫富悬殊的阶级对立。官员由人们选举产生，同样需要参加劳动，如果选出的官员在任职期间没能很好履行自己的职责，人们有废黜他的权利。莫尔对于乌托邦中这种官员由人民选举产生和罢免的理想，实际上是从另一个侧面表达了对于封建专制的不满。他说封建社会中有大批贵族，这些人像公蜂一样，一事不作，靠别人的劳动养活自己，即是说，靠在他们的田地里作工的那些佃农养活他们。为了扩大收入，他们对这些佃农敲骨吸髓，重重剥削……他们养着一大批毫无一技之长专门吃闲饭的侍卫，只要主人一死，或者自己生病，这些侍卫立即被赶出大门之外。在乌托邦中，可以有多种宗教并存，人们有信仰各种宗教的自由。但他反对斋戒之类的宗教活动。因为在他看来，这是与快乐即幸福的道德原则相违背的，也就是说，宗教的教条必须不与人对快乐的追求相矛盾，才是正当有效的，这反映了莫尔对于人民利益的维护。从彼德拉克到莫尔的人文主义内容的发展变化中，我们可以看出资产阶级的成长壮大，以及在此过程中人们对于资本主义制度本身观念上的发展变化。而人们对人文主义的不同理解，也就揭示了资本主义制度的内在矛盾以及它走向反人道的必然性。

二、宗教改革

(一) 宗教改革的兴起

在中世纪的欧洲，教会的权力达到了无以复加的地步。教会不仅是精神领域的统治中心，而且也要成为政治的中心，它的势力渗入到了社会生活的每一个角落。然而，随着教会的世俗化，它也陷入了自上而下的腐败之中，引起了人们普遍的不满。席卷欧洲的人文主义运动虽然触动了教会的权威，但尚不能从根本上动摇它。当人们对于教会自行改革感到失望时，宗教改革在人文主义的影响下势不可挡地爆发了。16 世纪，最初在德国，接着在瑞士、英国、法国以及北欧诸国，掀起了一场声势浩大、震撼教廷的宗教改革运动，并且最终脱离了罗马教会，自行成立了新教，经过长时间的斗争还取得了合法的地位。在一定的意义上，我们可以把宗教改革看做是人文主义在宗教神学领域的延伸，而且其影响甚至比人文主义更为巨大、更为深远。

英国科学史家丹皮尔说："宗教改革家有三个主要目标。第一，整顿由于有人滥用罗马会议，由于许多僧侣们生活放荡而遭到破坏的教律。第二，按照先前遭到镇压的某些运动的方针改革教义，并返回原始的质朴状态。第三，放松教义的控制，准许个人在一定程度上可以自由地根据圣经做出自己的判断。"[①] 宗

---

① 丹皮尔著，李珩译：《科学史及其与哲学和宗教的关系》，商务印书馆，1975 年，第169 页。

教改革直接的要求是消解教会的权威，变奢侈教会为廉洁教会，而从哲学上看，其内在的要求则是由外在的权威返回个人的内心信仰。

基督教诉诸个人内心信仰的要求由来已久，实际上这原本就是基督教的根本精神，但是外在的偶像崇拜却逐渐流行起来，因为信徒们希望有实实在在的东西证明上帝在世间的存在。而教会为了追求排场大兴土木，大搞豪华奢侈的宗教仪式，也因其世俗化而背离了基督教的根本精神。曾经有一段时间人们疯狂地收集"圣物"，其中有圣徒的尸体、耶稣被钉上十字架后流下来的汗珠、童贞女圣玛利亚的乳汁，甚至有人收集有上帝创造亚当时剩下来的泥块，五花八门，无奇不有。然而，基督教毕竟是一种精神宗教，就其本质而言它必然会摆脱外在的东西而复归内心的信仰，而在黑格尔看来，这个由外在的东西返归内心信仰的过程早就开始了。当年十字军在宗教狂热的驱使下去拯救圣墓，当他们终于攻占了耶路撒冷之后，便试图打开圣墓，期望证明上帝在世间的存在，证明永恒而神圣的东西与有限的东西的结合。然而令他们大失所望的是，圣墓中空空如也。所以，基督教世界既夺回了圣地，又失去了圣地。但是黑格尔说："它实际上是没有被欺；它带回来的结果是否定的一种：这就是说，它追求着的世间生存只能够从主观的意识中寻求，不能从任何外在的对象中寻求；这里所说的那种确定的形式，表达着'世俗的东西'和'永恒的东西'的结合，就是个人的'精神的东西'，自己认识的独立，人类世界便是这样获得了这种确信，知道人类必须在他自身内寻求那种属于神性的世间生存，主观性因此取得了绝对的认可，而在自己本身获得了对于神明的关系的决定。"①一句话，上帝并不在你之外，上帝就在你的内心之中。自觉地意识到这一点，正是宗教改革的功劳。于是，基督教世界当年在一个人的石墓里遍寻不到的东西，路德的宗教改革找到了，他认为世间生存是在一切感官的和外在的东西的"绝对观念性"的深处——是在"精神"和"心"之中——的那颗心，它先前因为教会提出了最无聊和肤浅的手段，来满足最内在和深刻的欲求，受到了无从说起的创伤，它现在把绝对的真理关系被歪曲的地方，发掘得丝毫毕露，并且设法把这种歪曲彻底摧毁。路德简单的理论就是说，上帝的世间生存就是无限的主观性，也就是真实的精神性，就是基督并不显现在一种外在的形式里，其压根儿就是属

---

① 黑格尔：《历史哲学》，三联书店，1957年，第440-441页。

于精神的。黑格尔的分析虽然不无牵强附会之嫌，但是他以思辨方式所概括的宗教改革精神无疑是有意义的。

(二) 宗教改革的代表人物

在这一改革的浪潮中，以路德和加尔文的宗教改革最具典型代表性。

马丁·路德(1483—1546 年)是德国人，1501年进入爱尔福特大学攻读法律，获硕士学位后突然遁入修道院研习神学。1507 年，路德升任神父，1512 年获神学博士学位，1515 年任维滕贝格大学神学教授。

1517 年，他反对教皇以修建圣彼得大教堂为名在德国兜售赎罪券，在维滕贝格教堂大门上张贴了著名的《九十五条论纲》，由此揭开了宗教改革的序幕。教皇利用种种手段企图压制路德以及由路德在德国引发的反抗行为，而路德则在德国各阶层民众以及世俗诸侯的支持下，毅然与

马丁·路德

教廷决裂，继续发表了《致德意志基督教贵族公开书》、《教会的巴比伦之囚》、《论基督徒的自由》等论著。此外，路德还把圣经翻译成德语，不仅打击了天主教会的宗教垄断，而且对德语做出了杰出的贡献。德国农民战争爆发后，路德转而支持封建主镇压农民起义。

灵魂如何获救的问题是基督教的中心教义，也是路德宗教改革的核心问题。圣经中说"义人必因信而得生"，路德据此认为，获救只凭人的信仰与善功，与教会的中介作用没有关系。在《基督徒的自由》一文中，路德全面、系统地阐述了他的"因信称义"学说。

路德认为，人具有双重的本性，一是心灵的本性，一是肉体的本性。就前者而言，人被叫做属灵的、内心的、新的人，是自由的。就后者而言，人被叫做属血肉的、外在的、旧的人，是受束缚的。人不可能靠外在的事功或苦修使灵魂得到拯救，"对于生命，对于释罪，对于基督徒的自由，有一样东西，并且只有一样东西是必需的，那就是上帝的最神圣的话，基督的福音"。[①]因此，

---

① 周辅成：《西方伦理学名著选辑》上卷，商务印书馆，1964 年，第 441 页。

只有信仰才是获救的必要条件。

不过，路德并非绝对否认事功。他指出："我们凭信仰基督所要除去的，并非是'事功'，而是对于'事功'的迷信。是那种想凭'事功'获得释罪的愚蠢想法。"[1]因为人同时也是外在的人，"肉体的意欲，努力要侍奉并追求它自己的满足，这是有信仰的灵魂所不能、也不愿容忍的。"[2]人必须通过事功来控制自己的行为，扬善避恶。但是，这只是信仰的结果罢了，就像好树结好果一样。因此，事功只需做到足以抑制情欲的程度就够了，童身、守贫等禁欲主义的戒律都是不必要的。1530年圣诞节，路德为他的小儿子写了一首马槽歌，其中唱道：谁若不爱美酒、女人和歌，他就终身是个大傻瓜。显示了一个新教徒令人耳目一新的朝气蓬勃的世俗生活。

中世纪教会力图垄断拯救灵魂的权力。它提出上帝不与有罪之人交往，人要获救必须借助教士的中介作用。教皇是上帝在人间的代理人，掌管着拯救灵魂的大权。教会甚至禁止一般基督徒阅读圣经，惟有教皇才有解释圣经的权力。它把以教皇为首的宗教界人士称为"属灵等级"，他们高于一般信徒组成的"世俗等级"。路德则认为，人与人之间的区别只在于信仰。只要受洗入教，心存信仰，人人都可以成为祭司，都属于"属灵等级"，都可享有与教皇、主教同等的权力。只有体现在基督身上的上帝的权威才是真正的权威，因此，只有记载基督言行的圣经才是永无谬误的。人人都有权阅读和解释圣经，并在其中与上帝交流。只是因为我们不能够都来做执事并当众宣教，才有了专职的人来主持圣礼和传道，他们是"执事、仆人和管家"，没有高于其他教徒的特权。

路德宗教改革的核心问题是灵魂如何获救的问题，这也是基督教的中心教义之一。他系统论述了"因信称义"的学说，构成新教神学理论的基础与核心。

圣经主张"义人因信而得生"。中世纪天主教会在承认此说的同时，一直又把诸如童身、守贫、斋戒、施舍、朝圣甚至购买圣物、赎罪券等等所谓"事功"和教士的中介作用视为人的灵魂获救不可缺少的条件，以此为基础，建立了教会在整个社会领域的统治地位。路德认为，善功不能使人获救，教皇也无权赦免人的罪孽，与获救相关的只有信仰。在他看来，内在的信仰是人在上帝

①　周辅成：《西方伦理学名著选辑》上卷，商务印书馆，1964年，第475页。
②　周辅成：《西方伦理学名著选辑》上卷，商务印书馆，1964年，第458页。

面前称为"义人"，由此获得拯救的充分必要条件，而外在的形式化的"事功"对于人的"称义"是无效的。他说："内心的人，靠着无论什么外在的'事功'或苦修，都不能获得释罪、自由和拯救。""如果他愚蠢到想凭借某些'善行'而获得释罪，获得自由、拯救，并成为一个基督徒，他便会立即失去信仰，以及信仰所带来的一切神益。"[①]所以，人因信称义，因信得生。如果心中没有对上帝的虔诚信仰，那么，一切外在的善功不仅不能使人得救，反而会导致基督教道德陷入形式化和虚假化的泥沼。这种思想在他的《九十五条论纲》对赎罪券的抨击中得到了体现，例举几条："赎罪券能并且仅仅能免除教会的惩罚；教会能免除教会所加的惩罚，不能免除上帝所加的惩罚。""赎罪券决不能赦免罪过；教皇本人无权作此赦免；赦免罪过之权属于上帝。""真正悔改的基督徒无需赎罪券就得到上帝的赦免；不需要用赎罪券，基督要求每一个人做这种真正的悔改。""功库不是基督和众圣徒的功德，因为这些功德是他们自己的，完全不受教皇的干预；它决不是指握有钥匙权的教皇除能免除教会所加的惩罚外还能免除更多的东西；真正的功库是上帝的荣耀和恩典的神圣福音。"[②]

针对中世纪教会控制着人们的信仰，教皇作为上帝在人间的代理人，掌管着灵魂拯救的大权，只有教皇才有解释圣经的权力。路德指出，人与人的区别只在于信仰，只要受洗入教，心存信仰，人人都可以成为祭司，享有与教皇和主教同等的权力。只有体现在基督身上的上帝权威才是真正的权威，只有记载基督言行的圣经才是永无谬误的……人人都有权诵读和解释圣经，人人都可以通过诵读圣经而与上帝进行直接的交流，不需要教士的中介作用。这样，路德在人的内心世界重建了宗教信仰，于是，灵魂得救的钥匙从教会和神职人员手中转到了每一个虔诚的基督徒手中，人从外在性的善功或圣事的枷锁中解放出来，获得了精神上的自由和灵魂得救的自主权。这样一来，也就从内部摧毁了教皇或教会作为精神权威存在的传统根基。

路德的思想肯定了个人的权力和精神的自由，坚持个人有权进行理性思考，个人有权坚持自己思考获得的结论，体现了人文主义的理性批判精神，也

---

① 周辅成：《西方伦理学名著选辑》上卷，商务印书馆，1964 年，第 443、441、454、455 页。

② 托马斯·马丁·林赛著，孔祥民等译：《宗教改革史》上册，商务印书馆，1992 年，第 201 页。

是对教皇权力和教会束缚的否定。

路德还认为，应该依靠内心的虔敬去信仰上帝："我要讲上帝之道，我要谈上帝之道，我要写有关上帝之道的问题，但我不会强制或强迫任何人；因为信仰应该是自由的、非强制的，不能强迫人家接受。……如果我使用强制的办法，我能得到什么呢？至多只是在举止、外表、愁脸、虚假和伪善方面起些变化而已。可是，内心的真诚、信和基督徒的爱会有什么变化呢？无就是无，我不可能无中生有。我们需要的是真心，为赢得人心我们必须宣讲福音。"①

信仰不能受制于官方理性规章的束缚，不能遵从于任何外在的权威，信仰只存在于个人内心的虔敬体验之中。于是，信仰从此完全变成为个人的、自由的了。路德的新教把个人信仰的自由和个人理性思考的自由结合在一起，撕破了天主教建立的个人信仰与外在权威、个体理性和官方权威之间的纽带，宣告了不同于中世纪基督教传统观念的近代新观念的诞生。

路德的新教把神圣的东西放到世俗的地面，同时也把世俗的东西提高到神圣的地位，打破了神圣和世俗之间的森严对立，从而在平凡的日常生活中发掘崇高的神性，在个人的内在信仰和精神自由的基础上树立起上帝的神龛。不过，对于当时的人们来说，路德的宗教改革使德国人第一次获得了精神上的自由，他关于"信仰应该是自由的，非强制的"的主张，也标志着近代宗教宽容精神的诞生。

路德的新教思想对整个西方基督教世界也产生了重大影响。北欧诸国为了摆脱天主教会的经济剥削和政治干预，纷纷改信了路德教。受路德影响的新宗教在西欧、奥地利和匈牙利等地也迅速蔓延开来。法国的路德教徒经过三十多年的宗教战争，终于获得了信教的自由和与天主教徒同样的政治权利。英国则由国王进行自上而下的改革，国王成了国教会的首脑，不受罗马教皇的管辖，但保留了天主教的基本教义和仪制；新兴的资产阶级则要求清除国教会中的天主教残余，被称为清教徒，这使得英国许多政治、思想和文化方面的斗争都带有宗教斗争的伪装色。

路德掀起的宗教改革通过让·加尔文(1509—1564年)又得到了进一步的深

① 托马斯·马丁·林赛著，孔祥民等译：《宗教改革史》上册，商务印书馆，1992年，第277页。

化、发展。加尔文出生于法国的一个律师家庭。早年就学于巴黎，受到马丁·路德影响。由于法国政府对新教徒进行迫害，加尔文于 1535 年逃往瑞士巴塞尔，1536 年发表其主要神学著作《基督教原理》，同年抵达日内瓦，参与该自由市的政权建设，不久成为该政权的实际领导，1538 年因该市下层市民骚动而遭驱逐。1540 年，该市上层市民再度得势并请加尔文返回日内瓦。从此，加尔文定居日内瓦，并在那里建立新教教会，取消主教制，代之以资产阶级共和式的长老制，并与日内瓦城市政权结成政教合一的体制。与路德一样，加尔文也宣称教徒"因信得救"，但他主要是重新推出奥古斯丁的"先定"说，发挥了路德思想的宿命论方面。

加尔文把宇宙中的一切都归之于上帝的永不更改的"先定"。上帝也预先安排好了对人的拯救。谁将得到拯救，谁将被遗弃，取决于上帝预先的拣选。这是上帝的恩典，是无条件的，是秘而不宣的，并且不以人的善恶功罪为转移。况且"除非人受到神的恩典的帮助，而且是受到那赐给那在再生中的选民的特殊的神的恩典的帮助，否则，人就没有做善功的自由意志"。[1]由此，加尔文也像路德那样，否定了罗马教会的救赎理论，认为善功对人的来世生活没有什么影响，并不能使灵魂得到拯救，它只不过是教会用以牟利、勒索钱财的手段罢了。教皇、主教们并不能代表上帝，圣经才是信仰的惟一权威，人人都可以通过阅读和信仰圣经而直接与神相通。总之，个人的功德和教会的存在都不能改变上帝的先定。不过，虽然人们无法得知自己是否是上帝的选民，尘世的行为也不能改变上帝的"先定"，但人们也不应当放弃现世的努力，而是应当坚信自己是上帝的选民，积极求取事业上的成功。因为上帝对其拣选的选民，必然给予充分的支持。而个人只要在事业上取得成功，就是实现了上帝所赋予的先定使命，也就是死后灵魂可以得救的可靠证明。"加尔文的信条适合当时资产阶级中最勇敢的人的要求，他的先定学说，就是下面这一事实在宗教上的反映：在商业竞争的世界中，成功或失败不取决于个人的活动和才智，而取决于不受他支配的情况。起决定作用的不是一个人的意志或行动，而是未知的至高的经济力量的摆布。"[2]

① 周辅成：《西方伦理学名著选辑》上卷，商务印书馆，1992 年，第 499 页。
②《马克思恩格斯选集》第三卷，人民出版社，1972 年，第 391 页。

日内瓦正在庆祝宗教改革领袖加尔文诞辰 500 周年

无论是路德的"因信称义"学说，还是加尔文的"先定"学说，都从原始基督教和奥古斯丁的宗教理论汲取了丰富的思想内容，并在"复兴"古代神学的形式下，注入了时代的新内容。在理论上，他们不仅否定了教皇和罗马教会的至上权威，而且甚至否定了教会存在的必要。他们启迪人们的思考，肯定人们的世俗生活，肯定个人的权力、地位，争取个人的解放。可见，宗教改革与人文主义思潮是同一个时代精神在不同领域里的表现，甚至可以说，宗教改革是在人文主义的影响下发生的，是人文主义精神在宗教神学领域里的延伸。但从对天主教统治的瓦解和摧毁来说，宗教改革的作用却是人文主义所无法比拟的。这一点，从罗马教廷对待宗教改革和人文主义的不同态度就可以看得出来。宗教改革的矛头直接指向教会，因而它从一开始就遭到以罗马教会为首的天主教势力的反对、迫害和镇压。宗教改革的精神是新时代世俗精神的反映。虽然宗教改革并没有自己独立的哲学形态，但它对后世的社会发展和哲学发展所产生的影响却是不可低估的。许多历史学家甚至把路德、加尔文所代表的新教精神视为近代资产阶级进取精神的源泉。

不仅如此，宗教改革诉诸个人的内心信仰，在某种意义上为近代哲学之主体性的觉醒准备了条件。正如黑格尔所说，"按照这个信仰，人与上帝发生了关系，在这种关系中，人必须作为这个人出现、生存着；即是说，他的虔诚和他的得救的希望以及一切诸如此类的东西都要求他的心，他的灵魂在场"。①

---

① 黑格尔著，贺霖、王太庆译：《哲学史讲演录》第三卷，商务印书馆，1959 年，第378 页。

于是，永恒的东西或真理与有限的东西即个人的存在在"主观性"基础上得到了"和解"，因而宗教改革的根本内容就是："人类靠自己是注定要变成自由的"。①

当然，宗教改革毕竟只是在信仰范围之内进行的改革。他们的宗教哲学思想依然有着神学的深刻印记，是新教神学的理论基础。路德、加尔文的宗教改革在本质上具有浓厚的反理性反科学色彩，甚至就连他们所标榜的宗教信仰自由，最终也被对异端的残酷镇压所淹没。哥白尼的日心说曾遭到路德的恶毒咒骂，而著名的西班牙人文主义者塞尔维特，在正要发现血液循环的时候，虽然逃离了罗马天主教会的监狱，却最终惨死在加尔文教的火刑架上。马克思曾经深刻地揭示了路德宗教改革的本质，"路德战胜了信神的奴役制，只是因为他用信仰的奴役制代替了它。他破除了对权威的信仰，却恢复了信仰的权威。他把僧侣变成了俗人，却又把俗人变成了僧侣。他把人从外在的宗教中解放出来，但又把宗教变成了人的内在世界。他把肉体从锁链中解放出来，但又给人的心灵套上了锁链。"②

加尔文与路德是新教世界的两大精神领袖，他们在神学思想方面既有不同于天主教的共同点，也存在着彼此之间的差异。加尔文也宣称教徒"因信称义"，但他更加发挥了奥古斯丁的"先定说"。他把一切都理解为上帝永不更改的先定，同样，上帝也安排好了对人的拯救。上帝预先的拣选决定了一些人注定得到永生，一些人注定将被遗弃。这是上帝的恩典，它是无条件的，不以个人的善恶功罪为转移。这样，他像路德一样，否定了罗马教会的救赎理论。认为善功对于人的灵魂得救和来世生活没有影响，它只不过是教会用以牟利的手段罢了。教会和个人功德都不能改变上帝的先定。教皇和主教也不能代表上帝，圣经是唯一的权威，人人都可以通过圣经直接和上帝沟通。不过，路德虽然否定了在道德实践——善功领域里自由意志的作用，但十分强调在精神领域里个人信仰在获救中的决定性作用，而加尔文则在事实上否认了一切自由意志，上帝预先的拣选才真正是决定一切的基础。只是由于人"因上帝拣选而称义"，人才能够"因信而称义"。如果没有上帝的恩典的帮助，人也没有"作善功的自

① 黑格尔著，王造时译：《历史哲学》，商务印书馆，1957年，第464页。
② 《马克思恩格斯选集》第一卷，人民出版社，1972年，第9页。

由意志"。但加尔文又在另外的意义上，比路德更大程度地肯定了善功的重要意义，这也是加尔文与路德的一个重要差异并由此产生了一个深远的历史后果。加尔文认为，虽然善功并不是得救的原因，不能改变上帝的天定命运，但人们却不应该放弃现世的努力，而应该积极谋求事业的成功，因为成功的事业意味着实现了上帝赋予的先定使命，它是灵魂可以得救的可靠证明，更是荣耀上帝的一条重要途径。于是，本分的道德生活，努力不懈地工作及其结果——世俗生活的成功，越来越成为人们的一项积极追求。这样，恩典、信仰、善功三者就被联系了起来。上帝的拣选是获救的根本，虔诚的信仰就是对获救的内在证明，而善功作为荣耀上帝的途径，则是对获救的外在证明。一个被上帝拣选的人，内心必然充满了对上帝真诚的信仰，肯定会为了上帝而努力勤奋地劳动，过一种纯朴节俭的道德生活。

如果说在路德的神学关怀中人是出发点和目的，通过在个人的虔敬信仰中与上帝直接沟通而恢复了人的尊严和自主性，那么，加尔文的神学思想则通过上帝的先定，重新把人的一切又奉献给了上帝。上帝是一切的出发点和目的，人是为了上帝而活着，人在现世中的一切活动都是为了彰显和荣耀上帝。在路德那里人所获得的此生的自由和价值，在加尔文这里又丧失了。然而，正是由于人们所作的一切都是为了荣耀上帝，都是为了证明上帝的拣选，因此，日常工作和世俗生活就都被赋予了神圣的意义，全部具有了善功的性质。勤奋劳动、努力工作、谦和节俭、尽职尽责，变成了人们恪守的"天职"，这也是新教，特别是加尔文教的禁欲主义伦理观。在现代一些思想家看来，正是由此导致了一种深远的历史后果，即这种新的宗教观念是促成近代资本主义产生和发展的一个精神根源。马克斯·韦伯认为，新教伦理塑造了资本主义精神的形成，弗罗姆认为，把生命视为一个工具，为了实现个人之外的目的去工作、节约、禁欲的宗教思想，是造成现代经济和社会发展的一个重要因素。

三、近代哲学的曙光

文艺复兴的确"复兴"了古代文化，不过"复兴"古代文化并不是新时代哲学的实质和目的。对古代文化的复兴，可以看做是这个时期知识分子针对基督教神学的一种手段，由于新思想还不成熟，所以需要用旧瓶来装新酒。随着人文主义运动的逐步深入，旧哲学的形式开始被逐渐地抛弃，新时代的曙光已经出现在历史的地平线上，人们开始从新的角度、用新的方式来思考上帝、宇宙、人及其认识的问题。

这一时期自然科学的发展进一步促进了这一趋势。文艺复兴时代有两个重要的发现，一是发现了人，二是发现了自然。一旦人们用感性的、实验的眼光重新观察它们，它们便展露出新的面貌。文艺复兴时期，自然科学的发展取得了一系列突破性的成果。哥白尼推翻了托勒密体系，实现了天文学的革命；开普勒发现了天体运动的三大规律，将建立在经验观察基础上的天文学变成一门严格精密的科学；伽利略发现了落体定理和惯性定理等，为近代物理学奠定了基础。此外，在动物学、植物学、医学、解剖学等学科都有一系列重大的发现。科学研究的精神和成果也都反映在这一时期的哲学之中，使其具有浓重的自然哲学色彩。

(一) 尼古拉·库萨"自然主义"哲学

尼古拉·库萨(1404—1464 年)，文艺复兴时期德意志哲学家、数学家，先后在海德堡大学和意大利帕多瓦大学研读神学、哲学和数学。1431 年参加宗教会议，并以教皇使者身份负责处理宗教方面的事务，担任过主教和枢机主教职务。主要著作有《论天主教的和谐》、《论有学识的无知》、《对有学识的无知的辩护》、《论上帝的启示》、《论信仰的平静》等。

论有学识的无知

［德］库萨的尼古拉 著

商务印书馆

尼古拉·库萨的《论有学识的无知》

做为人文主义者的尼古拉·库萨与天文学家布鲁诺认为，神就是"万物的本质"或"统一的实体"。当然，不可否认其具有神学论的色彩。但有学者评价说，这是"披着神学外衣的唯物主义"。由于受历史条件和认识能力的限制，前人不可能做到"真正的科学"，重要的是把至高无上的神与大千世界的物"等同"了起来，具有贬神崇物的意义。

　　尼古拉·库萨提出"对立面一致"的思想，认为任何对立的双方都有彼此统一的一面，因而具有一定辩证的思想，但也明显表现出神学理论和绝对主义的局限性。他在其《论有学识的无知》中提出了三个"极大"的区分：一是绝对的极大。他对此定义为："一个事物，不可能有比它更大的事物存在，我称之为极大"①。强调"极大是绝对的一，因为它是一切；一切都在它里面，因为它是极大。由于没有什么东西与它对立，极小也同时与它一致；因此它也在一切之中。由于它是绝对的，所以它在事实上是一切可能的存在，不受任何事物限制，一切事物都受它的限制。这一极大就是上帝"。②显然，这明摆着是为了论证上帝的存在。

　　二是限定的极大，实际指的是宇宙，表现为普遍存在的统一性。但他解释，这种统一性被限定在事物的"多"中，一旦离开了事物的多，它就不可能存在。并且更主要的是，这种限定性还在于：宇宙的存在也依赖于上帝，正因为有了上帝的存在，才有宇宙的存在。所以，宇宙不是绝对的无限，而是相对的无限。这种无限性都表现为时空上的无限性，不存在把宇宙包入其中的界限。因此，它在时间上是永恒的，而在空间上既无边界，也无中心。尤为可贵的是，在哥白尼的"日心说"发表之前，尼古拉·库萨已经对"地心说"提出了认识上的挑战。

　　三是特有的极大，特指既是神又是人的耶稣，是既绝对又限定的极大。尼古拉·库萨认为，宇宙中没有哪个低等事物能够成为自己属于那个类的极大。比如说某一棵树，它只能是这一棵树的自身，而不是"树"这个类的整体。常言道，无木不成林，但仅有一棵树，是成不了森林的。它们不可能与上帝同一，因为缺乏完善性。然而他说，唯独人类适合产生这样的极大。那是为什么呢？

---

① 转引自张志伟《西方哲学史》，中国人民大学出版社，2002年，第322页。
② 转引自张志伟《西方哲学史》，中国人民大学出版社，2002年，第322页。

他对此解释说，因为人是万物之灵，是一个"小宇宙"或者小世界，凭借理性镜子一样能够反映整个宇宙。但并非人类的每一个人都能达到类的极大，他声称只有耶稣才能做到。对此他解释说，因为耶稣与上帝是同一的，所以是绝对的极大；又因为耶稣是个体的，所以又是限定的极大。

尼古拉·库萨在认识论上既肯定了人类的认识能力，又指出了认识上的局限性。他提出了人的认识经历感觉、理智、思辨理性、直觉四个阶段。认为"感觉"产生的是混乱的印象；"理智"能够保持对特定事物独立性的区别；而"思辨理性"则能发现不同事物区别的可调和性；至于"直觉"可以用来达到对事物统一性的认识。但不管哪一个阶段，都表现了认识能力的局限性。即便是直觉也无法真正达到对事物统一的或完整全面的认识。所以说，人的认识是有学识的无知。一切研究者都是在预先确定的已知的比较中，根据比例关系作出确定的。因此，一切研究都是比较，都以比例为媒介。

尼古拉·库萨关于"有学问的无知"的思想深刻地揭示了绝对真理与相对真理的辩证统一，论证了精神的无限能力，使人及其精神成为哲学的最高主题。因此，一些哲学史家认为，只有库萨的哲学才真正在形而上的层面上体现了文艺复兴时代的精神，从而无愧于近代哲学的思想先驱。

从上述理论显而易见，尼古拉·库萨充满着神学及其神秘主义的理论色彩，但其中所蕴涵的辩证思想是不容忽视的。首先他提出，上帝是"对立面的一致"，能把一切有限者包容于自身之内，使万物最终复归于此，并消除了所有的对立和差别，达到完美和谐的统一。对此撇开神学的性质，不难发现其合理的思想成分，即对立统一的思想。

其次，他在认识论上提出了以对立面统一的法则来超越有限，达到无限的认识。有限与无限本是对立的，但也是可以统一的。比如，把有限的圆弧扩大到无限，就得到一条直线，即无限大的圆弧与直线相等。并可进一步类推，最终可以得知在上帝那里的一切事物都是没有区别的。

总的说来，他把极大与极小、无限与有限、整体与单一、学识与无知等，都解释成为具有对立面的一致性，以至于把直线与曲线、圆弧与三角之类的几何形状都看成统一的东西。这一辩证思想的影响是深远的，近则影响到同时代的布鲁诺，远则影响到后来德国古典哲学集大成者黑格尔等，以至影响到马克思主义哲学，乃至我们现代人的思维方式。

(二) 意大利对中世纪的挑战

意大利哲学家费奇诺(1433—1499 年)在佛罗伦萨创建了柏拉图学园，传播柏拉图主义。他非常关注人的尊严、人在宇宙中的位置和人的命运等问题。在《柏拉图神学》一书中，他把中世纪的宇宙观念与新柏拉图主义综合在一起，构建了一幅新的宇宙图景，人被置于一个特殊而重要的位置上。宇宙被看做一个宏大的等级体系，由五个基本实体构成：最高的等级是上帝，向下依次是天使的心灵、理性的灵魂、性质和形体。每个事物在这个体系中依据其不同的完善程度而拥有自己的位置。在费奇诺的这个宇宙体系中有两点值得注意：一是人的灵魂处于中心位置。人的灵魂是上帝创造的，被置于万物的中间位置，向下可与物质沟通，向上则可以达到天使和上帝。二是宇宙被看做是一个动力系统。他对于中世纪那种静态的宇宙体系不满意，在那里各个等级之间是相互外在的，缺少内在联系，他认为是某种能动的力量和亲和力把各个等级和各种事物结合在一起。这种力量就是灵魂，灵魂能够把它的爱和思想扩展到万物之中，从而把从高到低的不同等级结合起来，因而成为自然的中心，万物的中项，宇宙的纽带。人的灵魂不仅是宇宙的中心，而且是万物中的能动力量，是联系神圣世界和世俗世界的环节。

意大利另一位哲学家特莱肖(1509—1588 年)主张冷和热是推动万物的两个能动的本原，而物质是消极的第三个本原。热使事物产生和运动，冷使事物静止和死亡。太阳代表热的本原，大地则代表冷的本原，冷和热的斗争产生了万物。他反对亚里士多德的时空观，认为虚空是存在的，空间与其中所包含的物质有着完全不同的性质，空间绝对同一，没有运动，可以脱离物质而存在，反之，物质只能在空间中运动。同样，时间也不依赖于运动，相反，运动以时间为条件，只能在时间之内运动。时间与空间是不可分离的。这种观点无疑是牛顿时空观的先驱。特莱肖关于宇宙本原的观点看起来是向古希腊自然哲学的回归，但它的意义在于突破了经院哲学的宇宙模式，为建立新的宇宙观开辟了道路。

意大利哲学家帕特里齐(1529—1597 年)在《一般哲学新论》中阐述了他的新宇宙观。光在宇宙中占据中介位置，它把神圣、不朽的事物和世俗的事物结合在一起。世界是有限的，光在这个世界中与黑暗结合在一起。在世界之外是纯粹的光的无限空间，那纯粹的光来自上帝。空间是一切有形之物的本原，空间像一个容器先于一切物体而存在。空间可以分为两部分，中间是有限空间，其周围则是无限虚空。上帝的内部包含着全部多样性，这多样性又统一于上帝；这内在的多样性外显出来就是宇宙。他把物理学和数学引入了自己的体系，使物理学、哲学与神学混合在一起，同样具有突破旧的经院哲学体系的意义。

布鲁诺(1548—1600年)是这一时期最具有现代气质的一位哲学家，其思想也最深刻和成熟，有一定的体系性。布鲁诺出生于意大利那不勒斯附近诺拉镇的一个没落的小贵族家庭。在当地拉丁语学校毕业后，于1565年进入多米尼克修会的一家修道院。布鲁诺广泛阅读哲学和科学著作，因对教规禁锢表示不满而受到院方监视，并面临被宗教裁判所拘捕的危险。为了逃避迫害，他流亡欧洲各地16年，在极其艰难的条件下从事讲学和著述活动，最终因被人出卖而落入宗教裁判所。在8年的监狱生活中，布鲁诺受尽折磨，但始终坚贞不屈，拒绝放弃自己的观点。1600年2月17日，布鲁诺被活活烧死在罗马鲜花广场。布鲁诺的主要哲学著作有《论原因、本原与太一》、《论无限、宇宙和众世界》、《论单子、数和形式》、《灰堆上的华宴》、《论英雄热情》等。

布鲁诺

布鲁诺的哲学思想受库萨的影响较大。布鲁诺自己在一次讲演中曾以崇敬的口吻谈到库萨。布鲁诺毅然抛弃了库萨的"祭披"，即源自神学的不彻底性，同时吸取了哥白尼的天文学成果，建立了一个泛神论的哲学体系。

与当时许多哲学家一样，布鲁诺对亚里士多德哲学表现出极大的反感，因为没有人比他更多地依赖于空洞的幻想和更加远离自然，而实际上他们批判的并不是亚里士多德本人，而是被经院哲学歪曲了的亚里士多德。另一方面，在他们的哲学中到处可以看到亚里土多德的影响，似乎离开了亚里土多德的术语，他们还不知道怎样表述哲学思想。

布鲁诺把关于自然事物的原因、本原和统一性的问题作为研究的主要课题。

所谓本原，是指从内部促成事物的形成，并且作为该事物的基本要素，留存于该事物之中的东西。本原又叫实体。形式是积极的潜能，物质(质料)是消极的潜能。形式与物质相结合而产生万物。精神、灵魂、生命处于万物之中，并按照一定的程度充满全部物质，因而是万物的真正形式，世界的形式就是"世界灵魂"。但形式不能离开物质独立存在。"形式离开物质，便没有存在，形式在物质中产生，在物质中消灭，来自物质和归于物质。"①除物质以外，的确没有别的任何东西是永恒的、常驻的、配称本原的。"将自身包含的卷缩东西舒展开来的物质，应该称作神物和最优秀的生产者，应该称作自然万物以及全部实体自然界的生育者和母亲。"②

所谓原因，是指从事物的外部促成事物的产生，并且自身留存在事物之外的东西。物理世界的作用因就是"普遍的理智"或"世界理智"。普遍的理智是世界灵魂内部的一种特有的能力，"是它使物质承受了所有的形式，是它根据形式的意义和条件，赋予物质以形状，塑造并形成万物，使万物处于这么一种惊人的秩序中"。③但普遍的理智并不是从外部将形式赋予物质，因为形式本来就包含在物质之中。与其认为物质没有形式，排除形式，倒不如说物质包含形式、囊括形式于自身之中。形式"被作用因唤起进行活动并处于物质之令"。④在这种意义上，世界理智是自然万物的真正作用因，就它的存在不同于其产物的实体和实质而言，它是外因；就它也在事物之中起作用而言，它是内因。

---

① 布鲁诺：《论原因、本原与太一》，商务印书馆，1984 年，第 76-77 页。
② 布鲁诺：《论原因、本原与太一》，商务印书馆，1984 年，第 109 页。
③ 布鲁诺：《论原因、本原与太一》，商务印书馆，1984 年，第 44 页。
④ 布鲁诺：《论原因、本原与太一》，商务印书馆，1984 年，第 47 页。

作为原因的世界理智是作为形式本原的世界灵魂的一种能力，而作为形式的世界灵魂又内在于作为物质本原的宇宙之中。于是，作用因、形式因、质料因完美地结合在一起。这个作为囊括一切的统一体的宇宙也就是"太一"。宇宙既是一，又是一切。由于它没有差异，所以是统一的；由于它无所不包，所以是无限的；由于在它之外没有任何可供移动的场所，所以它是不动的。对于"太一"，我们什么也不能说，既不能说它是物质的，也不能说它是形式的。有时，布鲁诺称宇宙为"神"。"神"在他那里只是一种称呼，既没有人格，也不是宇宙的主宰。因此，布鲁诺的哲学具有泛神论的性质。

宇宙是一，一不仅表示宇宙内部的统一性，而且表示宇宙在数量上也是惟一的。宇宙只有一个，是"能生的自然"，而世界(各种天体系统)的数目则无限多，是"被生的自然"。无限的宇宙不可能有任何外界和中心．太阳只是诸天体中的普通一员，太阳系属于一个更广大的系统，在无限的空间中有无数个这样的系统。包括太阳、地球、行星、恒星在内的所有天体，都是由同样的元素构成的，具有同样的形式、运动和变化。布鲁诺还认为宇宙是由不可分割的微粒(即"极小")构成的。"极小"在物理学上就是原子，在数学上就是点，在哲学上就是单子。原子的不同结合、排列和搭配，构成了千差万别的事物。由于"极小"在自身中包含着成为一切的可能性，是它所能是的一切，所以和"极大"、"太一"是一回事。原子自身就具有灵魂，有运动能力，因此宇宙不需要"第一推动者"。

布鲁诺继承了尼古拉·库萨的"对立面一致"的思想，认为宇宙中一切事物都是由对立面构成的。"谁要认识自然的最大秘密，那就请他去研究和观察矛盾和对立面的最大和最小吧。深奥的魔法就在于：能够先找出结合点，再引出对立。"①布鲁诺本人就是这样做的。他指出，不仅"极大"和"极小"吻合为一，而且在"极大"和"极小"自身中对立面也是归于一。在"太一"之中，不仅"极大"与"极小"没有差别，甚至直线和曲线、直线与圆周也是统一的。最小的弧和最小的弦、无限的直线和无限的圆周都是无差别的。

布鲁诺的哲学是文艺复兴时期新哲学思潮发展的成果。宗教裁判所可以用火刑架夺走哲学家的生命，可以用禁令销毁哲学家的著作，但却阻挡不了哲学

---

① 布鲁诺：《论原因、本原与太一》，商务印书馆，1984年，第133页。

家思想的广泛流传。他的思想在笛卡尔的理性论、斯宾诺莎的泛神论、莱布尼茨的单子论、德国古典哲学的辩证法思想中都得到不同程度的复现。

他认为，物质是万物的本原。物质自身中包含着所有形式，物质是一切事物的源泉，是自然万物的"母亲"、"生育者"。它当然也是形式的产生者，即形式来源于物质，而不是相反。形式是物质中的"卷缩"的东西，即形式是潜在于物质之中、尚未展开的。同时，形式是物质内部本来具有的能力，它不是外来的。

物质具有自己运动的能力，这种能力来自世界灵魂。由此决定了一切事物都具有灵魂，包含着生命，或者说隐藏着成为生命的可能性。

布鲁诺还提出了单子论来解决物质世界是由什么构成的问题。他抛弃了元素说，在改造原子论的基础上提出了单子论：世界上存在着最小的粒子，它在数学上叫作"点"，在物理学上叫作"原子"，在哲学上叫作"单子"。物质的基本存在形式就是单子。一切事物都由单子构成，万物的差别是由于单子的不同组合造成的。单子是永恒不变的，所以它是万物的始基物质和实体，其他事物则是变化的、流逝的。因此，从根本上讲，除了最小和不可分割的单子以外，其他什么也不存在，万物来源于单子，又复归于单子。单子是自然界中分割的最后限度，因此单子就是极小。所以，单子与德谟克利特的原子一样，内部是充实的，没有空隙，因而也就没有部分。他不同意德谟克利特存在着虚空的观点，认为虽然原子不是连续的，但由原子构成的宇宙却是连续的，原子并不是在虚空中运动。这样就否定了没有物质的空间的存在。单子本身包含着自动的原则。单子本身虽然不能变易，却包含着内在的动力，因为在这最小中包含了一切生命的种子，具有世界灵魂，世界灵魂是单子具有能动性的原因。每个单子虽然是简单的，却潜在着一切，包含一切对立面、一切发展形式于自身之内，物质的那些卷缩的形式就存在于单子里边，一切事物都由它发展而来，万事万物只是这个最小中潜在的一切性质的展现。在这种意义上极小——单子也就是极大，所以单子就是一个小宇宙。

布鲁诺赞成哥白尼的日心说，但他又远远超越了日心说，提出了宇宙无限的思想。在他看来，无限、宇宙、实体、上帝、自然、太一、世界灵魂等都是同一层次的概念。无限"是一切，是最大，是太一，是宇宙"①，是"存在、实体、实质"，是"不动者"。②所有这些名词都是从不同角度对无限或太一的描述，一切事物都是太一的展现。但这个上帝与基督教的上帝是完全不同的，它不过是自然的代名词。

布鲁诺还推论说：既然地球上存在着人类，这个宇宙又是统一的，那么宇宙的其他天体上也必然存在着生命和人类，因为在物质世界中，无论多么小的事物中都包含着精神实体，只要条件成熟就会成为植物，成为动物，都包含着成为有生机之物的可能性。他还认为，存在着许多世界和许多太阳，在那里一定存在与我们类似的人。

综上所述，"自然"已经逐渐进入文艺复兴时期许多哲学家的视野中，他们试图突破传统和权威已经建立起来的框架，尤其是亚里士多德和经院哲学所确立的框架，从新的角度、新的视角、以新的方法来认识自然、解释自然，从而在自然观上产生了巨大的变化。这一变化的主要特征是有机论的出现，自然被看做是一个像生物那样的有机体，具有发生、发展和衰落的过程，而这种运动的动力主要源于自然本身。这样，过去那种静止的宇宙图景就被改变了。另一个重要特征就是他们在论证自己的观点时很少甚至不再引用《圣经》和权威，而是从自然本身出发来进行论证。他们的著作中所使用的术语发生了很大的改变，中世纪著作中大量充斥着的宗教术语为"物质"、"自然"、"宇宙"、"时间"、"空间"等词语所代替。应当说，他们是现代哲学和科学的先驱。

另一方面也应该看到，在文艺复兴时期的思想家身上仍然留有古代和中世纪的痕迹，他们的思想缺少连贯性、系统性，内容庞杂，而且有明显的思辨和猜测性质。这些特征都是与文艺复兴时期的过渡性质相关联的。其次，所以如此，在于当时自然科学还不够发达，还不能为哲学家提供足以从总体上把握自然的经验科学的足够材料。

欧洲文艺复兴运动的掀起，以人文主义的艺术、宗教改革的运动、方兴未艾的科学、如梦初醒的哲学等，为西方人文精神的发展扫清了道路。随着经院哲学这个沉闷时代的完结，历史将翻开新的一页。从古希腊到中世纪，本体论

---

① 布鲁诺：《论原因、本原与太一》，商务印书馆，1984，第115页。
② 布鲁诺：《论原因、本原与太一》，商务印书馆，1984，第119页。

经历了"自然本原"到"超验存在",再到"神化本体",导致了人的本质走向了人性的"异化":失去了人本有的主体独立性。文艺复兴运动提倡人性的复归,即人应从封建神学的束缚中解放出来,恢复人本有的自主自由的权利,促使近代欧洲哲学转化为主体认识论,标志着中世纪的历史已经结束了,"黑暗的时代"的过去,将使欧洲的历史重见光明。

第九章

在经验世界的起跑线上

经验论哲学产生于 17 世纪的英国。17 世纪上半叶的英国不但在宗教信仰方面相对于欧洲大陆来说具有一种较为宽松的氛围，而且由于圈地运动的蓬勃开展而极大地刺激了资本的原始积累，促进了资本主义生产关系的发展。此外，17 世纪的英国同样也是实验科学的热土，实验科学与沉溺于玄思冥想的经院哲学最大的差异就是对经验事实的重视。这些因素与英国中世纪后期罗吉尔·培根所开创的经验主义传统结合在一起，最终导致了近代经验论的产生。早期的经验论哲学基本上确立了"凡在理智之中，无不现在感觉之中"的基本原则，与由笛卡尔开创的唯理论哲学形成了明显的对立之势。早期的经验论哲学经历了从弗兰西斯·培根经霍布斯到洛克的发展，在这个发展过程中间，经验论的认识原则和思想观点不断地得以强化和系统化，同时它的片面性和内在矛盾也日益暴露出来，最终导致了经验论走向了不可知论和怀疑主义。

一、培根的《新工具》

培根是经验主义哲学的开创者，他开创了经验主义的研究方法，开始了英国经验主义的发展历史。培根的论述是针对当时的经院哲学而发的，他对当时盛行的经院哲学非常反感，认为它空洞无用，而且还遮蔽了人的认识，阻碍了科学和哲学的发展。他认为当时的人们被四种偏见所迷惑，即四假象：种族假象、市场假象、洞穴假象和剧场假象。人们要摆脱四假象，关键是要采取新的认识，即《新工具》。培根通过自己的《新工具》阐述了自己科学的认识方法，而这种方法也奠定了经验主义的基本原则，开始了经验主义的发展。

(一) 生平与著作

弗兰西斯·培根(1561—1626 年)出生于伦敦一个官宦世家，父亲尼古拉·培根爵士是伊丽莎白女王的掌玺大臣，培根在很浓厚的政治氛围中长大，12 岁时被送入剑桥大学三一学院深造。在剑桥大学学习三年后，培根作为英国驻法大使埃米阿斯·鲍莱爵士的随员来到了法国，在旅居巴黎两年半的时间里，他几乎走遍了整个法国，接触到不少的新鲜事物，汲取了许多新的思想，这对他的世界观的形成起到了很大的作用。1579 年，培根的父亲突然病逝，培根的长兄继承了父亲的财产，他的生活开始陷入贫困。在回国奔父丧之后，培根住进了葛莱法学院，一面攻读法律，一面四处谋求职位。1582 年，他终于取得了律师资格，他的政治生涯就是在此后不久开始的。1584 年，他被选为下议院议员，1589 年成为法院出缺候补的书记，然而这一职位竟长达 20 年之久没有出现空缺。培根四处奔波，却始终没有得到任何职位。虽然他有高朋贵亲和显赫的才华，但是伊丽莎白女王拒绝委任他任何要职，或有利可图之职。其理由之一是他在议会中果敢地反对女王坚决支持的某项税务法案。培根生活奢侈，挥霍无度，借债累累，无所顾忌，曾一次因欠债而被捕。培根后来成为踌躇满志、深得民心的青年贵族埃塞克斯伯爵的顾问，而埃塞克斯也成了培根慷慨的捐助人。后来埃塞克斯伯爵失宠，培根帮助起诉伯爵，并在伯爵叛国罪的诉讼中起到了积极作用，导致埃塞克斯被斩首。为这件事，培根一向受人非难，认为它忘恩负义，使得许多人对他心生厌恶。但是当罗素在评价这件事的时候说到："他(培根)在埃塞克斯忠君期间与他共事，但是在继续对他忠诚就会构成叛逆的时候抛弃了他；在这点上，并没有丝毫甚至让当时最严峻的道德家可以指责的地方。"[1]

---

① 罗素著，马元德译：《西方哲学史》下卷，商务印书馆，2007 年版，第 61 页。

弗朗西斯·培根

培根当上了英国大法官。不过，他以哲学家和作家著称于世，而非自己的法律和政治成就出名。

尽管培根背弃了埃塞克斯，但是伊丽莎白女王在世期间，他还是没有得到宠信。后来伊丽莎白女王去世，詹姆士一世即位，由于培根曾力主苏格兰与英格兰的合并，受到詹姆士的大力赞赏，培根因此平步青云，扶摇直上。1602年受封为爵士，1607年被任命为副检察长，1613年被委任为首席检察官，1616年被任命为枢密院顾问，1617年提升为掌玺大臣，1618年晋升为英国大法官，授封为维鲁兰男爵，1621年又授封为奥尔本斯子爵。

但是乐极生悲，培根随后便大难临头。作为一个法官，培根当面接受诉讼当事人的"礼物"，收受贿赂。不过此种事情在当时的英国很是普遍，在那个时代，馈赠礼物是普遍的惯例，基本上是原告被告通吃的。而收受赠礼之后不受贿赂影响，仍然公平判案，这是当时的法官美德的表现。

虽然此种事情在当时非常普遍，但显然是违反法律的。因此事培根被捕，接受审判。一般在当时，因为这种情况被捕时，大多会辩护声称每个其他人也都在行骗，就是说天下乌鸦一般黑，不能单独惩罚我一个人。培根面临指控，承认指控属实，只是声辩说那些赠礼丝毫不影响他的判决。后来培根被判处罚金四万英镑；监禁伦敦塔中，期限随国王的旨意而定；终生不得担任任何公职。培根的判决后来只被执行了极小一部份，罚款并没有强令他缴付，在伦敦塔中也只关禁了四天，但是他的政治生涯已近结束，开始以写作度过余生。后来罗素在谈起培根的这段人生经历时说到："培根遭罪本是一场党派争哄中的风波，并不是因为他格外有罪。他虽不像他的前辈托马斯·摩尔爵士那样是一个德操出众的人，但他也不是特别奸恶。在道德方面，他是一个中常人，和同时代大多数人比起来不优不劣。"①培根过了五年的退隐生活后，1626 年 3 月底，坐车经过伦敦北郊，路过一片雪地时，他突然想作一次实验，他宰了一只鸡，把雪填进鸡肚，以便观察冷冻在防腐上的作用。但由于他身体孱弱，经受不住风寒的侵袭，支气管炎复发，病情恶化，于 1626 年 4 月 9 日清晨病逝。

培根一生著作很多，主要的著作有：《论科学的增进》(1605 年)；《新工具》(1620 年)；逝世之后，整理出版的遗作包括《论事物的本性》、《迷宫的线索》、《各家哲学的批判》、《自然界的大事》、《论人类的知识》等等。

(二)　"四假象"学说

培根非常反对中世纪的经院哲学，认为它空洞无用，而这些空洞无用的哲学直接阻碍了科学的发展，导致科学几百年来停滞不前。他认为当时所流传的科学书籍，尽管种类繁多，数量很大，但是基本上都是在重复相似的内容，几百年来没有新的内容出现。而且最关键是这些知识没有实际的效用。他用了一个比喻来说明这种情况："我们必须承认，我们主要从希腊人那里得来的智慧，只不过像是知识的童年，具有着儿童的特性：他能够谈论，但是不能生育；因为他充满着争辩，却没有实效。我们熟悉的科学也是这个样子，虽有一些冠冕堂皇的、讨人喜欢的一般论点，可是一碰到特殊事物，即生育的部分，需要结出果实、产生成果时，就引起争执，辩论不休了。"②

而培根认为，哲学的目的就在于探索知识，就是借助于科学发现与发明，使人类获得驾驭自然的力量，知识就是力量。

人类要想获得知识，必须认识自然，获得自然规律，这样才能够取得驾驭自然的力量。而人们在以往认识自然的过程中，往往被许多先入为主的偏见所遮蔽，而这些偏见则让人陷入了错误的状况。培根把这样的先入为主的偏见称为假象。他把阻碍人认识自然的假象总结为四种，即四假象。

---

①　罗素著，马元德译：《西方哲学史》下卷，商务印书馆，2007 年版，第 62 页。
②　北京大学哲学系外国哲学史教研室编译：《西方哲学原著选读》上卷，商务印书馆，2002 年版，第 340 页。

种族假象。种族假象是人类本性中先天具有的一种偏见，种族假象的表现就是人类总是以自己的感觉和心灵作为认识事物的尺度，从而根据感觉和理智加工对象，赋予自然事物以性质。但是，由于人类的感觉知觉能力是有限的，理智在认识事物的时候，就只关注那些理智所能够认识的方面加以加工，从而认定这些就是自然事物的性质，使得自然事物的性质由于人类理智的偏见而被扭曲。

自然事物的性质是一定的，变化的只是人的认识，由于人的理智能力的变化，导致了自然事物的性质就随着理智的变化而变化。这些就是所谓的种族假象。在自然科学的发展史上，由于种族假象造成的情况非常多。例如，就地球和太阳的关系而言，从古到今认识千差万别。但是人们无论如何认识，地球和太阳之间一直是那样运转着，只不过由于人的理智的发展，对这个固有的自然性质得出的认识结论却是迥然不同的。这就是典型的种族假象。而自然本身，如果从宇宙的角度看，几千年来变化不大，自然事物的性质也变化不大。但是近千年来，我们对自然的认识，赋予自然的性质却发生了巨大的变化。在上古时期，人类对自然的认识是一种万物有灵模式下的多神教理论，认为自然界和人一样，有生命有灵魂；在中世纪的基督教义里，自然界又成了上帝七天努力的结果；今天，我们对自然的认识又增加了更多的理论。这一切都是人类天性中固有的偏见导致的种族假象。

在种族假象中，关键之处在于人类混淆了人对自然的感觉和自然本身，错误地把人对自然的感觉当成了自然本身的性质，从而导致了种族假象。这就是人类以自己的感觉为自然的尺度，认为自己对自然的感觉就是自然本身固有的性质，从而导致了错误，出现了自然假象。培根用了一个比喻来说明人类固有的这种种族假象："人的理智就好像一面不平的镜子，由于不规则地接受光线，因而把事物的性质和自己的性质混在一起，使事物的性质受到了歪曲，改变了颜色。"①

洞穴假象。洞穴假象是个人所持有的成见，这是由于个人特殊的性格、教育背景和生活环境影响而产生的偏见。因为每个人都有他自己的洞穴，都居住在自己的洞穴里，自然之光照入洞穴时就会经过折射而改变了颜色，从而导致

---

① 北京大学哲学系外国哲学史教研室编译：《西方哲学原著选读》上卷，商务印书馆，2002 年版，第 350 页。

了认识的偏差，出现了假象，这就是洞穴假象。

在现实生活中，人的性格不同，受教育程度不同，生活环境不同，从而不同人对同一个事物的认识和评价就不同。而人们在认识和评价一个事物的时候，都是带着先入为主的观念去认识和评价的，都是从自己的洞穴出发来认识这个事物的。例如，我们中国人对日本民族的评价，当然更多地带着先入为主的情绪在里面，很难说其是完全客观的。一般人总是爱屋及乌，都是从自己的洞穴里看待外边的世界，这些都是洞穴假象的表现。

市场假象。市场假象是最复杂的一种，是指人们在相互交往的过程中，由于对语词的误用而引起的假象。人们相互之间总是通过语言来交流的，最终通过语言中的词汇和概念来交换彼此的想法，而这个过程就类似于市场上的货物交换。培根用"市场"这一概念来借指人们之间利用语词和概念进行的交换和交流。在此过程中，由于语词和概念本身的误用，导致出现了一些问题，这些就是市场假象。

在生活中，语词和概念的意义是约定俗成的，但是在现实中，表面上我们使用的是同一个语词，但是对这个词语的理解却有着很大的不同。甚至不同时期，我们使用同一个语词，含义也差别很大。例如，当苏格拉底在使用"世界"这一概念的时候，"世界"的含义在古希腊时期的奴隶社会中，表达的是奴隶主之间的民主和那种对自然界的最粗浅的理解。而我们现在使用"世界"这个名词的时候，更多的指的是我们生活的这个身边的世界。即使对同一个人而言，不同的时期使用同一个名称"世界"，其含义也差别很大。

剧场假象。剧场假象是由于人们盲目信任各种传统哲学的体系、权威和教条，认为世界就是它们所说的那个样子，在人的心中造就了关于世界的样子，并把它信以为真，由此在心中形成了关于世界的假象，这就是剧场假象。

培根认为，一切流行的关于世界的学说体系，都只不过是舞台上的戏剧，都只不过是按照一种歪曲的方式来把世界再现于舞台之上。类似于戏剧总是来源于生活而从生活中虚构出来一样，这些关于世界的学说和体系，尽管是从世界中得来的，却更多地是对世界的歪曲的认识，是个人自己所创造的关于世界认识的体系。这些众多的体系，就像戏剧舞台上的戏剧经过艺术家的创造，曲折地表达生活一样，它们也在思想的舞台上演绎着自己所创造的世界。"一切流行的体系都不过是许多舞台上的戏剧，根据一种不真实的布景方式表现他们自己所创造的世界罢了。"[1]在思想的历史舞台上，一幕幕的对世界认识的戏剧在上演，而人们由于对这些"剧作家"的崇拜和盲目信任，认为世界就是自己在舞台上所看到的那个样子，并对此深信不疑。由这些传统的哲学体系、权威以及教条所给人造成的假象就是剧场假象。

(三)《新工具》

培根认为过去的科学和哲学之所以毫无结果，是由于缺乏正确的方法。而旧有的方法，即三段论式的逻辑演绎，它不能帮助我们发现新的科学。现有的三段论方法是亚里斯多德在《工具篇》中所创立的方法，而研究自然科学三段论的方法已经不能适用，必须采取新的方法和工具，于是培根针对亚里斯多德的《工具篇》就撰写了《新工具》。

《新工具》的目的是建立一种真正的归纳方法，即培根所说的科学归纳法。按照培根的说法，真正的归纳法是这样的："我要直接以简单的感官知觉为起点，另外开拓一条新的准确的道路，让心灵循以行进。"[2]

在科学归纳法之前，业已存在一种简单的归纳法，即简单枚举归纳。简单枚举归纳法，罗素在他的著作里用一个简单寓言来说明。在古老的往昔，有一个户籍官员必须记录下威尔士某个村庄里全体户主的姓名。他询问的第一个户主叫威廉；第二个户主叫威廉，第三个，第四个，第五个……也叫这个名字；最后他自己说："这可腻了！他们显然都叫威廉。我来把它们照着威廉登记上，我可以休个假了。"可是他错了，单单有一个户主，他的名字叫做约翰。罗素用这个寓言表明过于无条件依赖简单枚举归纳是很可能犯错的。

培根要做的就是发现一种优于简单枚举归纳的方法。培根在《新工具》第二卷里，详细地描述了他的科学归纳法。培根的科学归纳法的目的是为了从若干个个别事物中发现它们背后的普遍规律。与简单枚举归纳不同，他强调要把握事物简单现象背后的本质的联系。

培根以研究热的本质为例，介绍了科学归纳法的不同步骤。据培根设想，

---

① 北京大学哲学系外国哲学史教研室编译：《西方哲学原著选读》上卷，商务印书馆，2002年版，第351页。
② 弗兰西斯·培根著，许宝骙译：《新工具》，商务印书馆，1984年，序言第2页。

热由物体的各个微小部分的快速不规则运动构成。他的方法是首先收集关于热的感性材料，做出三个表格：具有表、差异表和程度表。

在具有表里，首先研究一切已知的事例，尽管它们在材料上非常不同，但是他们都具有同样的性质。在这里，培根列举出各种具有热的物体一览表，他一共列出了 28 种具有热但是性质不同的例证，例如阳光、火、热水等。

差异表里，我们应该在那些和具有这种性质非常相似的事例上增补上否定的事例，从而进一步探究性质的差异。在这里，他一共列举出了 32 种与第一个表里的物体相似但是却是冷的物体的名字，例如阳光和月光，都为光，但是阳光热而月光不热。

程度表里，我们需要比较具有这种性质的物体，随着大小程度的不同，这种性质随之增减的情况。在这里，他列举出了 41 条热度不定的物体。他希望通过这些表格显示出某种特性，在热物体里总有，在冷物体里总无，在热度不定的物体里有不定程度的出现。

通过以上的表格，凭借这种方法，得到关于热的初步认识。这个他称之为"关于热的本质的第一次收获"。经过多次使用这种方法，得到很多这样的收获，然后根据这些收获，进一步进行分析，找出具体的异同，从而得到更深入的认识。需要注意，每次得出的认识需要到新情况下加以检验，如果新情况下也适用，则在这个范围内得到了证实，否则便需要修正。依此类推，经过几个这样的过程，直到最后，就可以得出结论了。

这就是培根的真正的归纳法，从经验事实中来，然后经过比较分析，一步步地达到对事物的规律性认识。包含着从感性经验出发，经过理性思维的加工，逐步达到对事物规律的认识，是感性和理性充分结合的结果。

关于自己的归纳法，培根认为它是真正的科学研究方法，它告诉我们科学研究必须依据观察材料。他说，我们的科学必须依靠观察材料，但是又不能像蚂蚁一样，只是收集观察资料使用，而没有整理；更不能像蜘蛛一样，只是从自己的肚子里抽出丝来结网，而没有从实际的观察资料出发；真正的归纳法应该像蜜蜂一样，一方面从花园和田野里采集材料，同时用自己的力量来改变和消化这种材料。真正哲学就应该这样。因为哲学不能单单是从人的心智中发挥和演绎的学问，更不是从自然历史和机械实验中把材料收集起来，并且按照原来的样子把它整个保存在记忆中间，而是应该把这些材料加以改变和消化从而保存在理智中。这就是他的归纳法的含义，他的真正的归纳法是实验和理性的密切结合。

培根并不是最先认识到归纳推理用途的人，也不是最先理解科学会给社会带来各种可能利益的人。但是在他以前没有人如此热情而广泛地发表这些思想，而且部分由于培根是一位好作家，部分由于他作为一位主要政治家的名气，他对待科学的观点在实际上产生了巨大的影响。1662 年当为了促进科学知识的增长而创建伦敦皇家学会时，创建者们称培根为他们的启灵人。而且当在法国启蒙运动期间编纂大部头的《百科全书》时，主要的编纂者们如狄德罗和阿朗贝尔赞誉培根是他们的作品启迪人。

由培根的归纳法开始，在自然科学研究中，提倡有步骤地进行观察和实验的重要性，开创了对科学研究程序进行逻辑化组织的先河。同时，由培根开始，哲学的研究更多地把目光投入了自然界，开始切实地从对自然的经验感觉出发研究哲学，开创了哲学领域对经验事实研究的传统，开创了英国经验主义的先河。尽管培根真正感兴趣的是科学，尽管他的一半见解都是科学的，但是他却忽略了当时科学中正在进行的大部分事情。他否定哥白尼的学说，对于开普勒的《新天文学》也没有多少的赞赏，对近代解剖学先驱维萨留斯的工作他似乎一无所知。出人意料的是，哈维是他的私人医生，而他对哈维的工作好像也茫然不知。尽管哈维是培根死后才公布他的血液循环理论的，但是培根应该多少知道哈维的研究活动才对。对于培根，哈维并不怎么高看他，哈维说他像个大法官似地写哲学，可能就像罗素说的"假如培根原来对功名利禄不那么关切，他当然会写得好一些。"[①]培根的学说不是要提出一套完整、正确的科学定律，而是要提出一个应该学什么的概说。他的科学猜想意在作为进一步探讨的起点而不是作为终极的结论。培根的更多意义在于他的开创性的贡献，而不是具体的建树上。

二、霍布斯的机械唯物主义思想

霍布斯继承和发挥了培根的经验论原则。培根只是提出了经验论的原则，

---

① 罗素著，马元德译：《西方哲学史》下卷，商务印书馆，2007 年版，第 65 页。

但是并没有详细阐述经验论的具体原则，这个工作由霍布斯完成了。霍布斯根据培根的经验论认识原则，把这些原则详细地发挥出来，形成了一个丰富的经验论哲学体系。但是这个体系中明显地带有当时流行的机械论的痕迹，同时也沾染了功利化的气息。可以说，霍布斯真正建立了经验论的体系。同时霍布斯通过论述自然状态学说，进而提出了自己的国家来源问题，即社会契约论思想。这是历史上第一个具有近代意义的国家学说，它比那些把国家的起源追溯到亚当和夏娃的中世纪学说，更具有近代的进步意义，由此开始了西方的社会契约论思想的发展历程。但是，霍布斯的社会契约论思想和后来的洛克等人明显不同，它的社会契约论思想要论证的是君主专政制度的合理性，并非普通意义上的西方民主社会。

(一) 生平与著作

托马斯·霍布斯(1588—1679 年)出生于英国威尔特郡一个乡村牧师家庭。霍布斯的父亲是当地的乡村牧师，性格暴躁而又愚蠢无知。他因为在教堂门口跟邻教区的一个牧师争闹而丢掉了差事，此后便弃家远遁了。霍布斯早年的抚养和教育都是由他的叔父资助的。1603 年，十五岁的霍布斯就进入牛津大学学习古典哲学和逻辑学，只不过这些东西后来都成了他憎恨的东西，他断言在大学的岁月没有让他得到什么益处，而大学在他的作品里一般是饱受抨击的，据霍布斯后来回忆说，科学在牛津根本没有地位，数学被当作魔术而加以禁止。1608 年，霍布斯大学毕业后，留校讲授了一年逻辑学。随后，他受聘为卡文迪什男爵的儿子当

托马斯·霍布斯

家庭教师。从此，霍布斯便和这个贵族家庭建立了终生的联系。不久，卡文迪什被封为德芬郡伯爵。霍布斯侧身于这个显贵家庭，使他找到了可靠的保护人和事业上的赞助者。他有了更多的空闲时间来研究学问，有出入第一流图书馆的权利，有出国旅行考察的机会，并有接近社会名流和学者的便利条件。1610

年，霍布斯奉命陪同他的学生出游欧洲大陆，先后访问了法国、德国和意大利。这次大陆旅行，使霍布斯的眼界大为开阔。他第一次知道，在欧洲大陆还存在一门以实验为基础的科学，这门科学和他在大学里所学的东西毫无共同之处。一年前开普勒发表的关于行星运动规律的学说，打破了自毕达哥拉斯以来一直支配着天文学的审美偏见，证明了行星运行的轨道不是正圆，而是椭圆。霍布斯还得知，伽利略刚刚通过他的望远镜观察了月亮的面貌，发现了木星的卫星。这一切对他产生了深刻的影响。回国后，霍布斯成了自己的学生的秘书。少年卡文迪什不久继任为德芬郡伯爵。通过他的关系，霍布斯结识了不少有名望的朋友，其中就包括著名的英国哲学家培根。培根晚年受贬后退隐乡间，从事著述活动。大约在 1621 到 1625 年间，霍布斯给他当过秘书。他们俩人经常在花园里散步，霍布斯总是拿着纸和笔，随时记录下培根的思想，培根常说，他特别喜欢霍布斯记录他的思想，因为比起其他人来说，霍布斯更善于领会他的思想，他也更能明白霍布斯所记录的东西。通过这段时间的交往，霍布斯受到了培根哲学思想的很大熏陶。1629 年，在德芬郡伯爵死后，霍布斯暂时离开卡文迪什家族，受聘于克林顿家族当家庭教师。同年霍布斯陪同他的新学生少年克林顿前往欧洲大陆访问。第二次访问欧洲使得他真正开始对科学和哲学感兴趣。随后，霍布斯又当起了他从前的学生儿子的家庭老师，并陪同他到意大利游历，直到 1637 年回国。当时英国国内的政治形势十分动乱，苏格兰爆发了声势浩大的人民起义，并且得到了英格兰人民的同情和支持。资产阶级和新贵族结成了反对国王的同盟。国王下令解散了短期国会，促使国内气氛达到了白热化，王党和国会派之间的内战已经是不可避免的了。短期国会解散不久后，霍布斯用英文写了一本表明他的政治理论概略的小册子《法律要旨》。霍布斯在这本书里力图证明，国家权力不可分割地属于统治者，国王应该有绝对的权力。该书写成后，并没有出版，但却以手抄本的形式得到了广泛的流传。霍布斯写这本书的目的显然是为了防止革命，捍卫现政权。但是，他的论据却和王党思想家们通常所主张的论据如"君权神授论"迥然不同，而是从一个新的立场出发捍卫专制政体。他的社会契约论激怒了王党中君权神授论的信徒，而国会党则迁怒于他对君主专制的辩护。因此，他的学说遭到了当时处于敌对状态的王党和国会派两方面的反对。

1640 年，长期国会召开后，国会派和王党之间的斗争更加激烈，内战已迫在眉睫。霍布斯极为惊恐，他预感到他那本鼓吹君主专制的小册子很可能会给自己带来生命的危险。于是，在内战爆发前，霍布斯随同卡文迪什家族逃到法国避难。在巴黎，他受到许多一流学者的热烈欢迎。在笛卡尔的《沉思录》出版之前读过这本书的人当中就有他，他写出了对这本书的反对意见，后来笛卡尔把这些意见连同自己的答辩一起印刷出来。1641 年，他发挥了《法律要旨》的最后一部分，匿名发表了《公民论》。这本书出版后大受欢迎，就连笛卡尔也为之赞赏不已，使作者立即声誉鹊起。这本书为霍布斯的政治学说勾画出了轮廓清晰的大纲，他以后发表的政治专著都是对该书内容的详细展开。1646 年，霍布斯受到推荐，为流亡在巴黎的查理二世王子当数学教师。1651 年，他发表了他著名的政治著作《利维坦》，这本书出版后，不但得罪了流亡的保王党人士，他们断言，霍布斯这么做是为了讨好英国的新政权，以便为自己回国提供方便。而书中对教会的激烈态度又触怒了法国政府，在四面楚歌之下，霍布斯悄悄潜回伦敦，归顺了克伦威尔政府，拒绝了一切政治活动。1658 年，克伦威尔病死。1660 年，查理二世即位，英国历史上开始了王政复辟时期。查理二世登位不久，就想起了老师霍布斯。准予他自由出入宫廷，并批准他每年领取一百镑的养老金。国王还在寝室挂起了霍布斯的画像，霍布斯也发表了效忠王室的声明。不过，宫廷大臣们对国王如此厚待一个无神论者感到十分愤懑，教会人士更是厌恶他。于是，他遭到了来自各方面的攻击和迫害。1665 年的大瘟疫和 1666 年的伦敦大火之后，教会人士宣称，大瘟疫是由于无神论思想的传播致使上帝发怒而降临的惩罚。国会也认为，伦敦骚乱引起大火是由于自由思想的泛滥所造成的。于是国内掀起了一股政治迫害之风。下议院通过了一项查禁渎神作品的法案，并成立了专门的调查委员会。霍布斯的《利维坦》一书成了首当其冲的攻击目标。自此以后，他的很多著作在英国得不到印刷的许可，许多作品都是在国外出版的，由此也导致了在他老年之时，他在国外的声望远远凌驾于他在英国的声望。

霍布斯终身未婚。他一生的大部分时间是在卡文迪什家族度过的。1679 年冬，卡文迪什家族迁居，霍布斯同行，经过这番颠簸，到家后就卧床不起了。同年 12 月 4 日，将近九十二岁的老哲学家离开了人世，死后葬在附近教堂的简朴的墓地里。

霍布斯的主要著作除了《利维坦》之外，还有《论公民》、《论物体》、《论人》和《对笛卡尔形而上学的沉思的第三组诘难》等。

(二) 机械唯物主义哲学

霍布斯认为哲学是从结果到原因以及从原因到结果的推理知识，在《论物体》中，霍布斯明确说道："'哲学'是关于结果或现象的知识，我们获得这种知识，是根据我们首先具有的对于结果或者现象的原因或产生的知识，加以真实的推理。还有，哲学也是关于可能有的原因或产生的知识，这是由首先认识到它们的结果而得到的。"[1]

霍布斯认为虽然感觉经验也是知识，但是它们不是推理的知识，因此不是哲学。但是，它们却构成了哲学的基础，一切知识都是从感觉得来的，知识来源于感觉印象。正是由于事物对我们自身的感觉器官的作用，使得我们产生了感觉，然后以此为基础才产生了知识。但是这种知识是自然界直接给予我们的，并非由推理得到，因此并非哲学知识。而哲学从根本上说就是一门推理的学问。而推理在霍布斯的理解中，也是完全机械性的。他把推理等同于计算，认为推理即加减运算，计算或者是把要加到一起的许多东西聚成总数，或者是求知从一件事物中取去另一些事物还剩下些什么。所以，推理就是与加和减相同的。一切的推理都包含在心灵的这两种活动——加与减里面。

霍布斯通过例子来证明如何利用加减进行推理计算的。例如，以人为例，当我们模模糊糊地看到远处有一个事物，虽然还没有给予这个物体以名称，但是在我们的心中就已经产生了"物体"观念；当我们进一步走近事物的时候，发现那个事物一会儿在这儿，一会儿在那儿，它在不停地运动，于是我们对于这个事物，在"物体"的观念之上又加上了"活"的观念；再一步，当我们更进一步接近这个事物的时候，察觉到它具有更多作为理性标记的各种特征，于是在这个事物之上就再加上了"理性的"这个观念；最后当我们仔细注视它，理解所看见的乃是一个东西时，就把他从前的那三个观念组合成现在具有的观念，即把"物体"、"活的"、"理性"这三个观念组合在一起，即一个"活

---

[1] 北京大学哲学系外国哲学史教研室编译：《西方哲学原著选读》上卷，商务印书馆，2002年版，第382页。

的有理性的物体"的观念，这个"活的有理性的物体"即是人，人的观念就是这样通过推理，通过思维的加法得到的。反之，如果一个人慢慢地离开了他，而且他只用眼睛跟着这个人，那么他就会失掉那些作为那个人的理性标记的东西的观念，即从那个"活着的有理性的物体"这个观念中减去"理性的"这个观念，剩下的就是"活着的物体"这一观念，而活着的物体即动物，于是，从人的观念中减去"理性的"就成了"动物"这个观念；过一会儿，离那个人再远一点，"活着"这个观念也会消失，于是从"活着的物体"里面再减去"活着"这个观念，剩下的就只是个单纯的"物体"这个观念了。

通过这个例子我们可以看到，霍布斯所谓的推理不过是复杂观念的组合和分解过程而已。由此我们可以看到，霍布斯所理解的思维即推理，而推理更多指的是思维的加减运算，从而把复杂的大脑思维机械地简单化处理为简单的观念加减运算而已。虽然这种机械式的理解思维有些肤浅以及片面性，但是这样的机械化处理，把思维做了简单化的理解，从而在思维方面摒弃了神学式的和形而上学式的纠缠，使得以此为基础的科学和哲学不必再顾虑神学和形而上学的问题，从而有了清新和自然的感觉。

霍布斯的推理不但指的是观念的加减运算，而且更多的用来指示从结果去推论原因或者是从原因去推论结果的方法，这样的方法即分析和综合。霍布斯说："在哲学里，'方法'就是根据结果的已知的原因来发现结果，或者根据原因的已知结果来发现结果时所采取的最便捷的道路。"[1]他的分析和综合其实是思维加减法的进一步运用的结果，所以他又指出，"推理就在于组合、分开或分解"[2]。分解法即分析的方法，组合法即综合的方法。由此可见，霍布斯的分析方法即是由结果推导出原因的方法，也就是从个别的事物推导出一般的原则的方法，即经验的归纳法；综合的方法即是由原因推导出结果的方法，也就是从一般原则推导出个别事物的方法，即理性的演绎。霍布斯一方面提倡从感觉经验出发的分析归纳法在物理学等实验学科的重要作用；但同时也认为几何学是迄今为止所创立的唯一真正的科学，认为几何学只能运用理性的演绎

---

① 北京大学哲学系外国哲学史教研室编译：《西方哲学原著选读》上卷，商务印书馆，2002年，第387页。
② 北京大学哲学系外国哲学史教研室编译：《西方哲学原著选读》上卷，商务印书馆，2002年，第387页。

和综合。霍布斯在经验论和唯理论争论的年代属于独特的那个，既提倡经验的归纳，也提倡理性的演绎。这个问题放在其他的哲学家那里可能会觉得不可思议，但在霍布斯这里却是以一种有趣的方式相得益彰。霍布斯认为，分析与综合，经验与理性，归纳与演绎是彼此分离，互不相干的，他们之间不存在任何相互的关系，完全是两套平行并列的认识方法和知识系统。表现在他的系统中就是他既没有说明如何从感觉经验得出普遍的知识，也没有说明演绎的那些原则从哪里来，他孤立地坚持着这两点：一方面他坚持认为一切知识必须以感觉为开端，另一方面又认为演绎的那些原则是凭本性得到的。于是就出现了一些比较滑稽的场面，当他批判笛卡尔的时候，是站在感觉经验的立场来说话的；当他来论证说明演绎由之展开的那些原则是不能证明和无需证明的时候，他似乎又回归到笛卡尔的怀抱。

这个可以说是霍布斯哲学的优点所在，也可以说是霍布斯哲学体系的致命伤所在。因为在当时的哲学界，像笛卡尔那样的欧陆哲学家过于推崇思维的重要作用，从而十分贬低感觉经验的地位，像培根那样的英国经验主义者确实很受欧洲传统的数学的影响，对科学方法的理解不完全到位，导致的结果就是过于强调感觉经验，走向另一个极端。而这两种缺点霍布斯都没有，这就是霍布斯的伟大所在。但是，霍布斯的伟大却是以整个体系的严重缺陷和矛盾为代价的。他的唯理论的知识理想和他的经验论的方法之间存在着巨大的矛盾，而霍布斯无法解决和调和这个矛盾，因而在整个体系中基本上各自表述，矛盾和漏洞很多。对于这一点，罗素的看法非常有趣，罗素认为："他(霍布斯)不耐烦做微妙细腻的事情，太偏向快刀斩乱麻。他对问题的解决方法合乎逻辑，然而是靠删除掉碍手的事实得到的。他有魄力，但是粗率。比较善于抡巨斧，不善于挥舞细剑。"[①]可以说，霍布斯对于这两种方法纷争的解决是以一种简单粗暴的方法实现的，不过这种解决只是回避了问题，并非真正解决问题！

关于哲学的功用，霍布斯认为哲学的目的或者目标就是为人类谋福利。这和培根的"知识就是力量"一脉相承，他认为所有的思辨活动目标只有一个，那就是实现某种目的，为人类争取更多的福利。人类的最大利益不是在思辨活动中认识上帝和追求天国，而是通过掌握实际的技术给人类带来实际的好处，

---

① 罗素著，马元德译：《西方哲学史》下卷，商务印书馆，2007年，第66页。

正是因为欧洲人和亚洲人掌握了这些技术，才使得欧亚文明高于美洲人。

在霍布斯的哲学中，其对象分两种：自然的对象和人造的对象。自然的对象即自然的物体，这部分的知识即自然哲学；人造的对象指的是人们的意志和契约所造就的人造物，即国家，这部分学说就是他的公民哲学。他的国家学说比他以前的任何理论影响都大，他的政治学巨著《利维坦》给他带来了国际性声誉，同时也开创了西方现代民主思想的先河。

(三)　《利维坦》

《利维坦》是霍布斯政治学说的巨著，在这部招致了诸多非议的政治巨著中，霍布斯重点论述了国家是如何形成的。"利维坦"是《圣经·以赛亚书》中提到的一种象征邪恶的巨大海兽，霍布斯利用这个海兽来隐喻国家是一个起源于人的自私本性的、具有邪恶本质的庞然大物。霍布斯非常自豪地认为他在《利维坦》中所开创的关于国家和法律的学说完全可以与哥白尼开创的天文学、哈维开创的人体科学、伽利略开创的物理学等相媲美，具有里程碑的意义。

霍布斯认为一切人生而平等，一个人运用一切手段和采取任何必要的措施，以保卫他的身体，这是正当合理的，人生来就有权利享有一切事物，占有、使用和享受一切他能掌握的东西。这就是霍布斯所谓的人的自然状态。在任何政治都不存在的自然状态下，每个人都天然地享有各种自然的权利，每一个人对每个事物都有权利；而为了保持这种权利，保全自身，他可以利用一切可以利用的事物来排斥和消灭敌人，即每个人为了更好地保持自己，都希望得到控制和支配他人的权利，因为只有通过控制和支配他人，自己才可以尽可能地扩大和保护自己的权利。于是，处于自然状态的每个人都在自我保全冲动的驱使下，一方面尽力保全自己，同时又为了更好地保全自己去进犯他人。处于自然状态中间，每个人只根据自然法则行事，只受自己的利己之心行事。由于自然状态中的每个人都为了保全自己而开始去进犯他人，结果就造成了一切人反对一切人的连绵不断的战争，这种状态霍布斯称为"一切人对一切人的战争"。在这种战争状态下，人是凶恶的动物，人对人像狼一样，相互的攻击和争夺。在这种状态下，没有财产，没有正义和不正义，有的只是战争，而武力和欺诈在战争中是两大基本美德。但是，在这种敌对和战争的状态下，无论什么时候，谁都不能得到足够的力量来保全自己，结果是保全自己的努力全部化为泡影，每个人都为了保全自己而加入到一切人对一切人的战争中，结果却是每个人都不能很好地保全自己，把人生弄得"阴险、残酷而短促"。

霍布斯认为，要求保存自己和对死亡的恐惧必然使人们产生求取和平，摆脱战争状态的愿望。于是有理性的人开始意识到，只有接受那些大家必须遵守的共同的生活规则，即自然法，才能避免战争，使每个人都能达到保存自己的目的。

理性所建立的自然法，第一条原则就是：寻求和平，信守和平；由此推出的第二条原则是为了和平和自卫，人们宁愿主动放弃对一切事物的权利。人们宁愿放弃自己的天然权利，约束自己，目的只有一个，这就是更好地在一切人对一切人的混战里保全自己，所以放弃权利的动机是为了更好地保全自己，即追求和平。人们为了和平的目的，放弃自己的权利，转让自己的权利。而权利的相互转让就是所谓的契约。通过相互契约，把大家的权利交给一个人，或者由一些人所组成的议会，把大家的意志变成一个意志。霍布斯强调，社会契约的订立是为了使人们免于相互残杀，人们通过订立契约从而把自己的全部权利转让给一个"第三者"，这个"第三者"体现着全体订约者的人格，并对他们进行治理，这样就产生了国家。这里的契约是个人之间达成的协议，在这个契约中，契约方是许诺把自己统治自己的权利转让的那些人。这契约并不是后来卢梭和洛克所讲的公民和统治者之间的契约，而是个人与个人间的缔约。由于统治者并没有参加契约的订立，因此他不受契约的约束，他做任何事情都不存在违法的问题。统治者有绝对的权力来统治，而无需服从臣民。另一方面，统治者的权力是订约人自愿赋予他的，服从统治者就是服从订约者自己，人们必须服从统治者，而不能违背诺言从统治者那里收回权力，所以统治者的权力是不受任何限制的。统治者一旦选定，除了政府许可的权力之外，民众就失去了一切权利，只能接受统治，而统治者是不受契约束缚的。如此结合起来的群众霍布斯称为国家。霍布斯把这样的国家，比做《圣经》上说的力量巨大无比的海兽"利维坦"。国家就是"伟大的'利维坦'的产生，或者毋宁是(更尊敬地说)那有死的上帝的产生，它在不朽的上帝之下，给我们和平与保卫。"，"他(利维坦)就可以使用每个人转让给他的足够的权力与力量，凭着这种权力与力量所引起的恐惧，把大家的意志都引向国内和平和相互帮助，来反对国外敌人。"①

霍布斯的国家理论学说，第一次用世俗的社会契约论观点，而不是根据亚当和夏娃遭遇的宗教观点来解释国家的来源，就此而言，他是国家理论方面和政治理论方面的一个真正的近代学者。但是需要注意，霍布斯的国家观点推崇一种绝对君权的理论，这种理论针对的并不是当时刚刚萌芽的民主思想，而是为当时正向罗马教会夺权的欧洲世俗君权服务的，是针对教权至上的传统观点的。同时在霍布斯的绝对君权理论中，包含着君权民授的思想，这是同中世纪以来的君权神授的思想针锋相对的。可能也正是因为这两点，导致霍布斯的思想在当时既遭到罗马教会传统势力的反对，同时也遭到信奉君权神授的君主的反对，这就是这部著作在当时引起诸多非议的一个原因。

同时霍布斯的国家学说也继承了他在哲学方面的错误，即简单化处理，只是简单地认为国家是无政府状态的唯一途径，以此作为国家的根本理由，但是现实中的有些国家，例如1789年的法国和1917年的俄国，坏的让人觉得暂时的无政府状态倒是比那样的国家继续下去还好。同时，霍布斯在论述社会契约的时候，把国民利益作为整体来看，假定了所有公民的利益是一致的。而马克思则把不同阶级之间的冲突当做社会变革的重要力量，霍布斯并没有看到这些。

尽管霍布斯简单化地处理了复杂的问题，但是霍布斯学说的研究法方法和观点毕竟摆脱了宗教神话的虚无缥缈，把学说拉回了地面，给人以清新自然的感觉，尽管有许多因简化处理而导致的不妥，但是其正面的开创性和启示性还是给后人留下了许多的财富，带动了人类文明的发展和进步。

三、洛克：站在世界的转折点上

洛克是早期英国经验论的集大成者。他继承了培根和霍布斯的经验论传统，同时他又把这种经验主义的原则贯彻到底，建立了著名的经验主义认识论。他认为人的心灵只是一张空白的板，即"白板说"，一切的认识都来源于感觉经验。人的认识是通过感官对外部世界的感知，从而在人心中形成的各种观念

---

① 北京大学哲学系外国哲学史教研室编译：《西方哲学原著选读》上卷，商务印书馆，2002年，第401页。

和知识，而根据观念和知识经验来源不同，也可以区分出不同的等级。同时，洛克的政治学说也对西方学术影响很大。他的社会契约论思想和霍布斯的有相似之处，但是更多的是不同。洛克也是从自然状态出发来论述社会契约论的，只不过洛克的社会契约论思想是为西方的民主社会而辩护的，与霍布斯的根本不同。同时关于国家的政权问题，洛克提出了权力的监督和制衡原则，这个后来经过孟德斯鸠的发挥成了著名的三权分立学说。洛克的政治学说和哲学对后来的学术发展影响很大。在哲学上，他建立的经验主义认识论成为经验主义的经典表达模式，直接引导了后期经验主义的发展。政治学上，他的国家学说对后来的政府和学者都影响很深，特别是法国的启蒙运动，深受洛克的影响。可以说，洛克真正开创了哲学和社会思想发展的新局面，他就是时代发展的掌舵者。

(一) 生平著作

约翰·洛克(1632—1704 年)出生于萨摩赛特郡的一个清教徒家庭，1646年进入威斯敏斯特中学读书，1652 年毕业之后进入牛津大学基督教会学院学习。在洛克上大学的时代，英国正处于克伦威尔时代，但是在牛津大学里，哲学方面的主张仍然是经院派本色。对经院哲学的憎恶使得洛克转而对笛卡尔学说的内容很感兴趣，并深受影响。在这样的影响下，洛克开始将兴趣转移到当时的实验哲学和医学。1658 年洛克获硕士学位。毕业之后，洛克在牛津大学任教，教授希腊文、修辞学和道德哲学。也许是当时洛克的哲学观点不受欢迎，洛克最后决定从事医学研究，并于 1668 年被评选为"英国皇家学会"成员。在牛津学医期间，洛克曾与

约翰·洛克

许多著名的科学家例如罗伯特·波义耳和罗伯特·胡克等共事，1674 年，洛克获得了医学学士学位。

1666 年，洛克结识了英国辉格党的创始人之一沙夫茨伯利伯爵，当时伯

爵正深受肝脏感染疾病之苦，在接受洛克的悉心治疗后甚为感激，于是说服洛克成为他的助手。在此后的十多年里，洛克一直担任沙夫茨伯利的医生、家庭老师和秘书。由于伯爵的推荐，洛克先后出任过政府的商业和宗教管理等部门的秘书。作为大法官和辉格党创始人的沙夫茨伯利伯爵对洛克的政治思想也是影响重大。1682 年，沙夫茨伯利由于涉嫌秘密谋划反对约克公爵(即后来的詹姆士二世)继承王位的活动败露，不得不逃亡荷兰，洛克也随之逃往荷兰。1687 年，洛克积极参与了推翻詹姆士二世、拥立在荷兰执政的奥伦治亲王威廉入住英国的活动。1688 年"光荣革命"之后洛克回到英国，并在英国新政府的商业部供职，后因身体原因辞去职务，专心著述，直到 1704 年 10 月 28 日病逝。

在学术上洛克继承了由培根开始，经由霍布斯发挥的英国经验论的传统，全面系统论证了经验论的基本原则，真正建立了经验主义研究的基础性方法和原则，奠定了经验主义学派发展的基调，可以说，洛克才是真正的经验主义的奠基者和始祖。洛克经验论方面的哲学思想主要见诸于他的《人类理解论》这一本书。同时洛克的政治哲学思想同样对后世影响十分重大和深远，堪称自由主义的始祖。洛克可以说是哲学家里面最幸运的那个，他本国的政权落入了和他抱有同样政见的人手中，而恰在这个时候，他完成了他自己的理论著作。在理论和实践两个方面，他的主张被这以后许多年间最有魄力和威望的政治家和哲学家们所奉从。他的政治学说，加上后来法国孟德斯鸠的发展，深深地留在美国宪法中间，法国 1781 年所订的那部宪法以及英国直到 19 世纪末期的宪法，都是以洛克的政治学说为基础的。可以说，他的政治学思想引导了世界政治思想几百年。而这些政治理论思想主要体现在他的《政府论》这本书里。除了这两本宏著外，洛克的主要著作有《论宽容》、《关于教育的思想》等。可以说，洛克真正开创了认识论中英国经验论这个哲学传统，并且他的政治思想同时也是影响至今的社会契约论思想的基础和来源，所以，我们才有了这个标题——洛克：站在世界的转折点上。下面我们就分别论述洛克认识论和政治哲学的内容。

(二) 经验主义的认识论

英国的经验主义哲学自培根开始，经由霍布斯的发展，使得经验主义实现了系统化。但是，无论培根也好，霍布斯也好，都没有论证关于人类的全部知识起源于感性世界的基本原则，这个工作由洛克完成，他继承了培根、霍布斯的经验论哲学，全面系统地论述经验论的基本原则。

在洛克论证经验主义的这些基本原则之前，洛克首先批判了自己的"论敌"——笛卡尔等人的天赋观念原则，洛克认为根本没有任何的所谓天赋观念的东西存在于人的头脑之中。天赋观念论者认为，在人类的头脑中，存在着一些大家都普遍同意的、不证自明的某些原则和观念，例如几何学中空间的概念、点线面等公理，逻辑学的规律以及上帝的观念等，这些观念是人头脑中生而固有的，因此是天赋的。天赋观念论者在论证这些东西是天赋的时候，基本的论据就是这些原则是人们普遍同意的、不证自明的，因此它们是天赋的。洛克针对天赋观念的批判也主要就这个论据展开。

洛克指出，这个"论据"是根本站不住脚的。因为如果有天赋观念，那么这个观念应该是一切可以称为人的都应该具有，而且还是与生俱来的，不管他是大人还是幼儿，是理智的人还是白痴。例如上帝的观念，在西方世界可以说是妇孺皆知，但在东方世界则要另当别论了。因此，在这个世界上并不存在着普遍存在的观念。这种为一切人所普遍承认的原则是没有的，所以"'普遍同意'这个论据不幸是无济于事的。纵然事实上真有一些原则是普遍同意的，那也不足以证明它们是天赋的"[①]，因为完全可以有别的途径达到这种普遍的同意。因此，不存在什么人类普遍同意的原则，即使存在的话，也不能证明是天赋的，所以天赋观念既无存在的必要又无存在的可能。

洛克在批判了天赋观念之后，开始阐述自己的认识论观点。洛克用一句话来回答了知识的起源问题：来自经验；"我们的全部知识是建立在经验上面的，知识归根到底都是导源于经验的"[②]。洛克指出，人的心灵原来的状态就如同一块没有写字的白板，一片空白的板，里面没有任何天赋的东西和潜存的东西，里边的一切观念都来自于经验，我们的一切知识都是从感觉经验得来的，任何知识都不能先于经验而存在。这就是洛克著名的"白板说"。

---

① 北京大学哲学系外国哲学史教研室编译：《西方哲学原著选读》上卷，商务印书馆，2002年，第448页。
② 北京大学哲学系外国哲学史教研室编译：《西方哲学原著选读》上卷，商务印书馆，2002年，第450页。

全民教育

洛克认为，人出生时，大脑就像一块白板，未来的发展全系于受教育的程度。这些激进思想带来了这样一个信念，即每个人都可以通过教育获得解放。让·斯滕的画作《学校里男生女生》描绘了具有讽刺意义的教室情景，大约画于 1670 年，其时，洛克也正着手写他的《人类理智论》。

洛克把经验分为两种：外部感觉经验和内部反省经验。所谓外部感觉经验，是由外部事物刺激我们感官而引起的，由感觉而得到的经验；所谓内部反省经验，是指人们心灵内部反省形成的经验。洛克认为，这两种经验都是认识的源泉，不过外部感觉经验是我们所具有的大部分观念的来源，完全依靠我们的感官，通过感觉，人获得红、白、甜、苦、冷、热、软、硬等观念。反省观念则是人们对自己心灵活动的知觉，它为心灵提供关于它自己的活动，通过反省观念，人们获得了知觉、思维、怀疑、信仰、推理、认识、意愿等观念。感觉经验是外在的经验，它以外物为对象；反省经验则是一种内在的经验，它是以心灵为对象。就认识的次序来说，由感觉经验得到的观念在先，人们首先具有的是关于外部世界的观念，而反省的观念则在后，因为心灵必须在对外物感知的基础上才能够反省自身，所以"内部感觉"是心灵发挥能动作用对于"外部感觉"加以组合、扩大而得来的，人们首先认识外部世界，然后才有心灵中对这些认识的反省，二者共同构成了一切观念的来源。

在肯定了认识来源于经验以后，他进一步分析观念是怎样起源于经验的。这就是他的简单观念和复杂观念的理论。简单观念是客观对象的某一单纯的现象经过感官在心灵中引起的观念，它不能够再分，人心在接受简单观念时是被动的，人心不能创造和消灭任何一个简单观念。这些简单观念，是我们一切知识的材料和基础，人类的知识就是由简单观念所构成的，就像英语是由 26 个字母所组成的一样。举个例子来说明简单观念，例如在大街上一个人向你走过来，只要光线没有问题，我们就不能不看见这个人并在心中产生出这个人的体型、肤色等观念，这些一个个的观念就是简单观念，对这个人接下来的评价和印象则完全以这些简单观念为基础。在简单观念的基础上，心灵还可以通过对简单观念进行组合、比较和抽象而得到复杂的观念。与心灵被动地接受简单观念不同，复杂观念是人类心灵主动创造的结果，人心有支配简单观念的能力。心灵处理简单观念的能力就叫做理性，所谓的理性的思维能力不过是把简单观念组合成复杂观念，把复杂观念分离成简单观念，即把手边现成的材料加以综合而已。洛克认为，任何复杂观念都是由简单观念组成的，它也可以经过分解还原为简单观念。

就具体来说，复杂观念来源于简单观念，而简单观念则直接来自于感觉经验和反省经验，而这种感觉经验和反省经验则是空白的心灵在外物的刺激下才产生的，洛克把物体这种使得我们产生某些观念的能力称为性质。某些性质是物体本身固有的，同物体完全分不开，例如硬性、广袤、形相、运动、静止、数目等性质，洛克把这样的性质称为第一性质。第一性质是物体固有的原始性质，关于这些性质的观念是和第一性质完全相似的，它们的原型确实存在于物体里面，第一性质的观念可以说是对物体固有性质的反映，是物体真正的肖像，反映了物体的客观状态。另外的那些借助于物体的第一性质从而使我们产生颜色、声音、气味、滋味等不同观念的"能力"洛克称之为第二性质。这些性质，虽然也与物体有关，但是却并不是物体本身中的东西，而是一些在我们心中产生各种感觉的能力，是依赖于第一性质的。第二性质在我们心中产生的那些观念根本不与第二性质相似，也没有什么与第二性质观念相似的东西存在于物体本身，第二性质的观念并不是物体的肖像，仅仅是人感官和心灵作用的结果。例如色香味等第二性质，虽然也来自于物体刺激，但是之所以对人呈现出那样的特点，却是与人的生理结构直接相关的，是在人的独特的生理结构之下才得到那样的结果的，并且同一个事物，不同人看来也是不同的。例如色盲和普通人对同一个颜色的感知肯定是不同的。所以，这些性质只是一种在我们心中产生这些观念的能力，物体里边并没有相应的客观性质与之对应，只是人类心灵和感官加工的结果，具体会产生什么样的结果，则依靠人类独特的心灵和感官加工模式。洛克在这里把第一性质归于客观实在，把第二性质归于主观感觉，这就导致了两种性质的矛盾和分裂。后来的贝克莱、休谟等人在面对洛克的这个分裂时，不约而同地选择了坚持后者，从而把经验论带入了主观感觉的发展模式上。

那么到底什么是知识呢？洛克认为知识是观念之间的联系，是人心对两个或多个观念之间的符合或不符合所产生的一种知觉。知识不外是对于我们任何两个观念之间的联系与符合、或不符合与冲突的知觉，知识只在于这种知觉，有这种知觉的地方就有知识，没有这种知觉的地方，我们虽然可以幻想、猜测或相信，却永久得不到知识。我们的思维活动，都只是同观念打交道，当感觉到两种或两种以上的观念相符或不相符时，我们便得到了某种知识。

根据知识的确定性程度不同，可以把知识分为三类：直觉知识、推理知识和感性知识。所谓直觉知识，是说观念之间不必借助别的观念作为媒介就可以直接感觉到它们相符或不相符，是心灵直接从两个观念本身，不必插入任何别的观念，就能觉察到这两个观念的符合或不符合的知识，例如红是红的，不是白的，三大于二等。它是人类所能得到的最清楚最可靠的知识，其是最清楚、不证自明和不可抗拒的，我们全部知识的可靠性和明确性都依靠这种直觉。所谓的推理知识，是指心灵对两个观念之间的相符或不相符不能直接知觉到，而是需要对观念进行比较，或者借助其他观念为媒介，才能够认识到两个观念相符或不相符。例如几何学中的定理一条直线与两条平行线之间的夹角相等，这个定理心灵就是不能靠直觉得出的，而是需要中间的论证过程得出，这样的需要经过论证的知识就是感觉知识。推理知识虽然并不如直觉知识那样明白、确定，但同样具有确实性和必然性，也是确实可靠的。感性知识是关于外部事物的知识，它处理的不是观念与观念之间是否符合的问题，而是观念与事物之间是否符合的问题。感性知识是关于特殊的世界存在物的知识，它缺乏普遍的意义,所以它的可靠性要低于直觉知识和推理知识,可靠性最差。

在这里,洛克表达了两种知识观点,一个是:知识是关于两个观念符合或不符合的知觉;另一个是:有三种知识,分别是直觉知识、论证知识和感性知识。洛克在坚持常识经验的层面上,这两种观点是没有问题的。但是如果往前走一步,就会出现问题:如果按照第一种理论,我们很容易推导出,我们只能了解自己的观念,而关于他人存在或者物质世界存在的事情我们是无法了解的,因为即使存在我们也仅仅是在心灵中有了这样的观念,到底现实中存在与否,我们是无从得知的,这个理论下一步走的结果就是人们的认识只能局限在观念自身的范围内,这样割断了与外界的一切联系,结果就是我们无法认识世界,只有自己观念的知识,没有外界的知识;而按照第二种理论,我们可以有感性的知识,即关于外界的知识,这个似乎在某个方面辅助解决了上面的一个难题,但这种解决确实包含着自相矛盾。这就是洛克认识论不彻底性的一个表现。这种不彻底性在后来贝克莱和休谟那里被放大和突出,后二人都选择了坚持前者,从而使英国经验主义的立场达到了极致,从而也在某个意义上终结了经验论。

古往今来的学者,至今没有人创造一种既可信同时又能自圆其说的哲学。洛克在可信和自圆其说之间选择了可信,但是这种追求是以牺牲理论的首尾一致而达到的,可信但是不能自圆其说,而历史上大多数学者做的与洛克相反,不能自圆其说的哲学绝不可能完全正确,但是自圆其说的哲学很可能是全盘错误。历史上最富有成果的各派哲学向来包含着显眼的自相矛盾,但正是因此才部分正确。洛克的体系虽不完满,但是他包含的真理并不比任何自圆其说的体系少,甚至更多。

在洛克的学说中,一个最大的特点就是很少独断,多了很多的自由精神,他的体系总是透露着这样的信息:真理难以明白,一个明白道理的人总是抱着几分怀疑主张自己的意见的,对于主张,我们给予它的同意程度应当取决于支持它的盖然性的证据,我们应该宽容和容忍。一个人假使自己知道多一些道理,对他人就少显一份神气。正是在这样的谦卑和踏实的态度下,才有了洛克非常可信的东西,而其中虽然少了几分完美,但是因为有缺憾而可信。

(三)《政府论》

洛克的政治学说主要是通过他的《政府论》来阐发的。洛克在《政府论》的第一篇首先驳斥了斐尔麦的"君权神授"思想。斐尔麦认为是神把王权授予了亚当，后来由亚当把王权下传给他的历代继承人，最后就到了近代君主手里。他说现下当国王的或者就是最初为全人类生身父母的那两位原始先祖(即亚当和夏娃)的隔代继承人。斐尔麦的君权神授思想是从上帝创世和亚当夏娃开始追寻权力得出的。

洛克认为如果按照欧洲的长子继承制来继承王权的话，那么亚当就应该只有一个继承人，可是现在这么多的国王，谁晓得哪个是真正的继承人，按照斐尔麦的学说，除了那个真正的继承人之外，其它的国王不都成了篡位者了。因此，洛克认为，凭借以上简单的理由，由亚当开始的君权神授以及后来对这种君权的世袭这种说法是站不住脚的。

洛克在批判了君权神授的思想之后，开始建立自己的社会契约论思想。他认为在人类组成国家之前，人类生活在一种自然状态中。他的自然状态不像霍布斯的"一切人对一切人的战争"的自然状态，而是一种"完备无缺"的自由和平等状态，人与人之间充满了善意和友爱。在自然状态中，每个人自然平等，没有一个人比另一个人拥有更多的权利，每个人自由地享有各种自然权利，其中最重要的是人身安全和财产的权利。

自然权利虽然如此美好，但是有一个重大缺陷，那就是在自然状态期间，每个人要保卫他的权利必须依赖自己，而这样是无法给自然权利提供可靠保证的。对于这个弊病，政治则是有效的手段。理性的人们为了更好地保护自己的权利，于是放弃了各自执行自然法的权利，通过契约的方式把权利转移给社会，以此结成政治社会，组成国家和政府。

在洛克的契约论里，政府是订立契约的一方，人们订立契约的目的是为了更好地保护自己的权利和财产，而当政府违背了这个契约的目的，对人们的权利和财产构成威胁时，等于说政府已经违约了，民众有权利推翻这个政府，重新组建能够保证这个契约目的的新政府。这里我们可以看到洛克的契约和霍布斯契约的不同，洛克的契约是政府和民众共同订立的，政府作为契约的订立方需要遵守契约，否则民众有权力推翻政府；而霍布斯的契约里，政府并没有参与契约，因此就无遵守契约的义务，而民众订立契约转移权利，无论政府如何，民众都不能违约推翻政府。

霍布斯通过他的契约论，得出的结论是君主专制，而洛克从他的社会契约论则得出了相反的结论。因为按照洛克的想法，在自然状态下，每个人自主决定自己的行动和财产，因此每个人是自己诉讼案中的法官。而由此产生的诸多不便，则需要政治来解决。但是这种政治决不能是君主专制，因为如果君主本人成了争执的一方，那么如果采取君主专制的话，君主既是法官又是原告，这就又回到了自然状态，无法解决了。所以，由自然状态出发，必然的结论是君主专制不能算是社会契约下应有的政府形式，因为在这种政府形式中不存在中立的权威，来裁定君主和臣民之间的争执。

那么何种政体才是对契约的正确表达呢？这就是后来著名的分权学说。洛克说，在一切组织良好的政府中，立法部门和行政部门是分离的。行政部门和立法部门必须分离，以防止权力的滥用。而当二者发生矛盾时，则需要第三个部门：司法部门来调和和解决。三者相互制约和监督，这就是著名的三权分立的思想。只不过在洛克的思想里，对于立法和行政部门做了详细的描述，而对当时议论火热的司法部门这个话题，洛克却是一言不发。洛克的三权分立思想后来经过孟德斯鸠的修改和发展，最后发展成为立法、司法、行政三种权力彼此分离、相互制衡的政治学说，成为西方民主政治普遍采用的政治形式，奠定了西方政治的基础。

洛克的学说影响巨大，远远超出了时代和国界。他的学说形成了许多思想路线的出发点。洛克的认识论在近代哲学史上第一次试图创建一个博大的认识论体系，由此开创了英国经验主义的运动浪潮，主导了近代哲学几百年。可以说从洛克时代以来到 20 世纪中叶，欧洲哲学有两大类：一类的学说和方法都是从洛克得来的，另一类则来自笛卡尔和康德。后来的贝克莱、休谟等人继承了洛克的经验主义原则，把经验主义发展到登峰造极的地步，使得洛克的经验论同笛卡尔的唯理论成为近代哲学的两大潮流，主导近代哲学发展。而洛克的政治思想被后来的启蒙思想家信奉和继承，经过伏尔泰和孟德斯鸠以及卢梭的发展，最终发展成为西方民主政治的基础，洛克的精神深深地留在美国宪法、法国 1781 年制订的宪法、英国宪法以及当今西方世界各国的宪法里。西方今天的自由、民主、博爱的背后都能够看到洛克的影子。可以说，洛克的思想集中准确地反映了近代的独立民主批判精神，集中地反映了表现在 16、17 世纪宗教改革和政治革命，并在 18 世纪启蒙运动中达到顶峰的那种精神。可以说，没有一个哲学家比洛克的思想更加深刻地影响了人类的精神和制度。

　　所以，作为近代精神的第一人，洛克就是掌舵世界制度和文明，站在世界转折点上的那个人！

第 十 章

大陆理性主义

【内容提要】

　　与同时代的英国相比，17 至 18 世纪欧洲大陆的文化状况总体而言是显得保守的。除了新兴的荷兰共和国在经济发展和宗教宽容等方面较早开创了一种新的局面之外，欧洲其他国家似乎仍然被包围在一股浓郁的旧时代氛围之中。这种情况下的欧洲大陆哲学虽然也像英国哲学那样用怀疑精神作为武器对经院哲学进行攻击，但是它比英国哲学更多地染上了经院哲学的气息，这一点尤其表现在欧洲大陆哲学对抽象的思辨和形而上学体系的执着。这种注重思辨和热衷于构建形而上学体系的习惯使得欧洲大陆哲学往往不是面对现实生活，而是从不证自明的天赋观念或天赋原则出发，通过理性的演绎来构建形而上学。这样就导致了欧洲大陆唯理论哲学的发展。同时由于欧洲大陆险恶的宗教氛围，使得在三位重要的思想家中间，除了生活在荷兰的斯宾诺莎公开发表自己的作品，表现出一种特立独行的大无畏精神之外，其他两位都始终把自己富于创见的思想掩饰在虔诚的信仰背后。大陆唯理论哲学为了解决天赋观念或天赋原则的来源这个问题，往往不得不求助于上帝，以上帝作为整个知识体系和形而上学系统的最终保证。因此，如果把唯理论原则推向极致，则会导致以上帝作为一切天赋的观念、原则和秩序的根本保证，从而陷入一种形而上学的独断。

一、笛卡尔："我思，故我在"

笛卡尔开创了西方理性哲学的传统，同时笛卡尔的哲学模式奠定了西方现代哲学发展的模板。笛卡尔的哲学首先是从普遍怀疑开始的，通过笛卡尔式的普遍怀疑，最终找到了一个不可怀疑的东西，即"我思，故我在"，然后在这个不可怀疑的基点之上，笛卡尔开始了他的哲学构建。笛卡尔首先从"我思，故我在"入手论证了上帝的存在以及精神和物质这两个相对实体的存在，以此来建立他的唯理论的推导模型和认识论。而笛卡尔这种从自我出发推导出整个体系的思维模式开创了近代哲学认识论的研究模式，同时他的体系也成为唯理论体系的代表之作。

(一) 生平与著作

勒奈·笛卡尔(1596—1650 年)出身于法国都棱省拉爱伊镇的一个贵族家庭，其父是布列塔尼地方议会的议员，同时还是地方法院的法官。笛卡尔年少时体弱多病，在八岁时进入由亨利四世创立的、耶稣会神父经办的一所欧洲最著名的学校——拉夫赖公学学习，接受古典教育。校方为照顾他孱弱的身体，特许他可以不必受校规的约束，早晨不必到学校上课，可以在床上读书 。因此，他从小养成了喜欢安静、善于思考的习惯。这所学校给笛卡尔打下了坚实的近代数学根底，使得他对数学非常感兴趣，这种兴趣相伴一生，并使他在数学方面取得巨大成就。1612 年他到普瓦捷大学攻读法学，四年后获得博士学位。大学毕业后，笛卡尔决心要在世界这本大书里去寻找学问。为此他游历了欧洲一些国家和地区。1618 年，笛卡尔和当时许多贵族青年一样，带着一个仆人，自费到荷兰从军，当了一名军官。不过当时的荷兰太平无事，笛卡尔似乎享受了两年不受干扰的沉思。后来欧洲大陆三十年战争爆发，笛卡尔参加了巴伐利亚公爵的天主教军团攻打波希米亚王国的战争。笛卡尔参军似乎没有参加过什么实地作战，不过借从军的机会走了很多地方。在 1619 年到 1620 年之间那个寒冷而无战事的冬天，在巴伐利亚旧式的住宅里，笛卡尔整天偎在温暖的火炉边进行哲学沉思，据他自己述说，当他度过这个寒冷的冬天从屋子走出来的时候，他的哲学思想已经基本形成了。

这一雕刻主要描绘了笛卡尔的生活场景。其中的一个场景(上左)描绘了笛卡尔的私生女弗朗西娜于 1640 年 9 月 7 日去世。另一场景(上右)描绘了笛卡尔成为瑞典女王克里斯蒂娜的私人教师,这一角色一直扮演到 1650 年 2 月 11 日他去世为止。

1621 年他结束了军旅生活,并于 1929 年卖掉自己世袭的贵族领地,移居荷兰。他之所以移居荷兰,一方面为了隐居,同时也是避难。他在荷兰曾迁居过二十四次,换过十三个城市,他的往来信件都由他在巴黎的好友麦尔赛纳转寄。笛卡尔是一个懦弱胆小、严格奉行教会仪式的天主教徒,布鲁诺的结局和伽利略晚年的遭遇吓坏了他,因为不但在科学方面他是天主教义的敌对者,即使是在哲学方面他也是教会御用的经院哲学的叛逆者。在当时的荷兰,气氛自由宽松,笛卡尔在那里潜心从事哲学和科学研究。他的主要著作《形而上学的沉思》、《哲学原理》等都是在荷兰发表的。而这些著作在当时都被罗马教廷宣布为禁书。笛卡尔通过法国驻斯德哥尔摩大使,和瑞典克里斯蒂娜女王开始了书信往来,后来女王三番五次邀请笛卡尔亲临宫廷,笛卡尔最后同意前往。女王于 1649 年 9 月派一艘军舰去接笛卡尔,并盛情接待。女王希望每天都听笛卡尔讲课,但是除了早晨 5 点钟以外女王又腾不出时间。于是从 11 月开始,每周上课3次，清晨5点笛卡尔就冒着北欧的严寒从大使馆前往女王书房讲课，而这严重违反了笛卡尔晨睡的习惯，一般不到午后，笛卡尔是很少起床的。冬日的严寒加之不习惯的早起，对本就体质孱弱的笛卡尔而言，绝对不是什么好事。再加上笛卡尔的朋友，法国驻斯德哥尔摩大使得了重病，笛卡尔又去照料，当这位大使康复时，笛卡尔却因感染肺炎病倒，于1650年2月辞世，终年54岁。1799年法国大革命后，笛卡尔的骨灰被送到了法国历史博物馆。

笛卡尔堪称近代哲学的始祖，黑格尔称之为"现代哲学之父"。他的哲学深受当时新兴的物理学和天文学的影响，并以此种精神为基础，缔造出一个新的完整的哲学体系，这个体系里虽然保留了经院哲学的许多东西，但是他的著作中散发着一股从柏拉图到当时任何哲学家的作品中都找不到的清新气息，这是自亚里斯多德以来所未有的事，这也是科学发展进步所带来的新的自信心的标志。在哲学方面，笛卡尔的著作主要有：《方法论》、《形而上学的沉思》、《哲学原理》、《论心灵的各种感情》等。

同时，笛卡尔还是一位科学史上的巨人，他所建立的解析几何在数学史上具有划时代的意义。他的解析几何第一次把代数和几何结合起来，通过直角坐标系来加以表达。笛卡尔的这一天才创见，为微积分的创立奠定了基础，从而开拓了变量数学的广阔领域。同时解析几何中对于数和形的对应不仅标志着函数概念的萌芽，而且表明变数进入了数学，使数学在思想方法上由常量数学进入变量数学的时期。笛卡尔在其他的科学领域还有不少值得称道的创见。他发展了宇宙演化论，创立了漩涡说。他认为太阳的周围有巨大的漩涡，带动着行星不断运转。物质的质点处于统一的漩涡之中，在运动中分化出土、空气和火三种元素，土形成行星，火则形成太阳和恒星。笛卡尔的这一太阳起源的漩涡说，比康德的星云说早一个世纪，是17世纪中最有权威的宇宙论。

笛卡尔堪称17世纪欧洲哲学界和科学界最有影响的巨匠之一，被誉为"近代科学的始祖"。不过在本书中我们主要就笛卡尔哲学方面的思想和成就进行论述。

（二）普遍怀疑与"我思，故我在"

笛卡尔认为，在自己学习所得的知识体系中，"曾经把大量错误的意见当做真的加以接受，而以后建立在这样一些不可靠的原则上的东西，也只能是极其可疑、极不确实的。"①因此，为了使他的哲学获得牢固基础，他决心让自己怀疑一切能怀疑的事物，即普遍怀疑。笛卡尔的目的是通过普遍怀疑发现一些确实而自明的真理，以此作为他整个体系的基础和出发点，从而把整个哲学体系建立在不可怀疑的牢固基础之上。笛卡尔的普遍怀疑把清楚明白当做真理的唯一标准，凡是在事物里找到一点点可疑的东西，就需要把他们全部抛弃掉。

笛卡尔首先对感觉进行怀疑。我们一向当做最真实可靠并加以接受的一切事物，都是来自感官或通过感官得知的，例如颜色、形状、大小等，但是感官有时候是会骗人的，我们很容易产生各种错觉，而只要感觉骗过我们，我们就不再信任它们。他说，我能不能怀疑我现在坐在火炉旁边呢？能，能怀疑，因为有时候我在床上睡觉，却梦到坐在这里，而在梦里我是无法区别梦境和现实的。我怎么知道我现在是不是在做梦呢？而且精神病人往往有幻觉，因此我也可能处于同样的状态之中。所以，这一切都是可以怀疑和值得怀疑的。就连那些确定无疑的物理学、天文学，甚至数学的知识，也都是可以怀疑的。因为有时候别人会在那些我们知道的最清楚明白的问题上犯错误，而有谁能够保证我们不会在别人认为最清楚明白的问题上犯错呢，所以即使我们清楚明白地确认的例如一加二等于三或者正方形有四个边等东西，也有可能是我们自己在骗我们自己的。此外，上帝是全能的，不排除这些知识本来就是错的，只是上帝在创造我们时，有意地把我们造的每次都犯同样的错误，认为它们是对的。所以，就连这些我们最确信无疑的知识都是可以怀疑的。

经过普遍怀疑，最后笛卡尔不得不承认，"凡是我从前信以为真的东西，没有一件我不能加几分怀疑。"②因此，没有任何一种观念是确实的。那么既然一切都可以怀疑，到底世界上还有没有什么是确实不可怀疑的呢？笛卡尔认为，虽然我们可以怀疑一切事物，但是有一点我们是无法怀疑的，那就是"我在怀疑"这件事情本身。因为即使对"我在怀疑"这件事进行怀疑，却仍然证明了"我在怀疑"，而且在思维者进行怀疑思维的时候，设想思维者不存在，这是矛盾的。这里需要注意，笛卡尔不是从经验常识的心理层次推出："我思，

---

① 北京大学哲学系外国哲学史教研室编译：《西方哲学原著选读》上卷，商务印书馆，2002 年，第 365 页。
② 北京大学哲学系外国哲学史教研室编译：《西方哲学原著选读》上卷，商务印书馆，2002 年，第 368 页。

故我在"。而是从逻辑上推出：怀疑意味着存在一个怀疑者，思维意味着存在一个思维者，即存在着一个思维和怀疑的东西，所以怀疑意味着思维，思维意味着思维者的存在，所以：我思，故我在。

这样笛卡尔就从普遍怀疑中间引申出了再也不可怀疑的第一原理，即"我思，故我在"，这就是他一直寻找的一个确实又自明的整个体系的出发点，他正是以此为根基构建起了整个哲学体系。现在既然已经获得了坚实的基础，笛卡尔便着手开始重建知识的大厦了，他重建的第一步则是论证上帝的存在。

(三) 上帝存在

笛卡尔论证到，当他就所怀疑的东西进行思考的时候，就意识到自身的存在是不完满的，因为之所以怀疑就是因为认识上的不完满。而我的不完满是相对于那个完满的上帝而言的，但是这个完满的上帝的观念来自于哪里呢？很显然，这个概念不是我自己能产生出来的，因为"说比较完满的东西出于并且依赖于比较不完满的东西，其矛盾实在不下于说有某种东西是从虚无中产生的，所以我是不能够从自己把这个概念造出来的。"①因为我是有限的观念和不完满的存在物，所以我不能成为上帝这个观念产生的原因，上帝的观念是一个完满的观念，这个观念必然是由一个完满的东西或上帝置于我心中的，因此，上帝必然存在。

这里需要注意，我们的论证过程不是说因为我们有上帝的观念，而上帝这个完满的观念中包含着存在这一属性，所以上帝存在(是经典的中世纪的关于上帝存在的安瑟尔谟本体论证明)，是说因为我们有关于完满的上帝的知识，而拥有这样的知识即意味着存在一个完满的上帝，以此作为这个知识和观念的根据，因为这样所以上帝存在。二者虽然表面上类似，但是背后的逻辑思路还是不同的。

笛卡尔论证上帝存在的方式和中世纪安瑟尔谟的本体论证明大致类似，所不同的是笛卡尔是从他的"我思，故我在"这个最确定可靠的命题出发推导出上帝存在的，是通过阐明不完满的我不可能产生完满的上帝的观念这一关系，从而从"我"的上帝观念中推出上帝存在。在推出上帝存在之后，笛卡尔就通过上帝来说明天赋观念，然后以天赋观念为基础，进而演绎他的唯理论的知识

---

① 转引自邓晓芸、赵琳著：《西方哲学史》，高等教育出版社，2005 年，第 145 页。

体系。

不过笛卡尔虽然论证了上帝存在，但是从方法论的角度看，上帝毕竟是从我的观念中推论出来的。因此，笛卡尔其实在认识论的逻辑层次上把自我意识置于上帝之上，由此开创了近代哲学的认识论转向。汉斯·昆评论道："由于笛卡尔，欧洲思想在一种批判的发展中达到一个时代的转折点。原本的确定性已不再寄予上帝，而是寄予人。换句话说，中世纪从上帝确定性推到自我确定性的方式被近代的道路所取代：从自我的确定性到上帝的确定性。这是一个哥白尼式的转折点。"①

(四) 天赋观念论

笛卡尔认为我们所有的观念无非来自三个方面，"有一些是我天赋的，有一些是从外面来的，有一些是我自己制造出来的。"②第一类即天赋观念，指的是一些天赋的观念和原则，大体包括几何学公理、逻辑学的基本规律、上帝的观念等；第二类是从外面来的观念，即由感觉提供的观念，例如我们听到的声音，看到的颜色等；第三类是自己制造的观念，是指那些现实世界中并不存在的虚假观念，例如会飞的马、美人鱼、妖怪等。

笛卡尔的目的在于把握清晰明白的知识，而第三类观念是我们虚构的，所以不可能成为我们知识的来源。而这样的知识也不能产生于第二类观念，即不能产生于由感觉提供的观念，因为这类观念虽然不是完全虚假的，但确实是相当不可靠的，感觉时常会欺骗我们。而且感觉不能表明事物本身的状态，只能表明这个事物如何影响我们，当真实的事物被剥离了感官所赋予它的性质以后，我们只能用清晰明确的思维去认识它是什么样子了。如果我们不能从感官经验中得出真正的知识，就只有依靠理性才能获得真正的知识，而这些理性的基本概念和原则必然是人头脑中所先天固有的天赋的东西。头脑中固有的理性概念和原则引导我们寻求真正的知识和真理。因此，只有与生俱来的天赋观念才是真正的知识来源，所有真理和知识都是以天赋观念为基础而清楚明白地演绎出来的。

---

① 转引自邓晓芸、赵琳著：《西方哲学史》，高等教育出版社，2005年，第146页。
② 北京大学哲学系外国哲学史教研室编译：《西方哲学原著选读》上卷，商务印书馆，2002年，第374页。

在这里笛卡尔将理性演绎的方法作为获取真理性知识的唯一途径。他的方法就是从那些不证自明的公理出发，遵循严格的推理规则，一步一步清楚明白地推演出各种命题或定理，进而形成完整的知识体系。在这种演绎体系里，只要前提和推理规则准确无误，推出的结论则一定是正确的。在笛卡尔那里，这些作为前提的公理和推理规则本身都是天赋的，是上帝先天地赋予人的。笛卡尔开创的这种演绎的思路和培根重视经验归纳法的思路正好相反，而笛卡尔的这种以天赋观念或者天赋原则为基础，推导出具有普遍必然性的知识体系的理性演绎方法，被 17 至 18 世纪欧洲大陆的许多哲学家所推崇和沿袭，笛卡尔因而成为近代唯理论哲学的开山鼻祖。

(五) 三种实体

笛卡尔把那些脱离人的思维而独立存在的东西称之为实体。这种绝对意义上的实体只有一个，即上帝，上帝是绝对的实体。他完全独立存在，不依赖于任何别的东西。同时从上帝这个实体出发，笛卡尔认为上帝把自我的观念和物质世界的观念放入心灵，所以又推论出两个相对的实体：精神实体和物质实体，这两个实体是依赖于上帝这个绝对实体的，所以它们是相对实体。

作为精神实体的是一个纯思维的"我"的存在，其本质在于思维，它的存在是不需要任何场所或者物质事物的，它只根据自由意志而行动；而物质实体的唯一本质则是广延，即占有空间，它遵循着自然规律而运动，在现实生活中，物质实体的广延通过各种具体的样态表现出来。物质实体和精神实体二者相互独立，构成了两个相互平行的世界本原。就以人为例，人也是由精神实体和物质实体构成的，分别表现在人身上则是精神和肉体，肉体的属性就是广延，精神的属性则是思维。

关于人的肉体组成，笛卡尔用当时流行的机械的观点来解释。人的身体是一部机器，其中运动的源泉是心脏里面的热，运动的器官是肌肉，感觉的器官是神经。血气在心脏血液里蒸馏，通过动脉进入头脑，又从那里传到肌肉和神经。在这架机器中，身体的职能都自然地因器官的安排而起作用，正如一只手表或机器的运动一样。这样笛卡尔对人的身体提供了一个彻底的机械论的理解，这样的想法在启蒙运动时期，被拉美特利继承和发挥，喊出了"人是机器"的口号。笛卡尔用了一个形象的比喻来说明精神和肉体是如何并存于身体之中并和谐工作的：精神虽然和肉体结合，它所执行的职能却比较特殊，精神的主要位置在于头脑的松果腺中。当感官受到外物刺激时，血气就会沿着神经和血管把这种刺激信号输送到松果腺，作用于松果腺中的心灵，使之产生外物的观念；反过来，当心灵产生了某种活动的观念时，它就在松果腺中把这个观念传达给血气，再由后者通过神经和血管传递到肌肉，使肌肉发生收缩和舒张，从而引起身体运动。

笛卡尔在解释三种实体时指出，上帝是绝对的实体，精神和物质实体依赖于上帝这个绝对实体，并且这两个相对实体彼此独立平行，互不干涉，但是在人这个特殊存在物这里，二者似乎又相互作用，这又造成了笛卡尔哲学的一个明显的矛盾之处。

总体而言，笛卡尔哲学的普遍怀疑的理性精神和他以人为主体，从人出发研究的认识论，奠定了近代哲学研究的方法和模型，可以说他是近代哲学的开创者，后来的无论是经验论者还是唯理论者都是沿着这样的思路走下去的。只不过对唯理论者而言，笛卡尔的以天赋观念论为基础而演绎和推导的唯理论体系可以说是奠定了唯理论研究的方法和模型，笛卡尔真正开创了唯理论，是唯理论的开山鼻祖。而由于笛卡尔的哲学体系中带着一种动摇不决的两面性：一方面是他从当时的科学发展中吸收到的东西，另一方面是在学校所学习的经院哲学。这种两面性一方面使得他陷入自相矛盾，同时也使他取得了丰硕的思想成果。正是这种自相矛盾倒把他造就成后来的两个重要但相背驰的哲学流派的共同源泉。可以说，笛卡尔是近代科学和哲学的始祖，近代哲学几乎都是按照笛卡尔模式发展的，虽然发展的结果是两个截然相反的学派。

二、斯宾诺莎："神即自然"

斯宾诺莎的生平是哲学家的完美典范，他在道德上是哲学家完人的典型代表。在学术上，斯宾诺莎继承了笛卡尔的唯理论哲学体系，但是他对笛卡尔唯理论体系中的实体设置不满，于是在斯宾诺莎的体系里，他用上帝这一个实体取代了笛卡尔的三个实体，而把精神和物质的实体变成了上帝的属性，把实体的外在对立变成了内在的两种属性的对立。同时，斯宾诺莎还是个典型的自然神论者，他认为上帝就是自然，自然就是上帝。在神即自然的支持下，斯宾诺莎论述了他整体的自由观点，认为自由是对必然性的认识。政治学方面，他支持洛克提出的社会契约论的观点，认为应该成立一个民主国家。

（一）生平与著作

别涅狄克特·斯宾诺莎(1632—1677 年)出生于阿姆斯特丹的一个商人家庭，其祖上因为西班牙政府和天主教会对犹太人的宗教和种族迫害，被迫逃离西班牙，经葡萄牙最后迁徙至荷兰。斯宾诺莎早年进入一所培养犹太教士的学校学习神学和哲学，同时他还在一所世俗学校学习拉丁文，开始跟一名叫凡·丹·恩德的荷兰学者学习拉丁文。据传闻他的新老师有个美丽的女儿，她从拉丁文那里夺走了斯宾诺莎的感情；但是这位妙龄女郎爱钱财更甚于爱情，当另一位求婚者带着昂贵的礼物到来时，她便对斯宾诺莎失去了兴趣。毫无疑问，斯宾诺莎就在那一刻成了哲学家。

通过学习拉丁文，斯宾诺莎广泛阅读了布鲁诺、培根、霍布斯、笛卡尔等著名学者的著作。于是，他渐渐地对犹太教的经典和教义发生了怀疑，开始对哲学和自然科学感兴趣。他开始提出了一系列"异端"思想，并且拒绝遵行犹太教的教规和仪式，这引起了犹太教会的极大恐慌。1656 年，他因被指控异端言论而被召唤到犹太教会的长老们面前。长老们许诺给他提供 500 英镑的年金，要他保证起码在外表上忠诚于他的教会和宗教，他拒绝了这个条件。于是在一系列的警告、监禁、收买、暗杀等各种手段未果之后，斯宾诺莎被开除教籍。后来斯宾诺莎将自己的原来名字"巴鲁赫"改为同义的拉丁名字"别涅狄克特"，以此表示自己与犹太教的彻底决裂。被开除教籍后，斯宾诺莎搬出阿姆斯特丹，在海牙过着平静的日子，靠磨光学镜片为生。而磨光学镜片这个工作极大地伤害了他的健康，他在工作时吸入了大量的尘土，这与他的死因肺痨有直接联系。在艰苦的环境中，斯宾诺莎继续从事着哲学研究工作。终其一生，斯宾诺莎过着极其简朴的生活，他的物质欲望简单而不多，一生当中对金钱表现出一种稀有的淡漠。1673 年，声名远播的斯宾诺莎被哥德堡大学邀请作为本校的哲学教授，允许他自由讲学和著述，但是这种自由不能触犯宗教，斯宾诺莎还是拒绝了，因为他不知道应当把那种哲学自由限制到什么程度之内，才不至于被认为触犯大家所信奉的宗教。也正因如此，斯氏去世后，在他的朋友的努力下，他的全集才得以出版，而由于他与海德堡大学的渊源，该大学后来授权出版了《斯宾诺莎全集》。斯宾诺莎的一位早逝的学生和朋友西蒙·德·伏里斯曾打算指定他为财产继承人，他婉言拒绝了，后来伏里斯把财产留给了弟弟，还要求弟弟每年给斯氏一年 500 弗洛林，斯宾诺莎在盛情难却的情况下，只收了 300 弗洛林。当时的法国国王路易十四喜爱文艺，向往文化，听说斯宾诺莎过着困苦的生活，立即派使者去找他，并向斯宾诺莎传达了路易十四的话："如果你肯到法国，而且把你的著作献给我，我就每年送给你足够的生活费，使你过的富如贵族。"斯宾诺莎的回答是这样的："把一个人学问的结晶，献给不懂学问的人是最没有意义的事，好意我只有心领了。"1677 年，年仅 45 岁的斯宾诺莎在贫病交加中英年早逝。

别涅狄克特·斯宾诺莎

斯宾诺莎堪称哲学史上最完美的人物之一。他热爱真理，大公无私，生活俭朴，是一个哲学家德性的典范。在学术上很多人超过了他，但是在道德方面，他是至高无上的。黑格尔曾经评价说："要达到斯宾诺莎的哲学成就是不容易的，要达到斯宾诺莎的人格是不可能的。"[①]但是他的泛神论思想激起了强烈而几乎普遍的愤怒，以至于在他生前和死后的一个世纪以内，他都被看成最可怕的人。后世的许多大师都表示过对斯宾诺莎的崇敬之情。罗素说斯宾诺莎是大哲学家中最高贵的一位，与历史上其他哲学家不同，斯宾诺莎对他的哲学是身体力行，他以《伦理学》一书闻名，他的一生正是崇高伦理观的完美体现。2002

---

① 罗素著，马元德译：《西方哲学史》下卷，商务印书馆，2007 年，第 92 页。

年 8 月 27 日，以色列邮政为这位哲学大师发行了一枚纪念邮票，这是以色列《犹太人对当代世界的文化贡献》系列邮票中的一枚，也是为了庆贺以色列建国 55 周年。邮票上半部为斯宾诺莎的肖像，下半部为《伦理学》的封面。斯宾诺莎的肖像作为标志印在旧系列的 1000 荷兰盾钞票上，那是荷兰 2002 年引入欧元前的法定货币，而斯宾诺莎生前住过的街道也被冠以哲学家的名字。

斯宾诺莎的主要著作有：《神、人及其幸福简论》、《笛卡尔哲学原理》、《神学政治论》、《伦理学》等。在这些著作中只有《笛卡尔哲学原理》和《神学政治论》在他生前发表，后者还是匿名发表的，而且四年后《神学政治学》还遭到了素以宽容而著称的荷兰当局的禁止。其他的著作都是在斯宾诺莎去世后发表的，而他的朋友们帮忙发表这些遗作还是冒着相当大的风险。

(二) 神即自然

斯宾诺莎的工作是承接笛卡尔的工作继续下去的，他是笛卡尔最出色的继承者，也是 17 世纪唯理论最为典型的代表。他从笛卡尔的认识论出发，开始批判地继承笛卡尔的学说。他认为笛卡尔提出的唯理论原则不够彻底，所谓"我思"并非严格意义上的直接呈现的自明的真理，而是经过一系列怀疑之后才抽象出来的，因此它本身就不再具有笛卡尔所要求的"清楚明白"性，当然由这个并非自明的前提推出的上帝也是更加的漏洞百出。这个作为前提的清楚明白直接呈现的观念，自身必须具有那种确定性和自明性，不需要任何的怀疑，否则的话，如果它还需要怀疑，则会需要另一个东西来保证它的清楚明白性，这样会导致无穷的后退。所以斯宾诺莎认为真正自明的观念是不需要理性的反思就直接向人呈现的，而这样的观念人们只有一个，即神的观念。

在斯宾诺莎的体系里，神是整个体系的出发点，而且神是唯一的实体。关于神这个实体，斯宾诺莎作了如下的规定：实体是绝对独立的不依赖于任何别的东西；没有有限的实体，实体都是无限的；世界上只有一个实体，没有两个相同的实体，而且一个实体也不能产生另一个实体；世界上存在着唯一的无限的绝对的实体，它不依赖于任何其他东西，这个实体就是神。

斯宾诺莎的上帝与笛卡尔的上帝不同，笛卡尔的上帝是脱离世界的一个独立存在，而斯宾诺莎的上帝是在世界之中的，即上帝在世界之中，世界也在上帝之中，上帝是世界上一切事物存在的源泉。上帝是万物得以产生的原因，也是万物得以活动的原因，上帝内在于万物之中，而并非超越万物之外，因此，神即自然，自然即神。根据神和自然的关系，斯宾诺莎把自然分为产生自然的自然和被自然产生的自然。产生自然的自然就是神，叫做能动的自然；被自然产生的自然就是那个神创造的自然界的万事万物，这个又称之为被动的自然。能动的自然是就在自然内部，通过认识自然而认识到创造自然的那个实体，即通过神所创造的自然来认识神，换言之，这个自然是作为创造者的上帝而言的，上帝创造了自然而没有同自然分开，只有通过认识上帝创造的自然才能认识上帝，这个自然是神作为创造者这个意义上的自然。被动的自然是指自然界存在的万事万物，是神创造的自然的各种属性，是作为神的创造物的身份而出现的，即是神创造的那个作为产物的自然，换言之，被动的自然是作为产物的自然，而非创造者的自然。这样斯宾诺莎就通过对自然的不同解释，阐释了不同层面上的自然的不同意义。

斯宾诺莎把神这个唯一的实体等同于自然，神即自然，自然即神，把神内在于自然之中，把自然界的万物看做是神性的表现。这样虽然在提倡上帝和神，但是这样的神已经不再是中世纪宗教中的那个具有独立人格、有意志、超越于自然之外并且随时用神迹干预自然进程的那个纯粹精神力量的上帝，而是变成了按照自身规律必然运行的自然界本身。这样等于取消了宗教中的神，而变成一个泛泛而言的有规律的自然本身，这种泛神论思想对宗教而言是极其危险的，它也为 17 世纪的英国自然神论向 18 世纪法国无神论转化提供了一个过渡的思想。虽然斯宾诺莎的哲学通篇都在讲上帝，但是却被教会视为严重的异端思想和极度危险的人物，正是他的泛神论思想使得他一生都与教会很不和谐，无论是犹太教还是基督教。

在提出神即自然之后，斯宾诺莎开始论证上帝的一些性质，即上帝的属性。属性是指理智认识到的组成实体的本质的东西。实体是无限的，因此实体的属性也是无限的，但是在实体的无限多的属性里，人类的理智所能认识的只有两种：思维和广延。神和自然以无限的方式来表现自己，但是人所能认识的只是思维和广延。斯宾诺莎强调思维和广延是神或者自然的两种属性，神或者自然既是一个能思维的东西，同时也是一个有广延的东西，即上帝或者自然至少既是物质的，又是精神的。因此，我们既可以通过思想去了解神或者自然，也可以通过广延去了解它。但是思维和广延这两种属性在神或者自然之中是彼此独立，相互之间不发生任何作用的。这样斯宾诺莎就用唯一的实体取代了笛卡尔彼此对立的物质和精神两个实体，把两个实体的外在的对立变成一个实体内部的两种属性之间的平行关系。

属性作为实体的本质，在自然界特殊的现实存在状态就是样式，样式就是指实体表现出来的特殊存在状态，即作为被产生的自然的万事万物。实体的属性是不动不变的，但是它的样式却是千变万化的。样式的变化体现了实体的发展过程。样式作为实体属性的表现，同样分为两种，即思维的样式和广延的样式。思维的样式表现在特殊的观念和意志活动中，即表现为理智；广延的样式表现在一个具有特殊形状的物体中，即表现为物体的运动。思维的样式符合思维运动的逻辑规律，而广延的样式符合物体运动的机械运动规律，二者都严格遵守着各自的规律运动着。在精神领域没有自由意志，在物质领域也没有什么偶然，一切都被严格地决定着，凡是发生的事情都是上帝这个实体的表现，整个世界在上帝这个实体的基础之上表现得井井有条，完美地运转着。

斯宾诺莎的体系中，实体虽然只有一个，但是实体的两种属性：思维和广延这两个彼此独立的属性，当它们表现为具体化的样式的时候，就呈现为两个相互平行的观念的系列和事物的系列。这两个系列各自独立地遵循着自己的次序，按照自身的规律运转着。但是由于思维和广延是同一个实体的两种属性，所以尽管这两个序列各自按照自己的规律独立运行，但是这两种序列却仍是完全同一的，即观念的次序和联系与事物的次序和联系是完全相同的。因为当我们用思维这个属性来解释自然的时候，自然就表现为被思想的观念，遵守逻辑的规律；而当我们用广延来思考自然的时候，自然就表现为具有广延的外物，遵守着机械的规律。而由于我们思考的都是同一个自然，只是从不同的属性得到不同的结论，即我们是用两种不同的属性来思考同一个自然，虽然得到了两个平行的系列，但是由于我们思考的是同一个自然，对象是一致的，对象内部的关系也是一致的，因此，尽管我们用不同的概念系统来表达自然，但是这些不同的概念之间的次序和联系则是完全和自然本身一致的，因此观念的系列和事物的系列这两个系列内部的次序和联系正如自然本身一样，是完全一致的。也就是说，自然万物都是以"一体两面"的形式存在的，一方面表现为具有广延的形体，遵守机械规律；另一方面又表现为可以被思想的观念，遵守逻辑规律，二者是完全一致的。

斯宾诺莎通过上帝这个自明的概念推导出了全世界，这样就完成了唯理论的从上帝这个自明的点出发而建立的整个体系。在上帝这个实体之上，斯宾诺莎向人们展示的是一个严格合乎必然性法则的世界图景，它必须通过理智的逻辑推理才能认识。其中没有任何的偶然性和任意性，一切都被先天地决定好了。因此斯宾诺莎所建立的是一个绝对的决定论的世界图景，甚至有些宿命论的味道。由于事物的系列和观念的系列都在自然或者神内部彼此平行又相互同一地存在着，所以我们对于自然及其样式的认识就不是通过对事物本身的感觉经验而得到的，而是通过对观念系统的理性推理而得到的。我们的知识不需要通过感觉经验得知，只需要依据自明的真观念就可以推导出整个知识体系。

斯宾诺莎的哲学体系是和几何学的体系完全一致的，他的《伦理学》一书的副标题就是"按照几何学方式证明"。在他看来，几何学就是知识的完美典范，所以他的哲学体系在形式上完全按照几何学的演绎模式，先进行界说和定义，再设定公理，然后根据公理和定义进行推演，得出命题或者定理。如此层层推进，直至建立起整个哲学体系。斯宾诺莎从上帝这个不证自明的实体出发，通过上帝的思维属性，推演出观念的系列。由于观念系列和事物的系列完全一致，这样就不但认识了观念的系列，从而认识了事物的系列，这样就认识了自然。斯宾诺莎就这样通过上帝这一观念演绎出了整个哲学体系，这样严格演绎的唯理论哲学体系成为 17 世纪欧洲唯理论哲学的最典型代表。

(三) 伦理学

斯宾诺莎研究哲学的目的是要建立一种新的伦理学。斯宾诺莎认为哲学的目的在于人的自由和解放。他认为人的情感和欲望是造成人不自由的根源，只有克服它人才能自由。但是这种克服不能采取禁欲的方式，而只能采取理性认识的方式。斯宾诺莎和苏格拉底、柏拉图一样，认为一切不正当的行为都起源于知识上的错误认识，只要人心中拥有的正确的观念越多，那么他的行为就越主动，反之如果具有的不正确的观念越多，则越容易受情欲的支配，所以我们在多大程度上受外界支配便多大程度上受奴役，"我们有几分自决，便有几分自由。"①所以，自私和自我保全的欲望是很正常的，并不是罪恶，只有受到它的迷惑才是罪恶的。如果我们认清了情感和欲望，把他们当作自然的一种形式，这样我们就能够保持心灵的平静，摆脱这种欲望的控制进而恢复到它的实体，达到对神的理智的爱，这才是心灵的自由。人生最大的快乐或者幸福就是认识上帝，从而使自己的理智得以完善，精神得到满足。

斯宾诺莎认为宇宙和人生的本质都能够从一些不证自明的公理按照逻辑推导出来，因为他们同样都是逻辑必然性的结果。世界万物包括人生都是必然的，"我们皆因无知才以为我们能够改变未来；要发生的事总要发生，未来像过去一样定不可移"②。所以，对未来的恐惧和希望都是恶的，都是因为缺乏智慧才产生的。那么什么叫自由？斯宾诺莎反对为所欲为的自由，自由是对必然性的认识，理解到一切事物都是必然的，人生的本质也像数学一样是逻辑必然的，我们应该像认识到二加二等于四这个事实一样认识到人生必然的这个事实，然后在这个事实之上，认识和接受这种必然性，默默承受着生的事物，这才是真正的自由。这就是斯宾诺莎的自由，即认识到必然性然后默默承受这种必然，而妄图改变必然性的那种自由则是一种虚幻，因为之所以心灵有这样的想法是有原因的，而那个原因还是有原因的，原因的原因还是有原因的，这样会一直到无穷，反而陷入无穷的牵绊，所以自由就是认识到这种必然性，然后自由地承受。因此才有了斯宾诺莎的名言："自由的人最少想到死，所以他的智慧不是关于死的默念，而是关于生的沉思。"③

在这里斯宾诺莎看到了自由和必然的关系，但是由于斯宾诺莎的整个体系都在上帝的严格决定之下而导致他的自由过分强调必然，取消了偶然和自由意志，从而走入了另一个极端。

(四) 政治学说

在政治学上，斯宾诺莎与洛克和霍布斯一样，主张社会契约论。他也像霍布斯、洛克一样，主张人类在早期的自然状态下，人人有权利做他自己的事情从而保全自己，在这样的状态下强权就是公理。但是这种状态下人们之间很容

---

① 罗素著，马元德译：《西方哲学史》下卷，商务印书馆，2007 年，第 97 页。
② 罗素著，马元德译：《西方哲学史》下卷，商务印书馆，2007 年，第 98 页。
③ 罗素著，马元德译：《西方哲学史》下卷，商务印书馆，2007 年，第 98 页。

易引起冲突，于是为了所有人和平相处，必须放弃天赋的权利，订立社会契约，只不过订立社会契约的目的是为了建立一个民主共和国，而不是专制政体。人们放弃自然状态下的自由，签订契约，目的是为了获得社会状态下的自由。他认为政治的真正目的是为了获得自由。而在所有政体里面，民主政治是最自然和最与个人自由相结合的政体。自由是社会生活中最重要的东西，只不过斯宾诺莎的自由仅限于思想的自由和言论的自由。而在实践领域，为了维护国家的权力和安宁，个人放弃自由行动的权力是明智之举。可以说斯宾诺莎的政治学说建立在他的哲学和伦理学的基础之上，一脉相承地强调自由的重要性，而且以自由作为整个政治生活的重要目的所在。可以说他对民主政治的强调在当时来说是最为激进的一种政治主张。

总体而言，斯宾诺莎继承和完成了笛卡尔的唯理论原则，建立了当时最为典型的唯理论演绎哲学体系，成为 17 世纪唯理论的典型代表。同时，斯宾诺莎不但相信自己的学说，而且在生活中积极实践他的学说，他的整个人生可以说是哲学家的完美典范。

三、莱布尼兹的单子世界

莱布尼兹继承了笛卡尔和斯宾诺莎的唯理论哲学，但是对于前面两位的实体观念他都不能赞成，他提出了自己的新的实体——单子来取代上帝这个实体，并以此为基础来构建他的形而上学。单子在莱布尼兹的体系里是一个纯粹的精神性存在，没有任何的物质属性。世界正是由众多的不同质的单子构成的。单子作为精神性存在，它是一个封闭的体系，任何单子之间是没有相互作用和影响的。单子内在的属性就决定了单子以后的发展，单子的运动和发展都是内在属性的表现，和任何外物都是无关的。整个世界从低到高组成了一个单子系列，在这个系列中不同的单子之间相互毫无作用，他们各自按照自己的模式运动着。单子是上帝一刹那创造出来的，在上帝创造出单子之时，就提前安排好了单子之间的和谐运动，这就是前定和谐，正是上帝的安排才使得这个由单子构成的世界呈现出良好的秩序和规律。同时在认识论方面，他提出了著名的大理石说，认为认识是在经验的作用下把心中潜在的观念发挥了出来，改进了天赋观念论。

(一) 生平与著作

哥特弗里德·威廉·莱布尼兹(1646—1716 年)出生于德国东部莱比锡的一个书香之家，父亲是莱比锡大学的伦理学教授，母亲出身于教授家庭，是一个虔诚的天主教徒。莱布尼兹自幼聪明好学，15 岁时进入莱比锡大学学习法律，1665 年，莱布尼兹向莱比锡大学提交了博士论文，1666 年，审查委员会以他太年轻(年仅 20 岁)而拒绝授予他法学博士学位。黑格尔认为，这可能是由于莱布尼兹哲学见解太多，审查论文的教授们看到他大力研究哲学，心里很不乐意。他对此很气愤，于是离开莱比锡，前往纽伦堡附近的阿尔杜夫大学，并立即向学校提交了早已准备好的那篇博士论文，1667 年 2 月，阿尔杜夫大学授予他法学博士学位，并提供给他一个教授的职位，他说他另有打算而

哥特弗里德·威廉·莱布尼兹

拒绝了这个职位。莱布尼兹获得法学博士学位后，在纽伦堡被聘为炼金术士，但他对这项技术一无所知。后来通过该团体结识了政界的一位男爵，并经男爵把他推荐给迈因兹选侯，从此莱布尼兹便供职于迈因兹选侯门下，正式开始了持续一生的为贵族服务的工作。

当时的欧洲，路易十四领导的法国无比强大，路易十四本人也是野心勃勃，这位迈因兹选侯同样也甚为恐惧路易十四所统治的法国。于是，莱布尼兹提议让法国攻打埃及，从而进入所谓的荷属东印度，来分散路易十四的注意力，这样法国军队就不会攻击德意志。他的计划一直不被公众所知晓，直到拿破仑亲自远征埃及失败，之后占领汉诺威时，才发现了这个计划。但当时这项计划得到了迈因兹选侯的大力支持。1672 年，莱布尼兹作为一名外交官出使巴黎，并在那里度过了此后四年的大部分时间。莱布尼兹试图游说法国国王路易十四放弃进攻，却始终未能与法国国王见上一面，更谈不上完成选侯交给他的任务了。在驻巴黎期间，他先后结识了马勒伯朗士、阿尔诺、波义耳、惠更斯等哲学家和数学家。1673 年 4 月，莱布尼兹被推荐为英国皇家学会会员。经过苦心研究，1676 年莱布尼兹独立地创立了微积分，并引出了一段与牛顿有关的

关于微积分创立权的公案。1672 年，迈因兹选侯逝世，莱布尼兹失去了职务和薪水，当时，他曾多方谋求外交官的正式职位，或者希望在法国科学院谋一职位，都没有成功。无奈之下，只好接受汉诺威公爵的邀请，前往汉诺威。

1676 年，在返回德国的途中，莱布尼兹专程到荷兰拜访了斯宾诺莎，并和他相处了一个月，经常讨论哲学问题，还获得《伦理学》的一部分原稿。莱布尼兹到晚年附和对斯宾诺莎的攻击，还说只和他见过一面，尽量缩小与斯宾诺莎的接触，而且为自己的名字出现在斯宾诺莎的信件里大为恼火。1677 年，莱布尼兹抵达汉诺威，担任汉诺威王室的图书馆馆长，并且终身在汉诺威王室的支持下从事哲学和科学研究。1686 年莱布尼兹受聘主编汉诺威王室的家族历史，为了这个工作，莱布尼兹开始广泛地游历欧洲。除了在欧洲查找档案和历史之外，莱布尼兹还广泛地结识学者和世界名流。他曾经费时间推行一项基督教各宗派整合的计划，只是终归没有实现。1688 年，莱布尼兹在罗马被选为罗马科学与数学科学院院士。从 1695 年起，莱布尼兹就一直为在柏林建立科学院四处奔波，到处游说。1700 年他得到了弗里德里希一世赞助，建立了柏林科学院，他出任首任院长。1700 年 2 月，他还被选为法国科学院院士。至此，当时全世界的四大科学院：英国皇家学会、法国科学院、罗马科学与数学科学院、柏林科学院都吸收莱布尼兹作为其成员。1713 年初，维也纳皇帝授予莱布尼兹帝国顾问的职位，邀请他指导建立科学院。俄国的彼得大帝也在1711—1716 年去欧洲旅行访问时几次听取了莱布尼兹的建议，莱布尼兹试图使这位雄才大略的皇帝相信，在彼得堡建立一个科学院是很有价值的。彼得大帝对此很感兴趣，1712 年他给了莱布尼兹一个有薪水的数学、科学宫廷顾问的职务。1712 年左右，莱布尼兹同时被维也纳、汉诺威、柏林、彼得堡等王室所雇用。这一时期他一有机会就积极地鼓吹编写百科全书、建立科学院以及利用技术改造社会的计划。在他去世以后，维也纳科学院、彼得堡科学院先后都建立了起来。据传，他还曾经通过传教士，建议中国清朝的康熙皇帝在北京建立科学院。1716 年，由于胆结石引起的腹绞痛而卧床一周后，莱布尼兹孤寂地离开了人世，终年 70 岁。

莱布尼兹才华横溢，在数学、物理学、生物学、逻辑学、工程学、语言学、法学、美学等一系列领域中都卓有建树。他不仅发明了微积分，而且还制造出了一个可以进行加减乘除四则运算的机械计算机，并率先为计算机的设计系统提出了二进制的运算法则，为计算机的现代发展奠定了坚实的基础；在物理学方面，充分地证明了"永动机是不可能的"，提出了动能守恒的原理，创立了能量守恒的雏型；同时他还创立了数理逻辑，修正了传统的逻辑，只可惜，他的数理逻辑方面的文献一直都没有发表，罗素对这段历史甚为惋惜，并说到："他(莱布尼兹)对数理逻辑有研究，研究成绩他当初假使发表了，会重要之至；那么，他就会成为数理逻辑的始祖，而这门科学也就比实际上提早一个半世纪问世。他所以不发表的原因是，他不断发现证据，表明亚里斯多德的三段论之说在某些点上是错误的。他对亚里斯多德的尊崇使他难以相信这件事，于是他误认为错处必定在自己。"[1]

在学术上，可以说莱布尼兹是一个千古绝伦的大智者，但是在做人上，他完全欠缺那些崇高的哲学美德和人品。罗素对他的评价很"刻薄"："他(莱布尼兹)的最精湛的思想并不是会给他带来声望的一种思想，那么他就把这类思想的记载束之高阁而不发表。他所发表的都是蓄意要讨王公后妃们嘉赏的东西。"[2]这样做的结果就是有了两个莱布尼兹哲学体系，一个是他公开宣扬的，那是一个乐观、正统、玄虚却又十分浅薄的体系；另一个是很晚编订者才发现的，这个体系深奥，条理连贯，逻辑性非常之强。前一个体系的最典型代表就是那个他杜撰的所谓现实世界是一切可能世界中最善的一个这一说法，这个非常流俗的说法遭到后来许多人的讥笑。在另一个方面，直到1901年或1903年出版了两部莱布尼兹文集，在这里莱布尼兹向我们展示了另一个非常富有哲理的深刻的哲学体系，而在莱布尼兹死后近两个世纪里，几乎很少有人认识到这些东西的价值。莱布尼兹的原稿很大部分都存在于信件里，或许他故意给人这样的错误印象，以至于人们在整理他浩如烟海的原稿为他出选集时，很容易喜欢选取那些符合他的体系公认解释的东西，而这些足以证明他就是那样的哲学家，而足以证明他是一个远为深奥的思想家的那些文章倒是极容易被人看成不重要的，而被轻易舍弃。而与后者相关的文献的发现则是二百多年之后的事了。

① 罗素著，马元德译：《西方哲学史》下卷，商务印书馆，2007年，第119页。
② 罗素著，马元德译：《西方哲学史》下卷，商务印书馆，2007年，第106页。

莱布尼兹的主要著作有：《形而上学谈话》、《新系统》、《人类理智新论》、《神正论》、《单子论》、《莱布尼兹与克拉克论战书信集》等。

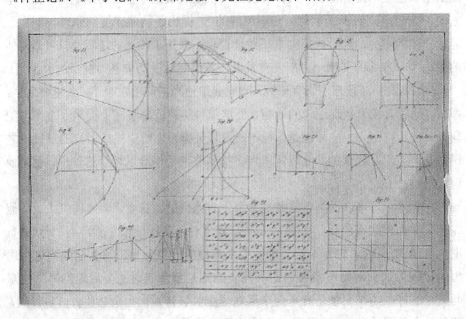

莱布尼兹最重要的数学成就，就是在 1676 年不依赖于牛顿独立发现了无穷小的微积分。

(二) 单子论

莱布尼兹继承了唯理论的哲学传统，也力图把自己的哲学体系建立在实体的基础之上。但是他对笛卡尔和斯宾诺莎的实体都不够满意。无论是笛卡尔还是斯宾诺莎都把广延看做是实体的性质，但是莱布尼兹认为广延不会是一个实体的性质，因为他认为任何具有广延的东西都是可以分割的，所以广延不可能是实体的性质。

针对笛卡尔和斯宾诺莎的实体学说，莱布尼兹提出了自己的实体理论。他认为由于任何具有广延的东西都是可分的，所以真正单纯的和不可分的实体必须是没有广延、没有部分、没有量的规定性的东西，而这样的实体他称之为单子。单子是单纯的实体，它不是物理学上的点，同时也不是数学上的点，而是形而上学的点。因为物理学上的点仅仅是压缩了的物体，并不精确；而数学上的点虽然精确，但是却仅仅是一些样式而已，并不真实。而只有形而上学的点是精确而实在的，没有这样的点就不会存在任何实在的东西。这样的单子不止一个，而是无限多，这些无限多的单子是构成事物的绝对的最初本原，一切事物都是由单子构成的。

单子不具有广延，因此不可能是物质性的东西，而只能是精神性的东西。由于单子没有广延，所以单子是无法以自然的方式合成和分解的，即单子既不能被毁灭也不能被创造，单子无生无灭。既然单子无生无灭，那么它是从哪儿来的呢？莱布尼兹认为是上帝这个最原始的单子创造了一切单子，上帝凭借神性的一刹那的闪光而创造了单子，也只有上帝的奇迹能在一刹那消灭它。所以，单子只能突然产生，突然灭亡，它们的产生和消灭都是由于上帝的神迹，是与人无关的。

莱布尼兹通过和人自身的类比，指出单子就是和心灵类似的东西，心灵具有的特性，一定程度上单子都具有。单子的本质就是一种精神的力，这种力就类似于人的感觉和倾向，它有知觉和欲望。正是这种力，使得每一个单子都具有类似于感觉和欲望的能力，这种能力导致了单子以及单子构成的万物的运动。正是因为这个缘故，莱布尼兹把单子称为"无形体的发动机"，它们自身的能动性成为它们活动的源泉。

单子是精神性的实体，不同单子之间并不存在着量的差别，而只有质的差别，这种质的差别就是单子的知觉能力的差别。所谓知觉能力就是单子表现和反映宇宙全体的一种能力。每一个单子都有知觉的能力，每个单子就像一面镜子，从不同的角度，以不同的清晰程度表征和反映着整个宇宙。从构成无机物和植物的单子所具有的无意识的模糊混乱的知觉到构成动物的较高单子的保存记忆的知觉，再到构成人的灵魂或自我意识的更高级单子的统觉，形成了一个由低到高的，由模糊到清晰的知觉序列。虽然人灵魂中的统觉较一般动植物的知觉清晰，但是与构成更高级生命天使的单子以及至高无上、唯一的单子上帝比较，人类灵魂知觉宇宙就又显得相对模糊了。

宇宙就是由无限多个这样的单子构成的，众多的单子根据知觉宇宙的清晰程度不同而形成了一个从低级到高级的逐渐前进的序列。这些单子的清晰程度是逐渐上升的，没有两个单子恰好一样，因为如果那样的话就无法区分了。所以在这个序列里，每个单子的知觉能力都不尽相同，没有两个完全相同的单子，就像世界上没有两片完全相同的树叶一样。由于单子的数量是无限的，而自然中没有飞跃，所以这个从低到高的链条上没有任何的中断，同时这个链条无限地排列下去必然需要设置一个至高无上的终点，这个终点就是上帝。上帝是最高和最完善的单子，是最初的单子，他是产生单子的单子。

宇宙中众多的单子之间并不存在着相互作用，单子不受外界决定，没有任何东西能够进入一个单子，每一个单子都是自身封闭的，彼此间孤立地存在而不发生相互作用，任何单子的运动和变化都只能从单子内部加以说明。由于外在的东西不能影响单子，所以单子内部所固有的精神性的力或者欲望决定了单子的运动，正是内部的精神性的力促使了每一个单子追求更高的知觉能力，从而导致了单子的运动，可以说每一个单子都处在演化的过程中，它要成为什么样子，那是潜伏和蕴含在它本身以内的，即是由其自身的精神性的力所决定的。所以，单子经过一系列的演化阶段，展开了那预先存在于其内的东西；个体以后的发展早就在胚胎里注定了，存在于单子里的东西没有消失，都表现在以后的发展阶段里；而早期的发展阶段就已经预先决定了未来的阶段。因此，每一个单子都"携带着过去"又"孕育着未来"。所以每一个单子不受任何外在的影响，单子的发展和演变都是自己内部的因素所决定的，与外界毫无关系，这样的单子就实现了真正的自由，自由地按照自己内在的要求发展。莱布尼兹的这种自由强调更多的是每个单子的自由，即个体的自由，个体自由地按照自己内在的要求发展。他的个体的自由与斯宾诺莎的整体的自由不同，斯宾诺莎的自由是指整个体系按照上帝的内在要求而自由地发展，他的自由是就整体来说的，而莱布尼兹的自由是个体的自由，其中的每个个体按照自身的要求发展自己。可以说，莱布尼兹把实体由斯宾诺莎的唯一的上帝变成了众多的单子，同时也把整体的自由变成了众多个体的自由，这种对主体自由的强调也是莱布尼兹单子论的一个主要特点。

莱布尼兹的单子根据自身固有的内在原则各自孤立地运动变化着，但是如何保证这个庞大而复杂的单子系统在各自独立运动的情况下保持协调一致呢？莱布尼兹以两个走的一样准的钟表为例来说明如何使它们协调一致。首先由于单子之间是不能相互作用的，所以他们之间的协调一致不可能来自彼此间的相互调节。其次，就这两个钟表而言，可能有一个钟表匠，随时调整这两个钟表，使得他们协调一致。而对众多的单子而言，这个精巧的钟表匠就只能是上帝了。但是莱布尼兹认为这种办法很拙劣，上帝不总是创造奇迹的，他只需要维持一般的自然进程就好了，这种琐碎的自然小事都需要求助于上帝神迹的方法实在不能让人满意。莱布尼兹认为世界之所以这么协调是因为上帝在最初创造每个单子的时候就把能够使他们相互协调一致的程序放进单子里面了，就像一个极高明的钟表匠所制造的每个钟不用调节而永远都在同一时刻报时一样。莱布尼兹举了个例子来说明，在一个交响乐队里，每个乐器手都按照自己的乐谱来演奏，但是整个乐队却演奏出一曲和谐而优美的曲子，这是因为整部乐曲的总谱已经由作曲家事先写好了。同样的，在由无数单子构成的宇宙中，上帝就如同宇宙秩序总谱的作者，彼此孤立的各个单子正是根据上帝事前安定的和谐来进行各自的自然变化的，从而使得每一个单子都向着更高的知觉状态运动，也使得整个单子世界保持了一种有条不紊的秩序。这就是莱布尼兹为解释单子世界的协调有序而提出的前定和谐理论。整个宇宙就像一部协调一致的机器，每个单子就是机器的一个部分，上帝提前安排好了各个单子的任务，每个单子各自执行自己的任务，整个宇宙就这样在上帝的安排下协调一致地运转着。

(三) 认识论

在认识论上，莱布尼兹同样主张天赋观念论。他认为真正的知识是普遍和必然的，这样的知识不能建立在导源于经验的原则之上。因为心灵同样也是由单子构成的，外在的原因不能对其施加影响，所以知识不能来自于外界，而只能来自于心灵自身内部。他反对洛克的白板说，认为心灵不可能是一块空白的板，外界自然可以在上面任意书写，心灵应该是一块有纹理的大理石，这些大理石的纹路就是所谓的天赋的观念。

莱布尼兹的天赋观念理论和笛卡尔以及斯宾诺莎的都有所不同，他认为天赋的观念并不是现成的观念，而是一种能力。那些观念和真理不是作为现成的东西存在于人的心灵中的，而是作为一种倾向、禀赋、习性或者说自然的潜能先天存在于我们的心灵中。所以，天赋的观念不是现成的，而是潜在的。莱布尼兹举了个例子来论证他的天赋观念理论。他说在大理石上能否刻出赫尔库勒(希腊神话的英雄)的形象，除了工匠的外部加工之外，还要看大理石本身固有的纹路是否合适而定；如果赫尔库勒的形象顺利出现了，这就说明它的形象已经以某种方式天赋在这块石头里了，虽然我们还需要通过加工使得这些纹路显现出来。莱布尼兹通过这个例子说明，我们天赋的观念和真理是以潜能的形式存在于心灵之中的，这种潜能要实现出来还需要有外部感性加工的机缘才可以。外部的感觉就像工匠的雕刻一样，在这样的机缘之下，我们加以注意内心的东西，这时我们就会发现这些真理和观念，从而形成我们的知识。

具体来说，当我们还没有对自己内心的知觉活动加以关注的时候，内心的这些知觉活动就一直存在着，并且决定了我们的思想和行为。这些内心的知觉活动就是我们心灵内部天赋的东西。感觉经验的作用就是把这些不被人注意的知觉唤醒为可以被心灵自觉地加以注意的统觉，从而形成知识。

莱布尼兹的天赋观念理论和他的单子理论一脉相承，主张所有的观念都是天赋的，都是上帝前定和谐地安排好的。莱布尼兹认识论和前面唯理论学者不同的地方就是承认经验对于认识的作用，这在一定程度上对经验论和唯理论是一种调和。

(四) 最好的世界

莱布尼兹认为一个世界如果与逻辑不矛盾，那么它就是可能的世界。可能的世界有无限多个，神在创造世界之前都思量好了，最终替我们选择了现实的这个世界，而现实的这个世界是所有可能世界里最好的那个，我们生活在最好的世界上。

既然我们生活的世界是最好的世界，那么如何解释这个世界的恶呢？莱布尼兹认为，虽然我们的世界存在众多的恶，但它依然是最好的那个。因为上帝本可以创造一个不含一点恶的世界，但是那个世界没有现实世界好，因为一个完美的世界并不是没有一点阴影，而是应该像一幅美丽的画一样，每一处阴影都有它的作用，以此来衬托和构成整幅画的完美。而且在现实世界中，善和恶总是密切联系的。举个例子，在大热天里当你口渴的时候，喝点凉水可以给你无比的痛快，让你以为以前的口渴固然难受，却也值得忍受，因为如果你不口渴，随后的快乐也就不会那么大了。同样，在现实世界中，如果没有恶的衬托，就无法体现善的伟大，或者说善就不会有表现出来的机会。有了善和恶，也才有了人自由选择的余地，人才能实现自由。上帝创造的这个世界是一个保证善能够得到最大表现的世界，也是一个能够让人发挥其最大自由的世界。虽然这个世界含有恶，但是这个世界里善超出恶的那个盈余是所有可能世界中最多的，所以我们现实的世界是所有可能世界中最好的那个。这是个典型的神学乐观主义，试图说明尽管世界中存在着恶，但是这些恶不但没有使这个世界黯然失色，反而使它更加和谐美好。对世界的这种乐观主义的解释使莱布尼兹带上浓重的庸人气息，遭到后来很多哲学家的讽刺。罗素在评价这个理论时说到："这套道理明显中了普鲁士王后的心意。她的农奴继续忍受着恶，而她继续享受着善，有一个伟大的哲学家保证这件事公道合理，真令人快慰。"[①]同时在这个理论中我们还应该看到里面包含着非常辩证的善恶观和自由观。上帝通过人的自由选择，借助于恶来达到善的目的，这些思想对后来的康德和黑格尔影响很大。

　　莱布尼兹的哲学对德国哲学的发展影响很大，加之后来的莱布尼兹的弟子沃尔夫的发挥，形成一套莱布尼兹-沃尔夫体系，这个体系对德国的启蒙运动和德国哲学产生很大影响，统治了德国思想界达半个世纪之久，直到康德出现之前，德国各大学还是被这种哲学所统治。而在德国之外，莱布尼兹的哲学影响就很弱了。同时，由于莱布尼兹文笔枯涩，受他的影响，德国的哲学总是在文笔上显得枯燥无味。

① 罗素著，马元德译：《西方哲学史》下卷，商务印书馆，2007年，第117页。

第十一章

十八世纪法国的启蒙哲学

【内容提要】

十八世纪继承了近代以来思想发展的成果,欧洲大陆的唯理论思想体系以及英国的经验主义,在整个欧洲的思想和文化界燃起了熊熊的火焰,由此带来的独立探索的精神也在逐渐地改变着生活的面貌,但是这些新的思想和文化必须在人类较广泛的领域里加以通俗化和传播,而十八世纪就执行了这一任务,因此十八世纪也被称之为启蒙运动的世纪。可以说,十八世纪的哲学直接影响了人们的行动,它走出了书斋,同普通百姓相结合;它放弃了形而上学,直接走向民众,走向社会现实。哲学放弃了它所特有的哲学语言和经院哲学语言,而是用一般人所能理解的词汇来宣传自己,影响社会的发展。由哲学和文化领域开启的启蒙运动,其矛头直接指向了禁锢平民思想最为严酷的宗教,有的哲学家甚至宣布自己是无神论者,这是西方人几乎自古希腊智者学派以来就从未达到过的激进思想。以哲学为核心,十八世纪的法国形成了一场声势浩大的启蒙运动,正是这场运动,为法国大革命进行了思想和舆论的准备。而那些流传至今的口号:人性、善意、天赋人权、自由、平等、博爱等等都在当时普遍流行。对中世纪思想制度的反抗最后导致社会和政治的革命,新的社会取代旧的社会,这才标志着十八世纪的结束。

一、伏尔泰的哲学思想

伏尔泰主要论述了他独特的上帝的观点，他认为上帝就是一个精密和高明的机械师和工程师，上帝正是作为自然界的设计者而存在的。不但如此，上帝的存在还是对人们今世道德生活的一个保证，所以上帝在伏尔泰的理论中是因为需要才存在的，就像他自己说的即使没有上帝，我们也应该创造一个出来。同时他又论述了自己独特的自由观点，即每个人生而自由，自由地享有各种权利，他的自由更多地指向了平等地拥有权利，即自由地拥有相同的平等权。

(一) 生平与著作

伏尔泰(1694—1778 年)原名弗朗斯瓦·马利·阿鲁埃，出身于法国巴黎的一个大资产阶级家庭，从小就是有名的神童，3 岁就能背诵拉封丹的寓言，10 岁进入教会办的贵族中学受正规教育，但是却因为出身低贱而受到歧视，这也养成了他的反抗精神。他在学校阅读了不少鼓吹自由主义的禁书，特别是颂扬理性、鼓吹宗教怀疑的书。16 岁中学毕业后，父亲命令他去学习法律，但是他在法律上一事无成，最后沦落为无业文人，以其文采而出入巴黎贵族世家。

伏尔泰

伏尔泰才思敏捷，以对封建等级制度嬉笑怒骂、无所顾忌而惊世骇俗。伏尔泰由于写了一些政治诗文被投入巴士底监狱，他度过了将近一年的铁窗生活。1718 年伏尔泰被释放不久，他的戏剧《俄狄浦斯》在巴黎上演，获得巨大成功。伏尔泰 24 岁就已闻名于世，在余生的 60 年间，他是法国文学界的主要人物。

1762 年，他遇到一些麻烦，后被迫流亡英国。当时伏尔泰已成为自己所处时代非常著名的演说家，但是一些法国贵族人士认为他缺少一个平民所应具有的谦逊。这导致了伏尔泰和一个贵族骑士之间发生了一场公开的论战，伏尔泰在论战中以智取胜，使对方瞠目结舌，无地自容。不久以后，这个骑士就唆使一帮恶棍突然殴打了伏尔泰，后来又把他投入巴士底监狱。伏尔泰答应了离开法国的条件，不久被释放出狱，因此他前往英国。伏尔泰流亡英国可以说是人生的一大转折，甚至有些因祸得福的味道。在英国伏尔泰通读了洛克、弗朗西斯·培根、牛顿和莎士比亚等著名英国人的著作。他还结识了当时大多数主要英国思想家。莎士比亚以及英国科学和经验论都给伏尔泰留下了深刻的印象，他印象最深的是英国的政治制度。英国的民主和个人的自由与伏尔泰在法国的遭遇形成了鲜明的对照。没有哪一个英国贵族能发布一项密令来匆匆把伏尔泰投入狱中。如果以某种非正当理由而把伏尔泰拘留，那么一份人身保护令就可以使他立即获释。伏尔泰回到法国，完成了他的第一部主要哲学著作《哲学通信》。在这本书中，伏尔泰对英国的政治制度以及洛克的哲学思想、牛顿的物理学、莎士比亚的戏剧等都加以全面引进。该书的问世引起了法国当局的愤怒，该书被查禁，伏尔泰被追究，于是伏尔泰又被迫离开了巴黎，逃亡到一个偏僻小镇上，隐居在侯爵夫人的城堡里达 15 年之久。

在隐居期间，伏尔泰写下了大量的哲学、科学和文学作品，以各种化名发表出来，引起了思想界的巨大震动，他也由此成为法国思想界最具影响力的启蒙思想家。雨果曾说到，伏尔泰的名字代表了整整一个时代。

1750 年，伏尔泰接受普鲁士国王弗里德里希二世的邀请来到柏林，在德国逗留了 5 年，但是最终他看到此行并不能达到他推行开明政治的目的，于是再次潜逃至瑞士边境的小城凡尔那，在那里如果当局找他的麻烦，他就可以有法国和瑞士两个逃跑的去向，于是便在那里定居下来。在此期间，伏尔泰写出大量的文学和哲学著作，与整个欧洲文化领袖通信，接待来访，他的家成为了欧洲各国进步人士聚会和通讯的中心，人们称他为"凡尔那教长"。1778 年，83 岁高龄的伏尔泰在民众盛大的欢迎仪式中返回巴黎，在那里参加了他的新剧《和平女神》的首次公演。许多观众为他喝彩，呼之为法国启蒙运动的"伟大老人"。数以百计的敬慕者其中包括本杰明·富兰克林都曾登门拜访。但是伏尔泰的生命不久就完结了，他于 1778 年 5 月 30 日在巴黎逝世。由于他直言不讳地反对教权主义，因而不能在巴黎举行基督教葬礼。直到 13 年后，胜利的法国革命者挖掘出他的遗体，重新把他安葬在巴黎先贤祠。

伏尔泰的主要著作除了《哲学通信》外，还有《形而上学论》、《哲学辞典》、《牛顿哲学原理》等，同时伏尔泰还有大量的小说、戏剧、诗歌和历史著作流传于世。

(二) 合理的上帝

伏尔泰哲学中的上帝典型地具有自然神论的特点。他肯定牛顿的第一推动力的观点，认为正是上帝作为第一推动者，设计了大自然，从而使得自然界表现得如此协调和合理。自然规律本身的存在就证明了上帝的合理设计。上帝在伏尔泰的概念中是一个伟大的数学家和工程师，上帝通过自身精密的理性计算，按照这种理性设计出自然，并把这种理性作为规律赋予了自然本身。上帝在创造世界之后便与世界无关了。宇宙被严格的机械规律所决定，上帝虽然创造了世界，但是在他创世并给与世界第一推动力之后，便不再干预世界，而是听任自然规律去支配一切了。

伏尔泰的上帝除了作为世界的设计者和推动者之外，对道德世界而言，上帝的存在也是必需的。伏尔泰认为如果没有上帝的话，人就没有畏惧、没有廉耻和希望，就会变得和动物毫无区别了。所以，他是考虑到人的道德和伦理生活而为人设定一个上帝的。伏尔泰的一句名言说到：“即使没有上帝，也必须创造一个出来！”伏尔泰认为，人没有上帝就不能想象。人们正是因为对上帝的信仰而开始讲道德、讲良心和明善恶。相信上帝最终可以对人世的事情做出赏善罚恶，对地狱的恐惧和对天堂的向往使得人们在现实中讲道德和良心。如果没有上帝的赏善罚恶，正义和道德就无法维持，所以一般民众还是需要宗教信仰作为道德的前提。上帝是伦理道德最终的保证，上帝的存在保证了社会的良心和道德。同时，“一切人的共同福利要求我们相信灵魂永生！”。[①]而上帝的存在则为灵魂不死提供了保证，同时其也为人超越自然提供了机会。人本身是自然界的一部分，并且服从自然规律，但是人并不像动物一样，在自然规律面前毫无作为，任凭自然的摆布。人通过信仰上帝，从而凭借自己内心的理性力量去认识上帝创造的这个世界，认识上帝创世的秘密，认识自然规律，从而使得人有了超越自然机械规律的机会。同时由于有上帝的保证，人的肉体虽然消亡，但是灵魂不死，这样人类就依靠上帝的保证为自己留下了超越自然机械作用行事的权利。

由此我们也可以看到，设定这样的上帝存在仅仅是出于现实的考虑，是我

---

① 伏尔泰著，高达观等译：《哲学通信》，上海人民出版社，1986年，第53页。

们需要这么一个合理的上帝存在它才存在，这样的上帝已经不再是中世纪的那个具有诸多神秘性质并主宰一切的上帝，而只是一个因为诸多需要而存在的合理的上帝。

（三）自由

伏尔泰认为自由是上帝赐予的，每个人都平等地享有天生的自由。自由在伏尔泰的概念中指的是"试着去做你的意志绝对必然要求的事情的那种权力"。[①] 他的自由指的是意志的自由，它包括人身自由、言论自由、出版自由、信仰自由、财产自由等。伏尔泰的自由不能从消极意义上理解为不受束缚，为所欲为，消极意义的自由后果就是破坏社会秩序，而应该从积极意义上理解为对某种权利的捍卫。伏尔泰的名言："我坚决不同意你的观点，但我誓死捍卫你发表观点的权利。"这样的自由不但不会破坏社会秩序，而且社会秩序和法律应该在自由的基础上建立起来，从而维护人的各种基本权利。对每个人而言，他都有发表自己观点，坚持自己观点和不同意别人观点的自由，同时每个人还需要捍卫别人发表自己观点的自由，因为别人也同样拥有这样的自由，而且别人的自由就是自己的自由，只有捍卫了别人的自由，自己的自由才能够得到保证。如果这样理解自由的话，自由也就等于是平等和正义了，每个人平等、自由地享有各种权利。

但是这种自由背后其实就是启蒙运动所带来的平等观念，但是这样的平等只是权利的平等，而不是实际的平等。伏尔泰也看到拥有财产的平等权并不能消除实际上财产的不平等，而人的自然天赋的差异足以造成众多的不平等。但是伏尔泰认为，这些虽然不幸，但却是自然而且必然的，富人支配穷人天经地义。尽管伏尔泰有自由主义思想，他却不拥护民主，按照伏尔泰的说法，他对下层社会的自治能力缺乏信心。尽管如此，伏尔泰毕竟提出和宣传了近代自由理念。自由的第一步是获得自由的可能性，即自由的机会平等，在这个基础上才能谈到现实的自由，即实质的平等。人们对伏尔泰的拥护和崇敬并不在于他给他们带来了什么财富和现实利益，而是在于他给人们带来了争取自己利益的权力的理论。

[①] 北京大学哲学系外国哲学史教研室编译：《十八世纪法国哲学》，商务印书馆，1979年，第95页。

二、孟德斯鸠的哲学思想

孟德斯鸠主要论述了法的精神。他认为法是存在于自然界一切事物之中的必然性和规律性，他提倡自然法，认为人在自然法状态下拥有着自由和平等，但是后来人类进入了社会状态，人的自由和平等遭受挑战，这就需要人为法来维持人的自由和平等。他通过考察三种人类政治制度，认为像英国那样的君主立宪制度是最好的整体。同时他发挥了洛克的三权分立学说，提出了立法、司法、行政三权分立的学说，为启蒙运动和法国大革命打下了思想基础。

(一) 生平与著作

孟德斯鸠(1689—1755 年)原名查理·德·色贡达，孟德斯鸠是他的男爵的称号。他生于法国波尔多当地有名望的"穿袍贵族"(即取得了贵族称号的资产阶级)，祖父曾任波尔多郡议会长(法院院长)，后来这个职务又由孟德斯鸠的伯父继任。孟德斯鸠年轻时潜心苦读，一心要成为法学权威，以承袭孟德斯鸠家族担任的郡议会议长职位。1708 年，19 岁的孟德斯鸠获得法学学士的学位，并担任了议会律

孟德斯鸠

师。1714 年，25 岁的孟德斯鸠成为了波尔多法院的法官(即波尔多郡议会的议员)——这是当时法国法律要求的担任公职的最低年龄限制。

后孟德斯鸠的伯父因病去世，他承袭了波尔多郡议会议长一职。依照伯父的遗嘱，孟德斯鸠获得了"孟德斯鸠男爵"的封号。后因不满官场的陈腐体制而卖掉了院长的职务，迁居巴黎，专心于写作和研究。孟德斯鸠曾被选为波尔多科学院院士、法兰西科学院院士、英国皇家学会会员，具有渊博的知识和深刻的思想。孟德斯鸠的主要著作有《波斯人信札》、《论法的精神》、《罗马盛衰原因论》等。

(二) 自然法

法的概念是孟德斯鸠的理论基础。他认为法就是贯穿于一切事物之中的必然性和规律性，世界上的一切事物都处于法的必然关系之中，都受到这种法则和规律的支配，不同的存在物有不同的法。神有神的法，天使有天使的法，人

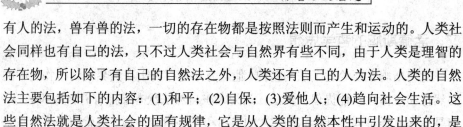

有人的法，兽有兽的法，一切的存在物都是按照法则而产生和运动的。人类社会同样也有自己的法，只不过人类社会与自然界有些不同，由于人类是理智的存在物，所以除了有自己的自然法之外，人类还有自己的人为法。人类的自然法主要包括如下的内容：(1)和平；(2)自保；(3)爱他人；(4)趋向社会生活。这些自然法就是人类社会的固有规律，它是从人类的自然本性中引发出来的，是人类理性的表现。

人作为自然的一部分，受自然法的支配，但是人类同时也是理智的存在物，拥有自己的意志，并不完全按照自然法的支配，而且人类的自然法本身也就包含着人类社会生活的欲望，于是人类这个理智的存在物不断地打破自然法，从而进入了社会状态。但是进入社会状态的人直接打破了自然状态中的自由平等，带给人类的是不平等和战争，这种状态就类似霍布斯所描述的"一切人对一切人的战争"。于是，人类就需要一种人为法，通过这种人为法律来保证人的自由和平等。

(三) 三种政体和三权分立

人类社会在破坏了自然法之后，需要建立起人为法以保证人类的自由和平等，但是合乎理性的人为法不容易找到。为了找到合乎理性的人为法，孟德斯鸠考察了人类社会的三种政治法律制度，以希望寻找一种能保证人的自由和平等的社会政治法律制度。

在人类社会历史上，一共存在过三种政体：专制政体、共和政体和君主立宪。首先，孟德斯鸠认为专制是国王根据个人意志和爱好来治理国家的，朕即法律，在这样的国家，法律基本等于零，君主的话具有至高无上的权威，他的意志统治一切，无法可立，无法可依。在专制政体中，统治的原则只有一个，那就是恐怖。君主为了维护自己的权力，必然推行残暴的统治。这样的政体毫无理性可言，更谈不上个人的自由和平等。在这种政体下，人人都是囚犯，都被权力所束缚而毫无自由和平等可言。

关于共和制，我们需要注意孟德斯鸠提的更多的是古罗马帝国式的共和制，而非我们现在熟知的西方的共和制。孟德斯鸠认为共和制是比专制好得多的一种政体。在共和制社会中国民拥有最高的权力，整个社会遵从社会公德。孟德斯鸠以罗马帝国的兴衰为例，说明了共和政体的优劣。他认为罗马帝国兴盛的原因就在于国家的法律严明，秩序井然，人人热爱祖国，有着良好的风尚和道德，而且军队精良。但是这样的政体也很容易出问题，因为人民选举的执政者掌握全权，很容易被野心家利用而将共和制变成专制，而这也必将导致国家的灭亡。当然这样的话，人们的自由和平等就不能得到有效的长期保证，所以也不是理想的政体。而且在孟德斯鸠的共和制中，整个社会非常遵循社会公德，而这样的社会他认为只能存在于古人的英雄式美德占优势的地方，而这种情况在现代社会是基本上不可能实现的，所以他心目中的共和政体虽然优秀，但是还是不大现实的。在三种政体里面，孟德斯鸠推崇英国式的君主立宪制度。在这种制度下，虽然君主拥有最高权力，但是君主的权力必须依据法律来行使，君主的权力受到了法律的限制，这就把君主的行为同样限制在法律的范围之内，防止了君主的专横任性。

像许多十七八世纪的学者一样，孟德斯鸠非常推崇英国式的君主立宪制度。认为它是按照洛克的三权分立学说建立起来的，这就是立法、司法和外交三权分立。孟德斯鸠把洛克的三权分立学说加以改进，提出了立法、司法和行政三种权力彼此分开，掌握在不同人手中，同时三者又相互制约，以达到权力的平衡，只有这样建立起来的法律制度才能真正保证人的自由。这时候的自由就是有了法律保障的自由，自由就变成了可以做一切法律允许的事情，而不被强迫去做他不应该做的事，可以做一切法律没有明文禁止的事情，这样的自由就不是胡作非为，而是法律范围内的自由，这才是真正的自由。

不过孟德斯鸠同时也承认，最好的政体都是相对而言的，每个国家的政治法律制度要取决于这个国家所处的自然环境以及由此造成的民族心理。特别是一个国家的地理环境对一个国家的民族性格、风俗、道德、法律和政治制度都具有决定性的影响，因此孟德斯鸠也被称为地理决定论者。他认为一个国家的气候、土壤、土地面积大小等地理因素对这个国家的风土人情、政治法律制度都有直接影响。比如他认为居住在寒带地区的民族骁勇剽悍，而热带地区的民族则心神萎靡，土地贫瘠使人勤奋，而土地肥沃则使人因生活宽裕而日渐柔弱。再者，他认为小的国家适合共和政体，中等国家适合君主政体，而大的国家则适合专政政体，据此他就认为欧洲的法国、英国等国就适合君主政体。

孟德斯鸠的三权分立学说改进了洛克的学说，使得权力的分离和制衡更加合理，他的很多原则都被现代西方国家所继承，对西方的政治学说做出了很大贡献。同时，他的学说也为即将爆发的法国大革命设计了合理的革命蓝图，鼓励和激励了很多人为了自由和平等而去奋斗。

三、卢梭：回归自然

卢梭在论述国家的起源之时，也是假定人类开始于一个自然状态。在自然状态中，人类非常美好地拥有着自由和平等的权力。但是人类自身在自然状态中还拥有一种自我完善的能力，而这样自我完善的能力使得人类不断地发展，最终的结果是人类结束了自然状态，进入了文明状态。

卢梭比较排斥文明状态，认为它是人类堕落的开始，也是不公平的开始。在人类进入社会状态之后，私有财产和私有制的出现是必然的结果。而随着私有财产和私有制的出现，人类便开始了不平等的发展过程。社会不平等的发展分为三个阶段：第一阶段是私有财产权和法律的确定；第二阶段是官职的设置，通过契约建立国家政权；第三阶段是合法的权力变为专制。在第三个阶段之后，人类的不平等走向极端也走向了消亡，人们用暴力推翻了它，开始建立真正的平等和自由。而真正的自由和平等的建立开始于新的契约的订立，这就是新的社会契约，只有这个契约才是真正的契约，在这个契约之下产生了新的国家和政体，只有它才能真正保证人民的平等和自由，使得人们重新回归到自然状态的自由和平等。

(一) 生平与著作

卢梭(1712—1778 年)出生于日内瓦的一个钟表匠家庭，母亲在他出生后不久离世，父亲也在他很小的时候死去，由一个姑母把他抚养长大。由于家境贫寒，从小没受到什么教育，他都是通过自学而获得知识的。卢梭 12 岁辍学，在各种行业当学徒，体验了社会底层生活的苦难和不公。由于在当学徒的过程中，他对各个行业都充满着憎恶，于是在 16 岁的时候他相信自己可以独立生活，自由地支配一切，就从日内瓦逃到了萨瓦。由于没有生活手段，于是他去找一个天主教神父，扬言要改宗教。于是经过 9 天漫长的仪式，他由新教改信天主教。改教后不久，他结识了瓦郎夫人，她和卢梭一样是由新教改信天主教的，以后的十余年间，卢梭就在她家里度过大部分时光。离开瓦郎夫人之后，在 1743 年，卢梭在一位显赫贵妇的帮助下，当上了法国驻威尼斯大使的秘书，大使给他委派了工作，但是却忽略了付给他工资。后来卢梭为此事去巴黎争取得到公断，后经周折终于领取到他应得的工资。讨薪的苦恼可能跟卢梭转而憎恶法国现行政体也有一些关联。在巴黎期间，他广交各方面的人士，尤其是结识了哲学家狄德罗。他开始参与《百科全书》的编写工作，卢梭负责音乐部分，后来这项工作由于狄德罗被捕而中断了。在巴黎讨薪期间，卢梭认识了他以后相伴一生的女友黛蕾丝。她是卢梭在巴黎所住旅馆的佣人，此后终生二人都一起生活着，他们有过五个孩子。因为卢梭觉得凭自己的经济情况无法抚养自己的孩子，所以把他们送到育婴堂让国家培养是对孩子的最好安排。关于他们两个人，罗素描述到："向来谁也不明白，是什么东西引动他接近她。她又丑又无知；她读写全不通(他教她写字，却不教她阅读)；她不晓得十二个月份的名称，不会合计钱数。她的母亲贪得无厌；两人一同把卢梭及他的全体朋友们当收入之源来利用。卢梭声言他对黛蕾丝从来没有半点爱情；她晚年贪酒，曾追逐少年养马夫。大概他喜欢的是这种优越感；感觉在财力上和智力上都毫无疑问比她优越，而且她是彻底依赖着他的。他与大人物相处总不自在，从心底里喜欢贫贱愚直的人；在这点上，他的民主感情完全是真诚的。尽管他至终没有和她结婚，他把她几乎当妻子般看待。"①

卢梭的家庭生活

---

① 罗素著，马元德译：《西方哲学史》下卷，商务印书馆，2007 年，第 228 页。

1750 年，狄戎学院悬赏征求关于艺术与科学是否给予了人类恩泽这一问题的文章。卢梭对此持否定主张，他认为文明人别于野蛮人的一切都是祸害。凭借此篇文章，卢梭获得了奖金，并因此而名声大作。在这篇文章之后，卢梭便按照这篇文章的内容生活起来。他把表卖掉，认为以后他不需要知道时间了。1754 年，卢梭应日内瓦城市的邀请，回到自己的家乡。但是，由于日内瓦的宗教是加尔文派的新教，而只有加尔文派信徒才可以做日内瓦市民，于是卢梭又恢复了原来的宗教信仰。1756 年，44 岁的卢梭接受朋友的馈赠——一座环境优美的乡村小房子，开始了他的隐居生活。隐居的六年，卢梭写作了许多著名的作品，他的名著《爱弥儿》和《社会契约论》都是在这个期间完成的。这两本书虽然给卢梭带来了极大的名声，但是也给他招来了风暴般的官方谴责和迫害。法国政府和教会认定卢梭的著作属于异端邪说，最高法院判决将《爱弥儿》焚毁，并发出逮捕令，要将卢梭打入监牢。卢梭得到消息后只好逃离法国，到达瑞士。但是瑞士政府也容不下他，命令卢梭必须在一天之内离开瑞士领土，后来普鲁士国王弗里德里希收留了他，准许他在莫底埃居住。卢梭在那里居住了三年，不过三年终了之时，当地的乡民在牧师率领下控告卢梭放毒，并打算杀害他。由于休谟很早就邀请他到英国，于是他又逃亡英国。在英国最初非常顺利，也非常得志，他同英国的文化界人士交往很密，同时国王乔治三世也还授予他一份年金。但是不久之后就出现问题，卢梭和当时的大多数思想家都相识，但是都无一例外地反目成仇。卢梭不但有性格上的缺陷和种种恶习，而且为人极其敏感，这些都注定了他的悲剧人生。当时休谟在卢梭为难之际，邀请他来到英国避难，并且休谟非常诚恳地希望"抱着友谊和尊重"与卢梭相处终生。但是，卢梭的敏感和被害妄想症发作了，这一切把卢梭逼得精神错乱，总是怀疑休谟串通他的敌人来谋害他，最终卢梭逃回了法国。这件事以后，休谟说到："他在整个一生中只是有所感觉，在这方面他的敏感性达到我从未见过任何先例的高度；然而这种敏感性给予他的，还是一种痛苦甚于快乐的尖锐的感觉。他好像这样一个人，这人不仅被剥掉了衣服，而且被剥掉了皮肤，在这种情况下却被赶出去和猛烈的暴风雨进行搏斗。"[①]1778 年，卢梭在孤寂中离世。

---

① 罗素著，马元德译：《西方哲学史》下卷，商务印书馆，2007 年，第 232 页。

卢梭的生平时常遭受人们的诸多非议，在他的自传体回忆录《忏悔录》里，卢梭把自己的生平描述的非常纤细，而且对人生的罪恶描述细致，甚至有夸大的嫌疑。尽管生前遭人唾弃，但是死后却成为万世敬仰的思想巨人。法国大革命后，卢梭被安葬在先贤祠，1791 年，国会通过决议，给法国大革命的象征卢梭树立雕像，题词为"自由的奠基人"。可以说卢梭是法国大革命中最为激进的思想家，他的思想非常平民化，为最广大的穷人所接受。在法国大革命中，激进的人都是卢梭的信徒，温和的改革派都是洛克的信徒，可以说，自卢梭时代以来，政治改革者要么追随洛克，要么追随卢梭。同时，卢梭还开创了浪漫主义运动，是浪漫主义运动之父，影响了西方思想界几百年。

卢梭一生著述众多，著名的作品有：《论人类不平等的起源和基础》、《社会契约论》、《爱弥儿》、《忏悔录》等。

(二) 自然状态和社会状态

卢梭像当时的很多学者一样，设定在人类社会出现之前有一个自然状态。自然状态顾名思义，就是完全按照人的自然本性生活的状态。卢梭的自然状态只是一种理论假设，这样的自然状态存在与否不得而知。但是卢梭假设这样一个自然状态的目的是为了更好地阐明人的本性。

卢梭所谓的自然状态是通过抽象的手法，排除人类的一切社会关系，把剩下的东西看做是人的自然本性，由此来研究人的纯粹的自然本性，希望通过这样抽象的方法进而能够从丑恶的社会现实和社会的罪恶追溯到人类自然状态中的善良本性；同时也借以论证奴役和统治并非永恒的自然规律，进而寻找人类不平等的根源所在。在卢梭的自然状态中，自然人是孤独的，相互之间没有交往，因而不需要也没有语言；两性的结合是偶然的，人没有固定的住所，没有家庭；没有农业、工业，没有私有财产和私有观念，没有奴役，没有法律，没有统治，没有善恶的道德观念，没有竞争，没有战争。人除了生理上的差异外，彼此自由而平等地处于和平状态之中。自然人的全部欲望都表现为肉体的需要：食物、交媾和休息的需要。在自然状态的人的心中，存在着两个天赋的观念，这就是自我保存和怜悯情感这两种善良的本能，一切的自然法则都是在这两种天赋的观念下产生的。人类就这样在没有社会、没有家庭、没有你我的状态下生活了很多年。但是，卢梭认为人和动物的最大区别在于人具有自我完善的能力。自然总是支配着一切生物，人虽然也受着自然的支配，但是人和动物不同，动物只是服从自然，而人在自然面前则有自由主动的资格。人虽然同样受到自然的支配，但是人却有服从和反抗的自由，人在自然面前具有了一种自由，那就是在人的自我完善本能的驱使下，人开始去改造自然以使得自然适合人类生存。

人的自我完善的本能总是在具体的自然条件之下，发展了自然人具有的理性、文明、语言、社会生活、道德和进步等潜在的各种能力，从而使得人类走出了自然状态进入了社会状态。具体人类是如何借助于自我完善的本能发挥自己的潜能的，这则需要借助于外部许多原因的偶然结合。例如，不同的自然环境下人们发展了不同的技能，靠水的人成了渔夫，靠山的人成了猎人，生活在平原上的人成了农民。人类学会了使用火，原本孤单的个人之间增加了接触，进而形成了语言，智力也越来越发达，最终人们开始定居下来，结成了家庭和氏族。正是这种自我完善的本能把人类从自然状态推到了社会状态。但是当人类进入社会状态后，淳朴的自然人变成了邪恶的生物，人们之间的天然的自由平等被奴役和统治所取代。随后，卢梭认为人优于动物的优点——自我完善的能力正是人类一切不幸的源泉。随着人类自我完善能力的发展，工具逐渐被创造和使用，使得生产和技术不断发展，出现了分工协作，密切了人们之间的关系。特别是冶金术和农业这两种技能的发明，引起了社会的巨大变革，进而导致了私有制的出现，所以"使人文明起来，而使人没落下去的东西，在世人看来是金和银，而在哲学家看来是铁和谷物。"[1]因为土地的耕种势必引起土地的分配，于是劳动使人拥有了土地产品的所有权，然后就是土地本身的所有权。在自然状态下，每个人对所有的东西都拥有同样的权利，不过当有人在一块土地上付出了劳动，他就对产出的果实拥有所有权的时候，慢慢地他就不仅认为自己对生产的果实拥有所有权，而且对生产果实的土地也同样具有所有权。"谁第一个把一块土地圈起来并想到说：这是我的，而且找到一些头脑十分简单的人居然能相信了他的话，谁就是文明社会的真正奠基者。"[2]所以，私有制的产

---

① 北京大学哲学系外国哲学史教研室编译：《西方哲学原著选读》下卷，商务印书馆，2002年，第74页。

② 卢梭著，高煜译：《论人类不平等的起源和基础》，广西师范大学出版社，2009年，第111页。

生是人类自我完善本能的必然结果。自然状态赋予了人自由，同时也包含了使人丧失自由的原因。随着私有制的产生，人类自由平等的自然状态结束了，人类进入了不平等的社会状态。

人类的不平等分为两种，一种是自然的不平等，即生理上因性别、年龄、体力以及智慧等原因造成的不平等；另一种是社会的不平等，即政治和财产上的不平等。人与人之间的自然差异在自然状态下是微不足道的，但是在社会状态下，每个人积极发挥自己不同的自然能力，其结果是在技巧、知识、声誉、分配等方面发挥和加剧了自然的不平等。私有制是文明的开端，随着文明社会的发展，社会不平等也随之发展和深化。社会不平等的发展分为三个阶段：第一阶段是私有财产权和法律的确定；第二阶段是官职的设置，通过契约建立国家政权；第三阶段是合法的权力变为专制。

第一阶段是私有制的产生，出现了穷人和富人的对立。私有财产的出现使得原来微不足道的自然差异在劳动中产生了不同的结果，一些人富了，一些人则变得难以维持生计。由于资源有限，于是一些人占有了大量财产，多数人成了没有土地的穷人。于是，富人和穷人便有了不同的性格：富人只想保持和扩大自己的财富，于是便通过统治来掠夺和奴役穷人；而穷人为了生存不得不抢劫富人的财产以维持自己的生命。由此，社会一方面产生了统治和奴役的关系，同时又产生了暴力和掠夺的关系，整个社会陷入了可怕的混乱和战争之中。但是在这种战争中，明显对富人不利，于是富人为了维护自己的利益，打着维护公正和和平的幌子对穷人说："咱们联合起来吧，好保障弱者不受压迫，约束有野心的人，保证每个人都能占有属于自己的东西。因此，我们要创立一种不偏袒任何人的、人人都遵守的维护公正与和平的规则。这规则使强者和弱者同样尽相互间的义务，以便在某种程度上，补偿命运的不齐。"①这样，富人就欺骗穷人订立了契约，建立了国家政权，终于富人对穷人的统治被合法地建立起来了，富人成了统治者，穷人变成了被统治者，富人的财产受到了政治法律制度的保障。这样，人们之间经济的不平等进而发展成为政治的不平等。这就是不平等发展的第二阶段。

---

① 北京大学哲学系外国哲学史教研室编译：《西方哲学原著选读》下卷，商务印书馆，2002 年，第 76 页。

人们所订立的契约原本是为了保证社会安定，但是这样的法律却巩固了所有权，使巧取豪夺变成了合法的权力，结果是富人获得了统治的力量。随着政治法律的发展，权力逐渐被固定下来，人们开始将公共权力托付给私人，而政府的首脑也通过种种途径来扩大自己的权力，这就为个人将国家占为己有创造了条件。就像管理土地的人把土地看做自己的私有财产一样，管理国家的人也把国家看做是自己的私有财产，这样统治者就变成了国家的主人，臣民就是他的奴隶，这样合法的权力就变成了专制的权力，君主变成了暴君。这就是不平等发展的第三个阶段。

在第三阶段，不平等发展到了顶点，物极必反，既然专制把不平等发展到了顶点，那它必将走向自己的反面，过渡到平等的状态。因此，人们必将以同样的暴力手段来还报暴君，"以绞杀或废除暴君为结局的起义行动，与暴君们前一日任意处理臣民生命财产的行为同样合法。暴力支持他；暴力也推翻他。"①

卢梭关于社会的学说包含着对人类文明的反省，在他看来文明的科学和艺术是对自然本能的退化和退步，人类征服自然的自由没有带来人类自身的自由，技术的进步并没有推进道德的发展。因此，卢梭对现代文明有一种强烈的拒斥，人应该回归自然。

(三) 《社会契约论》

既然人类的文明社会是如此的不平等，那么如何重新回归平等呢？当然最好的办法就是回归自然，但是人类是无法再次回归自然状态之中的，这种办法是行不通的。虽然无法回归自然，但是人们可以用新的社会契约来保证人的自由和平等。这就是他的社会契约论。

卢梭所谓的社会契约不是人们在进入社会之前的自然状态中制定的社会契约，而是在社会中重新制定的社会契约。人们签订过两次社会契约，第一次是在不平等的条件下制定的，目的是为了建立国家政权，其结果是加深了社会的不平等。第二次契约是在平等的条件下制定的，目的是为了建立一个能够保障人们自由和平等的国家政权。只有第二次订立的契约才是真正意义上的社会契约，这才是全体社会成员在平等条件下的自由选择。

---

① 北京大学哲学系外国哲学史教研室编译：《西方哲学原著选读》下卷，商务印书馆，2002 年，第 78 页。

卢梭认为国家应该是人民真正平等的第二次契约的结果，只不过这次契约要解决的根本问题是："要寻找一种结合形式，使它能够以全部共同的力量来维护和保证每一个结合者的人身和财富，并且由于这一结合而使每一个体与全体相联合的个人又只不过是在服从他自己本人，并已仍然像以往一样自由。"[①]为了实现这个目标，所以新的社会契约就是每个人把自己的一切权利全部地给予一切人。由于这样的转让对每个人都是一样的，所以每个人并没有把自己奉献给任何人，反而从所有订约者那里获得了自己转让给他们的同样的权利，所以每个人在订约之后仍然只是服从自己本人，而且还像以往一样自由。即每个人没有失去自由的权利，反而得到了更多的东西。这样的社会契约产生的结果是一个集强制的权力和自由的权力于一身的公意。公意就是这个社会一切人的共同意志，它是公共利益的代表。与公意相似的一个概念就是众意。众意是指多数人的意愿，是一部分人的意愿。而公意不是众意，也不等于所有的个别意志的总和。它是从所有人的个别意志的总和中间扣除掉相异的部分之后而剩下的相同的部分，因而在公意里面，没有自相矛盾的个人利益，它永远是以公众利益为出发点和归宿的，因此永远是公正和不犯错误的。

公意在具体政治现实的表现就是法律，法律就是作为立法者的全体公民对作为守法者的全体公民制定的，所以法律是保证公民权利平等的基石，也是自由的基石。唯有服从法律才有自由。法律和国家足以保证人们享有早已丧失了的自由和平等。在这里，自由和平等不再是自然状态的自由和平等，而是社会的自由和平等。这时候的自由就是服从人们为自己制定的法律，即在法律内部的自由；平等就是在法律面前的人人平等。

在这样的公意的契约下，就产生了一个集合体，这个集合体就是共和国。卢梭按照公意建立的共和国，它的最高主权是属于全体人民的。在这个国家中，每个人都是统治者和被统治者双重身份，统治者和被统治者都是相对而言的。在这样的共和国里，立法、司法和行政权力都是属于人民的，即主权在民。在所有权力中，立法权是根本，它是属于人民的；而行政权和司法权都是由立法权派生的，政府和司法机构的职责都只在于根据法律进行工作，所以他反对三

---

① 北京大学哲学系外国哲学史教研室编译：《西方哲学原著选读》，商务印书馆，2002年，第72页。

权分立，行政权和司法权都只是立法权行使自己的工具而已，决不能制约立法权的。所以卢梭主张主权在民，权力全部由人民掌握，不可分割，也因此他推崇民主共和制，而反对专制制度和君主立宪制度。只不过卢梭的民主共和制指的是城邦似的所有公民直接投票的直接共和制，而我们一般理解的共和制指的是由公民选举代理人的共和制，卢梭反对代理人的共和制，而提倡公民直接投票。但是这样的民主共和制只适合于古代希腊罗马那样的城邦小国，而不适合现代的民族国家。只有不超过一万人的小城邦才可能所有的公民聚在一起投票，而不让别人代表自己。在他看来，虽然这个无法实现，但是它代表了人类自我完善的一种可能性，而且只有这种形式的社会契约论才有可能保证每个人的自由和平等。

卢梭的社会契约论思想直接的现实实践就是法国大革命，在大革命中，虽然领袖有左派和右派之分，但都是卢梭的信徒，大家都以公意相标榜，以公民自居。卢梭真正是法国大革命的精神导师，自由的奠基人。

卢梭作为 18 世纪重要的思想家，正当启蒙思想家在为理性、文明、科学与进步高赞之时，他却发现了现代社会隐含的危险，他将自然与文明之间、道德与理性之间的深刻矛盾揭示出来，这些思想对后来的德国哲学特别是康德影响很大。他同时开创了浪漫主义运动，开创了文学发展的新局面。同时，他的思想启迪和影响了后来的拜伦、歌德、尼采、萨特等人，他们的身上都能够找到卢梭的影子。

四、狄德罗与百科全书派

(一) 生平与著作

德尼·狄德罗(1713—1784 年)出生于法国朗格尔的手工业者家庭，童年时曾在耶稣会学校受过教育，20 岁时获得巴黎大学文学硕士学位。因为他不愿按照父亲的要求从事宗教职业和法律工作，因而父亲停止了对他的资助，他只好自谋生路，靠着译书和写作生活。后来凭借着渊博的知识和机敏的为人打进了巴黎贵妇人的沙龙，得以认识许多著名思想家。1745 年，他应出版商之请，开始主持编纂《百科全书》。在此期间，他写了许多杰出的哲学著作，后因《论盲人书简》一书开罪了教会和当局，当局以"传播危险思想"的罪名将其监禁

3个月。出狱后，他不遗余力地从事百科全书的编辑工作。为此他呕心沥血，前后历时25年，冲破了教会、国王和形形色色反对者的干扰，最终将其完成。他的顽强和热忱使他成为了百科全书派的领袖人物。1773年，狄德罗应叶卡特琳娜二世的邀请出访俄罗斯，并被授予彼得堡科学院和艺术学院院士的称号。1784年，狄德罗逝世，临终前拒绝了神甫让他放弃无神论思想的忠告。

狄德罗的主要哲学著作有：《对自然的解释》、《达朗贝尔和狄德罗的谈话》、《关于物质和运动的原理》、《论盲人书简》等。

德尼·狄德罗

（二）自然论

狄德罗认为在世界上只有一个实体，那就是物质实体，世界上一切事物都是由物质构成的。上帝等精神性实体是不存在的，这个世界不需要牛顿所谓的上帝这个第一推动者，运动是事物自身固有的属性。具体来说，一切事物都是由一些物质的微粒构成的，这些微粒就是元素，但是元素还可以分割，分割的最终状态就是分子，分子是绝对不可以再分割的。分子作为构成事物的最小微粒，不仅在大小、形态上各不相同，而且在本质上也是不一样的。由于自然界是丰富多彩的，一种分子是无法解释的，所以需要不同本质的分子来加以解释，而不同分子的本质是不同的。分子不但具有不同的本质，而且分子本身还具有活力，正是分子活力的作用引起了事物的运动。运动是物质固有的属性，物质运动有内部的运动和外部的运动两种，静止是不可能的，静止只是外部的运动结束了，而物质内部的运动则永不停息。

不但单个事物是运动的，而且整个物种，整个自然界都是在运动着。而且就整个自然界来说，正是通过运动才实现了自然的发展和进化。他认为整个世界从最低级的矿物质到最高级的人的生命整个都处于一个紧密联系的连续系统之中，这个系统不断运动而生生不息，所有成分都是相互转化和过渡的，整个系统通过运动以实现自身的循环和发展。而在这样的物质世界里，上帝是无处藏身的，当然上帝也不可能在另外的世界有所居所。这样狄德罗就通过描述他的运动的物质的世界，进而根本否定了上帝存在。

(三) 认识论

狄德罗的认识方法继承了英国经验主义哲学的认识方法，特别是洛克的认识方法，同时在洛克的基础上，狄德罗又有了自己的发展。狄德罗认为，认识应该把观察、思考和实验三种方法结合起来。

观察就是借助于感官以收集各种事实材料，它是认识的起点。狄德罗认为感觉不是主观的东西，而是外部事物作用于感官的结果，人就好比是一架有感觉和记忆能力的钢琴，感官就是键盘，当外部事物作用于感官时，就类似于外部事物弹到了键盘，它就会发出声响，从而产生感觉。思考的任务就是对收集的事实进行思考整理，运用思维整理感官材料，从而形成知识。通过以上两步所获得的知识也仅仅是我们个人的意见而已，到底是否正确还不得而知，所以还需要进行检验。即认识只有同外界的东西联系起来，正确反映才是正确的知识。狄德罗把实验作为认识的一个步骤引入认识的过程，这是他的认识论的一个主要特点。通过引入实践这个环节，从而更好地验证我们的知识，除了实验以外，没有别的方法可以识别错误。狄德罗认为观察、思考和实验三个方法真正结合起来才是正确的认识方法，在三者中，观察应该专注，思考应该深刻，实验应该精确，只有这样才能得到正确的知识。而在三者中间，观察是知识的基础，知识来源于感官。他形象地说，感官是见证人，理性是法官，见证人只能提供材料，做判断的则是法官；思考是理性对感觉材料的联系和加工，而实验则是事后的被动的检验。就这三个具体的方法而言，他更看重的还是观察的重要性，这也体现出英国经验论哲学特别是洛克哲学对法国启蒙思想的巨大影响。

百科全书派在法国大革命中影响重大。百科全书派希望通过编写一本新的百科全书，来介绍新的科学和新的思想，以此为基础把人类最新文化成果介绍给整个社会，从而把启蒙的精神渗透到社会的方方面面，进而影响人的思想。百科全书派的领袖就是狄德罗。他是百科全书的发起人和主编，通过他几十年坚持不懈的努力最终出版了百科全书，对法国大革命产生了深远影响，这也标志着法国启蒙运动高潮的来临。

《百科全书》中有关打击乐器、采矿和造纸的整版插图

　　《百科全书》是指《科学、艺术和工艺百科全书》，这本书是由狄德罗和达朗贝尔牵头，先后有两百多人参与编写的一本书。1745 年，巴黎出版商普鲁东本来打算将 1727 年英国出版的《科技百科全书》译成法文，后来狄德罗认为这本书已落后于形势，应该重新编写，于是决定新编一部法国的《百科全书》。参加这项工作的人员极为广泛，其中有文学家、医师、工程师、旅行家、航海家和军事家等，几乎包括各个知识领域具有先进思想的所有杰出的代表人物。

　　《百科全书》的编纂、出版工作，从 1751 年开始，1757 年出版了前七卷，法国政府以藐视宗教和王权为理由，要禁止其余各卷的出版。当时，检查官曾在最高法院对百科全书派提出公诉，其罪名是"他们形成一个集团，为着拥护唯物主义，摧毁宗教，鼓吹独立自由和败坏风俗"。反动当局把《百科全书》称之为"魔鬼的新巴比伦塔"和"异教徒以及神和国王与教会敌人的大集合"。达朗贝尔因恐受连累，于 1759 年宣布辞退，由狄德罗一人主持此项工作。《百科全书》几经周折，终于在 1772 年问世了。全书共 32 卷，包括正文 17 卷，附录 4 卷，图片 11 卷。

　　在编写的过程中，作者们形成了一个哲学家群体，这个群体被称为"百科全书派"，其中的主要人物有狄德罗、爱尔维修、孔狄亚克、拉美特里和霍尔巴赫等。百科全书派把启蒙的思想和精神贯彻到社会的一切领域，公开彻底地反对宗教，反对封建政治专制。百科全书派以资产阶级的自由、平等为奋斗目标，以"理性"为旗帜，以无神论和人性论为武器，对封建的国家制度、伦理道德及作为其精神支柱的宗教神学，进行了严厉的批判和彻底的否定。

　　《百科全书》的编纂和出版标志着法国启蒙运动进入了高潮，启蒙思想也由自然神论过渡到了更加富有战斗性的无神论，他们的斗争目标更加直接地指向了宗教和神学本身，反对封建特权制度和天主教会，向往合理的社会。百科全书派可以说把法国的启蒙精神渗透到了科学和社会的每一个领域，启蒙了法国人民，为法国人民和法国大革命建立了一座巨大的精神宫殿，鼓舞着这个民族前进。

第 十 二 章

康德的批判哲学

【内容提要】

　　康德哲学是在理论方面对启蒙运动的系统陈述。康德哲学思想的发展，大致可以划分为两个阶段。在 1770 年前，他主要从事于自然科学的研究，此后转入哲学研究。一般以此时间为界，把康德思想的发展划分为"前批判时期"和"后批判时期"两个阶段。在"前批判时期"，康德的重大研究成果就是他提出了与当时占统治地位的宇宙不变论相对立的宇宙发展论，从而打击了 17、18 世纪流行的形而上学的、绝对不变的观点，为近代辩证自然观的形成开辟了道路。在"后批判时期"，康德着手批判莱布尼兹–沃尔夫的"形而上学"理论，先后发表了《纯粹理性批判》、《实践理性批判》、《判断力批判》三部哲学著作。在这三部著作中，康德分别阐述了他的认识论思想、伦理学说和美学观点，构成了所谓的"真"、"善"、"美"的批判哲学体系。康德批判了封建神学、唯物论、无神论，调和了唯物论和唯心论的对立，使二者妥协。总的来说，康德哲学具有二元论的性质。

一、德国古典哲学的一般特征

　　在哲学史上，通常把 18 世纪后期到 19 世纪中期的德国哲学称为德国古典哲学。这里的"古典"(classic)主要指的是一种风格，正如 18 世纪在欧洲流行的巴洛克建筑风格也被称为古典风格一样。建筑艺术上的古典风格的特点是恢弘而典雅，富丽堂皇的结构配以精雕细琢的装饰。这一风格也是德国古典哲学的整体形象。这一时期的德国哲学家建立了一个个宏伟的哲学体系，包含着众多细致的分析、周密的概念、复杂的论辩和宏大的观点。

如果要用一句话来概括德国古典哲学的特点，这句话就是：它是德国民族精神和启蒙时代精神的精华。虽然现在人们普遍承认哲学是时代精神和民族精神的精华，但并非历来如此，只是在经历了德国古典哲学的阶段之后，这样的判断才普遍被人们所接受。这是因为，历史上从来没有一种哲学像德国古典哲学那样充分地展示了时代精神和民族精神。

德国古典哲学首先是德意志民族的。德国哲学的最初起源可追溯到中世纪的大阿尔伯特、艾克哈特和库萨的尼古拉那里，莱布尼兹被认为是近代第一个德国哲学家。但是，他们使用拉丁文这一当时国际通用的语言写作(莱布尼兹还用法文)，并未能表达出德国人思维的特殊性。沃尔夫是第一个用德文写作的哲学家，但他表达的思想内容属于经院哲学，也不是德国特有的。造成这种情形的原因，并不是因为这些哲学家不是德国人，而是因为当时还没有真正意义上的德国民族精神。作为一个民族国家，德国的形成比英国和法国晚得多。由此不难理解，为什么反映德国民族精神的哲学会在英国的经验论和欧陆唯理论之后姗姗来迟。

直到 18 世纪的时候，德国还像中世纪时期那样，被分割为大大小小的封建城邦。18 世纪中叶之后，伴随着普鲁士王国统一德国的扩张事业的成功，德国民族意识开始觉醒。与此同时，德国哲学家也开始在精神领域用自己的哲学体系来综合统一欧洲各国的哲学。费希特的《告德意志人民书》标志着德国民族主义精神的兴起，他的哲学和德国古典哲学的其他体系都追求大一统。追求世界万事万物的统摄原则，这本是西方哲学的传统，但德国哲学家在这方面比他们的前辈走得更远，做得更彻底。康德追求的尚且只是人类思维的先验综合原则，后来的哲学家追求的原则越来越纯粹，越来越绝对，综合的领域也越来越广泛：举凡人类思维、科学、艺术、道德、宗教都受纯粹精神的、惟一的原则的统摄。先验唯心论发展到绝对唯心论的巅峰。

德国古典哲学著作都用艰涩的语言写成，以至于人们把"艰深难懂"当作德国哲学的不可或缺的特征。对于这样的特征，我们有这样的分析。德国古典哲学著作是最早一批德语文献。当人们刚刚使用一种语言时，总有力不从心之感，哲学家最初用德文表达艰深的思想时，这种感觉尤为明显。为了表达得更清楚一些，康德写了《纯粹理性批判》的第二版，但第二版与第一版一样艰涩难懂。读者在黑格尔、谢林和费希特等人的著作中看到的那些更加艰涩难懂的表达，也都是新兴的语言形式和艰深的思想内容之间不协调所造成的结果。艰涩的语言文字只是德国哲学在形成时期很难避免的形式，它不应该成为德国所有哲学的一般特征。后来的德国哲学家，如叔本华、尼采等人用流畅的散文和诗的语言表达深刻的哲学思想，显示了成熟了的德国哲学语言的魅力。

黑格尔说："康德哲学是在理论方面对启蒙运动的系统陈述。"[1]这是适合德国古典哲学的一般评价。法国大革命震撼了世界，但人们还没有来得及在哲学上反映它的精神，这场大革命就失败了。法国大革命失败以后，法国人和英国人对此做出的反应是痛心疾首地揭露和批判，反思它的负面影响和教训，哲学界被一股保守的、复辟的思潮所笼罩。但是，在政治上保守的德国，却出现了积极反映和总结法国大革命精神的哲学。黑格尔欢呼，法国大革命是"壮丽的日出"，是"一个光辉灿烂的黎明"。他写道："一切有思想的存在者都分享到这个新纪元的欢欣。一种性质崇高的情绪激动着当时的人心；一种精神的热忱震撼着整个世界，仿佛神圣的东西，和'世界'的调和首次完成了。"[2]可以说，这段话也表达了其他德国古典哲学家的态度。

德国古典哲学不仅仅是时代精神和民族精神的集中反映，它在哲学史上具有超越时空的理论价值，这就是集大成的思想。康德的批判哲学对经验论和唯理论的总结，黑格尔对以往的哲学体系的总结，都标志着西方哲学的一次大飞跃。德国古典哲学达到西方哲学史上的高峰，它固然是在前人思想的基础上形成的，但站在上面向后看去，又有"会当凌绝顶，一览众山小"之感。德国古典哲学之所以能够达到这样的高度，一方面与德国民族追求综合统一的精神气质有关，另一方面，也是哲学史研究积累的成果。到 19 世纪时，西方哲学史研究积累了大量的有价值的史料，但只是在德国古典哲学家按照一定的逻辑线

---

① 黑格尔著，贺麟、王太庆译：《哲学史讲演录》第四卷，商务印书馆，1959 年，第 258 页。

② 黑格尔著，王造时译：《历史哲学》，三联书店，1957 年，第 493 页。

索，在一定的理论体系中，对这些哲学史料做出选择和综合后，哲学史研究才真正成为一门科学。黑格尔的《哲学史讲演录》可以说是第一部科学的哲学史著作，这里所说的科学，指史论结合这样一种科学的方法。人们可以不同意黑格尔的体系和方法，也可以不赞成他对以前哲学家的评价，但却不能不采用他所主张的逻辑与历史相统一的方法来撰写哲学史。在此意义上，这本书是德国古典哲学开创的哲学史观的一个结果，这也是为什么这本书要以德国古典哲学为终结点的一个原因。

二、康德理论哲学概述

(一) 生平著述

伊曼努尔·康德(1724—1804 年)，生于东普鲁士的格尼斯堡(该地自 1945年以后成为前苏联和现在俄罗斯的领土)，父亲是一个马鞍匠。康德的家庭信奉路德宗的虔信派，康德从小在教会办的学校受教育，1740 年进入格尼斯堡大学神学院，1745 年毕业后当了九年的家庭教师。从 1755 年开始，康德一直在格尼斯堡大学任教，当了多年的编外讲师，1770 年才晋升为教授。

伊曼努尔·康德

康德一生没有离开格尼斯堡，每天生活极有规律。他每天下午都要在一条街道(后来被命名为"康德小道")上散步，他准时到这种程度，以至当地居民按照他出来的时间校正手表。但是，他那刻板和平静的表面生活与他的丰富多彩而又充满着革命思想的内心世界形成了强烈的反差。他在普鲁士这个边远小城，注视着世界的最新发展，讨论着时代的前沿问题。他在创造了深刻反映启蒙精神的批判哲学之后，又明确地提出了"什么是启蒙运动"这一至今还吸引着哲学家的问题；他一生中只有一次离家到一个一百公里外的城市旅行的经历，但他却像一个阅历丰富的旅行家那样，在人类学著作中对各国风土人情做了详细而生动的描写；他是一个虔诚的教徒，但他的理性宗教观却被普鲁士政府指责为"歪曲蔑视《圣经》和基督教的基本学说"。康德是卢梭的崇拜者，他与卢梭一样，是一个平民哲学家。《纯粹理性批判》发表之后，康德成了青年学生向往的导师，政府也不断向他咨询各种问题，但为了捍卫思想自由，他不顾政府的禁令，在退休之后发表了《学院之争》(1798 年)，继续讨论宗教问题。

人们常说，康德的生平就是他的著作。康德的著作以 1770 年为界，分为"前批判时期"和"后批判时期"；后批判时期的著作又分为理论哲学和实践哲学著作。理论哲学著作有《纯粹理性批判》和它的简写本《未来形而上学导论》(1783 年)；实践哲学著作有《道德形而上学基础》(1785 年)、《实践理性批判》(1788 年)、《完全在理性范围内的宗教》(1793 年)和《道德形而上学》(1797 年)等。他的《判断力批判》是一部内容特殊的著作，其中关于审美判断和目的性判断的论述可以解释为联系理论理性与实践理性的媒介，也可解释为前两部批判(即《纯粹理性批判》和《实践理性批判》)的补充。

(二) 前批判时期

康德的前批判时期的著作分为哲学著作和科学著作两类。科学著作以《宇宙发展史概论》为代表。在这本书里，康德提出了科学史上著名的"康德-拉普拉斯星云学说"。康德的学说不仅对宇宙学的发展有深远的影响，对他本人哲学思想的发展也很有意义。按照他的宇宙图式，宇宙到处充满着物质和精神，但两者的分布不同。物质的力量是吸引力，精神的力量是理性，精神与物质成反比。离宇宙的中心越近，则引力越大，理性也就越弱；反过来，离宇宙中心越远的地方，理性越强。太阳系的行星上的事物按此规律形成了一个理性的等级。离太阳越近的行星上的事物理性程度越低，反之，离太阳越远的行星上事物的理性程度越高。地球处于太阳系中间位置，由此，生活在这一行星上的人类拥有一定程度的理性，但没有完全的、纯粹的理性。康德关于人类理性的思辨当然是非科学的，但他从宇宙学的角度认识到人类理性的局限，这与他后来对理性进行批判的工作是一致的。

康德在前批判时期的哲学思想经历了从唯理论到批判唯理论的转变。他接受的是莱布尼兹-沃尔夫哲学体系的教育,接受了唯理论把"天赋理性"置于经验之先和之上的基本立场。在不断的思考和探索过程中,他在接受牛顿物理学的同时也认识到经验的重要性,并由此而接受了经验论对传统形而上学和对唯理论的批判。他说,正是休谟把他从独断论的睡梦中惊醒,可见经验论对他的思想冲击之大,开辟了先验哲学的新路径。康德的前批判时期的哲学著作表现出逐步脱离唯理论,接近经验论,最后综合两者的发展趋势。这一趋势的最终成果是他于 1770 年发表的教授就职论文《论感性世界和知性世界的形式和原则》。在这篇论文中,他明确提出,不是外部对象,而是先验形式决定我们对世界的认识;他还做出了物自体和现象的区分:物自体在认识之外,现象则在认识之内,受时空形式和知性概念的统摄。我们将看到,这些思想构成了他的批判哲学的主旨。以这篇文章为标志,康德的思想进入了后批判时期。

(三) 哲学领域的"哥白尼革命"

发表教授就职演说之后,康德沉默了 11 年,经过长期的艰辛探索,终于在 1781 年发表了《纯粹理性批判》。他在该书的第二版序言里,把这部书的意义概括为哲学领域的"哥白尼革命"。这场革命的任务是为了解决哲学面临的危机。

形而上学缺乏普遍性和必然性,表明了它缺乏科学性,由此也不能像科学那样取得共识,不断进步。那么,形而上学如何才能成为一门科学呢?康德说,让我们看一看数学和物理学是如何走上科学的康庄大道的吧。

数学之所以成为一门科学,那要"归功于一个人在一次试探中灵机一动,造成了一场革命"。以前人们总是"死死地盯着图形",在图形中辨认它的特性;而产生数学的那场革命性的转变却要人们把自己先天地设想出来的东西归于事物,并通过这个东西必然地推导出事物的特性。康德这里说的是对几何图形的两种不同解释:一种解释认为几何图形是从事物的具体形状中抽象出来的;另一种解释认为几何图形是按照先天的设想被构造出来的,事物的具体形状是被那些先天构造出来的图形所规定的。康德认为,正是后面这样的解释,才造就了数学的科学性。物理学也是由于一场思想革命而成为科学的。康德说,物理学中那些具有决定意义的实验，都是按照理性设计做出的，这就说明了这样一个道理：理性必须挟着它那些按照不变的规律下判断的原则走在前面，强迫自然回答它所提出的问题，决不能只是让自然牵着自己的鼻子走。

数学和物理学领域的革命的共同点是这样一个变化，即把从客观到主观的思想路线转变为从主观到客观。客观即科学研究的对象，主观即科学研究的原则和概念。过去根深蒂固的观念是：科学的性质是因它所研究的对象所决定的，科学的原则、概念的普遍性和必然性是对象固有的客观性。现在康德却要反其道而行之，他把这一转变称为"哥白尼革命"。"哥白尼革命"不只是一个方法论的转变。康德把它作为形而上学领域的一场革命，正如哥白尼所完成的从"地心说"到"日心说"的转变一样，哲学的革命也涉及到世界观的转变。康德像其他近代哲学家那样，效仿自然科学的成功经验，实行哲学领域的彻底变革。

三、先验感性论

(一) 感性直观

康德把人的感性定义为"包含着构成对象被给予我们的条件的先天表象"。[1]就是说，感性是一种接受能力。感性产生表象，需要两个条件：一是受到外部对象的刺激，二是对所刺激对象做出适当的反应。这种刺激-反应的模式现在已被心理学家所普遍接受。康德按照他特有的思维方式，把刺激感官的对象称为物自体，把感性接受的表象称为感性直观，而把感性对物自体的刺激做出的反应称为直观形式。康德通过这些术语告诉我们，感性不完全是消极的接受力，感性认识也不等于被给予的感觉材料；感性的积极作用在于能够提供一种认识形式，把被给予的(即通过物自体的刺激而产生的)感觉材料组织为有条理的、可被认识的经验。直接被给予的感觉，如色、嗅、味、听、触等当下体验是因人而异的，不固定的，我们甚至不能确定地说它们是什么；一旦能够确切地说它们是如此这般的时候，我们表达的就已经不是自己的当下感觉，而是人所共知的感性认识。康德在《未来形而上学导论》中做出了感觉和知觉的区分：感觉是不可用言语表达的，因而是不可认识的，知觉是用判断表达出来

---

① 李秋林主编：《纯粹理性批判》，《康德著作全集》第三卷，中国人民大学出版社，2004年，第43页。

的感性经验，如"这朵花是红的"这一判断，表达的不是通过各种不同的感官刺激而产生的形形色色的感觉(如花的形状、颜色、气味、质地等)，而是这些感觉材料的综合。知觉判断所对应的认识即是康德所说的感性直观，而感性用以综合感觉材料的能动性就是直观形式。

康德把传统形而上学关于质料与形式的区分运用于认识论。在先验感性论中，他首先把感性直观分为质料和形式两部分：感性直观的形式是被给予的感觉材料，它们是后天的，只有在外部事物的刺激下才能产生；感性直观的形式则是先天的，或者确切地说，先于感觉而存在，并不依赖于感觉，相反，它们的作用使得感觉能够被认识，得以成为感性经验。在感性经验的可能性条件的意义上，直观形式又是先验的。

(二) 空间和时间

感性直观的先验形式本身也是一种直观，一种先天的、但仍然是感性的直观，康德称之为感性纯直观。他对空间和时间的性质与功能做出了进一步的分析，得出结论说，人类所具有的感性纯直观只有两种：空间和时间，因此，空间和时间是感性直观的先验形式。他对时空的纯直观的性质所做的论证叫"形而上学说明"(因为对实在的性质的探讨属于形而上学的工作)，对时空所具有的纯形式的功能的论证则被称为"先验说明"(因为直观形式的功能是感性经验成为可能的先决条件)。

为什么说空间是纯直观呢？康德的"形而上学说明"列举的理由有四。第一，空间是我们关于外部事物的并列、靠近、远近等位置关系的先决条件，而不是相反。第二，我们可以想象没有事物存在的空间，但却不能反过来想象没有空间的事物。这两点说明了空间的先天性，或不依赖于外部经验的纯粹性。第三，空间关系不是概念之间的推理和概括的关系，而是整体与部分的关系。我们关于空间的观念是一个单一的整体，它先于空间的每一部分，决定着部分的性质；空间的不同部分之间，乃至空间的整体与部分之间，只有量的差别，而没有质的差别。第四，正因为对全体的直观与对它的部分的直观在性质上是相同的，空间不像概念那样把不同的对象包含其中，具有特定的外延，对空间的直观融合了无数的对象，它可以无限延伸。后面这两点说明了空间是直观，而不是概念。综合这四点，结论是：空间是感性纯直观。

(三) 先验唯心论和经验实在论

康德独树一帜的时空观是针对当时流行的时空观提出的。当时的科学界流行的是牛顿的"绝对时空"的观念，时空被看做绝对的客观存在，它们不随着事物的运动而变化，而像一个宝盒子，包含着所有运动变化的物体。当时的哲学界有两种针锋相对的时空观：一是贝克莱提出的唯心论的观点，认为时空是人的感觉；一是莱布尼兹提出的实在论的观点，认为时空是单子的客观性质。莱布尼兹和牛顿都认为时空是客观的，他们的区别只是，牛顿认为时空是不依赖于事物的绝对存在，莱布尼兹认为时空是依附于事物本身(单子)的性质。他们的时空观可被概括为"先验实存论"。这个词的意思是，时空的实在不依赖于经验的"物自体"，或物自体的性质，它是先于经验，独立于经验，简直就是与经验无涉的。贝克莱的理论也被称作"经验唯心论"。这个词的意思是，时空没有客观实在性，它们只是从心灵产生的一种主观经验。康德说，他的时空观是先验实在论和经验唯心论的综合，时空既有先验观念性，又有经验实在性。康德对他的时空观的性质的概括也适用于他的全部理论。可以说，他的批判哲学既是先验唯心论，又是经验实在论。

康德的先验论是先验唯心论与经验实在论的结合，他总是一方面强调人类认识的形式是先验的、主观的，另一方面又坚持说，主观形式只有在被运用于感觉材料的情况下才是有效的，才能成为决定经验的先验条件；脱离了感觉材料的纯形式不能成为人类知识的一部分，不能表达为先天综合判断，因而不是先验哲学研究的内容。时空纯形式是这样，我们在下一节将要阐述的知性纯形式也是这样。

四、先验知性论

康德有句名言："如果我们抽掉我们的直观的感性，从而抽掉我们特有的那种表达方式，而谈论一般的物，时间就不是客观的了。因此，时间仅仅是我们(人的)直观(它在任何时候都是感性的，也就是说，如果我们被对象刺激的话)的主观条件，在客体之外就其自身而言什么也不是。"[①]康德的知识论把人类知

---

① 李秋林主编：《纯粹理性批判》，《康德著作全集》第三卷，中国人民大学出版社，2004年，第43页。

识分为两部分：感性和知性。两者有不同的功能：感性以直观提供对象，知性则以概念思考为对象，两者相辅相成，缺一不可。知性如同感性一样，也可分为质料和形式。知性的质料是感性直观(即由时空统摄的感觉材料)，知性的形式如同感性的形式一样，也是先天的纯形式。我们看到，康德关于感性纯形式的说明分"形而上学说明"和"先验说明"两部分：前者说明纯形式是什么的问题，后者回答纯形式为什么是先验(为什么是感性直观的可能性条件)的问题。同样，关于知性纯形式的理论也面临着"是什么"和"为什么"两个问题，不过，康德把对第一个问题的解答称作"形而上学演绎"，把对第二个问题的解答称作"先验演绎"。其所以是"演绎"，而不再是"说明"，那是因为关于知性纯形式的理论更具有逻辑的严格性，它的结论可以用逻辑的方法推导出来。

(一) 先验范畴的形而上学演绎

知性的纯形式是范畴，因为知性是运用概念进行思维的能力，它的内容归根到底都包含在最一般的概念——范畴之中。那么，这些最一般的范畴是什么呢？它们的数目有多少？康德回答说，形式逻辑的判断方式为我们提供了解决这些问题的线索。因为判断是概念的连接，知性也是逻辑思维的能力。按照这样的思路，康德告诉我们：逻辑判断的形式与知性的形式之间必有一一对应的关系，有多少种逻辑判断，就会有多少范畴。从逻辑判断的形式推导出知性范畴就是范畴的形而上学演绎。在传统的形式逻辑体系中，判断的种类可以用下面的"判断表"来表示。

量的判断	质的判断	关系的判断	样式的判断
全称判断	肯定判断	直言判断	或然判断
特称判断	否定判断	假言判断	实然判断
单称判断	不定判断	选言判断	必然判断

根据判断形式与知性形式的对应关系，从上述判断表，康德推导出下列"范畴表"。

量的范畴	质的范畴	关系范畴	样式的范畴
统一	实在	实粹与属性	可能或不可能
多样	否定	因为与结果	存在或非存在
整体	限制	作用与反作用	必然或偶然

康德认为，从判断表到范畴表的"形而上学演绎"系统地、完整地列举出知性范畴的名称和数目。他说，知性范畴是形式，是先天的、纯粹的，不能从经验中得来的，不能用归纳法来推导范畴，那样只能枚举出孤立的、零星的、不完整的范畴。他还指出，知性范畴只与逻辑判断的形式有关，而与判断的内容无关。从逻辑判断的形式推导出知性范畴，保证了推导出的范畴的纯粹性和完整性。

在西方哲学史上，康德继亚里斯多德之后系统地列举出范畴的名称和数目。但康德所说的范畴与亚里斯多德的范畴不同。后者是对经验的概括，不是通过逻辑的方法推导出来的。康德批评亚里斯多德没有认识到范畴与判断形式之间的必然联系，用简单枚举法罗列范畴的数量。他利用亚里斯多德逻辑体系的判断表，从中严格地推导出一个范畴系统，这是他的高明之处。康德看到了形式逻辑的功能与人的认识根源有关，他把形式逻辑引进认识论，把逻辑的形式与认识的形式结合在一起。正是在此意义上，他把自己的知性理论称为先验逻辑，这是与传统的形式逻辑密切相关，但又较之更高级的认知逻辑。从康德开始，德国古典哲学家越来越注重逻辑的认识功能和实在基础，黑格尔的逻辑学就是这一发展方向的最高成果。

(二) 范畴的先验演绎

知性纯范畴为什么是人类思考经验对象的先验条件，或者说，范畴为什么具有使得经验成为可能的先决条件？这是范畴的先验演绎要解决的问题。康德说，这是批判哲学中最困难、也是最重要的部分。这一部分的内容，他写了两遍，分别被称为"A版演绎"和"B版演绎"。

A版演绎从人的知性的综合能力开始。当感性直观的杂多材料呈现在知性之前，知性的工作是对这些材料加以比较、归类、连接和整理，这就是康德所谓的综合。他把知性的综合过程分为三个步骤：一是领悟直观的综合，二是想象再现的综合，三是概念认知的综合。从领悟到想象，再到概念，这是一个由低到高的过程，感性直观的材料越来越集中，最初被领悟力综合为相互连接的许多表象，这些形形色色的表象又被想象力综合为可以在不同的时间和空间里出现的具有同一性的各种表象，最后，这些多种表象被概念综合为统一的对象。

康德把知性综合过程达到的这个最后结果称先验对象。它之所以是先验的，首先是因为先验演绎所谈是先验综合，先验综合是经验综合的根源，或者说，是后者的先决条件。我们日常的领悟、想象和概念之所以可能，正是因我们具有与之相符合的先验综合能力。先验综合所能达到的统一的对象当然也是先验对象，它使得我们能够用一个概念来概括一个统一的对象成为可能。先验对象没有经验对象的具体特征，我们甚至不能说它是什么，不管用什么名称来称呼它，都要赋予它以经验内容。我们可以确定的是它的统一性。康德用"先验对象 x"这样的术语来表达先验综合没有具体指标的统一性。

A 版演绎的主要内容是对知性综合过程的描述。康德在这里虽然区分了先验的与经验的综合，但他对先验综合的描述不可避免地要参照实际的心理过程，这给人以强调心理经验作用的印象。而且，他把先验对象解释为综合所建构出来的结果，这也是一种主观主义的立场。正是由于这样一些原因，A 版演绎也被人们读作"主观演绎"。

B 版演绎没有过多的心理过程描述，它直接从先验自我与先验对象的对应关系开始。康德在这里的演绎过程是这样的：他首先肯定，"我思"是先验统觉。所谓统觉，指把形形色色的直观材料统一为一个概念的综合能力。比如，我看到红色的花的模样，闻到香味等等，这些还不足以使我形成"花"的概念；只有当我意识到，所有这些感性直观材料都是"我的"，它们才能成为自我意识的内容，才能成为自我意识中的一个统一对象。

康德和笛卡尔都把自我意识作为知识的核心和出发点，但康德把自我意识当作统觉，而不是笛卡尔所说的自我实体。首先，康德强调统觉的综合能力。他说，统觉的统一性原则表达为分析命题，即：所有我的表象都属于自我意识。但是，这一分析命题的意义之所以可能，那是因为自我意识的综合功能。只有在自我意识能够把所有我的表象综合为一个统一体的情况下，我才能意识到这些表象都是我的。因此，综合先于并高于分析。康德不像笛卡尔那样，只是通过一个命题意义的分析，即分析"我思"与"我在"之间的必然联系，而是通过自我意识可能具有的实际功能，来奠定自己理论的基础。更重要的是，康德把自我意识作为综合统一的能力，而不是笛卡尔所说的精神实体。统觉的综合统一性是在对感性直观材料的多样性施加作用的过程中表现出来并得以实现的。没有脱离感性认识的思想属性，更没有独立于意识活动之外的精神实体。

从统觉的综合统一性出发，康德进而建立了自我意识的客观统一性。这里所谓的客观，指普遍必然性；就是说，一切被自我所意识到的表象，都按照某种普遍必然的方式被连接在一起。逻辑判断反映的正是自我意识的综合统一功能，判断的形式反映的正是自我意识综合统一的普遍必然的方式。他接着论证说，我们已知的判断形式与知性范畴具有同样的普遍必然性，因此，呈现在自我意识中的一切感性直观材料都被知性范畴所连接，由此综合得到的经验知识是客观有效的。

(三) 人为自然立法

康德在 B 版演绎的结束处说："范畴就是先天地给显象，从而给作为一切显象之总和自然规定规律的概念。"[①]他在《未来形而上学导论》中更明确地说："自然界的最高法则必然在我们心中，即在我们的理智中。"[②]"人为自然界立法"，是康德的"哥白尼革命"达到的一个重要结论。我们一般把事物之间的普遍必然联系称为法则，但康德说，这些普遍必然联系不是事物固有的，而是范畴所具有的。另一方面，范畴不能被运用于物自体，只能运用于现象。我们所能经验到的一切现象都服从于范畴的综合作用，它们被范畴综合为具有普遍必然理性的现象界的整体，即自然界；范畴加诸其上的法则即自然规律。

人为自然界规定的法则不是自然科学中的具体的定律，这些定律必须经过经验才能被发现和验证，而先验范畴规定的一般的自然法则表达为先天综合命题，它们的真理不依赖于经验，并且能够反过来赋予经验以普遍必然性。这样，康德就用范畴的先验性回答了他在开始提出的一个问题：纯自然科学何以可能？

康德的认识论既有与自然科学相契合的一面，也有与之不符的一面。康德生活的启蒙时代特征是弘扬人的理性，以人为本。在康德之前，人本主义主要表现为道德政治领域的人道主义。康德把人本主义的精神发扬光大，通过以自我意识为核心的认识论，达到了以人为中心的世界观。

---

① 李秋林主编：《纯粹理性批判》，《康德著作全集》第三卷，中国人民大学出版社，2004 年，第 43 页。
② 北京大学哲学系外国哲学史教研室编译：《西方哲学原著选读》下册，商务印书馆，1981 年，第 286 页。

五、先验理性论

(一) 先验理念

人类的认识能力是由感性到知性，再由知性到理性。知性和理性都是逻辑思维的能力，但以不同的逻辑形式为思想的途径。与知性相对应的逻辑形式是判断，因而可以从判断形式推导出知性范畴。按照同样的思路，康德说，与理性相对应的逻辑形式是推理。我们知道，传统逻辑的推理形式是三段式，三段式可分三类：直言三段式、假言三段式和选言三段式。每一个三段式形式都蕴藏着一个理性的最高概念，作为它的统摄原则。直言三段式所指向的是一个自身不再是宾词的主词，这就是"灵魂"的概念；假言三段式所指向的是一个不再以事物为条件的前提，这就是"世界"的概念；选言三段式所指向的是一个自身不再是部分的整体，这就是"上帝"的概念。灵魂、世界和上帝是理性思维的最高概念，康德称之为先验理念。康德对待先验理念既持批判的态度，又持肯定的态度。如果理念被当作形而上学研究的客观对象，他批判之；如果理念被理解为知识系统的导向原则和道德体系的公设，他肯定之。

(二) 先验幻相

先验理念本身不是幻相，但它们却很自然地被当作幻相来使用，就是说，人的理性具有把这些理念作为知识对象的自然禀性。先验理念是理性攀升的结果，是人类理性的自我创造，它们只是符合三段式推理的上升趋向，并不与任何感性直观相符合。但是，人们在思考这些理念时，总要对它们有所判断，而除了范畴之外，人们又没有其他判断的工具；于是，人们很自然地将范畴运用于理念，做出它们是否存在、有何属性、有何因果关系等判断，这样便不可避免地产生了先验幻相。因为把范畴运用于理念，犯了两个违反康德认识论原则的致命错误。第一，范畴只有经验的使用，只能被运用于感性直观。把范畴运用于经验之外，是非法的、超验的使用，产生的结论没有客观有效性。第二，范畴所适用的对象都是可知的现象，当范畴被误用于理念时，理念也同时被误解为知识的对象，但实际上，理念根本不是时空中的对象，不可能被认识。把不可认识的理念误当作知识的对象，这是一种幻觉，而且是理性难以避免的、经验不可纠正的幻觉，其结果是把先验理念变成了先验幻相。

传统形而上学的根本错误在于以先验幻相为研究对象。与三个先验理念相对应，形而上学有三个分支：理性心理学以灵魂为对象，理性宇宙学以世界为对象，理性神学以上帝为对象。康德区分了"先验"和"超验"两种不同意义：先验是经验的先决条件，并且是现实经验中的普遍必然因素；超验则是完全与经验无关的、不可知的领域。形而上学的对象既不是经验对象，也不是先验形式，而是超验的领域。康德以讥讽的口吻说："柏拉图因为感官世界给知性设置了如此狭窄的界限而离开了感官世界，冒险在感官世界的彼岸鼓起理念的双翼飞入纯粹知性的真空。他没有发觉，他竭尽全力却毫无进展，因为他没有任何支撑物作为基础，使他支撑起自己，并在上面用力，以便发动知性。"①

这段话也适用于一切形而上学家，他们的理性运用纯知性范畴对先验理念进行思辨，虽然不会遇到来自经验世界的阻力，但却在理性内造成了不可避免、不可解决的困惑和矛盾。康德通过对这些理性的困惑和矛盾的揭示与分析，从根本上否认了传统形而上学是知识。

(三) 理性神学的理想

按康德的区分，理性神学包括自然神学和先验神学。自然神学提出关于上帝的物理学——神学证明和伦理学证明，先验神学提出宇宙论证明和本体论证明。康德在他的实践哲学中有条件地接受了伦理学证明，而在理论哲学中则排拒了另外三种证明。他对历史上这三种关于上帝存在的理论证明一一加以批判，他的结论是，"上帝"只是从外部事物和人的思维中概括出来的理想，是人性自我完善的产物。这一理想并没有客观现实性，理性神学关于上帝存在的种种证明都没有客观有效性。

康德指出，关于上帝必然存在的理论证明有三种可能性：一是从具体经验上升到一个外在的最高原因，这是物理学—神学证明的路径；一是从关于个别存在的经验上升到必然存在的原因，这是宇宙论证明的路径；一是从对"上帝"的概念的分析得出"上帝存在"的结论，这是本体论证明的做法。康德最注意本体论证明，认为这是其他关于上帝存在的证明的基础。

康德指出，本体论证明所分析的是上帝的"是者"(*sein*/being)，它得出的

---

① 李秋林主编：《纯粹理性批判》，《康德著作全集》第三卷，中国人民大学出版社，2004 年，第 30-31 页。

结论应是"上帝是一个是者"，而不应是"上帝存在"。"是"及其分词形式只是一个系词，它不能表示存在。康德从两方面说明了系词"是"与"存在"(exist)的区别。第一，"是"不是一个实在的谓词，也就是说，"不是关于可以加给事物概念的某种东西的一个概念"。[①]"上帝是一个是者"是一个分析命题，并没有给"上帝"这一概念增加任何新的内容。另一方面，"存在"范畴是表示事物样式的范畴，关于某物存在的判断是综合判断，需要经验才能把该事物的概念与"存在"范畴连接在一起。第二，系词的作用是在思想中连接主词和谓词，而不管这样的联系是否存在。比如，我可以想象口袋里有一百塔尔里的钱币，但这一百塔尔里却根本不在我的口袋里。总而言之，从上帝的"是者"是分析不出"上帝存在"的结论的。同样，物理学——神学证明所说的最高原因和宇宙论证明中的必然存在者实际上都是"是者"，而不是实际的存在。割断了"是"与"存在"的联系之后，这些证明也就不攻自破了。

(四) 形而上学何以可能

康德对传统形而上学的批判全面系统而犀利深刻，在当时哲学界造成革命性的震动，对后世哲学的发展也有深远影响。比如，他从语义的混淆和逻辑的矛盾揭示形而上学命题的错误或不确定性，这实为二十世纪初分析哲学通过语言分析排拒形而上学做法的先声。再如，他对"是者"与"存在"的区分，打破了二千年来把两者联系在一起的形而上学传统。至于他对上帝存在证明的批判，更有振聋发聩的威力，德国诗人海涅甚至说"罗伯斯庇尔砍了路易十六的头，康德砍了上帝的头"。由于康德对形而上学的批判给人留下了深刻的印象，以至于有人设想，康德摧毁了形而上学的基础，在康德之后，再想建立新的形而上学体系已经不可能了。

但是，康德的本意恰恰是恢复形而上学的权威，重建科学的形而上学。他提出的"形而上学何以可能"的问题就是为了说明形而上学仍然是人类哲学最重要的领域之一，理性仍然是指引我们知识和行动的可靠保证。

首先，康德指出，理性作为自然禀赋，并没有欺骗我们。他像过去的哲学家一样深信，一切自然的运动都不是无谓的徒劳，凡是自然的都是合理的。理

---

① 李秋林主编：《纯粹理性批判》，《康德著作全集》第三卷，中国人民大学出版社，2004年，第392页。

性是寻求知识的最高统一的综合能力，理性不满足于知性所能达到的范畴、规则的统一，沿着综合的方向继续上升，企图用最高理念和原则把知识的各部门综合为完整的体系，这是理性的自然倾向，也是合理的、正当的。人类认识能力的发挥是一个由低到高的渐进过程，感性提供对象，知性进行判断，理性加以最高的综合，这是一个自然的过程。何况，理性和知性一样是一种自发的能动力量，没有力量能够阻止理性对知识所进行的综合。"先验幻相"和传统形而上学的种种谬误和矛盾，这是人们误用和滥用了理性而造成的结果，不能归咎于理性本身，也不能因此而抹杀形而上学存在的权利。只要理性还要对经验知识进行更高的综合，就会有反映理性的这种自然倾向的形而上学的存在。就是说，形而上学作为人类的自然禀赋是可能的。

但是，人们仍然要问：形而上学能否正确地使用理性呢?这就是"形而上学作为科学何以可能"的问题。康德对此问题的回答分两部分，分别回答形而上学对于科学理论与道德实践所具有的积极作用。他在《纯粹理性批判》一书中关于科学形而上学可能性的论证，后来发展为建立"自然形而上学"和"道德形而上学"科学体系的努力。

蓄意图谋：康德认为，人类具有自由意志，否则，对于他人的粗暴对待，抱怨是没有意义的，因为他人不可能做出别种选择。

为了说明理性对于自然科学的建设性作用，康德区分了理性的"超验的使用"和"导向的使用"。两者的差别在于，前者以教条的态度使用理性，把知识的范围扩大到经验之外，认为理性能够建立关于物自体的知识；后者以假定的态度使用理性，认为理性的理念只是知识体系的指导性原则。这些原则虽然是假定的，但却是至关重要的，如果没有它，经验的知识将是支离破碎的、不完整的，没有牢靠的基础。对形而上学的原则持假定的态度一方面避免了教条主义的态度，另一方面也避免了怀疑论的立场。这充分显示了康德调和经验论和唯理论的立场。但是，形而上学的原则对于科学究竟在多大的程度上、有什么样的指导作用？在这个问题上，康德的思想并没有从根本上摆脱矛盾。他在《纯粹理性批判》中认为，理性的指导原则只是对已有的经验知识起综合统摄作用的最一般的科学假说，要随着经验知识的变化而变化。但在 1786 年出版的《自然科学的形而上学的最高原理》一书中，他倾向于把这些原则看做先验真理，不受经验的检验和证实，而且可以从中推导出科学的基本规律。他在晚年更是热衷于建立先验的自然形而上学体系，企图用少数形而上学的先验原则来推演"纯粹的"(即无须经验证实的)自然科学原理，这种想法已经脱离了先验哲学的初衷，当然不会有什么建树，最后只是留下了一大堆凌乱的手稿，无果而终。

相比而言，康德成功地建立了一个富有独创性和充满时代精神的道德形而上学。他做出了理论理性和实践理性的区分，他认为，理论理性如果脱离经验，则对知识毫无用途；反之，实践理性如果不能摆脱感性经验，也将对实践毫无用途。他的第一批判题为"纯粹理性批判"，其意义实际上是对纯粹的理论理性的批判；第二批判题为"实践理性批判"，实际上是针对不纯粹的实践理性的批判。两者批判的对象不同，要阐明的重点也不同。第一批判的重点是限制理论理性在知识范围中的运用，但正如他自己所宣称的那样，限制知识的范围是为了给信仰留下地盘。信仰的地盘属于他的道德形而上学，这是实践理性开辟的新领域。

六、实践哲学

(一) 自由的概念

从亚里斯多德开始，西方哲学家所说的实践，常常是指道德实践。康德也使用狭义的实践概念来讨论人类道德活动的基础。他认为，道德实践的基础是纯粹理性，而不是经验论者和启蒙学者所说的感觉或情感。我们知道，对于康德而言，理性是一种自发的能动力量，如果理性能够不受任何外在于自身的因素约束，这样的理性就是纯粹的。不难理解，纯粹理性的意义就是自由。从本体论的意义上说，自由就是不受任何外在东西决定的存在。正如康德利用理性的第三组二律背反所指出的，在自然领域，一切都是被决定的，理性只能服从决定论和自然规律；但在实践领域，理性是自由的，不为任何外在东西所决定。在《道德形而上学的基础》一书中，康德进一步明确地说明，人是理性存在者，不受经验的因素所决定，因此是自由的。自由是道德活动的先决条件；惟有自由的人才能自主自觉地、而不是被迫地行善；惟有自主自觉的行为，才有道德价值；被迫做出的事情，既不是善，也不是恶。按康德的术语，"(纯粹)实践理性"、"自由"、"自律"都是相通的。

(二) 善良意志

康德的实践哲学经历了一个发展的过程。在《道德形而上学的基础》中，他试图用"先验演绎"的形式论证道德何以可能的问题。他的回答是，作为理性存在者的自由，使得道德成为可能。但他又立即面临着人的自由何以可能的问题，他的回答是，人的自主自觉的道德行为，使得人成为自由的主体。他在这里陷入了循环，用自由论证道德的可能性，又用道德论证自由的可能性。在《实践理性批判》一书中，康德放弃了"先验演绎"的形式，他直接从自由的概念开始。"自由"的应有之意是不受任何限制，它本身就是无条件的、绝对的。自由是实践理性的直接现实，不存在"何以可能"的问题。

康德是从形而上学或本体论的高度来说明自由的意义的。本体论意义上的自由如何能够成为道德实践的基础呢？为此，康德又阐明了自由的伦理意义，这就是"善良意志"。自由无条件性的一个意义是无外在的目的，否则的话，自由便成了追求目的的手段，不得不为目的服务，为目的所制约，这样也就不成其为自由了。换而言之，自由就是以自身为目的的活动。接下来的问题是：人的哪些活动符合自由的这种特征呢？答案是：善良意志。

所谓善良意志，就是以善良自身为目的的意志。在西方伦理学说史上，人们都相信人有趋善避恶的意志。康德接过了"自由意志"的概念，但深化了它的内涵。他提出了进一步的问题：意志的自由选择为什么具有趋善避恶的倾向呢？回答只能是：因为自由的意志是以善良自身为目的的。如果意志不以善良为目的，那么，即使它做出了趋善避恶的选择，那也不是自由的选择。譬如，一个慷慨济贫的人，如果是为了沽名钓誉而这样做的，那么，他的行为就算不上道德行为，而是追求个人名誉的非道德(既不善、也不恶)行为。即便他是为了摆脱怜悯和不安的心情而这样做，也没有道德上的价值，因为他的目的只是求得心安理得，仍然受情感的支配。善良意志是绝对自由的，因为它只以自身为目的，摆脱了一切经验因素，包括社会的约束力、自然情感以及个人好恶等方面的约束。

自由有肯定和否定双重含义。康德赋予自由的否定含义是：因摆脱了经验的约束而自由；他赋予自由的肯定含义是：为了自身而自由。善良意志以自身为目的，就要以摆脱了一切经验因素的理性规则为指导。服从规则与自由不是矛盾的，因为善良意志所服从的是运用自身的力量、为了自身的目的而制定的规则，这样的规则叫自律。善良意志自己立法，自己守法，这就是道德自律。

(三) 绝对命令

善良意志的自律被康德称为绝对命令。绝对命令是相对于假言命令而言的。两者区别何在呢? 假言命令以"如果……那么"的句式表达，条件分句表示目的，结论分句表示手段。假言命令要求人们按照目的与手段的关系来行事。假言命令是以经验为基础的。这表现在两个方面：第一，目的与手段的关系和因果关系一样，是通过经验而被发现的；第二，条件分句表达的内容是感性的要求或欲望，结论分句则指出满足这些欲望和要求所必须采取的行为，这种行动不是意志的自由选择，而是受感性条件所束缚的，因此不是出于善良意志的道德行为。比如，"如果要有好名声，那么就得慷慨施舍"，这和"如果要赚钱，那么就得做生意"一样，都属于假言命令；两者引起的行为虽然不同，但慷慨施舍既然是赚取好名声的手段，它的本性与赚钱的手段实在没有什么不同，没有道德价值。绝对命令以直言句式表达，它没有条件句，只是命令"应该如此如此做"或"不应该如此如此做"。绝对条件是无条件的，或者说，是以自身为目的的合理要求。康德根据绝对命令的性质，推导出绝对命令的内涵。他说，一切以自身为目的的合理要求，都有这样的普遍形式，这就是："总是按照那些同时可以成为普遍规律的规则行事。"康德解释说，任何行为规则都是主观的，都是以我自己的判断为依据的，但我的判断同时必须符合理性的普遍要求，或者说，以行为的合理性为自身目的，我的规则同时也就成为普遍规律。这样，绝对命令就具备了合理性(完全按照理性的规则)、普遍性(普遍的规律)和自足性(不假任何外在条件的规则)，它因此是理性的自律。

　　绝对命令是道德律，但它只是规定了一切道德规则所必需的普遍形式，并没有表达出哪些规则是道德的，哪些是不道德的。毋宁说，绝对命令提供的是区分道德与不道德的标准。按照这一标准，"要撒谎"不能成为普遍的规律，因为如果人人都撒谎的话，将没有人会相信别人的话，撒谎将不再可能。再如，"要自杀"也不能成为普遍规律，因为如果人人都去自杀，人类将不复存在，这条规则也失去了适用对象。反之，"不要撒谎"、"不要自杀"以及"不要杀人"、"不要奸淫"等古训都是道德规则，因为它们都能够成为普遍行为准则。康德所说的绝对命令不过是用哲学的思辨语言，表达了伦理学的"黄金规则"，它的经典表述是孔子所说的"己所不欲，勿施于人"，以及耶稣基督所说的"你要别人怎样对你，你也要这样对人"。绝对命令所要求的也正是这种普遍合理的人际关系。

　　从绝对命令的一般形式，康德又引申出绝对命令的一般内容。绝对命令有两条推论：一是"始终把人当作目的，而不能把人当作工具"；二是"每一个理性存在者的意志都是颁布普遍规律的意志"。绝对命令的一般内容把启蒙时代提倡的人的自由、平等和博爱的要求提高到道德形而上学的高度，是人道主义的时代精神的高度哲学概括。

(四) 道德公设

　　道德行为总是以一定的理性为价值取向，道德的最高理想是至善。为了让至善成为指导人们行为的道德理想，仅仅靠绝对命令是不够的，还需要辅以道德公设。道德公设的作用在于使人确信能够达到至善，从而激励道德勇气和信心，培养向善的道德情感和习惯。可以看出，道德公设是为了适应道德实践的需要而设立的，这些需要虽然是道德的，但也是感性的需要。康德并不完全否定感性的欲望和情感在道德中的作用，他只是否认它们能够成为道德律的依据和基础，一旦道德律被置于纯粹理性的基础之上，道德的欲望和情感就将有助于道德律的实施。道德律与道德公设属于两个不同的层次：前者是基础，是主干；后者是应用，是辅助。道德律是完全依靠理性建立的，被置于牢不可破的基础之上；道德公设也有理性依据，但同时要兼顾感性因素，因此，道德公设不是纯粹理性的产物，也不是道德律那样的绝对命令，而带有某种程度的假定。当然，道德公设比科学假设有更高的确信性。道德公设共有三条，每一条都有充足的理由相信它。

第一条道德公设是意志自由。确切地说，意志自由不仅仅是公设。我们已经看到，道德的先决条件，作为道德公设的自由意志是与具体道德处境下的欲望和情感联系在一起的意志。人们惟有相信他在任何条件下都能够正确地运用自己的意志，做出自由的选择，他们才能相信，依靠自己的力量可以达到至善的目标。

第二条公设是灵魂不朽。人的生命是有限的、短暂的，不大可能在有生之年达到至善的目标。因此，人必须相信灵魂是不朽的，他即使在身后也可以做出不懈的、连续的努力，直至达到目标。

第三条道德公设是上帝存在。人们需要确信，他追求至善的努力一定会得到回报；如果他违背了这一目标，将受到惩罚。惟有如此，他的道德努力才有动力，才有希望。因此，他必须相信一个全善的主宰的存在，并且这个全善者具有洞察一切的智慧和惩恶扬善的能力。这个全善、全知、全能的主宰就是上帝。可以说，康德通过第三公设，恢复了关于上帝存在的伦理学证明。

(五) 理性宗教

康德是一个虔诚的基督教信徒。他所属的基督新教虔信派的教义主张纯洁的信仰和严格的道德，这些主张不但对康德的日常生活，而且对他的哲学思想，有着根深蒂固的影响。康德生活在宗教受到激烈批评的启蒙时代，作为理性主义者，他反对历史上和现实中的形形色色的宗教蒙昧主义和宗教狂热、宗教迫害等迷信做法。他试图把宗教所具有的正当的道德功能与纯粹理性的道德学说结合起来，把宗教理性化、道德化。

在道德形而上学部分，康德实际上取消了上帝作为道德律的立法者和颁布者的地位，宗教信仰不再是道德的前提和基础；相反，上帝存在、灵魂不朽等宗教信仰需要经过理性的权衡，被当作具有假定性和辅助性的道德公设来使用。所有这些都体现了康德的思想秩序是：理性第一，信仰第二；道德第一，宗教第二。

康德的后期著作《完全在理性范围内的宗教》使用同样的思想秩序解释基督教的性质。康德首先从基督教所特有的"原罪说"的教义开始。他认为，原罪说是一种性恶论。康德同意说人性天生是恶的，但给予理性解释，使之成为他的道德哲学的补充。他区分了"意志"和"意欲"。人的意志是善良的，但善良意志并不能做抉择，能够做抉择的能力是意欲，意欲有自觉和自发两种状态：它既可以接受善良意志的指导而自觉地趋善避恶，也可以按照感觉的提示而自发地趋乐避苦。意志和意欲都是天生的禀性，善良意志是禀赋，意欲的自发性是倾向。由于这两种天性的冲突，人虽然因善良意志而认识到绝对命令的普遍性和合理性，但却因意欲的自发倾向而不能自觉地服从道德律。面临着善恶的抉择，意欲最初的反应是软弱无力，接着是动机不纯，最后堕落为邪恶。基督教"原罪说"所说的人性的堕落就是意欲自发倾向的直接后果。

　　正因为人性的堕落，人才需要皈依。康德把宗教的皈依解释为从自发到自觉的道德转变。按照他的理论，人属于两个世界，他在感觉世界受经验规律的决定，在理智世界遵守道德律。人认识到道德律的绝对性而无力把它作为自律，因而对于道德律有一种崇高感和神圣感。被升华和神化的道德律成为超验的原因。康德在这里似乎承认"原因"范畴也可以有超验的用法，但我们要知道，与理论领域的先验幻相不同，这是在实践领域的合法用法。当人的意欲摆脱经验的因果关系，而接受超验的原因的影响时，他就从经验世界皈依了理智世界，他的道德情感感受到神圣的力量，上帝被想象为神圣规律的立法者。这样，宗教情感和信仰就从道德情感中产生了。

　　人性的软弱使人感到无力实现皈依，这样又产生了"救赎"和"恩宠"的信仰。康德反对"代赎"、"补赎"和"恩宠前定"等教义，因为它们使人放弃了道德努力，消极地等待上帝恩宠的降临。康德把救赎和恩宠的作用解释为对人的道德努力的补充或成全。就是说，神圣的宗教情感和信仰对于道德实践起到激励推动作用，并落实为具体的道德行为，但决不能代替道德上的努力。宗教信仰的补充或成全作用还体现于教会的作用。教会的集体力量弥补了个人的不足，教会的精神力量来自它的道德属性。正因为教会是在神圣道德律指引下的道德团体，它可被称为人间的上帝王国。康德这种把宗教归结为道德的理性宗教，对 20 世纪的自由主义神学思潮有直接的影响。

康德在《实践理性批判》的结论中说，天上的星空和心中的道德律，在他心灵中不断地引起景仰和敬畏。这两个对象分别是他的理论哲学和实践哲学的主题。他思考的主题可谓是"致广大而尽精微"，但始终离不开人。他又曾坦言道，他所关心的问题只是"人是什么"？这个问题可以分成三个：人能够知道什么？人应当做什么？人可以希望什么？他的三大批判就是对这三个问题的分别解答。通过康德的理论哲学和实践哲学，我们已经能够清楚地看到他是如何以人为自然界立法，又以自由为人立法的。在《判断力批判》中，康德表达了同样的人本主义观念。这本书通过审美判断和合目的判断的论述，说明人的希望表现于艺术创造性，并最后寄托于合目的性。但是，最后的目的不是别的，正是人自己。他说："没有人，这整个创造将只是一片荒漠，是白费的和没有终极目的的，但甚至人的认识能力(理论理性)也不是那种在与其发生关系时世界上其他一切事物的存在才第一次获得自己的价值的东西，例如为了某一个能够观察世界的人的存在。因为如果这种对世界的观察向他展示出来的无非是没有终极目的的事物，那么由世界的被认识也不能够为它的存有生发出任何价值来；而我们必定先已经预设了世界的一个终极目的，在于他的关系中对世界的观察才会有某种价值。"[1]

总之，康德的批判哲学集中体现了启蒙时代的理性主义和人道主义精神，他不但是终生在书斋里格物穷理的集大成的学者，而且是站在时代前列的进步思想家。

---

① 康德著，邓晓芒译，杨祖陶校：《判断力批判》，人民出版社，2002 年，第 299 页。

第十三章

绝对唯心论

【内容提要】

　　康德之后的德国古典哲学发展的方向是：以彻底的唯心论的态度，把先验唯心论发展为绝对唯心论。作为完整的哲学体系，德国绝对唯心论开始于费希特和谢林，完成于黑格尔。费希特在哲学上是康德的继承者，也是康德哲学的批判者。费希特对康德哲学的最大不满是他的二元论思想，费希特主张一元论。在康德所主张的二元论中，费希特保留了自我，抛弃了物自体，创立了其关于自我的哲学。费希特的哲学也是以知识论作为其出发点的，认为哲学其实是研究知识的问题的，是关于知识的科学。谢林同意费希特的观点，即哲学应该是从最高的统一原则出发按照逻辑必然性推演出来的科学体系，但他意识到费希特哲学存在着深刻的局限性，他试图超越费希特的"自我"，从主客同一的"绝对"出发，以一种自然哲学来补充知识学的缺陷，并且为哲学融入了历史的发展观点。在某种意义上说，他们的工作已经使黑格尔哲学呼之欲出了。

一、费希特的知识学

(一) 生平简述

　　约翰·戈特利布·费希特(1762—1814 年)，出身于一个织带匠家庭。他与康德一样，由教会资助受教育，在大学读神学，后当家庭教师。1790 年，他第一次读到康德的著作，大受鼓舞。1793 年，他匿名发表《试论一切天启的批判》，这部书惟妙惟肖地阐发了康德的理性宗教观，被人认为是康德本人的著作。后来人们知道了真实的作者，费希特于是名声鹊起。1794 年费希特接替莱茵荷尔德任耶拿大学的"批判哲学讲席"教授，但他讲授的却是他自己的"知识学"。他的讲稿分别被整理为《全部知识学基础》(1794—1795 年)、《知识学理论特点之概要》(1795 年)、《根据知识学原则的自然权利的基础》(1796—1797 年)和《根据知识学原则的伦理学体系》(1798 年)。1798 年，费希特发表了一篇题为《论我们信仰的基础》的文章，指出不能从道德和形而上学原则来论证上帝的存在。他的论敌指责他是无神论者，政府当局撤消了他的教授职务。1799年之后，费希特移居柏林，发表一些通俗的哲学论著，其中最著名的是《人的使命》，同时担任一些临时的教学工作。1806 年，法国和普鲁士之间爆发战争，拿破仑军队占领了柏林，费希特逃到格尼斯堡大学避难，直到和约签订后才于1807 年返回柏林，以英雄的姿态发表了《告德意志民族》的讲演。这一演讲标志着德意志民族主义的兴起，也为费希特带来崇高的荣誉。1810 年，柏林大学成立，他担任哲学系主任，并一度任校长，晚年发表《知识学纲要》(1810年)。费希特 51 岁那一年，妻子因护理伤兵而患伤寒，又传染给费希特而双双身亡。

费希特的一生孜孜不倦地建立知识学的体系。"知识学"是费希特创造的一个词汇，表示自己的理论体系不同于一般意义上所说的哲学。那么，他所说的知识学有哪些特点呢？

费希特说，知识学不是科学，而是"科学的科学"、"知识的知识"。知识学与传统哲学不同，它关心的不是事实，而是事实根据；不是知识的实际内容，而是知识的合法性。不难看出，费希特为知识学所规定的任务正是康德的先验哲学的目标，即，考察知识的"可能性条件"。一般来说，知识学的任务也没有脱离考察知识的基础、范围和性质的近代认识论的范围。实际上，知识学正是费希特从绝对唯心论的角度，对康德的先验哲学和近代认识论所做的一种特殊的总结。

费希特向德意志人民发表演讲(1808 年，费希特在柏林发表了《告德意志民族》的演讲，成为一个著名的演讲家。在演讲中，他谴责了分裂德国向拿破仑的军队投降，提出了国家复兴和强盛的现实看法。费希特被看做是德国民族主义奠基者之一。)

虽然费希特从来没有用"绝对唯心论"这一词汇，他自认为知识学仍然属于先验哲学的范畴。但他所理解的先验与康德所说的先验有很明显的不同。首先，康德明确地区分了"先验"与"超验"：先验因素不是与经验分离，而是在经验内决定经验的先决条件；超验的物自体不是知识的对象，也不是先验哲学的研究对象。费希特继承了莱茵荷尔德的思想，认为先验哲学必须以第一原则为全部体系的出发点和一以贯之的基础；一切区分，包括先验与经验的区分都可以从第一原则中推演出来。费希特抛弃了康德的"物自体"概念，认为意识之外的客体"是一种虚构，完全没有实在性"。[①]第一原则只与主体有关，而与物自体无关。其次，康德认为先验唯心论与经验实在论是一致的，费希特却认为两者是不可调和的。他说，哲学要回答的根本问题是意识与对象的关系；在此问题上，只有两种可能的答案：一是从意识到对象，一是从对象到意识。前者是唯心论的路线，后者是独断论的路线，二者必居其一，不可调和折中。

关于唯心论与独断论的是非，费希特有这样的分析。先说明唯心论有理论上的优势，因为先验论认为对象不过是意识中的表象，从意识到对象的过程是意识内容的自我展现。独断论如果认为对象只是表象，那就是经验论；如果认为对象是意识之外的客体，那就是唯物论。经验论是一种不稳定的立场，如果

---

① 北京大学哲学系外国哲学史教研室编译：《西方哲学原著选读》下册，商务印书馆，1981 年，第 324 页。

它像贝克莱那样认为表象来自意识，那它就是唯心论；如果它独断地认为表象来自客体，那么它就是唯物论。所以，"贯彻到底的独断论同时也是唯物论"。[1]唯物论的独断论面临的最大困难是解释与意识不相干的物质客体如何能够过渡到意识，唯物论只能用"跳跃"来填补理论上的鸿沟。

尽管唯心论有理论上的优势，它也不能说服独断论，当然，独断论也不能说服唯心论。因为两者的差异是第一原则的差异，而第一原则是不可证明的，否则它就不成其为第一原则了。每一个人都可以自由地选择第一原则，他是什么样的人，他就会选择什么样的哲学。费希特说："一个哲学体系并不是一个可以随意放弃或接受的死家具；反之，一个哲学体系因拥有它的人的灵魂而充满生气。一个天性萎靡的或是由于精神的奴役、博学的奢侈和虚荣而变得萎靡、随和了的性格，永远不能把自己提高到唯心论的程度。"[2]按照费希特的说法，唯心论者是那些热爱自由的人，他们因此而认为自我高于外物，能够摆脱外部束缚；相反，独断论者，尤其是唯物论者，把人降低到物，使人服从外部世界并由此而认为客体高于意识。

费希特把哲学第一原则的是非问题归结为人的性格的高下差别，这表现了他以实践理性为根本的主张。他的知识学有三个部分：理论哲学、实践哲学和关于公设的哲学。理论哲学的对象是自然界整体，包括原理和应用两个分支；实践哲学的对象是伦理道德，也有原理和应用两个分支；关于公设的哲学研究理论与实践的关系，包括以自然权利学说为特点的政治哲学、以理性宗教为导向的宗教哲学，以及以未来为目标的奋斗哲学。

(二) 关于自我的第一原则

费希特虽然承认第一原则是不可证明的，但他却要求第一原则必须是自明的，就是说，第一原则在意识中的显现要伴随着必然性的情感。很明显，当我们看到形式逻辑的规律时，我们的意识会有必然性的情感，但形式逻辑并不涉及对象。费希特的问题是：当什么样的对象呈现在意识中时，我们会有如同看到逻辑规律那样的必然性情感呢？他如同康德一样，相信逻辑形式与人的认识

---

[1] 北京大学哲学系外国哲学史教研室编译：《西方哲学原著选读》下册，商务印书馆，1981年，第333页。

[2] 北京大学哲学系外国哲学史教研室编译：《西方哲学原著选读》下册，商务印书馆，1981年，第330页。

能力是相应的，但康德只是探讨了判断形式和推理形式与知性和理性的形式的对应，并没有考虑更一般的逻辑规律与什么形式的认识相对应的问题。费希特还接受了康德关于自我意识是知识最高原则的思想，康德是用"先验演绎"方式来论证的，在费希特看来，这还没有达到逻辑必然性的自明程度。他的做法是从逻辑规律引申出关于自我意识的原则。这样的原则有三条：自我设定自身，自我设定非我，自我和非我统一。

"自我设定自身"是与逻辑的同一律 A=A 相对应的原则。费希特的解释是，同一律 A=A 的确定性在自我之中，是由自我设定的。自我之所以能够确定不疑地设定同一律，那是因为在自我之中，必定有某种绝对同一的东西。这就是自我=自我的绝对同一。"自我=自我"不是分析命题，它的意义是：自我是纯粹的主体，纯粹的行动，它没有、也不需要任何不同于自身的依据。换而言之，自我是自身的依据，自我设定自身。费希特在这里强调，纯粹的自我是行动，不是实体；一切都因自我意识的活动而发生，都只能作为自我意识的表象而存在。

"自我设定非我"与矛盾律 A≠$\overline{A}$ 相对应。矛盾律的依据在于，自我无条件地设定非我作为对立面。当自我意识以自身为对象时，它既是主体，又是对象，但这不是外来的对象，而是自我为自己设定的对象。同样，那些看起来是外物对象的对象也是自我为自己设定的表象，是自我意识的内容。对象只有作为自我的对立面才是无条件的，他们是自我设定的。至于自我为什么要设定非我作为自身的对立面，费希特回答说，自我是绝对自由的活动，它一定不会囿于自身，只有设定非我，自我才能在所有关于世界和他人的经验中展开自身。就是说，自我为了完全地设定自身，就必须设定非我。"自我设定非我"是"自我设定自身"这一第一原则的延伸。

"自我与非我的统一"与排中律 A 或 $\overline{A}$ 相对应。排中律的依据是自我≠自我，自我总是与非我并存的：只要设定自我，也就设定了非我；但非我不仅仅是自我的对立面，而且也是自我的展开，由此非我在自我之中。于是，就有这样合法的等式：自我=非我；非我=自我。排中律的依据不是非此即彼，而是亦此亦彼；表面上的"或"的深层意义是"和"：这就是"自我和非我"。

正如三个逻辑规律的意义是一致的，关于自我与非我关系的三条原则也是一致的，它们共同构成知识学的第一原则。虽然阐述的次序有先后，但三者同等重要，相互依赖，缺一不可。"自我设定自身"说明了自我的性质是纯粹的意识活动，"自我设定非我"说明了意识活动的过程中展现出的对象和内容，"自我和非我的统一"则说明了意识活动朝向的目标。意识的活动、内容和目标构成了一个整体原则，它可以为关于世界和人的一切知识提供坚实的基础。

从方法论的角度说，费希特第一次把辩证法的形式表达为正题、反题与合题。康德指出了理性的二律背反，但他是在否定意义上阐述正题与反题的对立的。费希特则把自我和非我的对立与统一提高到第一原则的高度，这不仅是唯心论的发展，而且也是辩证法思想的重大突破。

(三) 自由和义务

费希特第一次读到的康德著作是《实践理性批判》，他说他深深为康德的"绝对自由"和"义务"的思想所打动。他在创立知识学体系时始终强调"实践领先"，他所说的实践指实践和政治哲学。他的道德和政治学说始终离不开自由和义务这两个主题。自由和义务可以说是他的第一原则的实践内容。如果说，他是用抽象的、晦涩的语言说明那三条第一原则的话，那么，这些原则在实践领域的表现却洋溢着时代的精神，充满着斗争的活力。"自我设定自身"的意义不仅是设定了一个认知的自发活动，更重要的是自我意识的自由。自我设定了自身的自由，只有自由的自我才是绝对的自我。自由、绝对自我和纯粹活动对于费希特来说，都是一回事，只是表达不同而已。

当"自我设定非我"时，被设定的也是自我与他人的社会关系和自我的社会义务。费希特说，自我不但要意识到自身的能力，而且要自觉地约束自己。费希特通过对各种应该做的事的分析，说明了人不仅对自己的良心负有义务，对他人、社会和国家也都有义务。

我们看到了关于自由的正题和反题。正题：自我必须设定自由是绝对的，即无条件、无根由、纯粹的自由；反题：自我必须限制自由，在自然规律和他人自由的条件下，实现有限的自由。正题与反题的矛盾最终在合题中达到统一。自我与非我的统一同时也是绝对自由与相对自由的统一，它表现为奋斗的过程。奋斗就是每个人不断克服自我的局限性，并与他人克服局限性的奋斗相配合，朝向绝对自由的目标前进。绝对自由永远也不能实现，奋斗是一个无休止的过程，但在此过程中的每一个进步都包含着绝对自由的成分。绝对寓于相对，无限寓于有限，目标寓于过程，未来开始于现在。重要的不在于能否达到终结目标，重要的是行动，没有行动，也就没有一切。在此意义上，费希特的奋斗哲学是行动哲学、未来哲学、希望哲学。

二、谢林的绝对唯心论

(一) 生平简述

约瑟夫·谢林(1775—1854年)，生于一个牧师家庭。15岁时进入图宾根大学神学院学习，同学有黑格尔和诗人荷尔德林，他们三人是朋友。18岁那年，出版了第一部著作《神话哲学》。毕业之后，当了三年的家庭教师，自学了不少科学知识，发表了《自然哲学的观念》(1797年)、《论世界灵魂》(1798年)等著作。1798年，谢林应聘到耶拿大学任哲学教授。在耶拿期间，他学习艺术史，又受当地浪漫主义思潮的影响，把艺术哲学作为哲学的最高形式。耶拿时期是他的创造性思想的高峰期，发表有《先验唯心论体系》、《我的哲学体系的说明》(1801)、《布鲁诺》(1802年)等著作。1803年之后，谢林离开耶

弗里德西希·约瑟夫·谢林

拿，在德国多所大学任教。他在思想上已与黑格尔分道扬镳，黑格尔在1807年出版的《精神现象学》导言中不点名地批判了谢林的"绝对同一"说，结束了两人之间的友谊。谢林在这一时期的代表作是《论人类自由的本质》(1809年)。1841年之后，他定居在柏林，任普鲁士宫廷的私人顾问和柏林大学哲学教授。谢林晚年才思枯竭，沦为替普鲁士-哈布斯堡王朝的"祭坛与王冠"张目的官方哲学家，他在课堂上极力抵消黑格尔及青年黑格尔派的影响。一些著名的思想家，如恩格斯、巴枯宁、祁克果等人听过他在柏林大学的讲课，但都很失望。

谢林的学术生涯长，著作多，思想经历过多次转变。我们可以按时间次序把他的哲学分为自然哲学、先验哲学、同一哲学和天启哲学四个阶段，其中最

重要的是同一哲学。谢林也把同一哲学称为绝对唯心论。实际上，我们应把绝对唯心论理解为他的思想线索，他哲学思想的几个阶段都是沿着这条线索发展起来的。

(二) 自然哲学

谢林早年受费希特的自我学说影响，但在广泛涉猎了自然科学知识之后，他对费希特忽视甚至否定自然研究的做法感到不满，他认为应像斯宾诺莎、康德和歌德那样重视自然。他受歌德浪漫主义自然观的影响，并直接从斯宾诺莎关于自然的概念得到启发。斯宾诺莎区分了"能动的自然"和"被动的自然"。谢林认为，自然整体是能动的"世界精神"，当它分化为对立面时，就表现为各种各样的力，如引力和斥力、作用力和反作用力、光明和黑暗，等等。在最低的层次，自然表现为运动着的物体；在较高的层次，表现为光、磁、电、化学等现象；在最高层次，表现为有机体整体，即自然本身。谢林把自己关于自然科学的总结称为"思辨物理学"。

不难看出，谢林所说的自然与费希特所说的自我具有同样的性质：两者都强调能动性和对立面的统一，并且认为这些都是精神的属性。不同的是，自我是人的自我意识，而自然却是客观的精神。

(三) 先验哲学

谢林的意图不是用自然哲学取代先验哲学。他说，自然哲学和先验哲学殊途同归，相反相成。"使客观的东西为先，从而引出主观的东西，这是自然哲学的任务。假如有一种先验哲学，那么，留给它的只能是相反的方向，那就是，把主观的东西作为在先的、绝对的出发点，从而引申出客观的东西。"[①]先验哲学的研究对象是自我意识。如同对自然的分析那样，谢林把自我意识当作一个发展过程，从感觉开始，渐次上升到感性直观、反思、意志。谢林说，这一过程是意识的历史，意识的历史发展阶段与自然的发展阶段是相对应的。意识在意志阶段进入了实践领域。自由是这一领域的终极目的，人类历史是朝向这一目的前进的无限过程。谢林对意识的历史阐述，以及关于意识的历史阶段与自然发展阶段一致性的认识，都是以前的先验唯心论没有论述的新观点，黑格尔

---

① 北京大学哲学系外国哲学史教研室编译：《西方哲学原著选读》下册，商务印书馆，1981年，第353页。

后来对此做了更系统、更细致的分析。意识发展到意志阶段并未停止，意识发展的最高阶段是理智直观。在理智直观中，主观和客观、意识内容与无意识的事物、自由与必然等区别都消融了。但理智直观不是抽象的，而是具体的。谢林以艺术为例说明理智直观的特点。艺术美既是主观的，也是客观的；既是自由的、有意识的，也是不自由、无意识的；它是无限者的有限表象。艺术把哲学的主观反思当作客观现实，达到了最高的境界。

(四) 同一哲学

理智直观或艺术直观所把握的对象是绝对同一，在此意义上，谢林声称自己的哲学是绝对唯心论。达到绝对同一的路径有两条：一是由下到上，一是直接把握。前者是自然哲学和先验哲学的路径，两者最后汇合于艺术哲学，在理智直观中达到主观与客观、自由与必然的统一。谢林的《先验唯心论体系》一书沿袭的就是这样一条路径。但是，艺术哲学所达到的终点同时也是同一哲学的起点。在其后发表的一系列著作，如《布鲁诺》和《关于我的哲学体系的说明》等书中，谢林直接开始于绝对同一，认为这是哲学的自明前提。绝对同一的自明性如同同一律 A=A 那样确定。谢林给予同一律高度评价，称之为"理性的最高规律"。除此之外，他难以进一步说明绝对同一的性质，只是从否定的方面说它是"无差别"或"无区别"的状态。他发现，绝对同一与新柏拉图主义者普罗提诺所说的"太一"相像：它是无区别的，它是不可被思想、被表达的，因为任何思想和表达都是一种区分。谢林还借用新柏拉图主义的说法，说明具体的、有限的对象如何从绝对同一中分化出来，作为绝对同一的某一方面的现象或观点而存在。但是，他没有具体说明绝对同一为什么会分化的理由以及分化的步骤和过程。相比而言，他对自然和意识如何逐步上升到绝对整体的解释颇有新意，而同一哲学是一种失败的尝试。黑格尔只用一句"黑夜里的黑牛"的讥讽就把绝对同一的无差别性质解构了。

(五) 天启哲学

大概苦于无法对绝对同一做理性说明，谢林诉诸神秘的天启和宗教信仰。这可以部分地解释为什么他在晚年热衷于宗教哲学。与康德和费希特的理性宗教观和宗教道德化的主张不同，谢林刻意强调宗教的神秘性与非理性。他把自己的宗教哲学称为肯定哲学，与康德等人的否定哲学相对抗。

谢林关于宗教的肯定哲学是他的同一哲学的延伸，两者不同的是，同一哲学以直观把握绝对，肯定哲学以信仰接近上帝；两者的联系在于，哲学上的绝对同一不是别的，正是基督教神学所说的上帝。绝对实体是上帝的最初意义，但这只意味着没有意识和意志，因而也没有人格的上帝。上帝在此阶段只是不可言说的神秘本原或本质，他囿于自身而不外显。谢林把这种意义上的上帝称为"上帝的唯我主义"。上帝的存在是有理性的，特别是有爱的意志的有人格的上帝，即基督教信仰的三位一体的上帝。但不管是上帝的绝对同一的本质，还是上帝显露自身的存在，都是上帝的自我设定，而不是人出于道德需要的公设。谢林说，上帝只有先是客观的绝对实体，然后才能是人的主观情感的对象；这是他与以康德为代表的理性宗教观的一个根本区别。

谢林与很多传统的神学家一样，把上帝的存在解释为自我展开的创造过程。但上帝并不直接创造现实世界，因为在无限与有限之间有不可逾越的鸿沟。上帝是通过理念来创造世界的，理念是上帝永恒的影像，自然界则是理念世界的影像。如果说，谢林在早期的《自然哲学的观念》一书中借助的还是斯宾诺莎"能动的自然"的观念，那么，在他的宗教哲学中，关于理念世界的神学已经取代了斯宾诺莎的自然神论。

谢林认为，肯定哲学的核心是上帝与人的关系问题。在此问题上，他的基本立场是基督教关于"上帝按照自己的形象造人"的教义。正如上帝既是无理性的客体、又是有爱意的主体一样，每一个作为上帝影像的个人也是如此。从客观与主观、无意识与意识的区分，谢林进一步引申出必然与自由的区分，肯定人的存在既是必然的，也是自由的。虽然两者是统一的，但自由是人的存在的主要方面。他在后期著作《论人类自由的本质》中指出，仅仅用反思和思辨把握人的本质，会产生失去统一性的危机；肯定哲学的任务是克服思辨所产生的精神上的分裂。这部著作对人的存在与自由的探讨在20世纪引起了雅斯贝尔斯、海德格尔和蒂里希等人的关注，把它视为存在主义的先声。

第 十 四 章

黑格尔的绝对唯心论

【内容提要】

黑格尔建立了历史上最庞大、最全面的哲学体系。这个体系为了彻底解决主观能动性和客观制约性这一根本矛盾，而大大发展了通过康德、费希特和谢林一步步酝酿成熟的唯心辩证法思想，并将它贯彻到自然、社会、历史和人的生活各个方面。黑格尔的哲学体系分别由逻辑学、自然哲学和精神哲学三部分构成。逻辑学着重阐述理念如何以纯粹概念的形式自我发展的逻辑过程；自然哲学详细描述了绝对理念外化(或异化)自身为自然界后的整个发展过程；精神哲学主要讲述人的意识从低级的感觉到高级的思维发展过程，包括有关国家、道德和法律等社会政治观点，以及宗教、艺术与哲学等意识形态的发展。黑格尔哲学产生了巨大而深远的影响：黑格尔主义左翼中人才辈出，其哲学也直接孕育了马克思的思想，所以国内一般将黑格尔的哲学作为近代或传统西方哲学的终点。

一、生平简述

格奥尔格·威廉·弗里德里希·黑格尔(1770—1831 年)生于斯图加特的一个高级官吏的家庭，少年时代即热衷于追求各种知识，并且很早就注意到世界上的矛盾现象。上中学时，他爱不释手的是一本叫做《索菲游记》的市民小说，后来叔本华不无恶意地说，少年时我醉心的是古希腊的悲剧，而黑格尔却在读这样的书。确实，从黑格尔少年时代的情况看，谁也不会预料到这个陶醉于如此乏味小说的平庸少年后来竟然脱胎换骨，成了一位思想深刻的大哲学家。不过黑格尔的学习成绩的确很好，在中学里名列第一。

黑格尔

1788 年毕业时，这届学生中有 4 个人被送入图宾根神学院，黑格尔就是其中之一。在神学院中黑格尔与两个同学结下了诚挚的友谊，一个是与他同时进入神学院的荷尔德林，今天被人们看做是与席勒和歌德比肩的伟大诗人，一个是 1790 年入学的谢林，曾经在黑格尔还默默无闻之时就已经名扬天下，这两个人后来都对德国文化产生了深刻的影响。1789 年的法国大革命受到了德国进步势力的热烈欢呼，据说黑格尔曾经与朋友们一起模仿法国人种了一棵自由树。当然，后来他与大多数同情革命的德国人一样，并不赞成雅各宾派所实行的恐怖行动，但是他终身都没有改变对法国革命的肯定态度。

1793 年，黑格尔以优异成绩从神学院毕业，已经具备了相当的哲学素养。后来人们根据他的毕业文凭认为黑格尔当时在哲学上"毫无成效"，其实是一种误解。原来他的毕业文凭上写的是"在哲学上十分努力"，由于字迹不清，拉丁语的"十分(muham)"被看成了"毫无(nullam)"。毕业后黑格尔没有成为神职人员，而是像他的前辈康德和费希特一样，作了家庭教师。经过了一段时间的徘徊与迷茫，黑格尔终于超越了启蒙主义彻底否定现实的片面性，以辩证法的思想使理想与现实达成了"和解"。1801 年黑格尔通过论文答辩，成为耶拿大学哲学系的编外讲师。此后不久，黑格尔与著名诗人歌德建立了通信联系，从此两人的友谊一直保持到终身。歌德对黑格尔厚爱有加，热情关怀着他的成长，黑格尔则始终对歌德恭敬备至，甚至在他功成名就之时仍然称自己是歌德精神的儿子。①

黑格尔从 1805 年着手写作《精神现象学》，发誓要"让哲学说德语"②。在哲学家中，他的经历算是比较复杂的：办过报纸，当过中学校长。1807 年，黑格尔迁居班贝格，任日报编辑，同年他的第一部成熟的哲学著作《精神现象学》出版，1808 年 11 月成为纽伦堡文科中学校长。1816 年黑格尔迁居海德尔贝格，任海德尔贝格大学哲学系教授，此后从 1818 年开始任柏林大学哲学系教授，1827 年主编《科学评论年鉴》，以他为中心形成了黑格尔学派。柏林时期是黑格尔事业的鼎盛时期，他在 1829 年当选为柏林大学校长，1831 年因病逝世。黑格尔的思想在诸多领域产生了重大影响，不仅包括哲学，而且包括历史和政治学领域。黑格尔去世后，保守的黑格尔右派继承了他的的政治哲学，认为君主立宪的普鲁士式国家是最理想的国家，毫无必要实行进一步的变革。

黑格尔生前正式出版的哲学著作有 4 部，这就是：《精神现象学》、《逻辑学》、《哲学全书》和《法哲学原理》。其中《哲学全书》与《法哲学原理》都是教学纲要，因而黑格尔真正意义上的哲学著作就是《精神现象学》和《逻辑学》这两部书。为了区别起见，人们一般将《逻辑学》一书称为《大逻辑》，而将《哲学全书》中的逻辑学部分称为《小逻辑》。黑格尔去世之后，他的友人和学生编辑出版了《黑格尔全集》，其中包括根据学生们的听课笔记整理而成的一系列讲演录，有《历史哲学讲演录》、《美学讲演录》、《宗教哲学讲演录》和《哲学史讲演录》等。实际上，黑格尔哲学的影响与其说是通过他那些晦涩的哲学著作，不如说是通过他卓有成效的教学活动展开的。

二、精神的探险旅行

黑格尔晚年时曾经将《精神现象学》称之为他的"探险旅行"，实际上他要再现的亦是人类精神的"探险旅行"。在它之中，包含着黑格尔哲学的起源和基础。一句话，理解黑格尔哲学，应该从《精神现象学》开始。

---

① 《黑格尔通信百封》，苗力田译编，上海人民出版社，1981 年，第 130 页。
② 《黑格尔通信百封》，苗力田译编，上海人民出版社，1981 年，第 202 页。

《精神现象学》是西方哲学史上最为晦涩难解的哲学著作之一，也是一本前所未有的奇书。就通常的理解而言，这部标志着黑格尔哲学成熟的著作是很难归类的。黑格尔以恢弘的气势将从古至今的人类历史、思想史、文化史统统纳入了他的视野之中，把哲学、伦理学、心理学、文学、美学、宗教、政治、经济等等熔为一炉，再现了人类精神的发展过程，以其强烈的历史感和深邃的辩证法来解决哲学所面对的难题。当然，黑格尔在此所尝试的思辨方法也向所有试图理解它的人们的理解力提出了挑战。在这部著作中，黑格尔希望超越因为固执于有限的规定而无法把握事物之活生生的内在生命的"知性思维"，他千方百计地试图突破确定性的界限，在肯定性中看到否定的因素，从否定性中发现肯定的环节，而且使用了大量的隐喻来表达他的思想。结果就使许多阅读这部著作的人很难把握究竟什么是黑格尔反对的以及什么是他赞同的，所有这一切只有到了最后的关头才真相大白。

据说歌德只看了《精神现象学》的前几页就弃之不读了，他读到的是："花朵开放的时候花蕾消逝，人们会说花蕾是被花朵否定了的；同样地，当结果的时候花朵又被解释为植物的一种虚假的存在形式，而果实是作为植物的真实形式出现而代替花朵的。这些形式不但彼此不同，并且互相排斥互不相容"。①这明显与歌德的朴素辩证的有机生命观相左。于是歌德把《精神现象学》扔在一边儿，再也没有读这本书。然而，实际上只要他翻过这页来就会发现有一个"但是"——"但是，它们的流动性却使它们同时成为有机统一体的环节，它们在有机统一体中不但不互相抵触，而且彼此都同样是必要的；而正是这种同样的必要性才构成整体的生命"。显然，黑格尔的主张其实与歌德是一致的。②

在某种意义上说，黑格尔哲学所面临的问题就是康德哲学的问题。

作为德国古典哲学的开创者和奠基人，康德以其批判哲学将事物划分为现象和物自体两个方面，一方面证明了科学知识的普遍必然性，另一方面亦通过限制知识而为自由、道德和形而上学保留了一片天地，确立了理性和自由这一德国古典哲学的基本原则。然而，由于其哲学特有的二元论使康德始终无法建

---

① 黑格尔著，贺麟、王玖兴译：《精神现象学》上卷，商务印务馆，1979年，序言第2页。
② 伽达默尔，薛华等译：《科学时代的理性》，国际文化出版公司，1988年，第19页。

立一个完满的哲学体系，这就给他的后继者们提出了一个亟待解决的难题。实际上，康德的后继者们所关注的并不是体现着自然必然性的理论理性，而是体现着自由的实践理性，甚至在某种程度上说，他们的思想都是从实践理性出发的。

按照黑格尔的观点，康德要求对理性进行批判亦即分析是有道理的，问题在于这种批判是不彻底的。不错，在康德那里，理性固然经受了批判，可批判本身呢?批判作为理性的一种活动，是不是也应该受到批判? 如果批判站在理性之外，批判是不是就变成了非批判的独断论? 所以真正彻底的批判，应该是理性的自我批判。问题是，理性的自我批判是如何可能的?

按照通常的观点，似乎理性的自我批判是无法进行的。知识的真理性就在于它与对象符合一致，但是由于我们只能认识意识范围之内的"为意识的对象"而不可能认识对象自身，亦即"自在的对象"，因而永远也无法超出自身之外去比较知识是否与意识之外的对象符合一致，康德就是因为这个难题退回到了主观性的立场。然而黑格尔却从知识与对象之间的差别看到了解决问题的可能性：由于在认识之中存在着知识与对象之间的差别，我们就完全有可能根据这一差别来考察知识。当我们发现知识与对象是不相符合的时候，通常我们就必须改变知识以符合对象，从而形成了新的知识。然而原来的知识毕竟是根据相应的对象而形成的，现在知识发生了改变，这就意味着对象也与知识不再相当了，它同样需要改变自己以适应新的知识。因此，认识不仅是改变知识的过程，同样也是改变对象的过程，在认识活动中，不仅出现了新的知识，而且也出现了新的对象。

因此，认识活动本身实际上是理性自己考察自己、自己改变自己的发展过程。黑格尔后来在《小逻辑》中说道："考察思维形式已经是一种认识历程了。所以，我们必须在认识的过程中将思维形式的活动，和对于思维型式的批评，结合在一起。我们必须对于思维形式的本质及其整个的发展加以考察。思维型式既是研究的对象，同时又是对象自身的活动。因此可以说，这乃是思维型式考察思维形式自身，故必须由其自身去规定其自身的限度，并揭示其自身的缺陷。这种思想活动便叫做思想的'矛盾发展'"[1]。

---

[1] 黑格尔著，贺麟译：《小逻辑》，三联书店，1957年，第129页。

由此可见，黑格尔扬弃康德的自在之物的关键在于他把认识看做是一个由知识与对象之间的差别和矛盾推动的发展过程。康德对理性认识能力的批判基本上是一种静态的结构分析，而黑格尔则意识到认识是一个由于其内在的矛盾而运动发展的过程。如果认识是一个过程，那么我们就得承认，认识不是一成不变的，而认识的发展变化则表明知识是处于变化更新的过程之中的，不仅如此，对象也一样处于变化更新的过程之中。

黑格尔不仅试图以辩证法来解决认识论的问题，而且使认识论上升到了本体论的高度。在他看来，知识与对象之间的不一致不仅是主观性自身内部的问题，同样也是本体论的问题。因为在我们的认识中发生的知识与对象之间的矛盾，表明这个世界本身还处于不统一不和谐的状态，于是认识的辩证运动就获得了本体论的意义：当认识扬弃了自在之物而达到了自身统一的时候，通过它的活动亦使世界本身达到了和谐和统一。黑格尔的《精神现象学》所展示的就是这个过程，它通过人类精神认识绝对的过程，表现了绝对自身通过人类精神而成为现实，成为"绝对精神"的过程。换句话说，人类精神的认识活动归根结底乃是绝对精神的自我运动，因为人类精神就是绝对精神的代言人，它履行的是绝对精神交付给它的任务。对黑格尔来说，人类精神这个艰苦漫长的"探险旅行"既是精神的"伊利亚特"，也是精神的"奥德赛"：它不仅是人类精神远赴他乡，寻求关于绝对的知识的征程，同时亦是精神回归其自身，认识自己的还乡归途。因为人类精神认识绝对的过程就是绝对自己成为绝对精神的过程，所以人作为精神性的存在并不在绝对之外，不如说它就是绝对精神的代言人，因而当它认识了绝对之时，也就回到了自身之内。从这个意义上说，《精神现象学》也就是对于"绝对即精神"的认识论证明。如果有谁无法理解黑格尔的绝对精神究竟从何而来，究竟是什么，只要他读了这本书就会真相大白了。

黑格尔通过《精神现象学》确立了其哲学的基本原则，这就是"实体即主体"。

三、实体即主体

第一个提出实体即主体思想的并不是黑格尔，而是亚里斯多德。亚里斯多德在《范畴篇》中曾经从逻辑判断的角度为实体下了一个最基本的规定："实体，在最严格、最原始、最根本的意义上说，是既不述说一个主体，也不存在于一个主体的东西"①。在这里，"主体"即"主词"，因而他的意思是说，所谓实体就是只能充当命题判断中的主词而不能充当宾词的东西。当然，当黑格尔宣称"实体即主体"的时候，无论实体还是主体的概念都发生了深刻的演变。主体已经不仅仅是判断中的主词，而是更多地被用于人类理性。近代哲学试图在主体与客体存在着差别的基础上来谋求两者的同一性，这就注定了它是无法从根本上解决问题的。现在黑格尔提出这个原则，其目的就是在近代哲学主体性的基础上重新回到亚里斯多德，将近代哲学的主观性原则与古代哲学的客观性原则融为一体。因此与亚里斯多德相比，黑格尔考虑更多的是实体本身的能动性。所谓"实体即主体"的主要含义是，实体不仅是客观的，而且其自身就是能动的，这样的实体就是"活的实体"。

　　近代哲学所理解的实体主要是客观性原则，其中缺少能动性的因素，例如斯宾诺莎的实体就缺少自我意识的原则，这就使它难以解释实体与世界之间的关系问题。康德和费希特倒是发扬了主体的能动性原则，然而由于他们坚持思维就是思维，因而始终无法扬弃外部世界的坚硬现实。谢林第一个要求超越思维与存在之间的对立，但是其哲学赖以为基础和出发点的"绝对"由于超越于一切差别和矛盾之外，所以他又陷入了无差别的绝对与有差别的世界之间的矛盾而不能自拔。与他们相比，黑格尔则主张"实体即主体"，因而实体并非是无差别的同一性，而是在其自身内部就蕴含着否定性和矛盾：由于实体自身就具有能动性，所以它自己否定自己而成为发展出来的现实。因此，只有当我们把实体同时也理解为主体，理解为自己展开自己运动的时候，才能说明它的现实性，而实体作为主体的能动性就表现在它自身之中就包含着纯粹的否定性，因而它是单一的东西自己否定自己从而分裂为二，将自己树立为对立面，然后扬弃自身中的矛盾和对立，重建自身统一性的过程。由于实体就是主体，其自身就具有能动性，因而实体的运动过程乃是它的自我运动，世界就是它的外化和展开。于是实体的运动就成了以终点为目的的自己展开自己、自己完成自己的"圆圈"，而且只有当实体真正成为主体，从潜在展开自身并且重建自身同一性的时候，它才是现实的。

---

　　① 转引自苗力田主编：《古希腊哲学》，中国人民大学出版社，1989 年，第 401 页。

因此，单纯的实体还只是潜在的因素，当它展开自身而外化为世界时，也仍然不是真正的现实，只有当实体展开为世界并且扬弃一切差别重建自身的同一性的时候，它才是真正的现实，而这个重建自身同一性的工作就是通过人类精神对于绝对的认识活动来实现的。换言之，绝对通过它的代言人——人类精神而自己认识自己，最终成为绝对精神。

近代哲学从笛卡尔开始就是在思维是思维，存在是存在的二元论框架下思考两者的同一性问题，黑格尔则试图将思维与存在熔为一炉。在他看来，宇宙万物是"同一个"东西的自我运动、自我发展、自我完成的过程，所谓思维与存在、本质与现象并不是两个东西。他把宇宙统一的根据或者本质称为"绝对"，宇宙不过是"绝对"的"外化"，其目的是通过"外化"的方式展开自身，最终通过人类精神的认识活动达到自我意识，而且只有达到了自我意识的"绝对"才是真正的现实。所以在黑格尔哲学之中，"绝对"与"绝对精神"是有区别的：前者是潜在的，后者则是现实的。当马克思说《精神现象学》是黑格尔哲学的诞生地和秘密的时候，这不仅意味着《精神现象学》第一次公布了其哲学的基本原则和体系的雏形，而且意味着它揭示了绝对精神的秘密：绝对精神其实就是人类精神的绝对化和本体化。在此，黑格尔把康德关于知性为自然立法的思想推到了极端：不是知性为一切可能经验的自然立法，实际上自然法则根本上就是精神的法则，因为"实体即主体"，"绝对即精神"。黑格尔就是这样以辩证的客观唯心主义的方式来解决近代哲学的问题。

于是，黑格尔试图在全新的基础上来解决思维与存在的同一性问题。对他来说，思维与存在的同一性问题不仅是一个认识论问题，而且首先是一个本体论问题。所以黑格尔从实体即主体这一原则出发，将思维与存在之间的关系首先看做是事物与其自身之间的关系：思维是事物的本质，事物是思维的表现，而事物归根到底总要符合自己的本质，因此思维与存在在本体论上是同一的。其次，人类精神的认识活动是可以认识存在于事物中的思想的，因为我们的思想是能够存在于事物中的客观思想。因而最后，本体论与认识论是统一的，人类精神履行的乃是绝对精神的工作。思维与存在的符合一致是一个过程，这个过程是通过人类精神对事物的认识来实现的。即是说，事物的本质虽然是思想，但是作为事物的本质的思想毕竟被限制在有限的事物之中，它虽然是思想但却还不具有思想的形式，这种尚未成为现实的思想只是潜在的。

总之，《精神现象学》完成了人类精神"从现象到本质"的认识过程，现在黑格尔可以着手"从本质到现象"，从《精神现象学》的成果回过头来重新理解我们的世界了。于是，黑格尔给我们留下了另一部奇书——《逻辑学》。

四、世界的逻辑结构

黑格尔在《逻辑学》第一版序言中指出，近 25 年以来——按时间推算应当是康德《纯粹理性批判》第二版出版以来，"那种被叫做形而上学的东西，可以说已经连根拔掉，从科学的行列里消失了"，"科学和常识这样携手协作，导致了形而上学的崩溃，于是便出现了一个很奇特的景象，即：一个有文化的民族竟没有形而上学——就像一座庙，其他各方面都装饰得富丽堂皇，却没有至圣的神那样"①。虽然康德批判形而上学的目的并不是为了彻底将形而上学从哲学中清除出去，而是为了重建形而上学，但是他和他的后继者们都没能最终解决这个难题。现在，历史的重任就落到了黑格尔的肩上。于是在《精神现象学》之后，黑格尔便着手写作《逻辑学》。

黑格尔的《逻辑学》与他的《精神现象学》一样是一部前所未有、独一无二的哲学著作，不过它所体现的是黑格尔完全不同的另一种风格。如果说《精神现象学》是一部才气喷涌、充满激情的作品，那么可以说《逻辑学》则是一部简洁明快、推理缜密的著作。在《精神现象学》中，不仅我们甚至黑格尔本人的思想航船都在辩证法之强力的推动下身不由己而一发不可收拾。而《逻辑学》在某种意义上则是远离激情的："学习这门科学，在这个阴影的王国中居留和工作，是远离感性直观和目的、远离感情、远离仅仅是意见的观念世界的。"②显然，不仅是因为《逻辑学》所处理的对象不同于《精神现象学》，而且此时的黑格尔对于辩证法的使用也已经得心应手、驾轻就熟了，他冷静地处理面前的对象，恰如其分而且有条不紊。

在黑格尔哲学中，"逻辑学"相当于传统形而上学或本体论的地位。表面看来，这与人们通常的观念大相径庭，然而实际上这一思想的确符合形而上学

① 黑格尔著，杨一之译：《逻辑学》上卷，商务印书馆，1981 年，第 2 页。
② 黑格尔著，杨一之译：《逻辑学》上卷，商务印书馆，1981 年，第 42 页。

的内在精神。在近代哲学中，通常逻辑学，亦即形式逻辑所研究的只是单纯主观的思维形式，而古代哲学则不这样看。作为形而上学的创始人，亚里斯多德将范畴看做是存在的存在方式，试图从范畴入手来解决存在问题，并且通过以实体为中心的十个范畴确立了"存在之网"或世界的逻辑结构。后来经过中世纪哲学的改造乃至到了近代哲学那里，实体才从范畴体系中独立了出来，成了本体论所研究的最高对象。康德对亚里斯多德的范畴体系作了调整，提出了四组十二个范畴作为知性为自然立法的根据，以将范畴主观化、内在化的方式，有条件地确立了世界的逻辑结构。现在黑格尔要做的工作就是恢复亚里斯多德哲学的传统，重新赋予范畴以客观性的意义。

黑格尔的逻辑学不仅与本体论是同一的，而且与认识论、辩证法也是同一的。

逻辑学讨论的是思维规律和纯粹的思想规定，因而也可以说就是认识论。然而对黑格尔来说，所谓思维规律或者纯粹的思想规定都不仅仅是主观范围内的事情，它们同时亦是事物的客观规律和本质规定。另一方面，无论逻辑学还是认识论从根本上都是以辩证法为其基本形式的。所以，黑格尔与前人不同的地方是，他以独特的方式将所有的哲学部门熔为一炉。当然，熔为一炉归熔为一炉，叙述起来还是要有区别的。在《精神现象学》之后，黑格尔首先做的一项工作就是建立世界的逻辑结构，亦即对纯粹本质性的因素进行深入的研究，以期为哲学奠定基础。这些就构成了他的《逻辑学》的内容。

如果说《精神现象学》是黑格尔哲学的导言，那么可以说《逻辑学》就是黑格尔哲学的基础。黑格尔的逻辑学既不同于形式逻辑，也不同于康德的先验逻辑；它所研究的既不是空洞的思维规律，也不是主体的先天认识形式，而是事物纯粹的本质性因素——纯思想规定。因此，黑格尔的逻辑学与康德的先验逻辑一样都是具有认识论意义的逻辑，但是它同时亦消解了康德先验逻辑的单纯主观性和静态结构的局限性，因而不仅是一个动态的过程，而且具有本体论的意义。

作为一个唯心主义者，而且是有史以来最大的形而上学家，黑格尔所讲的"以前"并不是时间意义上的在先，而是逻辑意义上的在先。从时间上讲，黑格尔承认自然在人类精神之前就已经存在了。但是从逻辑上讲，就本质而言，精神则是真正在先的，因为它所体现的乃是决定世界之为世界、自然之为自然的本质和根据。当然，黑格尔把本质性的东西看做是精神性的存在归根到底是错误的。

逻辑学以纯思想规定为其研究的对象，也就是以范畴作为它的研究对象。当我们说范畴是具有本体意义的本质性因素的时候，这并不意味着范畴是什么高不可攀的神秘的东西，其实它就存在于我们的思想和语言之中。黑格尔说："思维形式首先表现和记载在人的语言里。人兽之别就由于思想，这句话在今天仍须常常记住。语言渗透了成为人的内在的东西，渗透了成为一般观念的东西，即渗透了人使其成为自己的一切；而人用以造成语言和在语言中所表现的东西，无论较为隐蔽、较为混杂或已经很明显，总包含着一个范畴；范畴的东西对人是那么自然，或者不如说它就是人的特有本性自身。"①所以，哲学不需要特殊的术语。然而这并不是说逻辑学是一项十分容易的工作，其困难之处乃在于如何使"熟知"纯化为"真知"，亦即将人们日常使用的语言纯化为哲学的概念。

所以在某种意义上说，黑格尔的逻辑学是一项前所未有的崭新的事业。他一方面要总结人类精神对于绝对的认识史——这已经由他的《精神现象学》完成了，一方面要把人们的日常语言纯化为崭新概念，另一方面还要改造传统的逻辑学，使概念"流动"起来，使"逻辑的枯骨"通过精神成为有血有肉的实在。通过黑格尔的努力，他终于将亚里斯多德的形而上学观念付诸实现，为世界确立了一个十分完善的逻辑结构。

黑格尔的《逻辑学》(大逻辑)分为"客观逻辑"和"主观逻辑"两大部分，其中"客观逻辑"分为"存在论"和"本质论"，"主观逻辑"是"概念论"。《哲学全书》中的逻辑学部分(小逻辑)则没有区分"客观逻辑"和"主观逻辑"，而是直接划分为"存在论"、"本质论"和"概念论"。

按照黑格尔的观点，"客观逻辑"部分地与康德的先验逻辑相一致，而更重要的是它取代了传统的形而上学或本体论的位置。康德的先验逻辑本身就是"内在形而上学"，因为它有条件地以范畴体系确立了世界的逻辑结构，而黑格尔所要做的就是在此基础之上重新恢复形而上学的客观性原则。"主观逻辑"

---

① 黑格尔著，杨一之译：《逻辑学》上卷，商务印书馆，1981年，第7页。

所讨论的是传统的形式逻辑的内容,当然经过了黑格尔的改造。不仅如此,这一部分甚至处于逻辑学的最高阶段,因为在黑格尔看来,"概念"乃是"存在"和"本质"的真理。显然,黑格尔的逻辑学仍然给形式逻辑留有一席之地,那种认为辩证逻辑排斥形式逻辑的看法是错误的。黑格尔其实并不否认形式逻辑在认识中的作用,他只是认为形式逻辑是有局限的,仅仅停留在此,不可能把握事物活生生的生命。

黑格尔逻辑学的具体内容划分为三编。

第一编"存在论"研究的是直接性的认识阶段,在这一部分中范畴推演的特点是"过渡",亦即从一个直接性的东西过渡到另一个直接性的东西。在这个阶段,概念还处在"自在的"或潜在的阶段,其内容是尚未展开的。"存在论"包括"规定性(质)"、"大小(量)"和"尺度"三个阶段,它以"存在"范畴作为开端,从一个范畴过渡到另一个范畴,最后扬弃了自身的直接性而进入到了间接性的领域,由此而过渡到了"本质论"的领域。

第二编"本质论"研究的是间接性的认识阶段,在这一部分中范畴推演的特点是"反思",亦即成双成对的概念既相互对立又相互映现自身,这是"自为的"或处于展开过程中的阶段。"本质论"包括"作为反思自身的本质"、"现象"和"现实"三大阶段,反思概念以在他物中映现自身的方式展开自身,最终扬弃了直接性与间接性之间的矛盾,成为一个统一的概念的诸多环节,从而进入了"概念论"的领域。

第三编"概念论"研究的是直接性与间接性的统一、自在与自为的统一,相互对立的概念现在消融为一个概念,在这一部分中范畴推演的特点是"发展",这是逻辑学的最后也是最高的阶段。"概念论"包括"主观性"、"客观性"和"理念"三大阶段,黑格尔在此讨论了概念、判断和推理,机械性、化学性和目的性以及生命、认识的理念和绝对理念,最终扬弃了一切差别和对立,将所有的范畴融合为一个有机的整体,这个整体就是"绝对理念"。

五、哲学全书

通常我们所理解的黑格尔哲学体系就是《哲学全书》的体系。黑格尔对于哲学体系的思考由来已久,因为这是康德、费希特、谢林试图解决而没有最终解决的难题。在他看来，哲学是科学，而惟有当它是一个体系的时候才真正称得上是科学。所以在黑格尔出版发表了《精神现象学》和《逻辑学》之后，如何将哲学构建成一个科学的体系就成了摆在他面前亟待解决的问题。

1816 年当黑格尔在海德尔贝格大学准备讲课的时候，他面临着教学纲要的问题。康德、黑格尔所处的时代，德国在大学教育中十分注重教学纲要的作用。于是他一边以口授的方式讲课，一边着手编写新的教学纲要，这就是《哲学全书》。与此同时，黑格尔强调说，由于该书采取的是纲要形式，因而它不仅未能依照理念的内容予以详尽发挥，而且它的系统推演的发挥也是特别浓缩的。所以作为纲要，《哲学全书》一方面是对哲学体系之轮廓的概括，另一方面亦表明其内容的发挥还有待于口头的讲授。《哲学全书》于 1817 年出版了第一版，1827 年出了第二版，内容比第一版增加了一倍，1830 年第三版问世，虽然篇幅增加不多，但文字的改动数以千计。显然，黑格尔在此下了很大的功夫。

《哲学全书》分为三大部分："逻辑学"、"自然哲学"和"精神哲学"。"逻辑学"是研究理念的自在自为的科学，它讨论的是纯粹的本质性因素，亦即纯思想规定或范畴；"自然哲学"是研究理念的异在或外在化的科学，它讨论的是理念外化自身而成为自然亦即理念的外在表现；"精神哲学"研究的是理念由它的异在返回它自身的科学，它讨论的是通过人类精神理念重新获得自己的形式，从而成为真正的现实的过程。

《哲学全书》中的"逻辑学"部分(小逻辑)基本上是《逻辑学》一书(大逻辑)的概要，虽然它们在形式、内容和细节等方面有许多差异，我们就不作更多的介绍了，需要说明的是从"逻辑学"到"自然哲学"的过渡。从本体论上说，当逻辑理念在"概念论"中达到了"绝对理念"，亦即自在自为的真理之时，"从它与它自身的统一性来看，就是直观，而那直观着的理念就是自然。"①这就是说，"绝对理念"扬弃了一切差别和矛盾而实现了自身统一性，这个直接的统一性就是一个简单的事实，一个消解了所有间接性的现成的东西，这个东西就是"自然"。从宇宙论上看，这个达到了自身统一性的直接性(直观)的理念由于返回自身而享有绝对的自由，因而它便自由地决定将自身中的特殊规定

---

① 黑格尔著，贺麟译：《小逻辑》，三联书店，1954 年，第 426 页。

和诸环节"释放"出来,将其自身作为它自己的反映,自由地外化为自然。换言之,现在"存在"在这里成了"存在着的理念",而存在着的理念也就是"自然"。显然,从逻辑理念到自然的过渡具有某种神秘主义的色彩,不过这里的"过渡"不应该理解为时间意义上的过程,而应该看做是逻辑上的关系:逻辑理念是自然的本质性因素,自然乃是逻辑理念的外化和表现。

在黑格尔看来,"自然界是自我异化的精神。精神在自然界里一味开怀嬉戏,是一位放荡不羁的酒神。在自然界里隐藏着概念的统一性"①。"绝对"外化它自己而成为自然,自然不过是"绝对"的表现。然而也正是因为如此,"绝对"还不是现实的它自己,"绝对"还不是绝对精神。因此,黑格尔给自然哲学提出的课题是"扬弃自然和精神的分离,使精神能够认识自己在自然内的本质"。他把考察自然的方式规定为"概念的认识活动",它是理论态度与实践态度的统一,其目的是把握事物的内在本质。在这种认识活动之中,我们强迫像希腊神话中那位千变万化的海神"普罗丢斯"一样的自然界停止它的变化,在我们面前显现和说明自身。"自然哲学"以从自然向精神的过渡作为它的终点。自然发展到了这样的阶段,它在有生命的东西中得到了完成。因此,"精神是在自然界中发展出来的。自然界的目标就是自己毁灭自己,并打破自己的直接的东西与感性的东西的外壳,像芬尼克斯那样焚毁自己,以便作为精神从这种得到更新的外在性中涌现出来"②。因此,精神与自然之间的关系是,两者在根本上是统一的:精神是自然的本质,自然是精神的异化或表现。所以精神既可以说在自然之后,也可以说在自然之前:精神是从自然界中发展出来的,因而自然在时间上是在先的;然而就精神是自然的本质,精神是自然的真理性和最终目的,是理念的真正现实。就此而论,精神则是真正在先的。"自然并不是一个固定的自身完成之物,可以离开精神而独立自存,反之,惟有在精神里自然才达到它的目的和真理。同样,精神这一方面亦并不仅是一超出自然的抽象之物,反之,精神惟有扬弃并包括自然于其内,方可成为真正的精神。于是我们就从自然哲学进展到了精神哲学。"③

黑格尔的"精神哲学"与他的《精神现象学》之间的关系是十分微妙的。

①　黑格尔著,梁志学等译:《自然哲学》,商务印书馆,1980年,第21页。
②　黑格尔著,梁志学等译:《自然哲学》,商务印书馆,1980年,第617页。
③　黑格尔著,贺麟译:《小逻辑》,三联书店,1954年,第222页。

由于它们讨论的都是人类精神认识绝对的过程，因而在内容上多有重复。当黑格尔的哲学全书体系建立起来的时候，他似乎有点儿后悔在《精神现象学》中过于详细地描述了本应该在"精神哲学"中阐述的内容，所以他放弃了《精神现象学》是"科学体系的第一部分"的说法，仅仅把它看做是其哲学的"导言"，甚至成了"精神哲学"中的一个环节。实际上，《精神现象学》与"精神哲学"各有千秋：前者是黑格尔尚未确立其哲学体系之时的著作，因而阐述充分、比较生动而且很少有刀斧之痕；后者作为体系成熟时的"纲要"中的一部分，形式十分规整，条理也比较清晰。当然，两者虽然内容大致相似，但是论述的角度毕竟不同：《精神现象学》类似绝对精神的"史前史"，描述的是尚未成为绝对精神的绝对精神在人类精神中的生成史，而"精神哲学"则是我们在认识了绝对精神之后，回过头来由此出发所建立的哲学体系的一个部分。

"精神哲学"是黑格尔哲学全书体系中的最高阶段。如果说绝对理念在"逻辑学"中是潜在的，在"自然哲学"中是异在的，那么可以说它在"精神哲学"中则是现实的。因而"精神哲学"中所讨论的精神的发展过程既是人类精神认识绝对的过程，也是绝对成为绝对精神的过程，这两者是同一个过程。正是通过人类精神等于绝对的认识过程，绝对达到了自我认识从而成为了真正的现实。

"精神哲学"划分为三个阶段："主观精神"、"客观精神"和"绝对精神"。当精神还只是处在它的尚未展开的概念中，还没有使它的概念成为有客观性的东西的时候，精神就是"主观精神"，也就是个体精神。"主观精神"分为"灵魂"、"意识"和"自我规定着的精神"三个环节，分别是"人类学"、"精神现象学"和"心理学"的研究对象，其结果是"自由意志"的形成。"客观精神"以自由意志为前提，它是个人之内在精神的外部表现，也就是现实的人类精神所创造的社会、国家、政治法律制度、风俗习惯和伦理道德等的世界，所以它讨论的是普遍的精神。"客观精神"的三个发展阶段是"抽象法"、"道德"和"伦理"。精神在"抽象法"阶段表现为抽象的自由，自由意志尚处在外在化、客观化的阶段；"道德"所体现的是主观的自由，内在的良心；而"伦理"所体现的则是自由的充分实现，达到了内部与外部、主体与客体之间的统一。这一部分主要体现了黑格尔的法哲学和历史哲学的思想。

在某种意义上说，黑格尔可以看做是历史哲学创始人之一，而且许多人了解黑格尔都是从他的历史哲学开始的。从"实体即主体"的原则出发，黑格尔主张理性统治世界。这个理性虽然指的是"宇宙理性"，但它的具体化、现实化则必须通过人类精神。世界历史是一个合理性实现自身而成为现实性的过程，也就是自由成为现实的过程，因为自由乃是精神的本性。因此黑格尔说："世界历史无非是'自由'意识的进展"，"整个世界最后的目的就是精神对其自身自由的意识，亦即自由的现实。"①然而，自由毕竟只是内在的观念或原则，就其本身而言还不是真正的现实。所以内在的观念必须通过外在的手段加以实现，而驱使人们行动的原动力就是人们的需要、本能、兴趣和热情。于是黑格尔提出了著名的"理性的狡计"的理论：就个人的行动而言，需要等等是他的直接动力，而观念和原则则是间接的动力。换言之，精神、观念和原则是通过利益、需要和热情来决定人的行动的。表面看来，每个人都是为自己的需要而行动的，而实际上他们的行动所实现的乃是理性自身的原则。显然，黑格尔看到了在个人行动背后的历史动因，以唯心主义的方式表达了历史规律的决定作用，但是他的历史哲学看似提高了个人在历史中的作用，但实际上将个人的行动完全看做了理性实现自身的工具和手段。这种过分强调整体性、普遍性原则的思想在现代哲学中尤其受到了人们的批评。

"精神哲学"的第三部分也是它的最高阶段是"绝对精神"。"绝对精神"经过了"艺术"、"宗教"和"哲学"三个阶段。在黑格尔看来，艺术、宗教和哲学都达到了无限性的境界，它们都以"绝对精神"作为认识的对象，所不同的是它们把握"绝对"的方式。"艺术"在直接性中把握"绝对"，它以感性形象化的方式把真理呈现于意识，因而是对绝对精神的具体直观。"宗教"以表象的方式把握真理，它通过人对上帝的认识而呈现"绝对"。至于"哲学"则是"艺术"与"宗教"的统一，它以概念的方式把握真理，其形式是绝对精神的自由思想，从而真正使绝对精神成为了绝对精神。

《哲学全书》虽然是黑格尔哲学思想最成熟时期的作品，但是它毕竟只是供教学使用的纲要，还有待他去展开和发挥。虽然体系的框架有了，但是黑格尔在世之时并没有以哲学著作的形式全面详尽地阐发他的哲学体系，我们不知

---

① 黑格尔著，王造时译：《历史哲学》，商务印书馆，1957年，第57-58页。

道如果他写作了这样的哲学著作，其内容和细节会有怎样的改变，因为即使是教学纲要，《哲学全书》亦始终处于变化之中。譬如哲学体系的开端问题。哲学究竟应该以什么作为开端？黑格尔对这个问题非常重视。一般说来，黑格尔不同的哲学著作有不同的开端：《精神现象学》讨论人类精神的认识活动，它从最初的最基本的"感性确定性"开始；《逻辑学》讨论的是纯思想规定亦即范畴，作为形而上学，它以"存在"为其开端；那么整个哲学体系呢？在黑格尔看来，哲学不像一般科学那样总有其假定的前提，它是一个自己证明自己、自己创造自己的对象、自己返回自己的"圆圈"，因而哲学没有一般科学意义上的起点。

六、辩证法

黑格尔的辩证法是其哲学的一大特色，我们可以说辩证法既是黑格尔对哲学的伟大贡献，同时也是受到人们批评最多的地方。有人把他的辩证法推崇到了极致，视之为包治百病的灵丹妙药，也有人把他的辩证法贬低得一无是处，看做是哲学癔症的胡说八道。实际上无论褒贬，都有可能是基于对它的误解。譬如我们现在专门讨论黑格尔的辩证法，黑格尔本人肯定会不以为然。因为他的辩证法与他的哲学体系是密不可分、融为一体的，我们实际上既不可能脱离辩证法来讨论黑格尔的哲学体系，也不可能脱离他的哲学体系来讨论他的辩证法。这就给我们出了一个难题：理解黑格尔的哲学首先应当理解他的辩证法，而理解黑格尔的辩证法又必须把握他的整个哲学。这真有点儿像后来海德格尔和伽达默尔所说的"解释学的循环"。然而，我们实在无法通过叙述黑格尔的整个哲学体系来阐述他的辩证法思想，如果那样的话就用不着我们多此一举了，因为直接阅读黑格尔的著作是最好的办法。所以为了叙述的方便起见，我们也只好专门来谈谈辩证法了。

哲学问题在某种程度上也就是方法问题。由于哲学要求超越有限具体的事物而把握事物普遍的本质，所以在哲学诞生之初就存在着方法问题。哲学的对象不同于科学，它是某种普遍的、无限的东西，当我们要求通过认识来获得对它的知识的时候，就意味着任何把握这样的对象的方法都不可避免地带有有限性的特点——因为认识所通达的知识归根结底是确定性的，然而只要知识是确定性的，它就不可能是无限的。所以从希腊哲学开始，哲学就始终面临着有限的方法与无限的对象之间的矛盾。为了解决这个矛盾，哲学家们苦心孤诣地力图找到能够把握无限的对象的新方法，而哲学往往就在方法的变革之中发生着深刻的变化。

黑格尔登上哲学舞台的时候，正是近代哲学在方法问题上陷入困境之时。在他看来，近代哲学的困境源于其思维方式的片面性。在《精神现象学》的序言中，黑格尔分析对比了古代人的思维方式与近代人的思维方式之间的差别，将辩证法称为真正的科学方法。近代哲学在近代自然科学所取得的伟大成果的鼓舞下，试图将科学的方法应用于哲学，使哲学成为科学。然而黑格尔则认为，科学其实并不是真正的科学，因为任何一种科学总是从某些不证自明的前提出发的，所以它们都有着这样或那样的局限性。哲学就不同了。由于哲学所研究的乃是最高的对象，因而哲学是没有前提和条件的，它是自己证明自己、自己完成自己的。就此而论，惟有哲学才是真正的科学，而哲学自己证明自己的方法或真正的科学方法就是辩证法。

一般说来，辩证法是希腊哲学的产物。当黑格尔试图克服近代哲学的局限性，站在近代哲学的主体性原则的基础上恢复古代哲学的客观性立场的时候，古代哲学朴素天然的辩证性思想为他提供了扬弃近代哲学之"知性思维"的极其有效的可能方式。黑格尔曾经将赫拉克利特、芝诺和苏格拉底等人称做辩证法的创始人，虽然他们的思想很少有共同之处，但是无论是赫拉克利特的自然辩证法、芝诺的概念辩证法，还是苏格拉底探索事物"是什么"的对话方法，都对黑格尔的辩证法思想的形成产生了深刻的影响。当然，最直接的影响是康德的消极的理性辩证法和费希特与谢林对康德辩证法的积极的改造。

由此可见，将黑格尔的辩证法单独拿出来进行描述不仅是十分困难的，而且也肯定不会得到黑格尔本人的认可，因为他的辩证法与他的哲学体系是不可分割的。然而如果不能对黑格尔的辩证法有所了解就贸然进入他的哲学体系，我们就很可能陷入其庞大繁杂的体系之中而难以自拔。所以我们只好从原则上对黑格尔的辩证法作一些简单的描述，只不过时时要提醒自己这在某种程度上说是"不合法的"。

在黑格尔看来，真正的科学方法亦即辩证法的本性，"一方面是方法与内容不分，另一方面是由它自己来规定自己的节奏"。①这两个方面可以看做是其辩证法的基本特征。如前所述，黑格尔认为辩证法不仅仅是方法，而且是事物自身的客观法则。因而真正科学的方法并不是像唯理论所推崇的数学方法或康德的先验认识形式那样外在于内容，方法不是外在的形式或我们认识事物的某种方式，而是事物内在的生命、灵魂和运动方式。正因为如此，黑格尔认为一般的科学并不是严格意义上的科学，惟有能够自己说明自己的哲学才真正是科学。所以，我们的任务并不是去发现一种用来说明事物的方法，而是去发现事物自己运动的内在方式，也就是让事物自己展示自己内在的运动规律。要想做到这一点，关键就在于对否定性的辩证的理解。

近代哲学通常是站在主体与客体之间差别的基础上来谋求两者的统一的。由于知性思维的限制，它在要求获得具有确定性的科学知识的同时对否定性的东西、有差别的东西或矛盾采取了排斥的态度，这就使它在将事物分解为各个部分和方面的同时，难以保持住事物的活生生的生命和内在的统一性。在黑格尔看来，事物本身是一个结合了诸多有差别的属性在自身之内的统一体，这种差别既不是仅仅存在于我们的认识之中的主观差别，也不是事物之外在的差别，而是"内在的差别"，"在一个作为内在差别的差别里，那对立的一面并不仅仅是两个之中的一个——如果那样，那差别就不是一个对立的东西，而是一个存在着的东西了——而乃是对立面的一个对立面，换句话说，那对方是直接地存在于它自身之内"。②所以，事物之中的差别是"对立面的统一"。

从知性思维的立场看，事物之中包含着差别意味着事物自身的瓦解，因而差别和否定性乃是死亡的因素。然而黑格尔则认为，否定性不仅不是死亡的因素，而且是真正的生命的力量和原则。因为正是否定性构成了推动事物运动发展的内在动力。事物之中存在着差别，所以事物之中包含着否定性的因素。在通常观点看来，差别就是否定，就是事物与其自身的不同一，所以是不真的。如果我们不能消解这些差别，事物自身就会消解为虚无。但是，与这种将否定仅仅看做是否定的观念不同，黑格尔认为"否定的东西也同样是肯定的"，或者说，自相矛盾的东西并不消解为抽象的虚无，而是消解为它的特殊内容的否

① 黑格尔著，贺麟、王玖兴译：《精神现象学》上卷，商务印书馆，1981年，第39页。
② 黑格尔著，贺麟、王玖兴译：《精神现象学》上卷，商务印书馆，1981年，第109页。

定，而这样的否定并不是全盘否定，而是自行消解的"被规定的事情的否定"，因而是"规定了的否定"。这就是说，否定从来不是抽象的否定，而总是具体的特殊的否定，所以否定的结果也总是有内容的或有规定性的。因此，否定的结果其实是从否定之中而产生的有内容的东西，由于它在否定了先前内容的同时亦将其内容以新的形式包含于自身之内，这就使事物发展为更高更新更丰富的阶段。黑格尔将这种辩证的否定称为"扬弃"。

因此，"辩证的否定"乃是黑格尔辩证法的核心。熟悉黑格尔哲学的人都知道，在他的哲学体系中，前一阶段中的差别和矛盾的运动产生了后一阶段，在后的阶段是在先阶段矛盾运动的必然结果，亦是对在先阶段的继承和发展，因而前一阶段中的合理因素就保留在后一阶段之中，成为它的构成因素或环节。于是，整个事物过程就成了一个相互联系的、发展着的、具有内在必然性的有机整体。由于"实体即主体"，在实体中就包含着纯粹的否定性，它自己否定自己，将自身树立为自己的对立面，然后扬弃自身，恢复自身的同一性，由此而成为现实。这样一个过程就是绝对的自我运动、自我完成、自己实现自己、自己成为自己的过程。所以，绝对精神乃是由于其自身内在的矛盾而自我运动的，在它的发展过程中，每一个阶段，每一个环节都是有限的、暂时的和有缺陷的，然而它们之间的相互扬弃以及继承和发展，又使它们构成了整体的必要环节。在《精神现象学》中，黑格尔形象地把绝对精神的自我运动比喻为"酒神的宴席"：所有人都加入了欢庆酒神节的宴席之中，每个人都在这场豪饮之中一醉方休，但是这场宴席却不会因为我或者你的醉倒而告终结，而且也正是因为我或者你以及我们大家的醉倒而成其为酒神的宴席。我们都是这场豪饮不可缺少的环节，而这场宴席本身则是永恒的。

黑格尔的辩证法以"三一式"为其形式，这就是我们通常所说的正题、反题与合题。一般说来，正题是肯定的环节，它表明矛盾此时还处于潜在的阶段，黑格尔也称之为"自在的"阶段；反题是否定的环节，此时矛盾的双方得到了展开，黑格尔称之为"自为的"阶段；合题则是"否定之否定"的环节，它是正题与反题的对立统一，黑格尔称之为"自在而自为的"阶段。黑格尔的哲学体系就是由许许多多这样的正题、反题与合题的"圆圈"所组成的一个巨大的"圆圈"。有时人们把黑格尔的这种"三一式"就称为辩证法，实际上并不十分恰当，因为它毕竟只是某种形式。虽然黑格尔自己往往为了体系的缘故过于注重形式而使其哲学的内容经常有牵强附会之嫌，但是仅仅把他的辩证法理解为"三一式"毕竟只是抓住了辩证法的皮毛而没有理解它的精髓。

总之，哲学与一般的科学不同，它没有任何假设的前提，因而避免了独断论的嫌疑，或者说，它自己是自己的前提，这个前提经过自身的发展而得到了自身的证明，所以只有哲学才称得上是真正的科学。

黑格尔对否定性的辩证理解是人类思想史上最为大胆的思考之一。差别、对立和矛盾问题自哲学产生以来就是人们十分关注的难题，对此希腊哲学提出了极其深刻的辩证思想，但是由于它的朴素性和直观性，使得这些深刻的思想没有得到全面深入的阐发。

毫无疑问，黑格尔是有史以来最伟大的形而上学家，他一方面使自亚里斯多德以来哲学家们所怀抱的让哲学成为科学的理想最终得以实现，另一方面亦使形而上学这一古典哲学曾经走了两千多年的哲学之路终于到了尽头。正所谓"夕阳无限好，只是近黄昏"，形而上学在黑格尔那里就好像是一个人临终之前的回光返照，它的生命在黑格尔哲学中达到了最辉煌的时刻，但却是最后的辉煌。我们可以说黑格尔既是最好的形而上学家，也是最坏的形而上学家：他是最好的形而上学家，因为没有哪个哲学家能够像他那样建立起如此恢弘、如此庞大乃至如此"合理"、如此严密的形而上学体系；然而由于传统形而上学这条路最终被证明是根本不可能的，所以这位最好的形而上学家当然也就是最坏的形而上学家。总而言之，黑格尔哲学标志着形而上学的完成，同时亦标志着形而上学的终结。

附 录

中西哲学的融通

【内容提要】

中西方由于哲学思想的源流及社会实践活动的不同，在哲学史上所探讨的问题和特征也相异。中国哲学思想萌芽于商周时期，其理论来源主要是《周易》。受农耕文明的影响，中国哲学长期以来在天人关系方面以天人合一为主导原则，在人际关系方面强调社会秩序和人伦道德。西方的哲学思想主要脱胎于古希腊神话和原始宗教。古希腊关于神话和英雄的传说，表达了人与自然的斗争，表达了人欲超越自身而获得更大力量的理想。在罗素看来，正是希腊人内心世界中所包括的两大要素促成了哲学的产生：一是秩序与理性，它孕育了艺术与科学；另一个要素是失控与本能，它产生了原始的宗教，哲学就在它们之中产生。因此西方哲学的主要问题是哲学与宗教、科学的关系；存在与思维，主体与客体的关系；普遍与个别，一与多的关系。批判的思维方式作为哲学思维方式中持续的、巩固的、最基本的思维方式，是今天进行哲学思考的一个必要切入点，也是中西哲学融通的必然之路。

一、中国哲学史的主要问题和主要特征

中国哲学史萌芽于商周之际，成形于春秋末期，截至"五四"运动可分为三个时期：先秦哲学；秦汉至明清之际的哲学；明清之际至"五四"运动时期的哲学，亦可称近代哲学。

(一) 中国哲学史是从长期以天人合一为主导原则到转向主客二分观点的发展史

明清之际特别是王船山以前的中国哲学思想之主流，在对待人与自然或世界的关系问题上，采取天人合一的观点，只是到王船山才开始发展"主客二分"即思维与存在二分的观点。中国天人合一的思想可分为以下几个类型：一是儒家的有道德意义的"天"与人合一的思想；二是道家无道德意义的"道"与人合一的思想。儒家的天人合一又分为两类：一是发端于孟子、大成于宋明道学(理学)的天人相通的思想；二是汉代董仲舒的天人相类的思想。天人相通的思想复可分为两派：一是以朱熹为代表的所谓人受命于天、"与理为一"的思想；二是以王阳明为代表的"人心即天理"的思想。天人合一实际上就是不分主体与客体、思维与存在，而把二者看成浑然一体。也就因为这个缘故，中国传统哲学中的各派一般地说不宜以主体与客体、思维与存在二者孰先孰后、孰为第一性孰为第二性来划分和评判。王船山关于"能所"的思想是对中国传统的天人合一思想的一个突破(尽管王船山也有天人合一的思想)，它使中国哲学史开始转向主客二分观点，是中国哲学史的一个重大转折点。孙中山明确提出心物二元论，实际上就是提出了主客二分观点，只是尚未达到西方笛卡尔的主客二分思想的水平。在明清之际以前，中国哲学史由于以天人合一的思想为主导，故缺乏主客二分思想，从而也缺乏与之紧密相连的主体性原则。从王船山起，特别是鸦片战争以后，中国哲学史开始了向主客二分思想转化、特别是向西方近代哲学召唤主体性原则的时期。中国近代哲学可以说就是发展主客二分思想的哲学，就是向西方召唤主体性的哲学。

(二) 中国哲学史是从长期以研究人伦道德为主导到转而注重对自然的认识的发展史

中国哲学、儒家思想的重点和中心，落在生命和德行上，即落在践人体道的道德实践上，落在性命天道的贯通上。中国哲学、儒家思想的形态与内在本质，可以特重主体性与内在道德性为概括，也就是可以性命天道相贯通为概括。

明清之际以前，中国哲学史由于重天人合一，把主客看成浑然一体，所以一般地说注重人如何生活于世界之内的人生问题，甚少专门的、明显的关于主体如何认识客体、自我如何认识对象的认识问题。讲人生问题的哲学叫做人生哲学，讲认识问题的哲学叫做认识论。中国哲学史在明清之际以前，以讲人生哲学、研究人事或人伦为主，而不注重认识论，从而也不重视对于宇宙之研究，不重视宇宙论。明清之际以后，中国哲学转向主客二分思想，开始注意主体性或自我意识的原则，这才使认识论问题逐渐成了中国哲学的重要问题。发展科学，认识自然和征服自然，使自然为我服务，此乃主客二分和主体性原则之结果，前者以后者为前提。明清之际以前，因重天人合一，缺乏主客二分思想和主体性原则，故中国虽然不能说没有科学，但科学确实不发达，也不受重视。明清之际以后由于开始了主客二分思想的转向，特别是鸦片战争以后开始召唤西方近代哲学的主体性，因而才重视发展科学，重视对自然的认识。如果说明清之际以前的中国哲学史是一部长期以研究人与人之间的纷争与协调为主的思想史，那么，明清之际以后，中国哲学史则是开始重视人与自然作斗争的思想史。

（三）中国哲学史是从长期以"天理"压人的思想为主导到开始反"天理"的发展史

先秦哲学虽然诸子百家，派别林立，但孔子之时，无其他学派能与之抗衡，孟子之时，"天下之言，不归杨则归墨"，但杨墨之言也只是暂行于一时。综观整个先秦哲学之诸子百家，仍以孔孟所代表的儒家为思想界之主流。孔子虽少言"天命"，但并非不言"天命"，他认为"唯天为大"，时人亦认为孔子受命于天。孟子的"天"，主要是指义理之天，仁义礼智四端乃"天之所与我者"，孟子明确地把封建道德原理绝对化、客观化为形而上的义理之"天"，然后又以此义理之"天"来压人。孟子是中国哲学史上以"天理"压人的思想之肇端者。汉代独尊儒学，董仲舒的天人相类说更露骨地把封建的三纲五常说成是"天意"，用"天意"压制人权。魏晋玄学中虽有嵇康阮籍等人的"越名教而任自然"之说，但魏晋玄学之主流却是以调和名教与自然为主旨，例如王弼所主张的"圣人体无"和"同于道"，实际上也就是把封建的名教绝对化为"天道"、"天理"。隋唐时期，佛道流行，但仍以儒学为正宗，韩愈始终站在儒家"天命"论的立场。刘禹锡有"人理"高于"天理"的思想，惜乎不行于后世。宋明道学无论以朱熹为代表的理学派，还是以王阳明为代表的心学派，都是以封建道德的"天理"来压制"人心"的。心学派主张天理即人心，天理不属于形而上的本体界，王阳明甚至有疑孔的反传统思想，但归根结底，他仍然把封建道德原理看成是天经地义、神圣不可侵犯的"天理"。

明清之际，王船山、戴震等人都反对宋明道学把"天理"与"人欲"绝对对立起来的观点，戴震甚至严厉斥责人死于理甚于死于法之残酷。鸦片战争以后的先进思想家大都反对儒家的"天命"观。谭嗣同认为名教既非"天理"，也非"天命"，而是在上者压制在下者的工具。章炳麟断言既无"天"，也无"帝"，强调一切决定于"人力"。西方中世纪，压在人们头上的是教会神权，是基督教的上帝，与此相似，几千年来压在中国人头上的则是儒家的"天理"和"天命"。西方近代哲学史是推翻教会神权的历史，中国自明清之际以后的近代哲学史是开始向"天理"、"天命"挑战的历史。

"五四"运动是中国的"文艺复兴"，它所提出的民主与科学两大口号颇似西方"文艺复兴"中人的发现与自然的发现。西方"文艺复兴"的两大发现为此后西方近代哲学的主客二分式和主体性原则提供了思想准备，中国"五四"运动所提出的两大口号则是自明清之际以后中国近代哲学史的一次总结：既是对主客二分式和主体性原则的转向的一次总结，也是对发展自然科学知识和反儒家"天理"、"天命"的一次总结。"五四"运动为进一步建立主客二分式和主体性原则，反对以"天理"压人，发展自然科学开辟了广阔的前景。

二、西方哲学史的问题和特点

西方哲学史开始于公元前 6 世纪的古希腊哲学，到现代西方哲学，可以分为四个时期：(1) 公元前 6 世纪到公元 5 世纪西罗马帝国灭亡，约 1000 年，称为古希腊哲学；(2) 公元 5 世纪到 15 世纪东罗马帝国灭亡，约 1000 年，称为中世纪哲学；(3) 15 世纪中到 19 世纪中，约 400 年，称为近代哲学；(4) 19世纪中叶以来，称为现代哲学。纵观西方哲学史，其问题和特点如下：

(一) 西方哲学史是哲学与科学息息相关、与宗教相互渗透、调和而又相互对立、斗争的历史

在哲学产生以前，人们已经用宗教信仰和神话，通过感性的、表象的形式表达自己的世界观。哲学的诞生意味着人们的世界观主要是通过思维、概念的形式来表达的。古希腊哲学是从宗教信仰和神话的束缚下和科学同时诞生的，

它从一开始便与科学结成了不可分离的亲缘关系，哲学家同时也是科学家。当时，人们只是从总的方面观察自然界，而没有对自然界进行解剖和分析，自然科学的这种情况反映在哲学上就使古希腊哲学具有素朴辩证法的性质。

古希腊哲学虽然从主要方面说摆脱了宗教信仰和神话的束缚，但也有渗透着宗教神话的方面：古希腊早期哲学中的"物活论"思想便是这种渗透的表现；毕达哥拉斯学派之相信灵魂轮回，乃是受了奥尔弗斯教义的影响；苏格拉底也曾明白宣称自己为神所引导；柏拉图分裂理念世界与感性世界的思想，乃是奥尔弗斯教徒关于灵魂来源于天、肉体来源于地的教义的哲学表述，此外，他的许多重要哲学思想也往往不是用纯粹的思想、概念而是用神话的方式来表达的；亚里斯多德的一个重要哲学思想就是把神看做是一切活动的目的因；斯多亚学派把德行生活看成是灵魂与上帝的关系；甚至原子唯物主义者伊壁鸠鲁在强调神同自然和人没有任何联系的同时，毕竟还在世界与世界的"空隙"中为神留下了一块地盘；到了古代哲学的后期，新毕达哥拉斯派和新柏拉图派等更是形成带有浓厚宗教色彩的哲学，他们的哲学后来被基督教所利用。

随着基督教的兴起，加之封建统治者把基督教教会作为自己进行统治的最大支柱，西方哲学便又沉没于宗教之中。中世纪哲学几乎完全受基督教教会的支配，科学也遭受同样的命运。如果说，在古希腊时期，特别是它的早期，哲学与科学尚未明确区分开来，那么在中世纪，哲学则与宗教神学合为一体。中世纪在哲学上的最大争论，实在论与唯名论之争，同宗教上关于普遍教会与地方教会、普遍教义与个人信仰、原罪与个人罪恶何者实在、何者从属之争，是相互渗透在一起的，而在这种渗透中，哲学从属于宗教。不过，中世纪占主导地位的经院哲学并非根本否认理性、思维的作用，它主要是运用形式逻辑的方法，从外在的权威即教会所解释的圣经出发，演绎、推论出事实，它在运用理性、思维为宗教服务的同时，也在一定限度内起了维护理性、思维的作用，为后来文艺复兴时期科学的发展提供了条件。

由于资本主义的兴起和发展，欧洲发生了规模巨大的宗教改革运动，基本上结束了教会的至高无上的统治，哲学遂逐渐从宗教神学中分离出来而成为独立的学科。近现代哲学的特征之一是哲学与宗教、思维与信仰基本上处于分离对立的状态。近代哲学的第一个代表人物弗朗西斯·培根明确主张哲学应当与神学分离，认为理性真理与启示真理各有其独立的领域。近代哲学中诚然有许多体系都渗透着宗教神学，但哲学与神学相比，思维与信仰相比，大体上是前者占主导地位，它们所讲的宗教和神大多理性化了或人本化了：笛卡尔抛开一切外在权威，以思维为他的哲学的最高原则和出发点，他所讲的神是建立在思维、推理的基础之上的；洛克等人的自然神论是理性的宗教，在当时条件下是一种摆脱宗教的简便易行的方式，自然神论者的神必须按照理性或自然规律行事；莱布尼兹的神也只能服从理性的规律，与自然神论者的神有相近之处；康德所主张的神不过是理性的理想，是实践理性的公设，他所讲的信仰是建立在理性的、道德的基础之上的；黑格尔企图调和宗教和哲学，但他主张哲学高于宗教；至于斯宾诺莎的神，则不过是披着泛神论外衣的自然之整体，是形而上学地改了装的、脱离人的自然，他的思想，实质上是反宗教的；休谟公开对神的存在持怀疑态度，认为神的存在是无法像唯理论者那样用理性来证明的，他所主张的宗教只是出自人们生活和感性的需要；18 世纪法国唯物主义者更进而得到了公开的无神论和反宗教的结论；费尔巴哈把批判宗教作为自己哲学的一个重要组成部分，他所提倡的"爱的宗教"根本不同于信仰神的宗教。

　　西方近现代哲学在与科学的关系方面也表现了一些特点。近代自然科学随着资本主义的发展，越来越摆脱神学而取得独立的地位。近现代哲学与科学之间的关系不同于古希腊，哲学不是与科学合为一体，而是与科学有了明确的分工，也就因为这个缘故，哲学思想便主要地不是寓于其他具体科学(包括伦理学、政治学等等)的内容之中，不是寓于感性的、表象的材料之中，而是通过专门的哲学概念来表达。不过近现代哲学与科学之间又仍然保持着紧密的联系，而且这种联系越来越紧密，可以说，近现代哲学发展的阶段性是与近现代科学发展的阶段性相适应的；17 至 18 世纪，自然科学进入了对自然界进行分门别类的研究和对各种事物进行分析解剖的阶段，它所采用的方法主要是以实验和观察为基础的归纳法和数学演绎法。和自然科学的这种状况相适应，17 至 18 世纪的哲学便以形而上学思维方式占主导地位。康德的星云假说打破了形而上学思维的第一个缺口，18 世纪末 19 世纪初自然科学中的新发现和新成就都表明自然界的现象是辩证地发生的，过去那种机械的、形而上学的观点动摇了，自然科学的这种状况反映在哲学上便是从康德到黑格尔的德国古典唯心主义哲学的辩证法形态。从古希腊的朴素辩证法形态经过 17 至 18 世纪形而上学思维方式的阶段到德国古典唯心主义辩证法的形态，这一哲学上的否定之否定的过程，是和整个西方自然科学发展的过程相并行的。正因为近代哲学与科学有极其密切的联系，哲学对科学的方法作了概括，接受了科学方法的洗礼，所以近代哲学一般地说也很强调方法，既讲究形式逻辑，又联系科学所提供的事实，具有重分析、重体系、重论证与论据等特点。现代西方哲学中的两大思潮——科学主义和人文主义以不同方式表现了哲学与现代科学技术的高度发展的深刻联系。科学主义各流派主要以研究科学方法论、认识论和科学规律性为己任；人文主义各流派一般反映了现代科学技术和物质生产高度发展所带来的关于人本身的问题。

（二）西方哲学史是从思维与存在、主体与客体浑然一体观，经过两者分离对立的观点，逐步走向两者对立统一的观点，以至到达批评、反对主客二分式的观点的发展史

古希腊哲学是朴素的，尚未注意到思维与存在的对立。黑格尔认为希腊人既是从自身出发的，又是有一个前提的，这前提是有历史性的，按思想来理解，这前提就是东方式的精神的东西与自然的东西的合一的实体性，它是自然的合一。希腊人以自然和精神的实体性合一为基础、为他们的本质。当时的"物活论"就是把思维与存在看成浑然一体的最明显的表现；巴门尼德关于思维与存在同一的命题也是思维与存在、主体与客体浑一不分的表现形式。柏拉图的"理念说"把理念世界和感性世界对立起来，破坏了"物活论"，在一定意义下分离了思维与存在、主体与客体。但他所讲的这两个世界都是人以外的外部世界，他把理念世界理解为外部世界中的普遍性和统一性的方面，把感性世界理解为其中的个别性和多样性的方面，却没有把它们理解为以人的主体为一方，外部世界为另一方的主客二分关系。不能说柏拉图哲学已达到主体性原则。柏拉图和一般的古希腊哲学家一样，他们所探讨的哲学问题，从主要方面说，是本体论的问题。把人作为一个具有主观能动性、独立自主性的主体而与客体相对立、相关联，这样的问题是古希腊哲学家所不能提出的。古希腊哲学家还没有把人当做行动的主体，而只是静观世界。比较特殊的是智者，他们从本体论的研究转向人的研究，"人是万物的尺度"这一著名命题，是近代人本主义思想的最早来源。他们认为人只能认识现象，但在他们看来，现象就是一切，他们不像某些近代哲学家那样主张现象背后还有一个不可知的彼岸世界。智者作为古希腊哲学家，其思想同样具有朴素的性质，他们没有近代哲学中把主体与客体对立起来的思想，他们还不知道近代哲学意义下的思维与存在、主体与客体的对立。如果说他们是不可知论者，则这种不可知论也是不同于近代的某些不可知论的，他们完全满足于认识现象而不去仰慕彼岸。

　　思维与存在、主体与客体的关系问题在中世纪哲学中所采取的形式，一般地说是追问世界是由神创造的还是本来就存在的。这里的思维，表现为神和天国，存在表现为尘世。人们脱离尘世，注意来世和灵魂的救赎问题，因此，中世纪哲学中思维与存在、主体与客体的对立就表现为天和人的对立，人的灵魂和肉体的对立，精神方面与自然方面的对立，宗教生活与尘世生活的对立。人的灵魂和精神，在天国和宗教生活中与神合一，构成思维的一方；反之，人的肉体和自然方面以及外部世界则构成存在的一方，与神处于对立的地位。神的统治不仅把尘世看做应加克服的障碍，而且也压制了人的主体性，压制了人的精神，压制了人的主观能动性、独立自主性，因为在神主宰一切的思想中，人是不可能有自由意志的。从这个意义来说，中世纪哲学中主体与客体、思维与存在的问题，可以归结为神与人的关系问题。

　　思维与存在、主体与客体的关系问题只是在欧洲人从基督教的中世纪的长期冬眠中觉醒以后才充分尖锐地提了出来，才获得它的完全的意义。近代哲学的一条根本原则是把思维着的人，逐步深入地理解为具有主观能动性、独立自主性的主体。近代哲学意义下的思维与存在的关系就是这样的主体与客体的关系。正是在这种意义下，近代哲学便突出了认识论的问题，自然科学也由于主客二分的思想而得到长足的发展。如果说，在古代哲学中，人对外部世界的态度是静观的，在中世纪哲学中，人对外部世界的态度是避世的，那么，在近代哲学中，人对外部世界的态度便可以说是能动的、主动的，或者说，是"主观的"，只不过这里的"主观的"一词不能理解为主观片面、任意武断之意。

　　不过，近代哲学对人的主体性、能动性的发展也有一个过程：文艺复兴时期把人权从神权的束缚下解放出来，在一定程度上发展了人的主体性、能动性；但17至18世纪的哲学又把人看成是机器，人完全受制于自然界的因果必然性；

只是到了 18 世纪末 19 世纪初，在德国古典唯心主义哲学那里，人的主体性、能动性才再一次得到解放。

近代哲学的特点之一，是自觉到思维与存在即主体与客体的对立，从而力求克服对立，达到统一。培根曾公开主张人应主动征服自然，使之服务于人类。唯理论者企图以人的理性认识作为统一思维与存在的桥梁；经验论者企图以人的感性认识作为统一二者的桥梁。但唯理论者和经验论者各有片面性，没有充分发挥人的主体性、主观能动性。康德区分现象界与物自体，割裂了思维与存在、主体与客体，但他只是认为物自体不能凭知性范畴、凭认识去把握，却可以凭他所谓的信仰去把握；特别值得注意的是，他强调自我在认识中的能动作用，从而在他所谓的现象界达到了唯心主义基础上的思维与存在、主体与客体的统一。黑格尔在客观唯心主义基础上建立了思维与存在、主体与客体的辩证统一。可以说这种要求达到对立统一的发展过程至黑格尔的"绝对精神"哲学而达到了最高峰。

黑格尔以后的现代西方哲学家一般来说都打破了自柏拉图特别是自笛卡尔到黑格尔的主客二分的思想传统。他们有的主张只有"中立的东西"，有的主张人与世界不单是认识论上的主客关系而首先是存在论上的人与世界融为一体和人与自然和谐相处的关系，如此等等。和反对主客二分思想相应的是反对自柏拉图特别是笛卡尔以来的传统形而上学(玄学)。现代西方哲学中的科学主义-实证主义思潮和人文主义思潮以不同方式反对形而上学即反对信奉超经验的、永恒不变的、僵死的抽象本质世界，强调具体的、现实的、活生生的与人类创造不可分离的东西。

(三) 西方哲学史是对一与多，包括普遍与个别、统一性与多样性、不变与变的关系的认识的发展史

古希腊哲学关于本原究竟是水还是气或者是火等等的讨论，实际上都是要在个别的、多样性的、变动不居的东西中寻找普遍的、统一性的不变东西。柏拉图的"理念说"所说的感性事物就是指个别的、多样性的、变动不居的东西，理念就是指这些东西的型式，即普遍的、统一的、不变的东西。他认为后者在前者之外，先于前者而存在，他是重普遍轻个别的哲学家。亚里斯多德批评了柏拉图的"理念说"，他比较重视个别，而且他的基本倾向是认为理念不在感

性事物之外，而就在感性事物之中，普遍不在个别之外，而就在个别之中，但他在这个问题上往往陷入混乱和困境。

古希腊哲学家主要是从本体论的角度讨论普遍与个别的关系问题的，新柏拉图主义者波菲利曾从本体论的角度把古希腊关于这个问题的各种讨论总结概括成为三个问题。波爱修是第一个正面回答波菲利的问题的中世纪哲学家。中世纪哲学的主要争论实在论与唯名论之争，从一方面看也可以说就是重普遍与重个别之争，不过中世纪哲学是既从本体论的角度也从认识论的角度讨论这个问题的，这两派各有片面性，他们从不同方面把普遍与个别作了形而上学的割裂。

近代哲学着重从认识论的角度讨论了一多关系问题，总的趋势是要求把二者结合起来。近代哲学中的唯理论与经验论之争包含有一多关系问题的讨论。经验论者重多：洛克以个别为实在，巴克莱和休谟是极端重视个别、否认普遍的哲学家；唯理论者重一，其中斯宾诺莎尤其突出，他只崇尚唯一的实体，把多样性的事物看成是唯一实体的变形，根本否认了多样性、个别性，他把实体看成铁板一块的东西，他的哲学发展到以普遍性吞灭个别性、统一性吞灭多样性的地步，这在西方哲学史上是少见的，黑格尔把斯宾诺莎的哲学称为不符合西方哲学一般特征的"无世界论"，不是没有道理的。康德看到唯理论与经验论各有片面性，企图结合普遍与个别而构成科学知识，但他并没有把两者有机地结合起来。他的理念是理性所追求的无限统一体，但他割裂了无限和有限，使最高统一体脱离了有限的多样性事物。只有黑格尔才在唯心主义基础上系统地阐发了一与多的辩证关系，他不但达到了多样性的统一，并进而达到了对立面的统一，他的"具体普遍"的思想和对立统一的思想是他的辩证法的核心，这使西方哲学史在一多关系问题方面，也在整个辩证法的发展方面，达到了近代哲学史上的最高水平。现代西方哲学诸流派大多反对黑格尔把统一看成最高原则的观点，而强调多样性和个体性。

有一个特征是中国传统哲学与西方传统哲学所共具有的，这就是普遍性、整体性。儒家的封建道德意义上的"天理"就是一种"人同此心，心同此理"的具有普遍意义之理；道家的"道"是万理之所稽，也具有最大的普遍性。西方传统哲学，特别是近代哲学，一般都以追求普遍性、同一性为目标，康德、黑格尔在这方面表现的尤为明显。即使是近代经验主义者，虽以个体为重，但他们所讲的经验仍然是在多样性中概括出普遍性，洛克就特别明显的是这样。

这里应当注意的是，中国传统哲学的普遍性与西方传统哲学的普遍性亦有不同之处。前者是存在论的，其普遍性是具体存在着的本根，如道家的"道"，儒家的"天理"都是具体事物存之本源；后者主要是认识论的，其普遍性主要是通过主体对客体的认识所达到的真理，至于西方传统哲学在存在论意义上的普遍性，则只占次要地位。其次，西方传统哲学的普遍性、整体性与严格的系统性相联系，而中国传统哲学普遍性的系统性则不甚严格、不甚精密。显然，中西传统哲学的普遍性之不同，是由中国的天人合一与西方的主客二分两种不同的主导思想所决定的。

三、批判的思维方式——中西哲学的融通之路

(一) 以批判的思维方式反观中西哲学

以批判的思维方式考察中国哲学和西方哲学思维方式的特点，可以形成一个基本认识，即：西方哲学和中国哲学的发展都内在地依赖于批判的思维方式，只是这种批判的思维方式在两种哲学中有着不同的表现形式。对他们的比较研究能够使我们更好地理解批判的思维方式作为一种哲学思维方式的重要意义。

西方哲学的思维方式比较显著的特点就是注重逻辑分析，西方人惯于在二元世界中寻求统一。因此批判的思维方式的主动性和开放性促进了多元化形而上学逻辑体系的形成。从亚里斯多德开始，建构一个完整的自成逻辑的形而上学体系几乎成为哲学家们的一致追求。具有深刻批判性的哲学思想最终总是以形而上学逻辑体系的批判与建构表现出来的。从这个意义上说西方哲学史就是逻辑批判的历史，无论是超验的理想的确立还是对现实生活的审视，都离不开这种逻辑批判。这种逻辑批判的优点是使西方哲学学科意识明确，理论体系完善，对语言的把握和使用更精致，对哲学本身的批判更彻底。但它的缺点在于缺少对事物的整体性、现实性的把握，致使西方哲学在近代相当长的历史时期陷入形而上学的思维方式之中不能自拔。

与西方哲学相比，中国哲学思维方式的优点恰恰在于整体性思维。中国哲学"天人合一"的思想根深蒂固，这是中国传统哲学的逻辑起点。天、地、人，

人在天地间，顶天立地。天与人不是分离的，而是相互贯通的。中国人习惯于在统一中寻求发展，因此批判的思维方式不是在"破"中表现"立"，而是在传统中表现传承，每一个时代的哲学家不是在自己的逻辑中推翻传统，而是在对传统的重新解读中传承着传统。这种思维方式的优点是中国哲学总是从整体出发，以直观经验为依据，把事物联系起来作出综合性分析，有着深厚的生活和实践的根基。但它的缺点却是批判的非逻辑性，中国哲学没有明确的学科意识，不刻意地去建构什么体系，直觉体悟到的就是我想要认识的，因此思想的经验性、直观性和非确定性普遍存在。依赖于直觉体悟的整体性思维方式虽然能够帮助中国人确立一个高远的境界理想，但却无法为现实生活提供确定性、明晰化的理论。在这个前提之下中西哲学也形成了截然不同的学术风格。中国哲学尊重传统，崇尚权威，注重现实生活，因而在思维向度上不可避免地具有依附性和保守性，停留在这一层面的批判也必然以对经典传统的依附为前提，不可能超越对经典、对制度、对经验的依附，而实现理论创新。思想体系的一元化和"疏经通义"的思想原则，极大地限制了思想的创造性，批判仅仅被局限于对不合时代需要的"注释"重新注释而已，批判应有的开放性和创造性难以展现。因此中国哲学的批判性思维中彻底性、创造性明显不足。但中国哲学密切关注现实生活，哲学就蕴涵在生活之中，这又是中国哲学的优势所在。相比之下西方哲学受传统的约束相对较小，西方哲学总是习惯另辟蹊径，总是试图在传统之外思维，批判性思维能够指向一切传统和权威、世俗或神权，这同时造就了思想的开放性和多元性空间，批判的彻底性和创造性具有其实现的可能。

尽管中国哲学与西方哲学在批判的思维方式上有很大的区别，但却都表达了人之为人、哲学之为哲学的超越性特征，即：人生境界与终极理想。人们总是试图超越现实的有限性，透视和把握终极的无限性。区别在于中国人讲的境界是对于人所寓于其中、融于其中的活生生的生活世界的深刻表达，既基于生活，又超越于生活。西方人讲的终极理想则是超越于经验生活的本体实在的至真、至善、至美。中国人立足生活、西方人立足本体，前提虽不同却都体现了批判的思维方式内在的超越品质。步入现代哲学，批判的思维方式在两种不同的哲学传统中越来越呈现出中西融通的大趋势。现代西方哲学把批判的矛头直接指向人类理性本身，对绝对理性的质疑激励着哲学家从各种不同的视域重新审视西方哲学传统，批判的立足点由超验的本体回落到人的生活世界，越来越关注人的现实生活。现代中国哲学同样在西学东渐中获益匪浅，借鉴西方哲学的逻辑思维重新审视和批判地继承中国传统哲学，被视为发展中国哲学的重要途径之一。胡适、冯友兰等哲学大师都曾作出积极的努力，马克思主义哲学中国化更成为中西哲学批判的思维方式融合的典范。

（二）批判的思维方式是中西哲学融通之路

当中国国门洞开，中国传统哲学陷入困境同时又面临着更丰富的思想资源的时候，中国哲学博大的包容性和整体观使中国人不可能漠视西方哲学的存在，而一定要有所吸纳，马克思主义哲学正是在这种文化背景下传入中国的。从陈独秀、李大钊把马克思主义哲学引进中国至今，马克思主义哲学中国化已经走过了近一个世纪的历程，并成为当代中国最有影响的哲学，它不仅改变了中国人的革命道路，也为中国人确立了新的思想意识形态。当然真正意义上的马克思主义哲学中国化还远未完成。从 20 世纪 80 年代以前对马克思主义哲学教科书式的曲解和误读到 80 年代哲学教科书的改革，再到 90 年代以哲学的自我理解为核心开放性地研究各种哲学问题，这个过程说明中国哲学逐步展开与西方哲学的对话，试图以开放性和反思性的批判的思维方式面对理论本身，以马克思主义哲学为基础创造性地解决当代中国的实际问题。

在马克思主义哲学中国化的过程中，长期被曲解了的马克思主义哲学在理论上和实践上不可避免地要陷入种种困境，这同时又导致了中国哲学的另一股热潮——"国学热"，它旨在唤醒人们正在淡忘的道德理想，重建往昔的精神家园。相当一部分学者主张以国学取代西学，重新恢复传统文化的权威。但是我们不能不思考为什么千百年来中国历经战争浩劫、改朝换代，都不曾动摇我们这个古老文明的基本社会结构，而在西方的商业化面前我们却如此不堪一击？这说明中国传统哲学思维方式既有其优点，也包含一些不可克服的缺陷。

由此看来，被曲解了的马克思主义哲学和纯粹的中国传统哲学都不可能为当代中国社会的发展提供完善的理论依据，正确理解马克思主义哲学的实质精神和挖掘中国传统哲学的思想精华，这是一个问题的两个方面。以马克思主义哲学中国化为基本途径，确立中西融通的批判的思维方式，建构适合中国社会发展的马克思主义哲学乃是使这一问题得以解决的根本出路所在。马克思主义哲学是批判的思维方式的典型形态。一方面中国哲学天人和谐的整体性和博大精深的包容性为马克思主义哲学中国化提供了思想基础，另一方面马克思主义哲学中国化也使批判的思维方式中西融通成为可能。马克思主义哲学敢于质疑黑格尔权威，重新审视整个近代哲学，实现了哲学思维方式的根本性变革，体现的就是一种对既定理论前提的批判，对现实生活的批判，对传统思维方式的批判，而今天我们把马克思主义哲学作为我们的指导思想，要继承和发展的不仅仅是它在特定时代的思想内容本身，而是这种勇于进行彻底批判的思维方式。思想内容总是具有时代性，而一种精神、一种意识、一种批判的思维方式却是可以世代传承的。对传统的批判和超越既需要注重整体性的系统综合，也需要多元分析、逻辑建构；既需要尊重传统的归根意识，也需要不拘泥于传统的自由思想空间；既需要直面生活世界的实践基础，也需要为学术而学术的执著精神。

中国哲学只有放眼世界，既真正理解西方哲学批判的思维方式的优势和不足，又能对中国传统哲学的批判的思维方式作出正确的判断，各取所长，优势互补，才能找到"打破传统的批判何以可能"的根据，才能实现马克思主义哲学的真正意义上的中国化。换句话说，真正实现了中国化的马克思主义哲学必然是全球化的时代精神与中华民族的民族精神达到高度统一和融合的哲学，必然是以中西融通的、批判的思维方式为主导型思维方式的哲学。

参考文献

[1]　阿赫曼诺夫. 亚里斯多德的逻辑学说. 马兵，译. 上海：上海译文出版社，1980 年.

[2]　阿比安. 罗马史. 谢德风，译. 北京：商务印书馆，1985 年.

[3]　奥古斯丁. 上帝之城. 上册. 王晓朝译. 香港：道风书社，2003 年.

[4]　奥古斯丁. 忏悔录. 北京：商务印书馆，1963 年.

[5]　北京大学哲学系外国哲学史教研室编译. 十六—十八世纪西欧各国哲学. 北京：商务印书馆，1975 年.

[6]　北京大学哲学系外国哲学教研室编译. 古希腊罗马哲学. 北京：三联书店，1957 年.

[7]　柏拉图. 理想国. 郭斌和，张竹明，译. 北京：商务印书馆，1986 年.

[8]　柏拉图. 柏拉图全集. 2 卷. 王晓朝，译. 北京：人民出版社，2002 年.

[9]　布克哈特. 意大利文艺复兴时期的文化. 何新，译. 北京：商务印书馆，1979 年.

[10]　布赖恩·麦基. 哲学的故事. 季桂保，译. 北京：生活·读书·新知 三联书店，2002 年.

[11]　布鲁诺. 论原因、本原与太一. 汤侠声，译. 北京：商务印书馆，1984 年.

[12]　策勒尔. 古希腊哲学史纲. 翁绍军，译. 济南：山东人民出版社，1996 年.

[13]　陈爱梅，枫叶. 批判的思维方式——中西哲学融通之路. 北京：社会科学战线，2006(5).

[14]　陈志坚. 哲学简史：欧洲卷. 北京：线装书局，2006 年.

[15]　邓晓芒，赵林. 西方哲学史. 北京：高等教育出版社，2005 年.

[16]　笛卡尔. 第一哲学沉思集. 庞景仁，译. 北京：商务印书馆，1986 年.

[17] 第欧根尼·拉尔修. 名哲言行录. 马永祥, 等译. 吉林: 吉林人民出版社, 2003 年.

[18] 丹皮尔. 科学史. 李衍, 译. 北京: 商务印书馆, 1979 年.

[19] 杜威. 哲学的改造. 许崇清, 译. 北京: 商务印书馆, 1958 年.

[20] 汉斯·昆. 上帝存在吗？——近代以来上帝问题之回答. 孙向晨, 译. 香港: 香港道风书社, 2003 年.

[21] 伏尔泰. 哲学通信. 高达观, 等译. 上海: 上海人民出版社, 1986 年.

[22] 韩震. 西方哲学概论. 北京: 北京师范大学出版社, 2006 年.

[23] 高清海. 哲学的憧憬——"形而上学"的沉思. 吉林: 吉林大学出版社, 1995 年.

[24] 海德格尔. 形而上学导论. 熊伟, 王庆节, 译. 北京: 商务印书馆, 1996 年.

[25] 海德格尔. 海德格尔选集. 孙周兴, 译. 上海: 上海三联书店, 1996 年.

[26] 黑格尔. 逻辑学. 上卷. 杨一之, 译. 北京: 商务印书馆, 1981 年.

[27] 黑格尔. 小逻辑. 贺麟, 译. 北京: 三联书店, 1954 年.

[28] 黑格尔. 自然哲学. 梁志学, 等译. 北京: 商务印书馆, 1980 年.

[29] 黑格尔. 精神现象学. 上卷. 贺麟, 王玖兴, 译. 北京: 商务印书馆, 1981 年.

[30] 黑格尔. 哲学史讲演录. 第 1 卷. 贺麟, 王太庆, 译. 北京: 商务印书馆, 1959 年.

[31] 黑格尔. 美学. 第二卷. 朱光潜, 译. 北京: 商务印书馆, 1979 年.

[32] 黑格尔. 历史哲学. 北京: 三联书店, 1956 年.

[33] 伽达默尔. 科学时代的理性. 薛华, 等译. 北京: 国际文化出版公司, 1988 年.

[34] 金岳霖. 中国哲学. 哲学研究, 1985(9).

[35] 康德. 判断力批判. 邓晓芒, 译. 北京: 人民出版社, 2002 年.

[36] 李大钊. 李大钊文集(下). 北京: 人民出版社, 1984 年.

[37] 李朝东. 西方哲学思想. 兰州: 甘肃人民出版社, 2000 年.

[38] 李秋林. 康德著作全集: 纯粹理性批判. 北京: 中国人民大学出版社,

2004 年.

[39] 刘世铨, 金正娥. 新编欧洲哲学史. 南京: 江苏人民出版社, 1991 年.

[40] 陆人豪, 李辰民. 外国文化与文学. 苏州: 苏州大学出版社, 1996 年.

[41] 卢梭. 论人类不平等的起源和基础. 高煜, 译. 桂林: 广西师范大学出版社, 2009 年.

[42] 罗素. 西方的智慧. 崔权醴, 译. 北京: 文化艺术出版社, 1997 年.

[43] 罗素. 西方哲学史. 马元德, 译. 北京: 商务印书馆, 2007 年.

[44] 罗素. 西方哲学史. 上卷. 何兆武, 李约瑟, 译. 北京: 商务印书馆, 1963 年.

[45] 马可·奥勒留·安东尼. 沉思录. 何怀宏, 译. 北京: 三联书店, 2008 年.

[46] 马克思思格斯选集. 第一卷. 北京: 人民出版社, 1956 年.

[47] 马克思恩格斯选集. 第三卷. 北京: 人民出版社, 1972 年.

[48] 冒从虎, 张庆荣, 王勤田. 欧洲哲学史. 上、下册. 天津: 南开大学出版社, 1985 年.

[49] 孟节省, 林雪原. 西方文化漫谈. 北京: 红旗出版社, 2002 年.

[50] 苗力田. 黑格尔通信百封. 上海: 上海人民出版社, 1981 年.

[51] 苗力田. 古希腊哲学. 北京: 中国人民大学出版社, 1989 年.

[52] 苗力田. 亚里斯多德全集. 北京: 中国人民大学出版社, 1993 年.

[53] 牟宗三, 罗义俊. 中国哲学的特质. 上海: 上海古籍出版社, 2007 年.

[54] 彭越. 西方哲学初步. 广州: 广东人民出版社, 1999 年

[55] 钱广华. 西方哲学发展史. 合肥: 安徽人民出版社, 1988 年.

[56] 色诺芬. 回忆苏格拉底. 吴永泉, 译. 北京: 商务印书馆, 1984 年.

[57] 泰勒. 劳特利奇哲学史: 从开端到柏拉图. 韩东晖, 等译. 北京: 中国人民大学出版社, 2003 年.

[58] 梯利. 西方哲学史. 葛力, 译. 北京: 商务印书馆, 2006 年.

[59] 王晓朝. 希腊哲学简史. 上海: 上海三联书店, 2007 年.

[60] 王晓朝. 宗教学基础十五讲. 北京: 北京大学出版社, 2003 年.

[61] 王雨辰, 刘斌, 吴亚平. 西方哲学的演进与理论问题. 北京: 中国财政经济出版社, 2003 年.

[62] 汪子嵩，等. 希腊哲学史. 第一卷. 北京：人民出版社，1988 年.

[63] 文德尔班. 哲学史教程. 上册. 罗达仁，译. 北京：商务印书馆，1987 年.

[64] 熊十力. 新唯识论. 北京：中华书局，1985 年.

[65] 修昔底德. 伯罗奔尼撒战争史. 谢德风，译. 北京：商务印书馆，1960 年.

[66] 亚里斯多德. 范畴篇·解释篇. 方书春，译. 北京：商务印书馆，1986 年.

[67] 亚里斯多德. 形而上学. 吴寿彭，译. 北京：商务印书馆，1959 年.

[68] 杨百顺. 西方逻辑史. 成都：四川人民出版社，1984 年.

[69] 杨巨平. 古希腊罗马犬儒现象研究. 北京：人民出版社，2002 年.

[70] 杨君游，赵甲明. 新编世界哲学思想史. 北京：中国国际广播出版社，1996 年.

[71] 姚介厚. 古代希腊与罗马哲学. 南京：江苏人民出版社，2005 年.

[72] 张传有. 西方智慧的源流. 武汉：武汉大学出版社，1999 年.

[73] 张传开，辛景亮，邹林，等. 西方哲学通论. 合肥：安徽大学出版社，2003 年.

[74] 张世英. 天人之际——中西哲学的困惑与选择. 北京：人民出版社，2007 年.

[75] 张祥龙. 西方哲学笔记. 北京：北京大学出版社，2005 年.

[76] 张志伟. 西方哲学十五讲. 北京：北京大学出版社，2004 年.

[77] 张志伟，马丽. 西方哲学导论. 北京：首都经济贸易大学出版社，2005 年.

[78] 张志伟. 西方哲学史. 北京：中国人民大学出版社，2002 年.

[79] 张志伟. 西方哲学智慧. 北京：中国人民大学出版社，2000 年.

[80] 赵敦华. 西方哲学简史. 北京：北京大学出版社，2000 年.

[81] 赵敦华. 基督教哲学 1500 年. 北京：人民出版社，1994 年.

[82] 赵志明. 西方哲学与人文精神. 北京：解放军外语音像出版社，2006 年.

[83] 张媛，刘万云. 中西文化概要. 郑州：河南大学出版社，2005 年.

[84] 周辅成. 西方伦理学名著选辑. 上卷. 北京：商务印书馆，1964 年.

[85] 朱光潜. 柏拉图文艺对话集：译后记. 北京：人民文学出版社，1983 年.

[86] 中国社会科学院语言研究所词典编辑室. 现代汉语词典. 修编本. 北京：商务印书馆，1996 年.

后　记

　　"西方哲学史"是普通高校人文素质课程体系中较为重要的一门课，在大部分的高校中有一定数量的听课人群。关于这门课的教材最近几年出版了几部，其中也不乏优秀之作。笔者自 2003 年从事人文素质课"西方哲学史"教学，在对这些教材的学习和使用中发现有些教材忽视了非哲学和非文学、历史专业的学生哲学基本素养普遍不高的现实，疏于对哲学基本原理的简介，大部分学生在阅读这些教材时有点"云深不知处"的感觉。为了改善这种情况，本教材专为非哲学和非文学、历史专业的哲学爱好者"量身定做"，在编写过程中特别注意哲学基础的介绍，专列了"什么是哲学"、"形而上学与存在论的问题"两章，使学生在学习和阅读西方哲学之前对哲学的研究对象、哲学的主要范畴和概念能有大致了解，并通过对中西方哲学的比较，使学生能够用较为宏阔的视野观察历史上中西方文化的差异性，能对中西方文化的冲突和融合进行较为理性的分析和反思，以期提高学生的文化素养。根据以上设想，本教材在编写过程中力求突出通俗性、趣味性、文化性的特点，使学生在轻松阅读过程中对西方的文化、历史、思想有所了解。鉴于哲学问题表达的晦涩性，本教材在编写过程中非常注意哲学语言的规范性和初学者理解能力之间的矛盾，做到规范性和简易性、文学性的统一，使教材具有较强的可读性。

　　哲学思想的产生离不开时代的历史背景，离不开时代的文化。本教材在编写过程中注意对文化史材料的运用，以期增强学生在文化史的背景下理解哲学思想的产生和发展。另外在授课的过程中，同学们经常要求给他们介绍哲学读物，这件事我一直记在心里，因此在本书的编写过程中，对一些教材、专著的参考和引用做了仔细的脚注，在书后的参考文献中又列出本书所参考的书籍，这些教材和专著基本上可以满足西方哲学爱好者的阅读之需。在此我也对这些教材、专著的作者和译者表示崇高的敬意。

　　本书由常新、高维岳、庞震、孙江可四位同志共同完成。常新撰写了写作大纲，编写了第一、二、三、四、五、十二、十三、十四章及附录部分，并最终统稿；高维岳同志编写了第六章；庞震同志编写了第七、八章；孙江可同志编写了第九、十、十一章。我校美学、宗教学专业 08 级硕士研究生迟慧、崔传爱、刘瑜、刘杨孜、师彬、孙琳、王程晔、叶倩、袁荣蓉、朱莎莎等同学对书稿进行了一校，在此对她们的辛勤劳动也表示深深的谢意。

　　在本书付梓出版之际，对我校人文学院、教务处、出版社领导的大力支持也表示感谢。本书的责任编辑张晓燕老师专业的业务水平使本书的质量得到了有效保障，被编者忽略的个别文献，张老师不辞辛劳，亲自查正，这种敬业的精神令我钦佩，在此也献上诚挚的谢意！

　　限于编者学养不足，时间仓促等原因，书中瑕疵难避，敬请读者不吝指教！

图书在版编目(CIP)数据

西方哲学的智慧 / 常新主编. —西安：西安电子科技大学出版社，2010.2(2016.4 重印)
ISBN 978-7-5606-2366-5

Ⅰ. 西…　Ⅱ. 常…　Ⅲ. 哲学—研究—西方国家　Ⅳ. B5

中国版本图书馆 CIP 数据核字(2010)第 229495 号

策　　划　高维岳
责任编辑　张晓燕　高维岳
出版发行　西安电子科技大学出版社(西安市太白南路 2 号)
电　　话　(029)88242885　88201467　　　邮　　编　710071
网　　址　www.xduph.com　　　　　　　电子邮箱　xdupfxb001@163.com
经　　销　新华书店
印刷单位　陕西天意印务有限责任公司
版　　次　2016 年 4 月第 2 次印刷
开　　本　787 毫米×960 毫米　1/16　印　张　24
字　　数　372 千字
定　　价　39.00 元

ISBN 978‐7‐5606‐2366‐5/B · 004

XDUP 2658001-2

如有印装问题可调换

本社图书封面为激光防伪覆膜，谨防盗版。